21세기 유치원 교사를 위한

특수아동교육

장선철 저

Early Childhood Special Education

태영출판사

책머리에

교육의 궁극적인 목적은 제각기 타고난 능력과 소질을 계발하여 자기실현을 이루도록 돕는 데 있다. 이런 교육의 궁극적인 목적은 장애를 지닌 아동이라고 해서 예외가 되는 것은 아니다. 민주교육은 바로 '평등한 교육'이 아닌 '균등한 교육'을 실시하는 데 있다는 민주교육의 원리가 이러한 사실을 잘 뒷받침해 준다. 따라서 특수아동에 대한 교육도 그들의 타고난 능력과 소질을 최대한도로 계발시켜 주도록 돕는 측면에서 전개되어야 한다.

그러나 특수아동을 교육하기 위해서는 이런 일반적인 목적과 더불어 그들로 하여금 심신의 장애나 부적응 행동의 소인이 되는 요소를 스스로 극복하여 가정, 유치원, 사회생활에 잘 적응할 수 있는 능력을 키워줌과 동시에, 미래사회에 잘 적응할 수 있도록 생활인으로서의 자립 능력까지도 길러 주어야 한다는 교육적 목적이 하나 더 첨부되어야 한다. 즉, 특수아동에 대한 교육이 성공적으로 이루어지기 위해서는 일반 교육의 목표에 아동의 장애 유형과 정도에 적합한 보상적, 구체적 목표가 하나 더 마련되어야 한다는 것이다.

이를 위하여 무엇보다 교사나 부모는 특수아동의 특성과 그들에게 '누가, 누구에게, 무엇을, 어느 시기에, 어디에서, 어떻게 가르칠 것인가?'를 명확하게 이해하고 있어야 한다. 아무리 심한 장애를 지닌 아동이라 할지라도 조기에 그 장애의 유형과 증상을 정확히 파악하여 치료와 교육을 받게 하면 적어도 자기의 신변에 관한 자립 능력은 물론, 그들이 지닌 장애를 스스로 극복해 나가면서 교우관계 및 가정과 유치원, 또는 사회생활에 잘 적응할 수 있는 능력이 키워지기 때문이다.

이 책은 이런 소망을 가진 사람들, 특수아동이 육체적, 정신적, 영적으로 건강하게 자라나 이 세상에 또 하나의 희망을 심는 21세기 리더십이 되기를 소망하거나, 특수아동교육에 관심을 갖고 공부하길 원하는 사람에게 조그마한 도움이 되었으면 하는 소망에서 집필되었다.

모두 10장으로 구성된 이 책자의 화두는 '장애와 적응', '장애영역별 교육', '특수아동 지도방법', '진단과 평가', '장애아동 가족'이다. 제1장에서는 장애와 특수아동이라는 주제로 특수아동의 적응문제를 다뤘다. 제2장에서는 특수아동의 교육적 조치를, 제3장에서 6장까지는 장애영역별 교육에 대해 살펴보았다. 여기에서는 정신지체 및 발달장애, 정서 · 행동장애, 학습장애와 주의력결핍 · 과잉행동장애, 감각 · 신체 · 의사소통장애로 장애의 유형을 유목화하여 정의와 원인, 발달특성과 구체적인 교육 방안을 제시하였다. 제7장에서는 특수아동교육을 위한 진단과 평가를, 제8장에서는 특수아동 지도를 위한 접근방법을, 제9장에서는 개별화 및 집단교육 프로그램을 살펴보았다. 마지막으로 제10장에서는 특수아동 가족을 위한 교육 서비스에 대해 언급하였다.

언제나 느끼는 것이지만 탈고 후에는 아쉬움만 남는다. 다시 내일을 바라본다. 부족한 부분은 판을 거듭하면서 수정해 나가고자 한다. 기꺼이 출판을 맡아 준 태영출판사 김현태 사장과 제작팀, 그리고 원고정리와 자료수집에 도움을 준 전주대학교 제자들에게 특별한 감사를 전한다.

2007년 2월

장선철 씀

차 례

CHAPTER 01

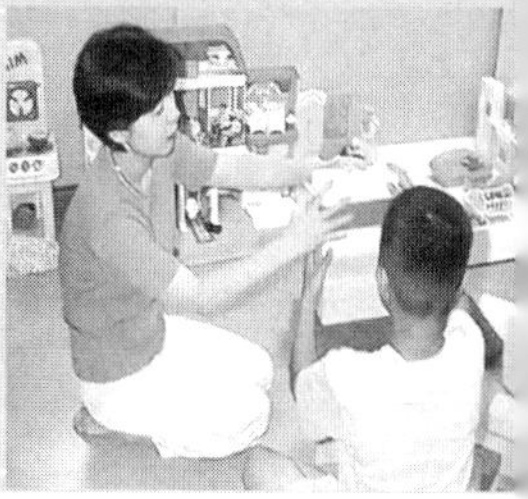

장애와 특수아동

1. 장애의 의미

일반적으로 '장애'라고 번역하여 사용하는 용어는 'impairment', 'disability', 'handicap' 등이다. 이 가운데 disability는 부정(negation), 분리(separation), 부족(lack of), 반대(opposite of)를 의미하는 라틴어 접두사 'dis-'에서 도출된 것으로, 일반적으로 부정적 소인으로 간주된다. 기능 제약(disability)은 주로 의학적 조건으로 보고, 불리(handicap)는 개인이 특정 상황에 있을 때의 요구인 사회적 조건으로 본다. 즉, 개인은 '기능 제약'은 가지지만, 특정 상항을 제거하면 '불리'는 가지지 않는다.

Stevens는 disability, impairment, handicap을 구분하면서, disability를 기능(function)의 상실, impairment를 조직 손상이나 질병, handicap을 신체적 역기능이나 impairment 때문에 교육장면에서 개인에게 주어지는 해결할 수 없는 강요된 짐으로 간주하였다. 즉, 장애는 손상, 능력, 그리고 사회성의 측면에서 그 의미를 찾을 수 있다.

가. 손상장애(impairment)

의학적인 개념으로 신체기능이 일시적 혹은 영구적으로 손상된 상태를 의미하며, 주로 감각장애 영역에서 사용된다. 예를 들면, 청각장애(hearing impairment), 시각장애(visual impairment) 등이 여기에 해당한다.

나. 능력장애(disability)

능력부족의 개념으로 일상생활의 불능 상태를 의미하며, 학습장애(learning disability)에서 사용된다. 손상장애가 곧 능력장애로 이어지는 것은 아니다. 따라서 교육, 재활, 그리고 사회적 역할이 중요하다.

다. 사회적 장애(handicap)

사회적 측면에서 주어지는 주관적 차원의 개념으로, 사회환경의 열악함이나 사회전반의 이해 또는 원조 부족 등으로 불편, 부자유, 불이익을 겪는 것을 의미한다. 장애인들이 장애로 인해 사회로부터 편견 등을 겪게 되는 사회적 결과가 여기에 해당한다. 따라서 사회·문화적 배경, 사회적 책임의 증가가 요구된다.

2. 특수아동의 공통적인 경험

특수아동이 경험하는 영역은 장애 영역에 따라 매우 다양할 수밖에 없다. 그럼에도 불구하고 특수아동은 장애로 인해 다음과 같은 특수한 경험을 공유하고 있다.

첫째, 장애에 대한 심리 및 정서적인 스트레스이다. 일상생활 가운데 장애를 받아들이고 극복하려고 하지만 매일 부닥치는 한계는 특수아동을 괴롭히는 심리적 요인이 된다.

둘째, 장애에 대한 타인의 반응은 장애 그 자체보다 더 스트레스 요인이 된다. 특수아동은 성장과정에서 또래나 어린 아동들의 놀림, 따돌림에서 완전히 자유로울 수 없으며 나아가 일반 사회인들은 장애인들을 완전히 평등하고 공평하게 대하지 않기 때문에 더 많은 심리적인 장벽을 느끼게 된다.

셋째, 가족이 느끼는 부담감과 그에 따르는 심리적 장벽을 경험한다. 어떤 가족 구성원에게서는 전폭적인 지지를 받으면서도 또 다른 구성원에게서는 비난 또는 따돌림을 받는 일을 경험하면서 심리적 갈등을 겪게 된다.

넷째, 다른 형제보다 어머니와의 관계가 더 밀접함을 경험한다. 따라서 청소년이 되어서도 어머니와 떨어지는 일이 힘들 뿐만 아니라 성인이 되어서도 서로 쉽지 않은 경우가 많다.

다섯째, 부모가 특별히 경제적인 여유가 있는 경우를 제외하고는 대개 경제적인 부담이 따른다. 복지국가인 경우에도 예외가 아니다. 좀 더 특별하고 우수한 전문가에게 치료 및 교정교육을 받고자 하는 부모 마음은 전 재산을 투자해서라도 어디든지 찾아가고 싶기 때문이다.

여섯째, 여가생활을 즐기는 데에 장애 때문에 제한을 받을 수 있다. 다양한 여가생활 가운데 자신이 선호하는 여가활동이 장애 때문에 불가능한 경우가 있다. 여름 휴가철에 모두가 떠나는 곳으로 피서를 갈 수 없는 경우도 흔히 경험하게 된다.

일곱째, 성적 욕구와 결혼에 대한 스트레스이다. 장애인에게 가장 어려운 경제적 자립의 터전을 마련했다고 하더라도 눈에 보이는 장애 때문에 결혼을 거부당하는 경우를 자주 경험하게 된다. 이런 경험은 심한 우울증을 일으키며, 심한 경우에는 자살행동으로 나타나기도 한다.

여덟째, 자기 자신을 잘 수용하지 못하며 자신의 능력을 과소평가하는 경우가 많다. 또한 다른 한편으로 정상인들도 장애 아동을 특정 측면에서 수용하지 않거나 과소평가하기도 한다. 교사는 이러한 문제에 직면한 아동들을 돕기 위하여 다각적인 측면에서 이러한 문제를 분석하고 대처해야 한다. 불수용 및 낮은 기대에 따른 한계는 다음과 같다(Williams, & Lair, 1991).

① 장애 아동은 때로는 무능하고, 무기력, 비생산적, 의존적으로 인식된다.
② 덜 매력적이며, 일반 아동과 다르다는 편견으로 기피의 대상이 된다.
③ 덜 가치롭고 덜 희망적일 것으로 기대된다.
④ 교사는 장애아에게 낮은 수행력을 기대한다.
⑤ 표준화된 검사도 실제의 능력보다 낮게 측정할 가능성이 있다.

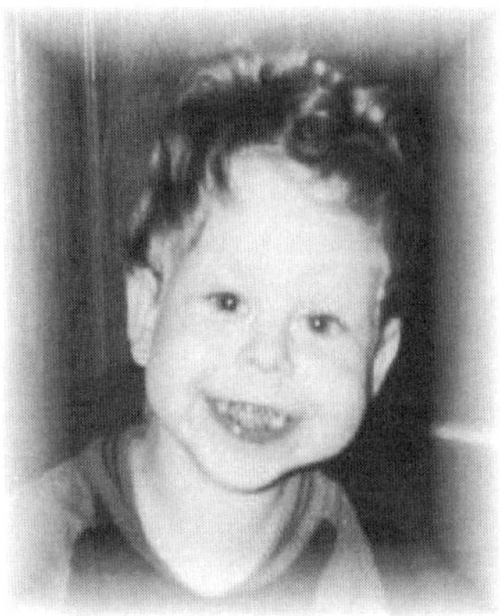
장애에 대한 정형화, 편견에 대한 경험은 장애아동들이 어떤 일에 대한 역할과 참여기회를 한정하게 한다.

이와 같이 장애에 대한 정형화, 편견에 대한 경험은 어떤 일에 대한 역할과 참여기회를 한정하게 한다. 또한 장애 때문에 자신의 요구에 응할 수 없는 아동은 중요한 타인에 의해 긍정적으로 여겨지지 않을 수가 있다. 그 결과 자신을 부정적으로 여기게 된다. 즉 자기가 누구이며, 어떠한 기대가 있는지에 대한 불일치에 민감하며, 혼란, 패배를 극복하려는 노력을 포기하는 일이 뒤따르게 된다. 나아가 특수아동의 불수용과 낮은 기대는 어른으로서 무엇을 할 수 있는가에 대한 '미래에 대한 그림'을 부정적으로 그리게 한다.

3. 장애의 적용

가. 장애의 중적 심화과정

신체적, 정신적 장애를 제거하거나 감소시키지 않으면 이러한 제1차 증상이 원인이 되어 신경증적인 정서불안이란 제2의 새로운 장애가 일어나기 쉽다. 제2차 증상은 중적되어 더욱 심화되고 내면화된다. 이렇게 여러 차원의 증상이 중적되고 내면화되면 장애가 고정화되면서 더욱 심화되는 것이다. 이와 같이 장애가 심화되는 작용을 쇼치사부로(昇地三郞, 1976)는 장애 중적 심화과정(障碍重積深化過程)이라고 하였다(그림 1－1).

따라서 특수아동 교육에서는 장애가 제5차 증상까지 심화되지 않도록 사전에 어떻게 예방하느냐가 과제가 된다. 만약 한 아동이 제5차 증상을 나타내고 있다면 제5차 증상에 대한 치료교육은 물론 그 이하의 증상에 대한 체계적인 행동수정 혹은 해소를 위한 훈련이 이루어져야 한다. 치료교육을 받고자 하는 학생이 현재 어떤 증상에까지 와 있는가를 정확히 진단·평가·심사하고 이것을 출발점 행동으로 하여 그 하위증상을 점차적으로 지도해 나가야 한다.

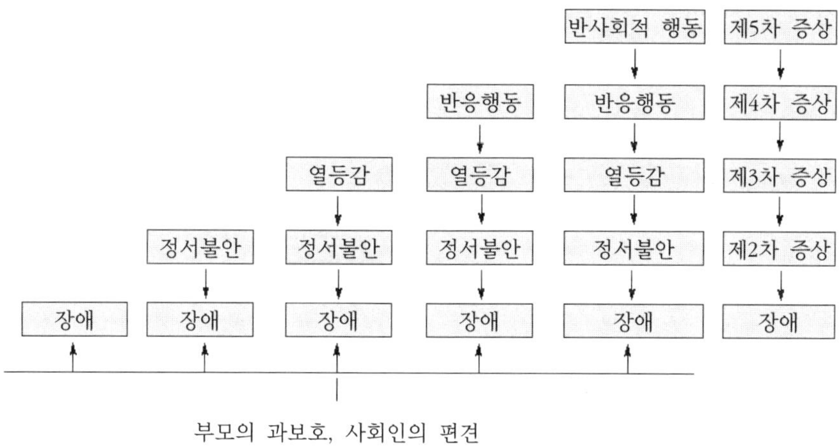

그림 1-1 장애중적 심화과정

나. 장애에의 적응과정

장애를 적응하는 과정은 특수아동마다 다르게 나타난다. 특수아동에게서는 개인차가 크게 나타나기 때문이다. 일반적으로 장애 발생 연령이 어릴수록 적응과정의 정신적 외상이 적다. 그러나 선천적으로 장애를 타고났다 하더라도 청소년기는 스트레스가 특히 많다. 또한 장애를 극복하는 양식은 개인의 특성에 따라 다르게 나타난다. 충족적, 낙천적, 목표지향적인 아동은 의존적, 냉담, 침울한 아동보다 일반적으로 성공적으로 장애를 극복한다. 손·발의 절단 또는 이분척추와 같은 외현적 신체의 변화에 관련된 장애는 외모의 형태에 의해 적응이 결정될 수도 있다(Lombana, 1992).

특수아동의 부모는 아동이 장애에 적응하도록 하는 데 상당한 영향력을 미친다. 부모도 아동과 마찬가지로 똑같은 적응과정의 단계를 밟는다. 또한 이중으로 적응과정을 겪는데, 자신이 특수아동을 둔 부모라는 사실을 극복해야 하며 나아가 자녀가 장애를 극복하도록 도와야 한다(Lombana, 1992).

아동은 선천적 장애일 때는 정신적 외상을 덜 입지만 부모는 더 많은 고통을 경험한다. 이 경우 부모들은 '완전한 아이'를 갖지 못했다는 죄책감으로 부정, 충격, 고통, 우울의 과정을 거치면서 고통스러워한다. 이 때 사랑과 지원보다는 자녀에 대한 거부 또는 과잉보호가 일어나기 쉽다.

4. 특수아동의 개념

'어떤 특성을 지닌 아동을 특수아동으로 볼 것이냐?'라는 문제에 대한 답은 아직까지 명확하게 제시되어 있지 않다. 따라서 특수아동에 대한 정의도 각양각색이다. D. P. Hallahan과 J. M. Kauffman(1995)은 자기의 소질을 최대로 개발하기 위해서는 특수한 교육적 조치나 그와 관련된 서비스를 필요로 하는 아동을 특수아동으로 정의하고 있다. 또한 이들은 특수아동은 여러 가지의 장애, 즉 인지·정서·신체·언어·청각·시각·학습문제 등에서 하나 또는 둘 이상의 현저한 장애를 가지고 있기 때문에 특별한 교육적 조치가 필요하다고 했다. S. A. Kirk와 J. J. Gallagher(1996)는 특수아동을 정신적 특성, 감각 능력, 신경의 운동이나 신체적인 특성, 사회적 행동, 의사소통 능력, 중복장애 등에서 장애를 지니지 않은 아동에 비해 "편향(deviate)되어 있는 아동"이라고 정의하고 있다.

이런 정의를 놓고 볼 때, 특수아동이란 심신의 기능에 어떤 장애가 있거나 그렇지 않더라도 심리적 · 환경적인 부적응의 문제 때문에 장애를 지니지 않은 아동들과 함께 일반적인 프로그램만으로는 교육을 받기가 부적당하여 다소의 특별한 대책이나 서비스가 필요한 아동이라고 하겠다.

특수아동에 대한 분류는 연구자에 따라서 다소 다르지만 그 대체적인 경향은 유사하다.

첫째, 지적으로 우수하거나 지체된 아동으로서 여기에는 정신지체아, 학습장애아, 영재아가 포함된다.

둘째, 의사소통 능력에 차이가 나는 아동으로서 주로 언어장애아가 포함된다.

셋째, 감각능력에 차이가 나는 아동으로서 시각장애아와 청각장애아가 포함된다.

넷째, 행동 이상을 지닌 아동으로서 정서장애아와 사회부적응아가 포함된다.

다섯째, 신체능력에 차이가 나는 아동으로서 운동장애아가 포함된다. 병 · 허약아동, 신체 부자유아동 등을 지칭한다.

여섯째, 장애 정도가 심하거나, 하나 이상의 장애를 지닌 아동을 지칭하는 중도 · 중복장애아를 들 수 있다.

특수아동도 여러 측면에서 일반 또래와 비슷한 특성들을 지니고 있다. 이것은 특히 학령기 아동의 약 5~7%를 차지하는 경도장애 아동의 경우에 더 뚜렷하게 나타난다(Lewis & Doorlag, 1994). 여기서 경도장애란 학습장애, 정서 및 행동장애, 경도 정신지체 등을 포함한다. 경도장애는 외모로는 식별이 어렵고 학교 입학과 더불어 학업 영역에서 실패를 경험할 때까지는 잘 발견되지 않을 수도 있다. 그러므로 이들을 교육하는 교사들은 그들이 지니고 있는 장애로 인한 차이점만을 보아서는 안 되며, 이들이 대부분의 아동들과 유사한 발달 및 행동 특성들을 지니고 있다는 사실을 인식함으로써 결함, 또는 장애만을 강조하기보다는 이들이 지니고 있는 능력, 또는 잠재력을 고려하는 교육을 제공해야 한다(이소현 외, 2001).

영상으로 본 특수아동교육

'누가 이 '야생소년'의 아버지를 탓하랴…'

SBS '긴급출동-야생소년' 높은 관심

장애아 키우는 가정의 아픈 현실 고발

SBS '긴급출동! SOS24' '야생소년' 편의 한 장면.

2일 밤 방송된 SBS TV '긴급출동! SOS24'의 '야생소년' 편이 시청자들에게 큰 충격을 주고 있다.

'야생소년'에서는 쓰레기장 같은 폐가에 알몸으로 갇혀 지내는 발달장애 1급의 16세 소년의 사연이 소개됐다.

제대로 된 창문 하나 없는 지방의 한 고속도로변에 있는 외딴집에서는 나무판자로 엉성하게 막아 놓은 창문사이로 괴성이 흘러나오고 있었다. 그 안에는 엄동설한에도 불구하고 알몸으로 머리를 풀어헤치고 사는 한 소년이 있었다.

폐가의 온 벽과 천장은 소년이 배설한 오물들로 도배됐고, 방에서 뿜어져 나오는 악취로 숨조차 쉬기 힘들 정도였다. 이 소년은 폐가에서 아무 곳에서나 배변을 했다. 또 손으로 음식을 집어먹으며 쉴 새 없이 괴성을 내기도 했다.

잠시 후 누군가 대문을 열고 소년에게 음식물을 가져다주는 현장이 포착됐다. 그는 바로 소년의 친아버지 였다. 아버지는 매일 이 폐가에 와서 음식물을 갖다 주고, 옷도 입으라고 했지만 소년의 공격성향이 두려워 가까이 다가서지 못하고 있었다.

아버지가 마치 친아들인 '야생소년'을 사람들로부터 격리시켜 방치하고 학대하는 것처럼 보였지만 이 아버지도 정신분열증을 앓고 있었다. 아버지의 정신분열증이 아들을 오랜 기간 돌보다 생긴 것이라는 설명이 나오면서 시청자들은 안타까움을 금치 못했다.

CHAPTER 02

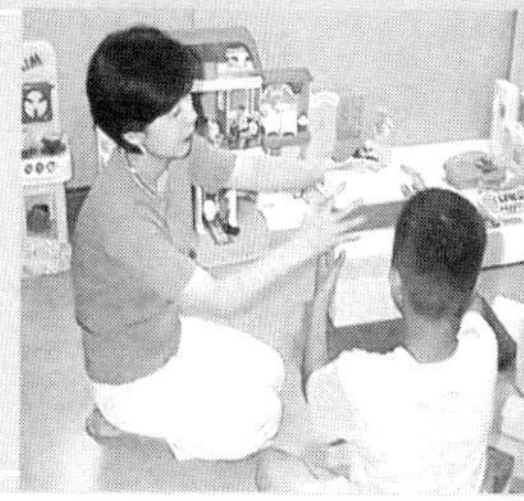

특수아동의 교육적 조치

1. 특수아동 교육의 변천

인류의 시작과 함께 특수아동은 존재해 왔으나 이들을 인격을 갖춘 하나의 개체로서 존중하여 교육적 조치가 강구된 역사는 매우 짧다.

가. 원시 및 고대의 특수아동에 대한 교육

원시 및 고대 사회에서는 특수아동을 신(神)으로부터 저주받은 존재로 생각했기 때문에 이들에 대한 교육이라는 것은 생각조차 할 수 없었다. 따라서 이들은 단지 배척의 대상이었으며, 들판이나 숲 속에 버려지는 하찮은 존재였다. 고대 스파르타에서는 사회 안녕의 지침이 되는 리쿠르구스의 법전에서 백치나 불구자, 신체 허약자를 산 중이나 구렁텅이에 버리도록 명문화하였으며, 아테네에서는 농아를 공공연히 살해했는가 하면, 로마에서는 맹인이나 농아를 늑대의 밥으로 던져 주기도 했다. 따라서 이 시기의 특수아동에 대한 교육은 생각조차 하지 못한 일이었다.

나. 중세의 특수아동에 대한 교육

M. E. Framptom과 E. D. Gall에 의하면 중세의 전기(기독교 전기)에는 특수아동이 학대되고 무시 · 혹사당했으나 그 이후에는 동정을 받으며 보호되었다고 한다. 즉, 기독교가 뿌리를 내리기 시작하면서 특수아동에 대한 동정심이 싹트게 되었고, 이로 인해 종교 단체를 중심으로 특수아동에 대한 자선 내지 보호 사업이 전개된 것이다.

기원 4세기에 밀라노의 승정(僧正) 니콜라스가 자선 단체를 조직하여 빈민의 아동과 정신지체 아동을 보호했다는 사실이나, 기원 11세기에 영국의 윌리암 정복왕(征服王)이 맹인 수용소를 만들어 300여 명의 실명한 군인을 수용했다는 사실이 이를 잘 나타내 준다. 그러나 중세에도 특수아동에 대한 본격적인 교육은 이루어지지 않았다.

다. 근대의 특수아동에 대한 교육

특수아동에 대한 중세의 보호와 수용이라는 관점에서 교육이라는 측면으로 발전하게 된 것은 18세기 후기의 일이다. 18세기 후기부터 구미 선진국에서는 노인이나 특수아동에 대한 복지사업과 함께, 이들의 교육과 치료, 즉 요육(療育)에 관심을 나타내는 가운데 맹인과 농아에 대한 특수학교나 특수학급이 설립되기 시작하였다. 이로써 특수아동에 대한 교육적 관심이 본격적으로 싹트게 되었다.

이런 시대적 흐름에 따라 1775년에는 프랑스 파리에 농학교, 이어 1784년에는 세계 최초의 맹학교가 설립되었다. 여기에 더 나아가 독일에서는 1863년에 일반학급의 교육과정으로는 따라 갈 수 없는 아동을 위하여 특수학급을 편성하였고, 1867년에는 세계 최초로 경도의 정신지체아동을 위한 학교인 통학제 보조학교가 설립되어 여러 도시로 번져 갔다. 1901년에 시도된 Mannheimer System은 너무나 유명하다.

미국에서는 1837년에 정신적 결함을 가진 아동의 훈련을 위한 학급이 창설되었고, 1874년에는 뉴욕에서, 1876년에는 클리블랜드 시에서 학업부진아를 위한 특별학급이 설치되었다. 이어 1893년에는 프로비덴스 시에서, 1898년에는 스프링필드 시와 보스턴 시에 정신지체아를 위한 특수학교(학급)가 설립되었다.

이러한 특수아 교육에 대한 운동은 1900년대에 접어들어 더욱 활기를 띠게 되어 많은 국가들이 앞을 다투어 국가의 책임 아래 특수아에 대한 교육을 공교육으로서 일반화하고 있으며, 장애의 종별과 정도에 따라 각종 특수학교와 특수학급을 설치·운영하고 있다. 또한 특수아의 완전 취학과 능력 개발을 위하여 양적 확대 못잖은 질적 심화에도 노력하고 있다.

라. 한국의 특수아동에 대한 교육

한국에서는 삼국 시대 이래 매우 미약했지만 인정(仁政)의 일환으로 불구자나 고질병의 환자를 보호해야 한다는 정책이 있었다. 그러나 갑오경장 이후에는 빈곤아의 구제 사업이나 부랑아의 감화(感化), 그리고 심신장애의 특수아를 보호·교육하는 활동이 본격적으로 시작되었다.

한국 최초의 특수아동을 위한 특수학교는 미국 감리교 선교사 부인인 Rosetta S. Hall 여사가 1894년 평양에 세운 여자맹인학교이다. 한국인에 의해 설립된 최초의 특수학교는 광복 이전인 1935년 이창호 목사가 평양에 설립한 광명맹아학교이며, 광복 이후는 1946년 이영식 목사가 설립한 대구맹아학교이다. 이후 오늘에 이르기까지 장애아동에 대한 관심이 계속 고조되면서, 현재는 장애의 영역별 특수학교가 설립되어 질적 향상을 추구하고 있으며, 부속 유치원 시설도 갖추어 특수아동에 대한 조기교육도 일부나마 실시하고 있다.

마. 각국의 특수아 교육

1) 미 국

미국에서의 특수교육은 일반아동에게 실시하는 교육 프로그램을 어떤 특정한 아동의 특성에 맞도록 바꾸어서 실시할 필요가 있는 경우, 즉 특수아동의 가능성을 신장하고 그 결함을 보완하기 위한 교육활동으로 그 대상은 특수아와 영재아이다.

1993년 클린턴 전 대통령은 장애인 행정에 대한 새로운 복지 개혁(welfare reform) 구호로 '일하는 복지'를 제시했다. 이 복지 정책은 장애인의 자립에 목표를 두었다. 즉, 장애인을 고용하여 장애인에게 일하는 권리를 주고 이를 통해 자립하는 체계를 세워 가자는 것이었다. 일하지 않는 장애인이나 일반인에게는 시혜의 혜택을 줄이고, 일하는 장애인에게 일하는 데 필요한 모든 여건을 지원하자는 것이다. 일하는 모든 사람에게 이익을 더 준다는 정책인 셈이다. 이에 따라 장애인 고용을 강화하여 삶의 질을 높이는데 힘을 모았다.

부시 행정부는 출발한 지 한 달도 채 되지 않았을 때 '뉴 프리덤 이니시어티브'(New Freedom Initiative)라고 하는 장애인 정책을 제시했다.

부시 행정부 역시 같은 장애인 정책을 펼치고 있다. 부시 행정부는 출발한 지 한 달도 채 되지 않았을 때 '뉴 프리덤 이니시어티브' (New Freedom Initiative)라고 하는 장애인 정책을 제시했다. '새로운 자유의 창시'로 해석할 수 있는 이름치고는 새롭다. 그런데 이름만큼이나 내용도 파격적이다. 이번 정책의 핵심은 두 가지다.

첫째, 컴퓨터 교육이다. 어떤 장애를 가졌을지라도 정보에 접근할 수 있도록 컴퓨터 교육 등 교육재활을 강구한다는 것이다. 둘째, 고용지원 정책을 강화한다는 것이다. 중증·중복 장애인도 재택 고용의 기회를 보장받도록 고용지원 정책을 강화하기 위해 지금까지 시행되는 정책 외에 매년 2억 달러씩 향후 5년간 10억 달러를 투자하겠다는 것이다.

이번 정책의 실천과제는 6가지 주제이다.

첫째, 누구나 불편 없이 이용할 수 있는 보편적 디자인 테크놀로지와 첨단 보조 재활정책을 개발·육성하여 장애 장벽으로부터 해방시키며 최대한의 자유를 누리도록 한다.

둘째, 교육 기회를 확대하되, 독립생활과 질 높은 인간다움을 보장할 수 있도록 교육한다. 특히, 읽기 우선 교육(reading frist)을 아동기 교육부터 실시하여 21세기 지식정보 시대에 걸맞게 커뮤니케이션 장벽을 극복하고 배움의 자유를 만끽하도록 한다.

셋째, 장애인의 주택 보유율을 높인다. 미국인들의 꿈인 자기 집 갖기가 이루어질 수 있도록 재정, 행정 지원을 강화한다는 것이다. 장애인의 자기 집은 컴퓨터 교육과 재택근무에도 꼭 필요한 요건인 것으로 분석되고 있다.

넷째, 장애인의 일터를 다변화시키되 통합을 이룰 수 있도록 한다. 텔레워크(telework)를 통한 독립생활과 재택근무를 할 수 있도록 컴퓨터와 인터넷 지원을 강화하되 비장애인과 통합을 지속적으로 추진한다.

다섯째, 교통지원 체계를 강구하여 이동·접근권 보장과 완전한 참여, 평등의 기회를 보장하도록 한다. 특히, 생산적인 일을 하는 장애인에게 우선하여 지원한다.

여섯째, 지역 사회에 완전히 접근할 수 있도록 편견과 차별을 없애고 정치과정에 장애인 참여를 보장한다.

이 정책 보고서의 근본적인 뿌리는 '장애가 있어도 장애를 느끼지 않는 사회'로 만들지는 것이다. 장애에서 해방시켜 자유를 누리게 하려는 새로운 패러다임을 엿볼 수 있다.

2) 영 국

미국 특수아(exceptional children)에 상응하는 용어, 즉 영재아 및 장애아를 포함하는 용어는 없다. 교육에 적용되는 '특수(special)'는 장애아동만을 지칭하며 특수교육은 장애아의 교육을 의미한다. 1944년 이전에는 특수아는 비장애아와는 전연 별도의 집단으로 취급되었으나 '1944년 교육법'은 장애를 갖는 아동에 대한 특별한 교육적 취급을 특수학교 또는 다른 방법에 의해서 대비할 것을 강조하고 있다. 이로써 특수교육은 일반교육과 대립되는 개념이 아닌 일반교육의 일환으로서의 위치를 확보하였다.

3) 독 일

특수교육의 용어로서 치료교육(Heilpädagogik), 특수교육(Sonderpä-dagogik), 장애아 교육(Behindertenpädagogik) 등이 있으나 시대에 따라 다르게 사용되어 극히 이해하기 어려운 용어가 되고 있다. H. Bach는 특수교육 백과사전에서 치료교육을 상위 개념으로 정하고 하위 개념으로는 특수교육, 촉진교육의 방법을 포함했는데, 촉진교육은 경도이고 일시적인 학습지진을 위한 고려이고, 치료교육은 회복 가능한 언어장애나 행동 이상이 대상이 되며, 특수교육은 장애아동 일반의 교육이라 하였다.

원래 특수교육을 의미하는 총칭 개념이었던 치료교육은 19세기 말부터 20세기 초까지 걸쳐서 일부 좁은 의미로 한정, 사용되는 경우가 있었다. H. E. Stotzner는 '치료교육사'(1904)에서 치료교육과 정신지체 교육을 동일하게 보았다. 이는 이 시기에 맹학교, 농학교에 비해 낙후되었던 정신지체 학교가 상당히 보급되었고, 맹·농교육 측에서는 치료교육이라는 용어를 기피하였던 데서 유래한다.

역사적으로 볼 때 특수아의 교육은 특수학교에 있어서의 교육이었다. 그러나 오늘날에는 오히려 적극적으로 일반학교에서 실시될 필요성을 강조하고 있다.

특히 주목할 가치가 있는 것은 영국, 미국의 handicapped나 소련의 defektiv에 해당하는 특수아 교육(Pädagogik der Behinderten)을 사용하도록 제창하고 있다는 사실이다.

4) 프랑스

특수교육은 일반적으로 inadaptēes('사회적으로 적응하기가 어려운 자'라는 뜻)에 대한 교육 또는 지도라는 말로 표현되며, 학교·사회생활에서 부적응을 나타내는 아동에게 적절한 교육을 실시함으로써 정상적인 회로(circuit)로 돌린다는 의미를 포함하고 있다. 프랑스에서는 특수아동들을 아주 분리된 범주 속에 고정시키려 하지 않고 그들의 개성을 존중하면서 다양성에 따른 교육을 목표로 하고 있다.

이와 같은 생각은 특수학교·특수학급의 명칭에서도 느낄 수 있다. 정신지체아동을 위한 특수학급을 Classe de perfectionnement라 부르는데, 특수아 나름대로 완성시키고 개선하기 위한 학급이라 할 수 있다. 또 신체 허약아동을 위한 특수학교는 ecole de plein air인데 plein이란 채워진, air는 공기를 의미하며, 교외의 건강한 좋은 환경 속에서 특수아에게 의료와 교육을 행하는 학교를 뜻한다.

'세계 일류' 독일 장애인 배려

독일은 장애인의 천국이다. 우선 모든 공공시설을 장애인을 배려해 만들었다. 장애인 전용 지하철 엘리베이터, 휠체어를 타고 이용할 수 있는 공중화장실이나 공중전화, 제일 좋은 자리에 마련된 장애인 전용 주차장 등 일일이 열거하기가 힘들다.

하드웨어만 잘 갖춰진 게 아니라 소프트웨어도 항상 장애인 우선이다. 가령 백화점 같은 곳에서 휠체어를 탄 장애인을 보면 누구나 문을 잡아준다. 휠체어를 탄 장애인이 횡단보도를 건너느라 애쓰는 모습을 보면 누가 먼저랄 것도 없이 휠체어를 밀어 준다.

이처럼 독일의 장애인들이 사회 전체의 배려 속에 정상인과 다름없는 생활을 하고 있는 데는 정치권도 큰 몫을 했다. 장애인들의 복지를 위해 관련법을 고치는 등 꾸준히 노력해 온 것이다.

독일 장애인들의 권익은 헌법인 기본법에 명시돼 있다. 7년 전인 1994년 독일 여야는 만장일치로 '법 앞에 평등'을 규정한 기본법 제3조 3항에 손을 대 '어느 누구도 장애를 이유로 차별받지 아니한다'는 규정을 삽입했다.

그뿐이 아니다. 정치권도 여야 합의로 「사회복지법」을 개정해 장애인들이 사회생활을 하는데 조금도 불편이 없도록 했다. 그리고 발효되는 이 개정안에 따라 예컨대, 직장생활을 하는 청각장애인은 수화 통역사를, 시각장애인은 문서를 읽어 주는 사람을 노동부에 요구할 수 있게 된다.

아예 개인 비서를 하나 두는 셈이다. 독일 정부 장애인 담당관의 말처럼 "이제 장애인이 서비스를 찾아가는 게 아니라 서비스가 장애인을 찾는 것"이다.

장애인 복지시설이라도 들어설라치면 무슨 혐오시설 대하듯 하는 우리의 현실에서 보면 독일인들의 이런 모습은 부럽기 그지없다. 물론 한국에서도 그간 꾸준한 노력으로 장애인에 대한 인식이 많이 나아지긴 했다. 그러나 독일의 예에서 보듯 선진국 수준과는 한참 거리가 있다.

이런 가운데 최근 일부 학교에서 벌어지고 있는 장애인 배려운동에 대한 소식이 간헐적으로 들리고 있다. 참으로 대견한 일이다. 대통령이 노벨상을 탔다고 우리가 국제적으로 인정을 받는 게 아니다. 이 같은 작지만 가슴 뭉클한 장애인에 대한 배려가 한국을 세계 일류국가로 만드는 것이다.

* 중앙일보 2001-04-21 07면

5) 스웨덴

특수교육보다는 흔히 특별지도 혹은 특별수업 형태라 부르는 스웨덴의 특수교육은 세계에서 가장 높은 수준에 있다. 즉, 특수아에 국한하지 않고 모든 아동이 그 능력이나 적성에 따라 개성의 신장을 실현할 수 있도록 최대한의 기회를 부여하는 것이 목표이다. 따라서 일반학급에서도 심신장애아를 입급하면 그 독특한 교육적 요구에 응할 준비가 되어 있다는 것이다. 그러나 상대적으로 중도의 장애를 지닌 아동이나 특정한 장애 영역에 있어서는 더 전문화된 교사, 더 특수한 설비 등을 필요로 하므로 정신지체, 지체부자유, 맹, 농 등을 대상으로 한 특수학교를 존속시키고 있다.

특별수업이나 특수학교에서의 교육은 일반학급 또는 일반학교에서의 교육이 아동의 상태로 보아 완전히 부적당하다고 간주될 때만 적용된다. 이와 같은 개념은 북구에서 보편화되어 있는 상황이다. 따라서 특수교육이란 반드시 특수아동의 교육만이 아니며 특수한 교육방법이나 교육 형태를 사용하는 것임을 알 수 있다.

6) 일 본

특수교육이란 심신장애자에 대하여 특별히 준비된 학교교육의 한 분야를 지칭하는 것이다. 구체적으로 말하면 심신에 장애가 있기 때문에 일반학급에서 교육·지도를 하는 것이 곤란하므로 그 특성이나 필요에 따라 좋은 환경을 제공하며 좋은 습관을 몸에 익히고 그 가능성을 최대한으로 신장시켜 적응 능력 및 창의력이 풍부한 인간으로 육성하기 위해 마련된 학교교육의 한 분야이다.

현재 실제적으로 맹학교, 농학교, 양호학교 및 소학교, 중학교의 특수학급에서 행하여지나 분리교육에 대한 반성과 함께 일반학급에서 일반아와 함께 학습할 기회를 제공하고 필요에 응해서 특정한 시간에 특별한 지도를 할 수 있는 통합교육(mainstreaming) 기회를 확충해 나가고 있다.

7) 러시아

특수교육에 상응하는 말로서 많이 사용되고 있는 것은 이상아의 양육과 교수 또는 신체적 · 심리적 발달에 이상이 있는 특수아의 교육과 교수이다. 이상아는 특별히 조직된 조건 속에서 교육을 받고, 전체적인 정신적 · 신체적 발달을 도모하고 과학적 지식의 기초를 습득하여 사회적 유용 노동력으로 성장된다. 이들을 위한 특수학교는 맹아를 위한 기술학교, 약시아를 위한 기술학교, 농아를 위한 기술학교, 난청과 중도 실청아를 위한 기술학교, 지능 장애아를 위한 기숙학교(보조학교), 언어 장애아를 위한 학교, 운동기관에 장애를 지닌 장애아를 위한 기숙학교 등이 있다.

8) 대 만

지능 우수아동 및 심신장애 아동에게 능력에 맞는 적합한 교육기회를 균등하게 제공하여 잠재능력을 계발하게 하고 지능우수 아동에게는 사고력과 창조력을, 심신장애 아동에게는 심신의 건강회복 및 직업교육을 강조하고 있다. 여기서 지능우수 아동은 일반능력 우수, 학술 성향 우수, 특수재능 우수를 대상으로 하고, 심신장애는 정신지체, 시각장애, 청각장애, 언어장애, 지체장애, 신체 허약, 성격 이상, 행동 이상, 학습장애, 중복장애 등을 대상으로 한다.

이들을 대상으로 원칙적으로 개별교육을 하도록 규정되어 있고 시설 자체도 그에 적합하도록 되어 있다.

9) 한 국

특수교육진흥법 제2조에서는 특수교육을 특수교육 대상자에게 점자 · 구화 · 보장구 등을 사용하여 교육 · 교정(요육) 및 직업보도를 하는 것이라고 정의하고 있다. 즉, 특수교육 대상자에게 실생활에 필요한 지식을 위한 교과교육과 장차 직업생활에 적응하게 하기 위한 직업보도 그리고 언어치료, 물리치료, 행동교정,

작업치료, 감각훈련 등으로 장애를 교정해 주는 요육(療育) 등 이를 균형 있게 수행해 나갈 것을 제시하고 있다.

2. 특수아동 교육의 의의 및 현대적 동향

가. 특수아동 교육의 의의

아무리 심한 장애를 지닌 아동이라 할지라도 조기에 교육을 받게 하면 사회생활에 잘 적응할 수 있는 능력이 키워지게 된다.

교육의 궁극적인 목적이 인간으로 하여금 제각기 타고난 능력과 소질을 계발하여 자기 실현을 이루도록 돕는 데 있다는 것을 부정할 사람은 아무도 없다. 이런 교육의 궁극적인 목적은 특수아동이라고 해서 예외가 되는 것은 아니다. 민주교육은 바로 평등(平等)한 교육이 아닌 균등(均等)한 교육을 실시하는 데 있다고 하는 민주교육의 원리가 이러한 사실을 잘 뒷받침해 준다. 따라서 특수아동에 대한 교육도 비장애 아동의 교육처럼 그들의 타고난 능력과 소질을 계발시켜야 한다.

그러나 특수아동을 교육하기 위해서는 이런 일반적인 목적과 더불어 그들로 하여금 심신의 장애나 부적응 행동의 소인이 되는 요소를 스스로 극복하여 가정, 학교, 사회생활에 잘 적응할 수 있는 능력을 키워줌과 동시에, 더 나아가 미래의 자립인으로서의 생활 능력까지도 길러 주어야 한다는 교육적 목적이 하나 더 첨부되어야 한다. 즉, 특수아동에 대한 교육이 올바르게 이루어지기 위해서는 일반 아동교육의 목표 위에 장애 종별과 정도에 적합한 보상적, 구체적 목표가 하나 더 마련되어야 한다는 것이다.

특수아동 교육은 다음과 같은 의의를 지닌다.

① 아동기가 인간의 성장 · 발달에 있어 결정적 시기(critical period)가 됨은

이미 심리학이나 교육학에서 여러 형태로 입증이 되었다. 이러한 이론은 비장애 아동 못지않게 특수아동에 대한 교육이 계획적 · 의도적으로 이루어져야 된다는 것을 시사해 준다. 아동이 지닌 여러 형태의 장애가 더 큰 문제로 확대되거나 회복될 수 없을 정도로 고착이 되기 전에 그들에 대한 요육이 이루어져야 한다는 것이다. 즉, 가소성(plasticity)이 풍부한 아동기에 요육이 이루어지도록 함으로써 특수아동에 대한 교육이 보다 바람직하게 이루어질 수 있다는 것이다.

② 아무리 심한 장애를 지닌 아동이라 할지라도 조기에 그 장애의 유형과 증상을 정확히 파악하여 요육을 받게 하면 적어도 자기의 신변에 관한 자립 능력은 물론, 그들이 지닌 장애를 스스로 극복해 나가면서 교우 관계 및 가정과 학교, 또는 사회생활에 잘 적응할 수 있는 능력이 키워지게 된다. 따라서 평생 타인에게 의존해 사는 기생 인간이 아닌 자립인으로서의 기초를 닦아 주기 위해서라도 특수아동에 대한 교육은 아동교육이나 그 이전의 교육에서부터 이루어져야 한다.

③ 특수아동에게 있어 장애를 입지 않은 부위의 잠재적 능력은 물론, 비록 장애를 입은 부위라 할지라도 잔존 능력을 충분히 계발시켜 주기 위해서는 그들에 대한 치료와 교육이 조기에 이루어지면 질수록 좋다.

이렇게 볼 때 특수아동에 대한 교육은 '마이너스(－)의 인간'을 '플러스(＋)의 인간'으로 바꾸어 놓는 효율성 있는 교육 행위라고 볼 수가 있다(김동극, 1994). 따라서 무엇보다 특수아동의 조기교육의 행정적 · 제도적인 재원 확보를 위한 국가적 시책이 뒤따라야겠다.

나. 특수아동 교육의 현대적 동향

특수아동 교육에 대한 현대적 동향은 한 마디로 양적 팽창에 못지않은 질적 심화를 꾀하는 것이다. 또한 사적, 사회 사업적인 측면에서 '보호'만을 강조해 왔던 것이 현대에 들어와서는 국가의 책임 아래 공교육화 · 의무교육화라는 측면에서 '교육'을 강조하고 있는 것이 가장 큰 특징이다.

특수아동 교육에 대한 현대적 동향은 다음과 같다.

① 권리로서의 특수아동에 대한 교육이 강조되고 있다. 과거에는 동정이나 구제 사업의 일환으로 특수아동에 대한 교육이 이뤄져 왔는데 이제는 자기의 능력에 알맞고, 잠재된 능력이나 잔존 능력을 계발할 수 있도록 교육받아야 한다는 교육권이 강조되고 있다. 나아가 특수아동에 대한 의무교육도 강조되고 있다. 헌법 제27조와 교육법 제4조에는 장애아에게 균등한 교육의 기회를 제공해야 한다는 조항이 있는데, 이 조항이 권리로서의 특수아동에 대한 교육이 실시되어야 한다는 것을 잘 나타내어 준다.

② 특수아동에 대하여 가급적이면 조기에 교육이나 치료를 받을 수 있는 방안을 마련해 주고 있으며, 그들의 생애를 보장하는 복지정책이 수립되고 있다.

③ 사회적 복귀(rehabilitation)를 강조하고 있다. 사회적 복귀라는 것은 어떠한 사람이라도 사회를 구성하는 유용한 개체라는 인간 존중의 이념으로써, 특수아동에게 장차 직업적인 자립은 물론 사회적 참여까지도 보장해 주자는 것이다. 따라서 특수아동에 대한 교육의 장에서는 그들의 잔존 능력이나 잠재 능력을 최대로 계발시켜 주는 방안을 탐구·개발하여야 한다.

④ 특수아동에 대한 교육이 비장애아동과의 통합(integration)교육으로 이루어질 것을 강조하고 있다.

⑤ 특수아동에 대한 교육의 효율을 높이기 위하여 다양한 교육 형태 및 교육 방법에 대한 연구가 이루어지고 있다.

⑥ 특수아동의 가족에 대한 교육을 강조하고 있다. 일반적으로 특수아동을 둔 가족들은 자기 아이에 대해 부정적이며, 또한 자기 자신에 대해서도 부정적인 자아 개념을 가지고 있다. 또한 특수아동에 대한 가정에서의 지도 방법이나 양육 방법을 잘 몰라 방임하거나 과잉보호하는 경우가 많다. 따라서 특수아동에 대한 교육의 효율을 높이기 위해서는 1차적 심리적 환경인 가정의 교육적 작용이 보다 교육적으로 타당하며, 특수아동에게 좋은 영향을 미칠 수 있어야 한다. 이를 위해 특수아동 지도법, 특수아동을 대하는 기본적인 태도 등에 관한 정보와 지식을 제공하는 가족, 특히 부모교육이 잘 이루어져야 한다.

이와 같은 특수아동교육의 현대적 동향에 대한 여러 내용은 미국의 정신지체아 위원회가 대통령과 국회에 제출한 장애자의 권리 헌장(A Bill of Rights)이 모체가 되었다. 이 헌장은 장애아동이 한 생명으로 존중받으며 태어나 성숙한 사회인으로서 성장 · 발달할 때까지 필요한 모든 여건을 부여받을 권리가 있음을 강조하고 있다.

그 구체적 내용은 다음과 같다.

① 수용되어지는 상태로 출생할 권리가 있다(The right to be born wanted).

② 건강하게 태어날 권리가 있다(The right to be born healthy).

③ 건전한 환경에서 살아갈 권리가 있다(The right to live in a healthful environment).

④ 어느 정도의 경제 여건이 구비된 가정에서 살아갈 권리가 있다(The right to live in a family whose basic economic needs are met).

⑤ 가정과 학교에서 보다 지속적인 사랑의 배려를 받을 권리가 있다(The right to continuous and loving care both at home and in school).

⑥ 효율적인 시민이 되는데 필요한 지적 · 정서적인 능력을 획득할 권리가 있다(The right to acquire intellectual and emotional skills for effective citizenship). - 여기에는, 학교에서 존엄성을 가질 권리(The right to dignity in school), 법과 법정에 의해서 인간다운 대우를 받을 권리(The right to humane and concerned treatment under the law and by court), 아동중심의 이혼과 양육권을 주장할 권리(The right to child-centered divorce and custody laws)가 포함되어 있다.

⑦ 보다 의미 있는 취업을 할 권리가 있다(The right to meaningful employment).

⑧ 될 수 있는 한, 아동의 특수한 욕구에 알맞은 진단적인 치료를 정상적인 사회 환경권 내에서 받을 권리가 있다(The right to diagnostic treatments which are appropriate to childern's special needs and which keep them as closely as possible within their normal social setting).

⑨ 인종적 주체성과 자결의 권리 및 평등한 기회를 가질 권리가 있다(The right to racial and ethnic identity, self-determination and a real and functional equality of opportunity to the above rights).

⑩ 정통한 시민이 되는 교육을 통해서 정치에 참여할 권리가 있다(The right to political participation through education for informed citizenship).

특수교육의 개념이 어떻게 변화되어 왔는지 그 내용을 제시하면 〈표 2-1〉과 같다.

표 2-1 특수교육의 개념 변화

현재의 개념	미래의 개념
1. 교육은 특권이다.	1. 교육은 권리이다.
2. 수업에서 곤란한 아동을 내보냈다.	2. 누구라도 교육에서 거절할 수 없다.
3. 교육결정은 기관이 한다.	3. 교육결정은 개인이 한다.
4. 표준화된 검사가 실시된다.	4. 영역별 검사의 중요성이 부각된다.
5. 평점(grading)은 학급 내에서 경쟁적이다.	5. 평점은 개인의 목표와 관계가 있다.
6. 검사는 교육의 예언에 사용된다.	6. 검사는 교육의 결정에 사용된다.
7. 적성은 직업적 특성이다.	7. 적성은 개인이 최선의 방법으로 학습하는 것이다.
8. 적성과 교육조치는 분리해서 다루어왔다.	8. 적성은 교육적 조치와 통합되는 범위내에서 개념화되었다.
9. 학습상의 곤란은 아동의 책임이다.	9. 학습상의 곤란은 아동과 관계되어 있는 환경의 공동책임이다.
10. 평가는 아동에게만 초점이 있다.	10. 평가는 아동과 그의 생활교육 배치 등에 초점이 주어진다.
11. 특수학교는 소극적으로 아동의 명칭을 붙여 배치한다.	11. 특수아동은 기능적으로 적절한 특성의 범위 내에서 또 가장 적절한 교수절차에 부응하여 다루어진다.

3. 특수아동 교육기관 및 모형

가. 특수아동 교육기관

특수아동의 교육을 위한 체계 모형에 대한 탐구는 여러 학자들에 의해 많이 시도가 되어 왔다. 그 중 대표적인 것이 바로 M. C. Reynolds와 J. W. Birch의 체계 모형이다. 이 모형은 메인스트림(mainstream)한 진단 및 판별과 특별히 마련된 교육 프로그램이 일반 학급 속으로 들어가도록 구성되어 있다는 특징을 지니고 있다. 이 이론에 따른다면 특수아동을 고려한 교육프로그램만 개발되면 특수아동도 얼마든지 일반학급에서 교육을 받을 수 있다는 결론이 나온다. 따라서 특수아동에 대한 교육이 보다 이상적으로 이루어지기 위해서는 일반학급 내에서의 특수아동을 위한 교육활동 프로그램이 더욱 다양하게 개발되고 보급되어야 한다.

일반학급과의 관계에 따른 특수교육의 종류를 나타내면 다음의 [그림 2-1]과 같다.

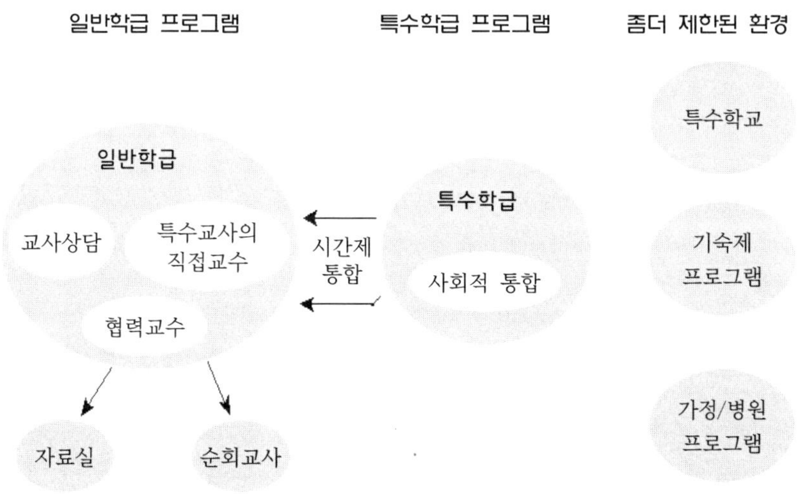

그림 2-1 일반학급과의 관계에 따른 특수교육의 종류

* 출처 : Lewis, R. B., & Doorlag, D. H.(1995). Teaching Special Students in the Mainstream (4th ed.)(p. 57). Englewood. NJ : Merrill.

영화로 만나는 특수아동교육

사랑의 기적

감독 : 페니 마셜
출연 : 로빈 윌리엄스, 로버트 드 니로, 줄리 카브너, 존 허드, 페넬로페 앤 밀러, 막스 폰 시도우, 러스 넬슨

어릴 때 뇌염을 앓은 레너드는 11살 때부터 손이 떨리는 증세가 나타나고 글도 쓰지 못하게 되자 학교를 그만두고 병원에서 살게 된다. 정신은 잠들고 근육은 강직된 후기뇌염 기면성 환자가 된 것. 레너드가 수십 년 간 수용돼 있는 배인브리지 병원에 세이어 박사가 부임해 온다. 세이어 박사는 이들이 공을 받아내는 것을 보고 내면은 살아있다고 확신한다. 그리고는 그들의 정신을 일깨울 수 있는 것을 찾는다. 환자의 이름을 부르거나 음악을 들려주거나 인간적인 접촉을 갖는 것 등 말이다.

마침 그때 파킨슨병 환자에게 엘도파라는 약이 효과가 있다는 발표를 듣고 세이어는 이들의 증세가 그 병의 증세와 비슷하다는 점에서 힌트를 얻어 약물치료를 할 생각을 하게 된다. 부작용을 염려한 병원 측에서는 레너드에게만 투약해 보라고 허락해 준다. 엘도파를 투약 받은 레너드에게 기적이 일어난다. 깨어나 말도 하고 글도 읽고 맘대로 움직일 수 있게 된 것. 삶의 환희를 맛본 레너드는 세이어 박사에게 일상적인 삶과 사랑의 소중함을 역설하는데……

M. C. Reynolds가 개발한 모형을 참조로 특수아동교육 체계모형을 제시하면 다음의 [그림 2-2]와 같다.

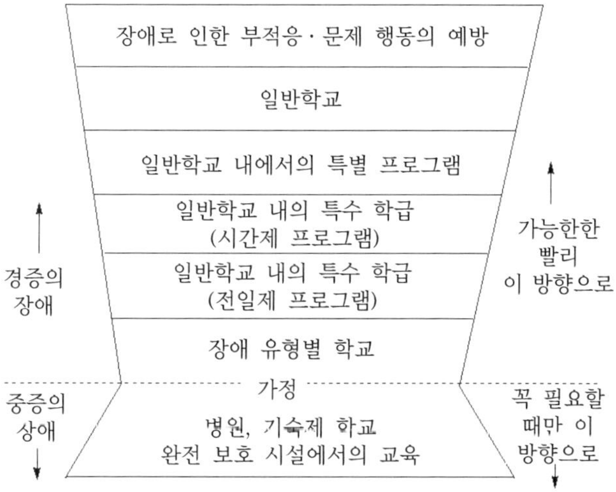

그림 2-2 **특수교육의 체계모형**

특수아동을 위한 교육기관의 유형은 다음과 같다.

1) 조기 특수교육기관

반학교와 특수학교 부설학교, 그리고 공립학교와 특수학교가 있다.

2) 특수학급

일반학교에 속해 있다. 일반학급에는 학습·적응에 문제가 있는 아동이 진단·평가를 받아 입급되며, 부분제(부분통합) 특수학급과 전일제 특수학급이 있다.

3) 특수학교

미국공법(PL-94-142) 전장애아교육법에 제시된 '제한된 환경의 최소화(Least Restrictive Environment)'의 영향으로 세계적 추세는 특수학교가 점차 감소해 가고 있으며, 경도장애는 일반학교의 특수학급에 배치될 수 있으나 중도·중복 장애아를 중심으로 특수학교에 수용하는 경향이 있다.

4) 학습 도움실(resource room)

이 교실은 보통 작은 교실인데 여기서는 특수교육 교사가 하루 중 배정된 시간에 따라 특수아동을 지도한다. 이 교실의 교사는 특수아동이 점차로 이 교실의 도움을 받지 않아도 되도록 담임교사와 프로그램을 개발하고 교육할 수 있어야 한다.

5) 기숙제 학교

기숙제 학교는 역사적으로 특수교육기관으로서 가장 오래된 것이다. 대부분의 기숙제 학교는 도시로부터 떨어져 있어 지역사회와의 접촉이 많지 않다. 중증 장애아의 종일제 양육과 교육을 함께 하는 학교이다.

6) 병원, 가정 및 복지시설

특수교육은 학교에서만 이루어진다고 생각했던 과거와는 달리 병원, 가정 및 복지기관에서도 이루어지는 추세이다. 특히 신체건강에 문제가 있는 경우 오랫동안 병원생활을 하게 되는데, 이 때의 교육은 방문교사나 순회교사가 맡게 된다.

나. 특수아동 교육모형

'특수아동을 대상으로 어떤 절차로 교육할 것인가?'에 대한 해답은 다양할 수밖에 없다. 장애의 종류 및 장애의 정도가 제각각인 특수아동들을 대상으로 획일화된 교육적 절차나 교육적 방안을 모색한다는 것이 사실 거의 불가능한 일이기 때문이다. 그러나 장애의 종류와 장애의 정도에 관계없이 이들을 대상으로 한 교육 방안은 강구되어져야 한다.

따라서 필자는 일반 학습 심리나 교육 방법의 원리를 기초로 하여 특수아동의 교육적 방안을 하나의 가설적 모형으로 다음의 [그림 2－3]과 같이 제시하고자 한다.

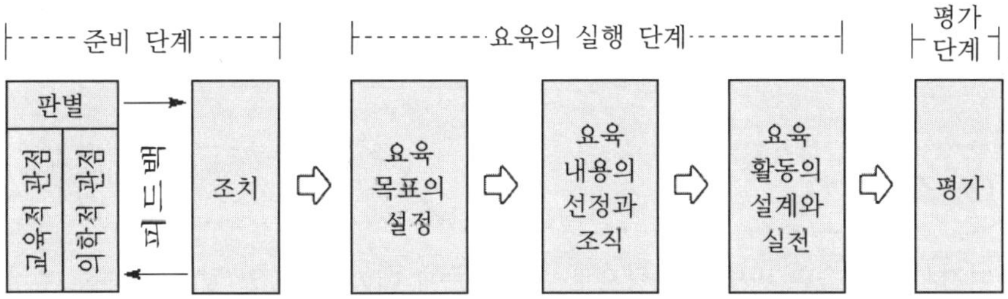

그림 2-3 특수아동 교육모형

위의 모형에서 알 수 있는 바와 같이 특수아동을 대상으로 한 아동교육은 크게 준비, 실행, 평가의 세 단계로 이뤄진다. 이 세 단계에서 이루어지는 활동 내용은 다음과 같다.

1) 준비 단계

준비 단계에서 이루어지는 주요 내용은 판별과 조치이다.

(1) 판별

특수교육이 보다 효율적으로 이루어지기 위해서는 무엇보다 먼저 아동에 대한 의학적·교육적 관점에서 판별이 잘 이루어져야 한다. 이 때 취급되어야 할 내용은 다음과 같다.

① 아동이 나타내 보이는 장애 중 가장 문제가 되는 장애는 어떤 것인가?

② 그 장애의 정도는 어느 정도인가?

③ 주 장애 외에 수반되어지는 장애에는 어떤 것이 있는가?

④ 발달의 정도, 즉 사회성 · 인지 · 정서 · 신체 · 언어 등의 측면에서 정상 아동과 비교하여 어느 정도 지체 현상이 나타나는가?

⑤ 장애의 정도가 앞으로 어떻게 진행될 것 같은가?

이상의 내용을 정확히 측정해 내기 위해서는 전문의, 임상심리가, 기능훈련사, 장애 유형별 특수교육 전공 교사, 부모 등이 상호 협조하는 가운데 의학적인 진단 및 심리검사 등을 보다 정확하게 실시하여야 한다.

(2) 조치

여기서는 전술한 판별을 바탕으로 특수아동에 대한 교육 및 치료에 대한 조치를 취하게 된다. 그 구체적 내용은 다음과 같다.

① 치료와 교육과 보호 등 어떤 조치가 타당할 것인가?

② 교육을 실시할 경우 어떤 교육의 형태를 취할 것인가?

③ 특수교육의 근본원리가 되는 요육을 위해 교육과 치료를 어떤 방법으로 병행하여 나갈 것인가?

④ 교육 프로그램에 적응해 나가기 위한 준비성(readiness)이 어떠한가? 특히 일반학교 프로그램에의 적응을 위해서는 기본적인 생활습관, 자립, 의사소통, 신체적 발달, 손상의 정도와 특이한 부적응 행동 유형 등에 대한 정확한 평가가 이루어져야 한다. 왜냐하면 이러한 평가가 바탕이 되어 뒤에 전개되는 요육의 활동이 잘 이루어질 수 있기 때문이다.

2) 실행 단계

실행 단계에서는 '교육목표의 설정', '교육내용의 선정과 조직', '교육활동의 설계와 실천'이라는 절차를 따른다.

(1) 교육목표의 설정

교육목표는 일정 기간 동안의 교육활동과 치료가 효과적으로 끝났을 경우에, 달성하리라 기대되어지는 성과가 무엇인지를 규정한 진술문이다. 즉, 교육의 목표란 일련의 교육활동에 참여한 결과로, 특수아동들이 얻을 수 있는 지적 · 정의적 · 신체적 · 사회적 능력이나 태도, 흥미 등의 특성을 명확하게 표현한 문장을 말한다.

교육의 목표를 설정함으로써 교사는 그 목표를 달성하기 위해 어떤 교육내용을 계획하고 구성해야 하는지를 분명하게 알 수 있다. 또한 이 교육목표는 일정 기간 동안의 교육활동이 끝났을 때 여러 측면에서의 변화된 모습과 향상의 정도를 평가하는 준거로 사용될 수 있다.

구체적인 내용은 다음과 같다.

① 우선 현재 장애의 정도가 어느 정도인가를 정확하게 판별 · 분석하여야 한다. 이를 위해서 앞 단계에서 이루어진 판별의 내용을 면밀히 분석 · 고찰하여야 한다.

② 장애의 원인이 어디에 있으며, 그 원인을 제거하기 위해서는 교육적 · 의학적 · 임상심리학적 · 재활 훈련적인 방법이 무엇이겠는가에 대한 올바른 평가가 이루어져야 한다.

③ 교육목표를 설정할 때에는 그 목표를 반영할 수 있는 세부적인 행동을 선정하고 이를 행동적 목표로 보다 구체적으로 진술해야 한다.

④ 가급적이면 특수아동 개개인을 대상으로 하는 개별화된 목표가 수립되어야 한다.

(2) 교육내용의 선정과 조직

교육목표를 달성하기 위해 이루어지는 일련의 과정이 교육활동이다. '교육활동에 있어 어떤 구체적인 학습과 치료의 경험을 맛보도록 해줄 것이냐?'의 문제가 바로 교육내용의 선정과 조직에 있어서의 요체인 것이다.

'무엇'을 가지고 활동할 것인가?, 즉 교육내용을 선정하고 조직할 때의 기본 원칙은 다음과 같다.

① 교육목표를 효율적으로 달성하기 위해 목표와 직접적으로 관련이 되며,

또한 특수아동에게 직접적인 경험을 제공할 수 있는 치료와 교육의 내용을 선정하고 조직한다.

② 학습과 치료의 관점에서 특수아동이 충분한 만족감을 얻을 수 있는 내용을 선정 · 조직한다.

③ 특수아동의 준비성을 고려하여 그들의 능력 범위 안에서 학습하고 치료되어질 내용을 선정 · 조직한다.

④ 대부분의 특수아동들은 장애 때문에 행동반경이 제한되어 있기 때문에 이들에게 보다 다양한 자극과 경험을 맛보게 하는 것으로 교육의 내용이 선정 · 조직되어야 한다.

⑤ 특수아동 개인 간의 차(inter individuality)와 한 특수아동이 지닌 개인 내의 차(intra individuality)를 충분히 고려한 교육내용이 선정되고 조직되어야 한다.

(3) 교육활동의 설계와 실천

여기서의 교육활동이란 특수아동이 교육기관에 등교해서부터 귀가할 때까지 일어나는 모든 활동을 의미한다. 즉, 특수아동들의 교육을 위한 교육기관의 물리적인 환경과 특수아동, 특수아동과 특수아동, 특수아동과 비장애아동, 교사나 교사와 특수아동 간에 이루어지는 모든 활동을 의미한다.

따라서 이 단계에서는 특수아동의 교육과 교육을 위한 장 · 단기의 활동 및 치료의 구체적인 방안이 수립된다. 1년을 기본 단위로 월간 · 주간 및 일일 활동으로 점차 세분화하여 실천계획이 수립되고, 또한 그 계획에 따라 실천에 옮기게 된다.

그리고 이 단계에서는 특수아동의 개별화 학습 및 치료를 위한 구체적인 방법이 강구되고 실천되어진다. 특수아동을 대상으로 교육활동이 실천될 때는 장애의 유형과 질에 따른 적절한 교재 · 교구의 활용이 잘 이루어져야 하며, 그들의 자주성과 자발성을 중시하는 활동이 이루어져야 한다.

3) 평가 단계

특수아동을 대상으로 설정한 교육목표를 달성하고자 적절한 교육경험을 선정하고 조직하여 교육활동을 실천하는 일이 어느 기간 동안 이뤄졌으면 그에 대한 평가가 반드시 따라야 한다. 이 때 특수아동의 교육활동에 따른 변화의 모습뿐만 아니라 교육 및 치료 활동에 따른 여러 가지 기능의 향상치에도 적절한 평가가 이루어져야 한다. 여기에서 이루어지는 평가의 자료는 특수아동의 교육적 조치나 교육의 방법 등 장애 특수아동교육의 전 과정에 피드백(feedback)으로써 작용하게 된다.

4. 통합교육

가. 통합교육의 정의

통합은 넓은 의미에서 특수아동을 시설에서 지역사회로, 특수학교에서 일반학교로, 또는 특수학급에서 일반학급으로 포함시키는 것을 의미한다. 특수교육 선진국인 미국에서는 1960년대에 이와 같은 통합에 대한 사회적 노력이 시작되었다. 그 후 1970년대의 전장애아 교육법(PL 94-142 : The Education for All Handicapped Children Act)의 제정과 더불어 실천적인 면에서의 통합교육의 움직임이 활발하게 진행되어져 오고 있다. 이 법은 특수아동을 제한적 환경의 극소화(the least restrictive environment)에서 교육시킬 것을 요구하고 있는데 1975년에 제시된 이 전장애아법(PL 94-142)은 다음의 6대 원리로 구성되어 있다.

1) 완전 취학(zero reject)

모든 특수아동은 교육상황에서 무상교육의 기회를 거부당해서는 안 된다.

2) 공정한 평가(nondiscriminatory evaluation)

각 특수아동은 특수교육 프로그램으로 배치되기 전에 문화적 · 언어적 배경에 알맞은 보다 완벽한 개별검사를 받아야 한다(그리고 3년마다 재평가를 받아야 한다).

3) 적절한 교육(appropriate education)

모든 학생(특수교육을 받는)을 위한 적절한 개별화 교육 프로그램(Individualized Education Program : IEP)이 작성되어야 한다.

4) 제한적 환경의 극소화(least restrictive environment)

특수아동은 가급적이면 비장애 아동과 함께 교육받아야 한다. 이 철학은 특수아동 을 적절하다면 가능한 한 정상적 환경(정규학급)으로 보내어 교육을 받게 해야 한다는 것이다.

5) 적법 절차(due process)

이는 교육적 의사결정의 공정성과 의사결정시 전문가와 부모의 책무성을 보장하기 위한 법적 절차이며 부모와 아동의 활동 · 참여 등의 권리를 허용하는 것이다.

6) 부모 참여(parental participation)

IEP에 부모 참여, 특히 부모가 아동에 관한 교육 기록을 볼 수 있는 권리를 허락한다.

이상과 같은 기본 원리를 기초로 통합교육은 꾸준히 발전해 왔다. 특히 그

철학적 기초인 정상화의 원리와 탈수용시설화 같은 사회적 움직임, 그리고 제한적 환경의 극소화와 같은 법적 근거에 의하여 그 발전 속도가 가속화되어 왔다.

Kaufman 등(1975)의 정의에 의하면, 통합은 특수아동을 일반학급에 물리적으로 통합(시간적 통합)하는 것 외에도 학문적(교수활동적 통합), 사회적(사회적 통합)으로도 통합하는 것을 의미한다. 시간적 통합(temporal integration)이란 일정 시간 동안 비장애 아동들과 동일한 교육 환경에 배치하는 것을 의미하며, 교수활동적 통합(instructional integration)이란 일반학급의 학업활동에 의미 있게 참여하는 것을 의미한다. 사회적 통합(social integration)이란 통합되는 학급의 교사와 아동들로부터 학급의 구성원으로 수용되는 것을 의미한다. 진정한 의미에서의 통합이 이루어지기 위해서는 마지막 사회적 통합까지 이루어져야 하는데, 실제로 장애가 가벼운 아동의 경우에는 학급 구성원으로서 완전히 수용되는 단계의 통합까지도 가능한 것으로 보고되고 있다. 그러나 중도 특수아동의 경우에는 장애의 정도나 특성으로 인하여 일반학급의 모든 학업활동에 완전히 참여하기가 어려울 수도 있다.

나. 통합교육의 역사적 배경

장애인 통합의 역사는 30~40년에 불과하다. 그러나 이 시기 동안 통합교육의 발달은 비교적 꾸준하게 이루어져 왔다. 특히 정상화 원리와 같은 철학적 믿음, 탈수용시설화와 같은 사회적 움직임, 최소제한 환경의 의무화와 같은 법률 제정 등에 의해서 그 속도가 가속화되어 왔다(이소현 외, 2000).

1) 정상화

장애인의 사회 통합을 향한 움직임의 가장 기본적인 원리는 정상화 원리(the principle of normalization)이다. 정상화 원리란 문화적으로 정상적인 개인의 행동 및 특성을 형성하고 유지하기 위해서는 가능한 한 문화적으로 정상적인 수단을 사용해야 한다는 철학적인 믿음이다. 1960년대 중반에 스칸디나비아에서 처음으로 주장되었다. 이와 같은 정상화의 원리를 장애인에게 적용하게 되면 장애인을 위한 교육의 목적 및 수단이 가능한 한 비장애인들을 위한 교육의 목적 및 수단과 같아야 한다(Wolfensberger, 1972). 다시 말해서, 장애인들은 가능한 한 정상적인 사회로 통합되어야 한다는 것을 의미한다. 여기서 말하는 교육의 목적에 있어서의 정상화란 장애인을 교육하는 목적이 비장애인의 교육 목적과 마찬가지로 좀더 큰 사회에 적응하고 생활할 수 있게 하는 것이다. 또한 그 방법으로는 장애인들도 가능한 한 비장애인들의 교육 환경과 비슷한 환경에서 교육해야 하며, 비장애인들에게 사용하는 교육방법과 가장 닮은 방법을 사용해야 한다.

정상화 원리의 개념은 특수교육에 있어서 제한적 환경의 극소화(the least restrictive environment)의 개념을 탄생시킨 촉매적인 역할을 했다(Thurman & Fiorelli, 1980).

2) 탈수용시설화

1960년대와 1970년대를 거쳐서 장애인을 시설에 수용하는 것을 강하게 비판하는 사회적 움직임이 일기 시작했는데, 사회운동의 일환으로 이들을 분리된 시설에서 지역사회로 이동시키기 시작한 운동을 탈수용시설화라고 한다. 이러한 움직임은 많은 특수아동들을 가정으로 돌아가게 했으며 지역사회로 통합시키는 결실을 보게 했다.

3) 제한적 환경의 극소화

제한적 환경의 극소화(the least restrictive environment)란 미국의 장애인 교육법(IDEA)에 명시된 법적 용어이다. 이것은 특수아동을 비장애아동, 가정, 지역사회로부터 가능한 한 최소한으로 분리시켜야 한다는 개념이다. 즉, 특수아동의 삶이 가능한 한 '정상적'이어야 한다는 의미로, 특수아동을 위한 교육은 개별적인 필요에 의해서 이루어져야 하지만 절대적인 필요 이상으로 개인의 자유를 침해해서는 안 된다는 개념으로 해석될 수 있다(Hallahan & Kauffman, 1995).

예를 들어, 시간제 특수학급(또는 자료실)에서 충분한 특수교육적 도움을 받을 수 있는 학생을 전일제 특수학급에 배치해서는 안 되며, 일반학교 특수학급에서의 교육이 가능한 학생을 분리된 특수학교나 수용시설에 배치해서는 안 된다는 것이다.

이렇게 특수아동을 제한적 환경의 극소화, 즉 최소한의 제한된 교육 환경에 배치한다는 것은 매우 바람직한 움직임이다. 그러나 이를 실행하는 과정은 개념을 정의하는 것처럼 그렇게 단순하지만은 않다. 미국의 장애인 교육법(IDEA)은 모든 특수아동의 교육에 있어서 제한적 환경의 극소화의 개념을 적용하도록 의무화하고는 있지만 그 실행에 관한 기준을 제시하지 않고 있기 때문에 최소제한 환경을 적용하고 실행함에 있어서 여러 가지 문제가 제기되고 있는 것이 사실이다.

4) 일반교육 주도

1980년대 중반에 Will에 의해서 처음으로 주창된 일반교육 주도(regular education initiative)는 통합교육의 움직임을 가속화하였다. 이것은 일반교육과 특수교육을 하나의 교육체계로 통일함으로써 교육적인 개혁을 시도하겠다는 주장으로 지금까지도 이에 대한 찬반 논의가 진행되고 있다.

먼저 일반교육 주도의 움직임을 찬성하는 사람들은 특수아동을 위한 현행 교육제도가 일반교육과 특수교육의 이중적인 형태를 취함으로써 비기능적, 비효율적, 비경제적이라고 주장한다. 특히 이들은 이중적인 구조로 구성되어 있는 특수교육과 일반교육을 통합함으로써 학생, 교사, 부모, 교육행정가들 모두가 혜택을 얻을 수 있다고 다음과 같이 주장하고 있다.

① 현재 일반교육에 포함되어 있는 장애위험 아동(at risk children)은 하나의 교육체계 내에서 필요한 특수교육 서비스를 받을 수 있게 된다.

② 현재 특수교육을 받고 있는 특수아동들은 불필요한 표찰(labeling)의 부정적인 영향에서 벗어나 바람직한 행동을 관찰하여 학습할 수 있다.

③ 비장애아동들은 모든 사람들이 그 모습과 능력에 있어서 차이가 있다는 사실을 학습할 수 있다.

결론적으로 일반교육 주도의 지지자들은 일반교육이 '모든 유형의 특수아동을

최근의 특수교육 영역에 있어서 가장 활발한 논의가 진행되고 있는 논제 중의 하나는 완전통합(full inclusion)의 개념이다.

완전히' 포함할 수 있음을 주장하고 있다.

그러나 많은 특수교육 전문가들은 일반교육 주도를 통해서 앞에서 설명한 어느 정도의 긍정적인 혜택이 있을 수 있다는 것을 인정하면서도 교육적인 효과에 대해서 다음과 같은 의문점을 제기하고 있다.

① 일반교사들이 특수아동을 충분히 교육할 수 있는 준비가 되어 있지 않다.

② 모든 특수아동들이 장애의 성격이나 정도와는 관계없이 일률적으로 일반학급으로 이동하는 것에 대한 실증을 거친 타당성이 제시되지 않고 있다.

③ 여러 가지 면에서 이질적인 학생들을 대단위 교육 현장에서 효율적으로 교육할 수 있는 방법이 아직 연구되어 있지 않다.

④ 일반교육 주도를 지지하는 증거로 제시되고 있는 특수교육의 효율성에 관한 연구들은 그 방법론적인 면에서 심각한 결함을 지니고 있다.

⑤ 일반학급 교사들이 얼마나 기쁘게 더 많은 특수아동들을 그들의 학급에 수용하려고 할지에 대한 우려가 크다.

5) 완전통합

최근의 특수교육 영역에 있어서 가장 활발한 논의가 진행되고 있는 논제 중의 하나는 완전통합(full inclusion)의 개념이다. 완전통합은 특수아동을 완전한 통합교육에 포함시키기 위해서 일반교육과 특수교육을 통합하려는 움직임으로 간주되고 있다(Yell, 1995).

1980년대 후반에 이르면서 중도 특수아동의 교육에 관심을 가져온 전문가들에 의해서 통합을 의미하는 또다른 용어인 'inclusion'이라는 용어가 사용되기 시작하였다. 완전통합을 주장하는 사람들은 경도 특수아동 뿐만 아니라 중도 특수아동을 포함하는 모든 특수아동을 위해서 일반학급이 가장 적절한 교육 환경임을 강조하고 있다. 이들은 분리교육을 포함하고 있는 현행 특수교육 제도가 아동의 개별적인 필요를 충족시키는 데 실패했다고 생각한다. 그리고 현행 특수교육 제도는 결국 교육 서비스 자체를 분할하는 결과만을 도출함으로써 특수아동에게 불필요한 낙인만 찍고, 아동의 학업적·사회적 발달을 위해서 필요한 풍부하고도 다양한 일반교육 환경으로부터 특수아동을 제외시키고 있다고 주장하고 있다.

그러나 많은 특수교육 전문가들은 완전통합이 특수아동을 위한 단 하나의 적절한 선택이라는 주장에 동의하지 않는다. 이들은 개별 아동의 특별한 필요를 충족시키기 위해서는 특수학급이나 자료실과 같은 기타 선택의 여지가 포함된 연계적인 특수교육 서비스가 갖추어져 있어야 한다고 주장한다. 이들은 또한 일반학급 교사들이 특수아동의 독특한 필요를 충족시킬 수 있을 정도로 준비되지 않았거나 적절한 훈련을 받지 못하고 있다는 현실적인 문제를 지적하고 있다.

이상과 같이 미국에서의 특수교육은 자연스럽게 발전을 거듭하여 '완전통합교육'이란 곧 특수교육이라고 일컬을 정도로 노력을 거듭하고 있다. 그리하여 오늘날 특수교육의 주요 흐름은 탈시설화 통합교육을 추구하게 되었다. 장애인의 정상화라는 대전제를 근거로 통합교육(주류화)은, 정규교육 주도, 그리고 완전통합이라는 일련의 과정을 거치면서 분리교육에서 단계적 통합과정을 거쳐 완전통합에 이르렀다.

우리나라의 경우 비록 법적인 근거는 마련되었다 하더라도 완전통합에까지는 아직도 발전해가야 할 많은 과제를 안고 있다.

다. 통합교육의 발전 방향

1) 통합교육 실행을 위한 개념 정립

통합교육은 장애아동에게 제공되는 교육 서비스 중의 한 형태로 인식되어야 한다. 통합교육의 개념 정립과 실행에 있어서 교육의 장소와 같은 외형적인 면만을 강조함으로분리교육인가 통합교육인가 하는 장소적인 배치 문제만을 부각해서는 안된다. 통합교육은 특수교육의 연속적인 서비스 체계 내에서 인정되고 선택됨으로써 프로그램의 질적인 면이 강조되어야 한다. 특수 아동의 교육적 배치는 제한적 환경 극소화의 기본적인 원칙에 따라서 개별 아동의 필요를 기초로 결정되어야 한다. 모든 아동이 자신의 개별성을 근거로 적절한 교육을 받기 위해서는 통합교육과 더불어 특수교육의 연속적인 서비스 체계가 병행되어야 한다. 미국의 특수교육 및 재활 서비스를 담당하는 정부기관(OSERS : Office of Special Education and Rehabilitative Service, 1986)은 통합을 다음과 같이 정의함으로써 이러한 견해를 뒷받침하고 있다.

① 장애의 정도와 관계없이 모든 특수 아동을 일반교육기관에서 교육한다.
② 일반교육기관에서 특수교육 서비스를 제공한다.
③ 일반교사와 행정가들을 지원한다.
④ 장애학생과 비장애학생이 동일한 시간표에 따라 교육받는다.
⑤ 장애학생을 가능한 한 많은 수업과 기타 활동(예 : 음악, 미술, 체육, 현장 견학, 졸업식)에 참여하게 한다.
⑥ 장애학생이 비장애학생과 같은 시간에 식당, 도서관, 운동장, 기타 학교 시설을 사용하게 한다.
⑦ 장애학생과 비장애학생 간의 보조자나 친구의 관계가 형성되게 한다.
⑧ 적절한 경우에는 장애학생이 일반 지역사회 환경에서 교육받을 수 있도록 한다.
⑨ 모든 아동이 인간의 차이점을 이해하고 수용하도록 가르친다.
⑩ 장애가 없었다면 입학했을 학교에 입학시킨다.
⑪ 부모의 관심을 진지하게 수용한다.
⑫ 적절하고도 개별적인 교육 프로그램을 제공한다.

2) 성공적인 통합교육 실행을 위한 과제

성공적인 통합교육 프로그램을 운영하기 위해서는 우선적으로 직면하고 있는 문제들을 분석하고 해결하고자 하는 노력이 있어야 한다. 현재 통합교육의 질적 향상에 걸림돌이 되고 있는 몇 가지 문제들과 이를 해결하기 위한 노력은 다음과 같이 네 가지로 정리될 수 있다(이소현 외, 2000).

(1) 일반교육과 특수교육의 '공동 주인의식' 형성

교육에 관련된 모든 교육 전문가들의 통합에 대한 태도는 실질적으로 장애아동 통합교육의 성패를 좌우하는 요인으로 작용한다(Odom & McEvoy, 1990 ; Brady, McEvoy, Gunter, Shores, & Fox, 1984). 따라서 성공적인 통합교육을 위해서는 아동의 교육과 관련된 모든 사람들, 특히 교육행정을 주도해 나가는 행정가들의 통합교육에 대한 긍정적인 태도 및 책임의식이 반드시 따라야 한다. 이러한 궁극적인 태도와 책임의식은 결과적으로 바람직한 통합교육 제도(예 : 적절한 특수교육 지원 체계)를 확립할 것이다. 나아가서는 교육에 직접 참여하는 일반교사와 특수교사들의 프로그램 성패에 대한 태도와 자신감에 직접적인 영향을 미치게 될 것이다. 그러므로 교육 체제의 운영에 있어서 행정적인 차원에서의 장애아동에 대한 올바른 이해와 장애 아동교육에 대한 일반교육 및 특수교육의 공동 주인의식(joint ownership)이 선행된다면 통합교육의 성공적인 실시를 기대할 수 있을 것이다.

(2) 교사의 자질 향상 및 상호 협력

현행 교원 양성 제도를 살펴보면 특수교사들은 특수교육에 대한 훈련만을 받는 반면에 일반교사들은 장애아동을 평가하고 교육시킬 수 있는 훈련을 거의 받지 못하고 있는 실정이다. 이러한 교육 제도는 통합교육의 성공적인 실시를 방해하는 결정적인 요소로 작용한다. 먼저 통합교육 현장에서 주도적인 역할을 담당해야 하는 일반교사들의 장애아동에 대한 인식이 낮고 그 전문성에 있어서 제대로 준비되지 않았다는 사실은 통합교육의 커다란 걸림돌이 되고 있다. 이러한 문제를 해결하기 위해서 유치원 교사 양성과정에 '특수교육' 과목을 포함시키는 대학이 증가하고 있고(이소현, 1995), 1993년부터 교육대학에 '특수교육' 과목이 필수로 지정되는 등의 자구적인 노력이 기울여지고 있는 것이 사실이다. 그러나 교원 양성과정에서 모든 예비교사들이 장애아동 교육과 관련된 일정 학점 이상의 과목을 이수하고 현장 실습을 하는 등의 통합교육을 전제로 한 좀더 본질적이고 적극적인 해결책이 뒤따라야 할 것이다. 뿐만 아니라, 특수교사 양성과정에서도 특수아동을 직접적으로 가르치는 직접 교수적인 면에만 치중해서는 안된다. 통합 환경에서 일반교사를 지원하고 함께 협력적으로 교육 프로그램을 운영해 나가는 방법론적인 면을 강조해야 한다. 이와 같은 노력을 통해서 일반교사와 특수교사의 통합교육을 위한 자질적인 향상이 이루어지고, 상호 협력 관계가 잘 이루어진다면 통합교육 프로그램의 성공적인 운영을 기대할 수 있을 것이다.

(3) 기존의 통합교육 프로그램의 질적 향상을 위한 노력

통합교육은 지금까지 여러 가지 다양한 형태로 이루어지고 있다. 그러나 무조건적인 실행이나 양적 확장만이 중요한 것은 아니다. 진정한 의미에서 통합교육이 성공하기 위해서는 프로그램의 질적인 면에 대한 지속적인 평가가 있어야 한다. 또한 평가를 기초로 하는 개선 작업과 새로운 방법론적 모형의 개발이 뒤따라야 한다. 이를 위해서는 먼저 통합교육 프로그램의 효과를 검증하는 연구가 이루어져야 하며, 연구 결과를 통해서 시행착오적 측면을 개선하고 또다시 검증하는 순환적인 노력을 기울여야 한다.

또한 모든 교육 프로그램이 그러하듯이 실시하는 것만으로는 그 목적을 달성하였다고 할 수 없다. 마찬가지로 통합교육 프로그램도 그 효과를 평가함으로써 프로그램이 의도한 방향으로 효과적으로 진행되고 있는지를 살펴보아야 한다. 통합교육 프로그램의 효과를 평가하는 것은 단순한 작업이 아니다. 통합교육 프로그램의 효과를 평가하기 위해서는 프로그램의 직접적인 수혜자인 장애아동과 비장애아동, 프로그램 실시의 주체자인 일반교사, 프로그램을 지원하는 특수교사를 모두 포함하여 이들에게 미친 영향을 알아보아야 한다. 〈표 2-2〉는 통합교육 프로그램의 평가를 위해서 구체적으로 제시할 수 있는 평가 항목들을 보여주고 있다.

표 2-2 통합교육 프로그램 평가를 위한 평가 항목들

대상자	평가 항목
장애아동	· 일반학급에 배치됨으로 어떤 영향을 받았는가? · 교사와 또래들에 의해서 수용되었는가? (수용되지 못했다면, 자존감의 측면에서 어떠한 결과가 있었는가?) · 주요 학문적, 사회적, 직업 기술 영역에서 충분한 향상을 보일 정도로 교수(시간제 특수교육 서비스를 포함해서)가 제공되었는가? · 아동의 일생을 고려할 때 통합교육 프로그램이 미친 영향은 무엇인가? · 통합교육 프로그램이 지역사회 통합에도 영향을 미쳤는가?
비장애아동	· 장애아동과의 통합을 통해서 얻은 사회적, 개인적 혜택은 무엇인가? · 통합교육 프로그램으로 교수의 변화가 있었는가? · 교사가 장애아동에게 관심을 기울임으로 교수의 질이 저하되었는가? · 교사가 교육적인 문제를 해결하기 위한 새로운 기술을 습득함으로써 전반적인 교수의 질이 향상되었는가?
비장애아동	· 장애아동과의 통합을 통해서 얻은 사회적, 개인적 혜택은 무엇인가? · 통합교육 프로그램으로 교수의 변화가 있었는가? · 교사가 장애아동에게 관심을 기울임으로 교수의 질이 저하되었는가? · 교사가 교육적인 문제를 해결하기 위한 새로운 기술을 습득함으로써 전반적인 교수의 질이 향상되었는가?
일반교사	· 통합교육 프로그램은 교사에게 궁극적인 경험이었는가? 아니면, 시간과 노력의 부담이 과도한 경험이었는가? · 장애아동의 통합을 통해서 아동의 개별적인 차이를 더 잘 이해할 수 있게 되었는가? · 충분한 지원 서비스를 받았는가? 또한 언제, 어떻게 지원 서비스를 받을 수 있는지에 대해서 잘 알고 있는가? · 학생들을 가르치고 연습·학습시키고, 행동을 통제하는 능력에 있어서 통합교육 프로그램이 어떤 영향을 미쳤는가?
특수교사	· 직접적인 교수 기능 이외의 상담, 진단, IEP 작성 등의 역할이 어떻게 변했는가? · 특수교육 프로그램이 과외학습과 같은 일반교육 프로그램을 보조하는 역할만을 수행하였는가? · 대부분의 특수교사들이 수행하는 상담의 기능은 효과적이었는가?

프로그램의 효과를 평가하는 것 외에도 컴퓨터 등의 진보된 기술의 적용, 보조 인력의 효율적 활용, 통합교육의 성과를 예측할 수 있는 진단 방법의 개발(Dardig, 1981 ; Wood & Miederhoff, 1989), 특수학급에서 학습한 기능적인 기술을 일반학급에서 일반화하고 유지하게 하는 방법론적인 개발(Anderson-Inman, 1987), 현재 사용하고 있는 여러 가지 교수방법들에 대한 실증적인 검증 등의 지속적인 노력을 통해서 통합교육 프로그램의 궁극적인 질적 향상을 가져올 수 있을 것이다.

(4) 학교에서 성인기 사회로 연결되는 통합

성공적인 통합교육을 주도하기 위해서 마지막으로 해결해야 하는 과제는 통합교육 프로그램에서 교육받은 장애아동이 학교를 떠나 사회에 진출했을 때 진정한 의미의 사회적 통합으로 연결될 수 있는가 하는 문제이다. 통합교육 프로그램을 통해서 교육받은 장애아동이 진정한 의미에서의 직업적 · 사회적 기술들을 습득하여 교육과정을 다 마친 후에 일반 사회에 수용된다면 구조화된 사회에서는 통합이 가능하였으나 성인이 되어서 사회에 제대로 적응하지 못한다면, 그것은 통합교육 프로그램 자체에 문제가 있는 것으로 해석해야 한다. 그러므로 진정한 의미에서 통합교육 프로그램이 성공하기 위해서는 현재의 통합 환경에서의 적응과 성취만을 생각해서는 안 되며, 그 이후의 환경인 삶의 현장에서의 궁극적인 통합이 함께 고려되어야 한다.

CHAPTER 03

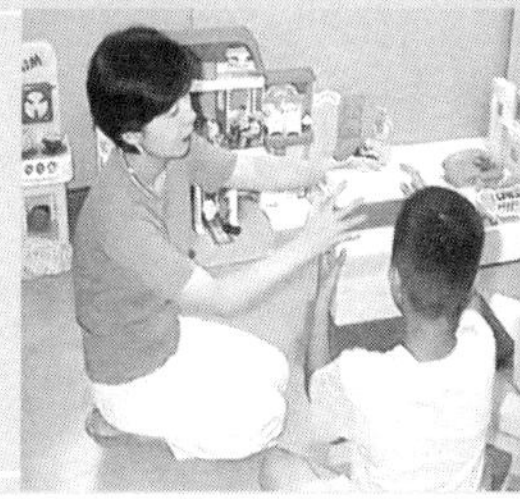

정신지체 및 발달장애 교육

1. 정신지체에 대한 이해

가. 정신지체의 정의

정신지체에 대한 용어 규정은 상당히 많은 논의가 있으나 일반적으로 정신박약, 정신장애 등의 용어로 사용되어 왔다. 미국의 경우 초기에는 정신박약으로 사용하다가 근래에 와서는 정신지체로 사용하고 있다. 초기에는 교육적 치료가 불가능하다는 데서 정신박약이라는 용어를 사용했으나, 의학 · 심리학 · 교육학이 발달함에 따라 교정이나 치료가 가능하다는 입장에서 정신지체라는 용어를 사용하게 되었다. 정신지체라는 개념 속에는 비록 지능의 발달이 늦다고는 하나 교육이 가능하며, 교육을 통해 개개 아동이 가지고 있는 소질을 개발할 수 있다는 가능성이 내포되어 있다.

정신지체에 대한 용어들은 대부분 지적 측면이 지나치게 강조됨으로써 지능검사의 결과를 놓고 정신지체로 분류하면 지적 기능의 손상뿐만 아니라 지적 기능과 관련된 다른 행동 특성에도 손상이 나타난다고 생각한다. 그러나 근래에 와서는 이런 생각이 많이 바뀌었다.

정신지체의 정의에 관한 문헌들은 많이 있으나 그 중에서 매우 유용하고 또 일반적으로 받아들여지고 있는 정의는 미국정신지체협회(American Association on Mental Deficiency ; AAMD)가 제시하고 있는 정의이다. 이 협회의 정의에 의하면 정신지체(mental retardation)란 발달기에 야기되고, 적응 행동에 결함을 수반하는 동시에, 일반적 지적 기능이 상당히 낮다는 것이다.

이 정의에서, 지적 능력이 분명히 평균 이하인지의 여부를 결정하기 위해서는 정신지체로 의심이 되는 아동에 대해서 신뢰성이 높은 지능 검사를 실시해야 하며, 정신지체의 원인 규명을 위해 발달기의 상태를 조사해야 하고, 생활환경 속에서 개인이 직면하는 여러 문제를 해결하는 방법이나 사회적 행동 규범에 따른 적응 방식을 진단하기 위하여 적응 행동(adaptive behavior)을 조사해 보아야 한다.

따라서 정신지체의 특성을 다음과 같은 3가지 측면에서 살펴볼 수 있다.

1) 정신지체는 발달기에 야기된다.

정신지체는 발달기, 즉 18세 이전에 정신지체가 일어난 경우에 한한다. 나이가 많아지면서 야기되는 지적 기능의 퇴화로 지적 능력이 낮아진 것은 정신지체로 볼 수 없다. 발달기의 상한이 18세이지만 실제로 정신지체가 발생하는 시기는 5세 이전이 많다. 또 나이가 어리면 어릴수록 손상을 입을 가능성이 높고 이 때 손상을 입게 되면 결정적인 것이 된다. 특히 임신 초인 태아기에 손상을 입으면 매우 무거운 장애를 입게 된다.

2) 적응행동의 결함을 가진다.

Heber는 적응행동을 자연적 · 사회적 요구에 대처해 나가는 개인의 능력이라고 하면서, 적응행동의 결함은 성숙, 학습, 사회적 적응이란 3가지 측면에서 나타난다고 했다. 적응행동의 내용은 나이에 따라 달라진다. 학교에 입학하기 전 연령에서는 성숙이, 6세에서 18세까지 학교에 다니는 연령에서는 학습이, 학교를 졸업하여서는 사회적 적응이 주된 내용이 된다.

성숙은 아동이나 아동 초기의 자립, 즉 앉기, 서기, 걷기, 말하기, 습관 훈련, 또래집단과 사귀기 등의 계열적 발달 특성으로서 출생 후 몇 년 간의 적응행동이 이러한 범주 내에서 평가되는 데, 이 시기의 적응행동은 성숙이 주가 되고 학습이나 사회적 적응은 거의 문제가 되지 않는다. 아동의 발달이 이런 영역에서 늦어지기 시작하면 정신지체가 아닌가 의심해 볼 필요가 있다.

학습은 경험적 기능으로 지식을 획득하는 능력이다. 학습의 곤란은 학습 장면에서 뚜렷이 나타나지만 정도가 가벼우면 학교에 입학하기까지는 거의 나타나지 않는다. 학교에 입학하여 읽기나 쓰기 공부에서 실패할 때부터 문제를 의식하게 된다. 학습에서 문제가 발생하고 지능에 지체가 있을 때 정신지체로 분류된다.

사회적 적응은 성인기의 정신지체를 정의하는 데 특히 중요하다. 이것은 지역사회나 직장에서 독립할 수 있는 개인의 능력이며, 다른 사람과 교제하고 사회적 책임을 지며 지역사회에 배치되었을 때 독립된 개체로 살아 나가는 능력을 의미한다.

3) 평균 이하의 지적 기능을 가진다.

이것은 표준화 지능 검사에서 동일 연령자 중 97~98%의 아동들이 획득하는 지능보다 낮은 지능을 가지고 있는 경우이다. 정상분포곡선에서 -2δ 이하에 속하는 지능을 가지고 있는 경우로 전체 집단의 2.27%에 해당된다. 그러나 실제 조사에서는 약 3%가 정신지체의 범위에 있는 지능을 가지고 있는 것으로 나타나고 있다(그림 3-1 참조).

적응행동에 대한 개념이 규정된 이후 적응행동은 지적 기능과 함께 정신지체를 판별하는 2대 요인 중의 하나가 되었다. 1973년 미국정신지체협회의 정신지체에 대한 정의는 지적 기능과 적응행동의 관계를 더욱 분명하게 연결시켜 놓은 것이 특색이다. 이러한 관계는 [그림 3-2]와 같이 나타낼 수 있다. 지능이 수준 이하라 하더라도 적응행동에 이상이 없는 한 정신지체로 규정하지 않는다.

따라서 지능과 적응행동에 다 같이 결함이 있을 때만 정신지체로 판정한다.

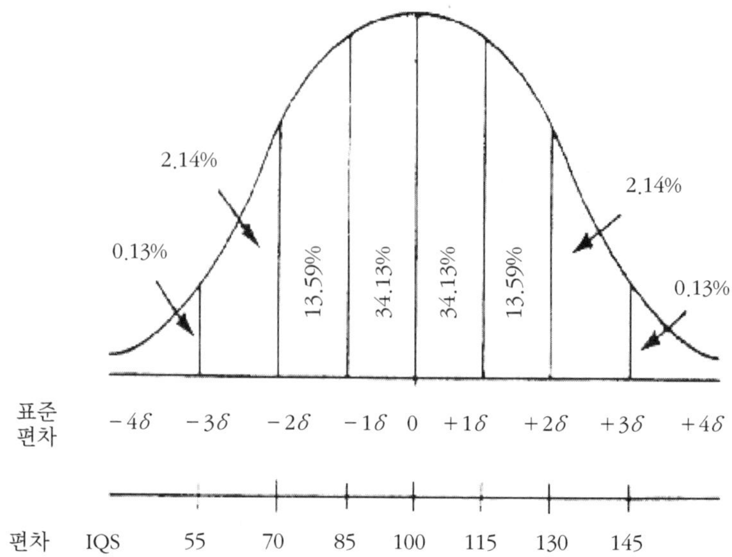

그림 3-1 IQ Scores의 이론 분포

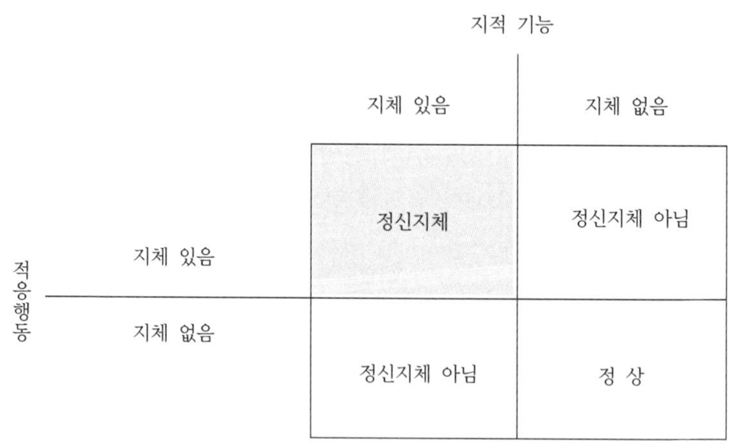

그림 3-2 정신지체의 판별

정신지체에 대한 새로운 정의는 중요한 패러다임의 전환을 의미한다. 정신지체를 정의하는 개념적 모델이 종래의 원인 중심의 의학적 모델이나 지적 기능중심의 심리학적 모델에서 벗어나 일상생활 수행기술을 강조하는 기능적 모델이라는 변화된 시각을 반영하고 있다.

또한 정신지체란 현재 기능에서의 실질적인 제한성을 지칭한다는 것은 사고의 중대한 전환을 의미한다. 즉, 정신지체를 하나의 특성으로 보지 않고 기능화의 한 상태로 보게 됨으로써 정신지체의 개념 발전을 확장시키고 특성 측정의 강조점으로부터 일상생활에 있어서 실제 가능성이라는 강조점으로 바뀌었다. 따라서 정신지체라는 개념구조의 3가지 중심 요소는 수행능력, 환경, 기능화이다.

이런 정의의 특징은 환경의 중요성과 그것이 기능화에 미치는 영향의 중요성을 강조한 점에 있다. 특히 포괄적이었던 적응행동을 10가지의 적응 기술 영역으로 구체화하고 지적 기능의 제한성과 적응행동의 제한성 간의 관계와 개인과 환경 간의 상호작용 그리고 지역사회에서의 기능화 향상에 필요한 지원의 강도를 강조하고 있다.

나. 정신지체의 분류

정신지체를 여러 하위군으로 분류하는 주된 목적은 정신지체 아동의 각기 다른 능력에 적절한 교육, 교육 프로그램을 강구하기 위함이다. 특수아동 개개인간에는 물론 개인 내에 있어서도 여러 가지 능력의 차가 크게 나타나기 때문에 한 아동을 하나의 범주 내에 고정적으로 분류할 수 없고 또 항시 어느 하나의 범주 내에 위치하고 있다고 볼 수도 없다.

여기서는 정신지체를 동질군적 특성을 가지고 있는 하위군으로 분류하여 사회 · 심리학적인 관점과 교육적인 관점에서 살펴보고자 한다.

1) 사회 · 심리학적 분류

현재 널리 쓰여지고 있는 정신지체의 분류 방법은 미국정신지체협회(AAMD)가 제시하고 있는 것으로, 여기서는 정신지체를 경도(mild), 중도(moderate), 중도(severe) 및 최중도(profound)로 분류하고 있다. 이러한 분류 방법은 그 용어가 대상 아동의 능력 특성과 결부되어 있다.

Heber에 의해 정신지체는 다음의 〈표 3 - 1〉과 같이 분류되었는데, 이것은 지능의 표준편차에 따라 분류한 것으로서 단순히 그 정도를 표현한 것이 특색이다.

표 3-1 지능 정도에 의한 정신지체 분류

정도의 구분	편차의 단계	표준편차 범위	IQ scores(SD 15)
경계선	-1	-1.01 ~ -2.00	70 ~ 84
경도(輕度)	-2	-2.01 ~ -3.00	55 ~ 69
중도(中度)	-3	-3.01 ~ -4.00	40 ~ 54
중도(重度)	-4	-4.01 ~ -5.00	25 ~ 39
최중도(最重度)	-5	〈 -5.00	25 이하

〈표 3 - 1〉과 [그림 3 - 2]에서 볼 수 있는 바와 같이 경계선급은 평균으로부터 -1δ~-2δ 사이, 즉 IQ 70~84의 범위에 있고, 경도 정신지체는 -2δ~-3δ 사이, 즉 IQ 55~69의 범위에 있으며, 중도(中度) 정신지체는 IQ가 40~54의 범위에 있는 것으로 평균보다 -3δ~-4δ 내의 범위에 있다. 중도(重度) 정신지체는 IQ 25~39로서 평균보다 -4δ~-5δ 내의 범위에 있고, 최중도 정신지체는 지능이 가장 낮은 군(群)으로서 IQ가 25 이하이고 표준편차 값이 평균보다 5단계 낮다.

2) 교육적 분류

교육적인 목적에 의해 일반적으로 지능 지수가 75 이하이면 정신지체로 인정하지만 IQ가 75 이하인 경우라 하더라도 그 능력의 차이가 너무 크기 때문에 이를 보통 3군(群)으로 나눈다.

즉, 교육가능급 정신지체(IQ 50, 55~75, 79 : AAMD 분류에서 경도 정신지체에 해당), 훈련가능급 정신지체(IQ 30, 35~50, 55 : AAMD 분류에서 중도(中度) 정신지체에 해당), 완전 의존/보호급 정신지체(IQ 25, 30 이하 : AAMD 분류에서 중도(重度) 정신지체에 해당)로 분류된다.

이러한 분류에 따라 Kirk와 Gallagher는 각각의 특성을 다음과 같이 제시하고 있다.

(1) 교육가능급 정신지체

교육가능급 정신지체 아동은 일반학교 교육만으로는 충분한 성장·발달의 가능성을 예견할 수 없지만 다음과 같은 3가지 영역에서 발달 가능성을 가지고 있다.

① 최소 수준에서 이론 교과를 배울 수 있다.

② 지역사회에서 독립해서 살아갈 수 있는 사회적 적응을 배울 수 있다.

③ 성인으로서 부분적 또는 전체적으로 자활할 수 있을 정도의 직업적 능력을 배울 수 있다.

대부분의 아동기나 아동 초기에는 지체된 것이 거의 인식되시 않는다. 일반적으로 취학 전 연령에서는 아이에 대한 기대를 지적인 내용에다 크게 두지 않기 때문에 성숙이나 정신적 성장 등을 주의 깊게 살펴보아야만 지체된 것을 알 수 있다. 대체로 이들은 학습 능력이 사회적 기대의 중요한 부분이 될 때 학교에서 처음으로 판별될 수 있다. 대부분의 경우 지체의 원인을 설명할 수 있는 명백한 병리학적 상태는 없다.

(2) 훈련가능급 정신지체

훈련가능급 정신지체 아동은 교과의 학습이 곤란하고 성인이 되었을 때 사회에서의 독립이 어려우며 감독이나 도움없이 완전한 자활의 기초가 되는 충분한 직업적 능력을 획득할 수 없다. 그러나 다음과 같은 4가지 영역에서 학습할 수 있는 능력을 가지고 있다.

① 자립(self-helf skill : 옷 입고 벗기, 화장실 이용하기, 음식 먹기 등)

② 가정, 학교, 이웃에서 겪는 일반적인 위험으로부터 자신을 보호하는 능력

③ 가정이나 이웃에서 요구되어지는 사회적 적응(역할 분담, 소유권 존중, 가족과 이웃에 협동하기 등)

④ 가정이나 보호된 환경에서 일을 도움으로써 얻게 되는 경제적 유용성에

관한 지식

대부분의 경우들은 말하기, 걷기 등에서 현저하게 뒤지기 때문에 아동기나 아동 초기에 지체된 것을 발견할 수 있다.

(3) 완전 의존/보호급 정신지체

완전 의존/보호급 정신지체 아동은 정규의 교수 방법으로는 지도가 곤란한 중도(重度) 장애아동이다. 그들 중에는 정신지체 외에 뇌성마비와 청력 손실 등 중복장애를 수반하고 있는 경우가 많다. 이들은 중도의 정신지체 때문에 자기 보호, 사회화, 경제적 유용성 등의 능력을 배울 수 없으며 자신의 욕구를 충족시키기 위해서 계속적인 도움을 필요로 한다. 또한 다른 사람의 도움 없이는 살아갈 수 없기 때문에 일평생 완전한 보호와 관리를 필요로 한다.

다. 정신지체의 원인

정신지체의 원인만 규명된다면 예방 조치가 가능할 것이므로 그 발생을 예방하려는 의도에서 원인에 관한 연구가 이루어져 왔다. AAMD에서는 정신지체의 원인을 다음의 〈표 3－2〉와 같이 분류하고 있다. 여기에서는 정신지체의 원인을 크게 5가지로 분류해서 살펴보고자 한다.

1) 유전적 원인

20세기 초까지만 해도 유전에 의한 정신지체의 발생이 대단히 높다고 생각했으나 근래에 와서는 생화학이나 유전학의 발달로 지금까지 알지 못하던 많은 원인을 밝혀 냄으로써 유전에 의한 정신지체의 발생률은 매우 낮아지고 있다. 유전적 소질이 결정되는 복잡한 관계는 현대 의학이나 유전학적 지식으로도 완전하게 설명할 수 없으나 유전이 존재한다는 것은 인정할 수 있다. 한편 유전적 질병이나 소질을 자녀에게 전달함으로써 태아기나 영·아동이기에 정신지체의 현상이 나타

표 3-2 정신지체의 원인(AAMD의 의학적 분류 : Grossman)

유 형	예
감염과 중독	풍진, 매독, 톡소플라즈마증, 단순포진, 박테리아와 비루스 감염, 약, 독물, 담배, 카페인, 알코올, 납
외상 또는 신체적 원인	저산소증, 방사선 조사, 외상
신진대사와 영양 장애	지질 저장병(흑내장성 가추성, 지방성 연골 이영양증), 탄수화물 대사장애(갈락토스혈증, 저혈당증), 아미노산 장애(페닐케토뇨증), 내분비 이상(갑상선 이상), 기타(prader-will증후군)
출생 후 중증 뇌질환	신경섬유종증, 스터지 웨버병, 결절성 뇌경화증, 헌틴톤 무도병
원인불명의 출생 전 영향	무뇌증, 소두증, 아페르 증후군, 수막척수낭류, 수두증
염색체 이상	Cri-du-chat, 다윈 증후군, 크레인 펠타 증후군
태아기 발병	조산, 만산, 난산, 체중 과다
정신병적 이상	정신 이상
환경적인 영향	심리 · 사회적 불리한 조건, 감각기관 상실

나는 경우도 있다. 생화학자들은 선천적으로 이상 조건이 생기게 되는 탄수화물, 지방, 아미노산 등의 화학 물질을 밝혀 내었다. 그 중 생화학적 이상과 염색체 이상에 대해서 살펴보고자 한다.

(1) 페닐케톤(phenylketon) 요증(尿症)

이것은 아미노산 대사의 이상으로 인해 정신지체를 일으키는 유전성 질환이다. 1934년에 노르웨이의 Falling이라는 의사가 발견한 것으로, 페닐케톤 요증(PKU)은 10만명 가운데에 4명이 출현되고, 정신지체 700명 중 1명이 이 병에 기인했음이 밝혀졌다.

PKU는 요(尿)분석으로 조기에 진단이 가능하며, 페닐알라닌(phenylalanine) 수산기(水酸基)에 결함이 있음이 밝혀졌다. 신진대사 이상은 열성 유전법칙에 따라 유전된다. 만약 부모가 모두 이 유전자를 가지고 있다면 자녀 4명 중 1명은 PKU가 될 수 있다. 만일 조기에 진단이 되어 페닐알라닌이 없는 음식을 먹이면 대뇌에 미치는 나쁜 영향이 줄어들어 정신지체를 예방할 수 있다. 따라서 이

병에 의해 정신지체가 되는 것은 음식물의 조정으로 충분히 예방이 가능하다.

(2) 갈락토스(galactose) 혈증(血症)

이것은 탄수화물 신진대사 이상이 정신지체의 원인이 되는 병으로서 열성 유전이 된다. 이 병이 있으면 출산 초기에 황달, 발달 지체 등의 문제가 나타나고 조기에 백내장이 보이기도 한다. 출산 초기에 요(尿) 검사를 통해서 조기 발견이 가능하며, 조기에 발견하여 갈락토스가 없는 음식을 먹이면 이 증상이 감소하거나 나타나지 않게 되어 정신지체를 예방할 수 있다.

(3) 염색체 이상

염색체 이상에 의해 정신지체를 유발하는 유전적 조건 중에 가장 두드러진 것이 다운 증후군(Down's syndrome)이다.

염색체 이상에 의해 정신지체를 유발하는 유전적 조건 중에 가장 두드러진 것이 다운 증후군(Down's syndrome)으로서 약 100여 년 전 L. Down에 의해 처음 발견되었다. 이 증상의 외형이 흡사 몽고인을 닮았다고 하여 몽골리즘(Mongolism)이라고 명칭을 붙이기도 했으나, 굵은 주름살을 제외하고는 몽고인과 닮은 곳이 없어 그 명칭이 적합하지 않다고 하여 현재는 다운 증후군이라 부르고 있다.

이 증상은 출산시에 진단이 가능하다. 성숙 단계에 이르러서는 IQ가 20~60의 범위에 있으나 대부분은 IQ 30~50 사이에 있는 훈련가능급 정신지체이다. 정상인에게는 23쌍의 염색체가 있는데, 다운 증후군에게는 23쌍 46개의 염색체보다 1개 더 많은 47개의 염색체를 지니고 있음이 발견되었다. 이들은 염색체 21번이 쌍으로 되어 있지 않고 삼엽, 즉 3중 염색체(trisomy)로 되어 있다.

다운 증후군은 인구 1,000명 중 1~2명이 출현되는데 그 대부분은 삼엽염색체이다. 현재로서는 그 원인이 분명하지는 않지만 산모가 35세 이후에 아기를 초산할 때 출현율이 높은 것으로 보여진다. 이것은 산모의 경우 나이가 들수록 신진대사 작용이 활발하지 못하여 유전적 분리가 잘 일어나지 않기 때문이라고 본다. 또 다른 염색체 이상은 염색체의 일부분이 파괴되어 있는 경우와 모자이크형이 있다.

다운 증후군은 다음의 3가지 유형으로 분류된다.

다운 증후군의 개선 전후의 모습

1 trisomy type

이것은 염색체 배열의 21번째가 짝이 아니라 3쌍이다. 이것은 가장 흔한 다운 증후군이며 고연령의 산모가 출산한 아기에게서 많이 나타난다. 유전되는 것은 아니다.

2 translocation type

하나 많은 염색체가 13번째 또는 15번째의 염색체 쌍에 융화된다. 이 형은 그리 많지는 않으며 어느 연령층의 산모에게서도 나오며 유전된다.

3 mosaicism type

하나 더 많은 염색체가 신체의 특정 부위에서만 적출된다. 이것은 가장 드문 형이며 비교적 지능이 높다.

이들의 평균 지능 지수를 보면, trisomy type 40.1, translocation type 43.5, mosaicism 65이었다.

2) 출산 전의 원인

생명체가 싹트기 시작할 때 환경의 영향을 가장 많이 받기 때문에 임신했을 때는 외부의 환경에 대해서 매우 민감하다. 정신지체아의 출현에 있어서 산전에 중요하게 영향을 미치는 몇 가지 요인을 살펴보고자 한다.

(1) 풍진(風診)

이것은 1940년대 초에 발견되었는데 임신 초 3개월 내(태아기)에 임산부가 풍진에 감염되면 태아는 정신지체를 포함해서 여러 가지 선천적 결함을 가지게 된다. 초기의 보고는 임산부의 풍진 발병에 의한 결함 아동이 많이 출현된다고 지적했으나, 풍진에 걸린 임산부 중 17~24%만이 태아에게 결함이 있었고 나머지는 결함을 입지 않았던 것으로 나타났다.

오늘날에는 풍진 바이러스가 분리되어 예방약이 개발됨으로써 앞으로는 풍진에 의한 정신지체의 출현은 감소 내지는 배제될 것으로 예측된다.

(2) Rh인자

부모의 혈액형이 불일치함으로 정신지체가 출현되는 경우가 있다. 이것이 문제가 된 것은 원숭이를 실험해본 결과 피 속에는 Rh(Rhesus) 인자가 있음을 발견했을 때부터이다. 이에 대한 조사에 의하면 전 인류의 86%가 Rh+이고 14%가 Rh-라고 한다. Rh+와 Rh-는 양립할 수 없다. 그 이유는 혈액 세포를 응고시켜서 유착되게 하고 그래서 미숙한 혈액 세포가 골수에서 자라지 못하게 하기 때문이다.

아버지가 Rh+이고 어머니가 Rh-인 경우에 태아가 Rh-이면 모체에 항체가 생겨 첫 번째 아기도 위험하지만, 특히 두 번째 임신부터는 아기에게 중증황달이 발생할 가능성이 높고 이러한 증상이 있는 아이는 저능아가 된다.

3) 출산시 원인

출산시라고 하면 출산 직전과 출산 과정을 말하는 것으로, 주로 출산시의 손상, 질식, 조산 등이 그 원인이 된다. 뇌손상의 진단은 아동이 성장해서 정신적으로 지체될 때까지는 정확하게 나타나지 않는다. 지적 지체에 대한 구체적 상황을 파악하지도 못하고 단지 분만 시간이 길었다든가 분만 곤란, 역산이라고 해서 뇌손상으로 진단해서는 안 된다.

뇌손상의 특수형은 가사(假死)로서 출산시 뇌의 산소 결핍으로 일어난다. 난산이나 기타 이유로 분만 시간이 길어지면 태아가 산도에 오래 머물게 되며, 이로 인해 산소 결핍증이 일어나게 된다. 산도의 압력으로 태아의 뇌에 혈액이 흘러 들어가지 못하게 되므로 자연히 산소 공급이 두절되고, 이러한 상황이 계속되면 뇌에 돌이킬 수 없는 장애가 발생하게 된다.

조산이 정신지체의 원인이 되는 경우도 있다. 조산의 경우 정상아에 비해 체중이 크게 떨어지는데, 이 경우 체중이 문제시되는 이유는 신생아의 뇌의 무게는 체중의 12% 정도가 되므로 9개월된 신생아의 체중을 2,200g 이라고 하면 뇌의 무게는 250g 정도로서 정상아의 뇌의 무게 350g 정도에 비하면 100g 가량이나 적다. 그런데 뇌의 무게가 적어지면 그만큼 대뇌 활동이 약화되기 때문에 정신지체가 될 가능성이 높아진다.

4) 출산 후의 원인

아동이 태어나면 뇌를 손상시키는 요인들에 영향을 받는다. 뇌염은 특수 바이러스에 의해 중추신경에 염증이 발생한 것인데 전염성 질환으로 치명적이라 할 수 있다. 또 뇌막염은 농 · 맹의 원인이 되기도 하지만 정신지체의 중요한 원인이 되기도 한다.

그 외에도 영아기에 영양 장애로 인한 정신지체의 발생이 가능하며 뇌 외상도 중요한 변인이 되고 있다.

5) 문화적 요인

이상에서 살펴본 정신지체의 원인 외에 최근에는 사회 문화적 원인이 크게 부각되고 있다. 사회 경제적 여건이 정신 발달에 영향을 미친다.

표 3-3 사회 계층별 정신지체 출현

(1,000명 중)

사회 · 경제적 수준	교육가능급 (IQ 50～75)	훈련가능급 (IQ 25～50)	완전 의존/보호급 (IQ 25 이하)
상 류	10	4	1
중 류	25	4	1
하 류	59	4	1

〈표 3 - 3〉에서, 완전 보호급이나 훈련가능급 정신지체 아동은 사회 · 경제적 여건에 관계없이 같은 비율로 출현되지만, 교육가능급은 상류에 비해서 중류는 2.5배, 하류는 5배나 더 많이 출현되고 있다. 훈련가능급 이하의 정신지체는 유전성 질병이나 감염, 외상 등의 요인으로 발생하기 때문에 사회 계층과 크게 관계가 없다. 그러나 교육가능급 정신지체는 유전이나 환경적 부적절성과 같은 요인에 의해 많이 생기기 때문에 사회 계층과 밀접히 관련되어 있다. 따라서 만약 환경이 개선된다면 교육 가능급 정신지체의 출현은 상당히 줄어들 수 있을 것으로 예측된다.

라. 정신지체의 출현율 및 재현율

정신지체의 출현율을 측정하는 여러 가지 연구가 광범위하게 이루어져 왔다. 그러나 출현율이 다양하게 보고되고 있는 이유는 연구자들이 서로 상이한 척도를 사용하기 때문이다.

현재 일반적으로 인정되고 있는 정신지체의 출현율은 전체 인구의 약 3%이다. 이 숫자는 미국정신지체협회(AAMD), 전국정신지체아협회(NARC) 등의 공공기관에 의해서도 인정받고 있다. 우리 나라의 경우에도 대개 앞의 숫자를 그 추정률로 하고 있다. 한편 정신지체의 출현율을 측정하는 유력한 방법은 지능의 정상분포곡선상에 나타나고 있는 이론적 출현율이다. 앞에서 제시한 [그림 3 - 2]를 보면 전 인구의 2.14%가 IQ 55~70(지능 표준편차 -2δ~-3δ) 사이에 있고, 0.13%는 IQ 55 이하에 있는 것으로 되어 있다. 이 이론 수치는 출현율에 대한 실측치와는 차이를 보이고 있으나, 실측차가 파악되어 있지 않은 데서는 무시될 수 없는 기준치로써 활용되고 있다.

최근 들어 출생 전 태아의 염색체 이상이나 신진대사 이상에 대한 검사 방법의 발달로 인해 다운 증후군이나 fragile X 증후군 그리고 PKU와 관련된 정신지체의 출현은 점차 감소되고 있다. 임신 중 태아의 이상 여부 검사를 통해 만일 이상이 발견되었을 때 낙태를 하는 경우가 상대적으로 많아졌기 때문일 것이다. 이는 심각한 윤리적 문제를 야기하는 사회 문제라고 할 수 있다.

염색체 이상으로 인한 정신지체의 출현이 감소하고 있는 반면에, 임신 중 산모의 알코올 중독이나 약물 복용으로 인한 정신지체의 출현은 상대적으로 증가하고 있는 추세이다(Louhiala, 1995). 특히, 알코올 중독으로 정신지체를 가지게 되는 아동의 비율이 급격하게 증가하는 추세이며, FAS(Fetal Alcohol Syndrome)라는 용어가 이들 아동들을 가리키기 위해 사용되고 있다. 일반적으로 FAS를 가지고 있는 아동들은 경도의 정신지체를 보이며, 주의력결핍・과잉행동장애를 같이 가지고 있는 경우가 많이 있다. 또한, 후천성면역결핍증(AIDS)으로 인한 정신지체 아동의 출현도 최근 증가하고 있다.

출현율이 전체 학령인구 중 특정 장애를 가지고 있는 아동이 차지하는 비율을 나타내는 개념이라면, 재현율(recurrence)은 이미 장애아동을 가지고 있는 가정이 다시 같은 장애를 가지고 있는 아동을 가질 확률을 나타내 주는 개념이다. 연구결과에 의하면, 광범위한 도움을 계속 필요로 하는 중도(重度) 정신지체 아동을 둔 가정에서 또 다시 정신지체 아동을 가질 확률이 약 3~9% 정도인 것으로 나타나고 있다(Costeff & Weller, 1987; Louhiala, 1995; Mikkelsen, Poulsen, & Tommerup, 1989). 장애의 원인별로 나누어 살펴보면, 산모의 알코올 중독으로 인한 FAS는 산모가 계속 음주를 할 경우 재현율이 30~50%에 이른다. 다운 증후군의 원인 가운데 세 개의 21번 염색체로 인해 장애가 생긴 경우는 재현율이 1% 이하, 21번 염색체를 구성하는 일부분이 다른 염색체(14번, 22번)에 붙어서 장애가 발생하는 경우에는 재현율이 10%에 이르는 것으로 보고되고 있다. fragile X 증후군의 경우에도 발생 원인에 따라 재현율이 0~50%에 이른다.

마. 정신지체 아동의 특성

정신지체 아동은 유전적 요인에 의하든 외적 요인에 의하든 모두 대뇌 장애를 입고 있어서 지적으로 열등하다는 것이 가장 뚜렷한 특성이라고 할 수 있다. 이러한 대뇌 손상은 부차적으로 많은 장애를 수반한다.

1) 신체 · 운동적 특성

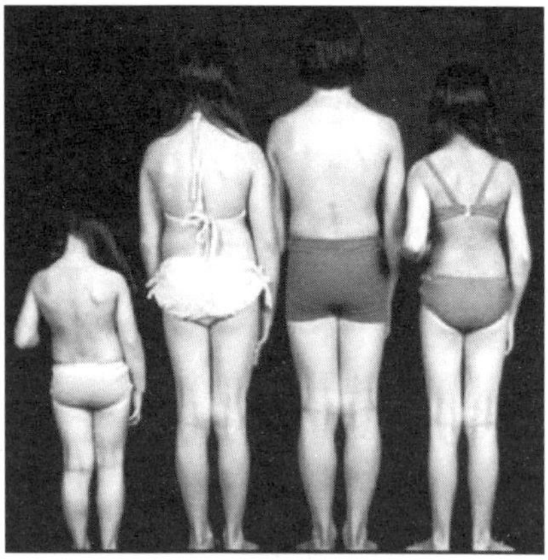

터너증후군의 뒷 모습

정신지체 아동은 지적 능력의 장애가 그 특성이지만 신체적 발달에도 비장애아동에 비해 여러 가지 지체가 나타난다. 신체 성장의 특성은 비교적 비장애아동과 유사성을 보이나 신장, 체중, 흉위, 앉은키, 폐활량 등이 다소 뒤지고 있다. 그래도 신체 성장은 지적 능력이나 사회 생활 능력 등에 비하면 나은 편이다. 또한 이들의 신체 발달 지체는 신장, 흉위, 체중 등과 같은 형태적인 것보다 신체 기능이나 운동 기능의 열등이 현저하다. 중증(severe) 정신지체 아동과는 달리 경도(mild) 정신지체 아동에게는 신체 · 운동적 발달상의 특성이 정상아와 비교할 때 현저한 차이가 없다.

정신지체 아동의 키, 몸무게, 운동 조절 등의 대부분은 정상적이다. 정신지체를 일으키는 기질적 원인을 가지고 있는 소수가 시력, 청력 등에서 비장애아동보다 열등한 경우를 나타낸다.

2) 지적 특성

정신지체 아동은 표준화 지능 검사에 의한 지적 능력의 측정 결과에서 IQ 70 이하를 나타내고 있으며 신체 동작적인 능력이 언어적인 능력보다 더 높다. 이들은 여러 질문에 똑같은 대답을 반복하기도 하고 또 자기 비판력이 결여되어 있다. 또 단기 기억력이 정상아에 비해 크게 떨어지기 때문에 암기가 어려우며, 평범한 이야기 속에서도 불합리성을 인지하지 못한다. 인식작용에 있어서도 이들의 특성은 분화도가 낮고, 추상 능력이나 개념화가 곤란하며, 사물의 연관 관계를 생각하지 못할 뿐 아니라 주의의 범위가 매우 좁고 산만하다.

한편 지적 능력의 질적인 결함으로는, 장(field)의 구성이 어렵고 학습의 진전이 늦거나 거의 진전이 없다. 그리고 개개 요소를 모아 전체적으로 파악하는 능력이 결여되어 있고, 간단한 수업은 정신 연령의 정도에 따라 학습할 수 있으나 지적 발달에 한계가 있기 때문에 일정한 제한이 따른다.

발달 특징은 분화와 종합의 과정인데 정신지체 아동은 미분화의 특성을 가지고 있는 동시에 지적 영역간의 협응이 잘 이루어지지 않으므로 고집성이 높고 미분화의 협응의 곤란은 추상성을 약하게 만들고, 한 과제에서 다음 과제로의 전이를 어렵게 한다.

3) 학습 특성

일반적으로 정신지체 아동은 학습 능력이 대체로 열악하여 초등학교 6학년까지는 유치원 정도이고 학령기를 마칠 때까시는 3학년 정도의 능력을 갖는다. 또한 훈련 가능급 정신지체 아동은 의사소통 능력은 기를 수 있으나 일반적 문자학습과 기술기능은 거의 배울 수 없다.

경도 정신지체 아동들에게 적용되는 몇 가지 주요 발견 사항과 특징들은 다음과 같다(구본권 외, 2001).

(1) 주의집중 변인

정신지체 아동들은 주의집중의 3가지 주요 구성 요소에서 심한 어려움을 가진 것 같다(Alabiso, 1977). 여기에는 주의집중 지속 시간(일에 대한 시간의 길이), 주의집중의 범위와 초점(산만하게 하는 자극의 억제), 그리고 선택적 주의(중요한 자극 특성의 변별)가 포함된다.

(2) 중재 전략

정신지체 아동들은 학습 후 그 내용을 재생하기 위해 정보를 조직, 구성하는 데 필요한 효과적인 기술이 없는 것 같다. 성숙한 학습자의 전형적인 기술에는 언어 시연과 반복, 명칭 붙이기, 분류, 연합, 그리고 표상이 포함된다. 연구 조사에 의하면 정신지체 아동들은 아마도 소극적 학습자(inactive learners)가 되려는 경향 때문에 이 같은 전략을 만들어 내는 데 어려움이 있는 것으로 나타난다.

(3) 기억

일반적으로 정신지체 아동들은 장기적으로 정보를 보유하지만 단기기억 분야에 어려움이 있다. 실로 그들의 장기기억은 비장애아동에 비교할 만하다. 비연속적인 과제를 포함한 문제는 중재 전략의 자발적인 사용의 결함에 관련되어 왔다.

(4) 전이와 일반화

정신지체 아동들은 새로운 일이나 문제, 자극 상황에 지식이나 기술을 적용하는 능력에 결함을 보인다. 그들은 선행 경험을 미래에 비슷한 상황이나 문제해결에 도움이 될만한 규칙을 공식화하는 데 사용하지 못한다.

(5) 추상화

추상적으로 사고하는 능력이나 추상적 자료를 가지고 일하는 능력이 제한되어 있다. 예증하는 것 같은 상징적 사고는 제한되어 있다.

(6) 우발 학습

정신지체 아동들은 상당히 비능률적인 학습자라는 지적이 있는데 그것은 우발 정보에 더 주의를 기울이는 경향 때문이다. 정상아들은 나이가 들어감에 따라 관계없는 정보나 무관자극을 무시하고 일의 본질적인 면에 선택하여 참여할 수 있게 된다. 그러나 정신지체 아동의 경우엔 그렇지 못하다.

4) 행동 특성

아사히대학원교육연구소(旭出學園敎育研究所)에서는 정신지체 아동의 특성으로 유약형, 고집형, 흥분형, 충동형, 지리멸렬형, 몽유형 등 다섯 가지 유형으로 나누어 설명하고 있다(이춘섭, 1991).

나는 왜 남자친구가 없나요?

M양은 1남 2녀를 둔 30대 후반의 부모에게서 태어난 막내 아이였다. 부모는 M양이 잘 웃고, 눈맞춤을 하고, 식구들과 정상적으로 상호작용을 하는 사랑스러운 아이였음을 보고하였다. 어머니는 M양이 앉고, 서고, 말하는 것이 언니보다 늦고 있음을 관찰하고 있었다. M양은 제 나이에 학교에 입학했지만 초등학교에 잘 적응하지 못했고, 학교과제를 이해하고 읽기를 학습하는 데 어려움을 보였다. M양은 교실에서 무의미한 말을 불쑥 꺼내 바보 같은 표정을 지었고 수업을 방해하곤 하였다. 선생님 말도 잘 듣지 않아 부모는 M양의 행동과 과제수행을 의논하기 위해 여러 차례 학교에 불려 간 적도 있었다. 다른 아이들이 M양을 놀리기 시작했고, M양보고 "너 바보지"라고 불러대기도 하였다. 그래서 M양은 학급 친구들보다 자기에게 보다 잘 참아주는 나이 어린 아이들과 학교 밖에서 노는 데 더욱 많은 시간을 보내게 되었다.

M양은 10세까지 학교공부에서 친구들보다 많이 뒤쳐졌었다. 학교교사는 부모에게 M양이 4학년으로 진급할 수 없다고 말했다. 그리고 M양에게 지능검사를 실시하였는데, 지능지수(intelligence quotient: IQ)는 65로 추정되었다. 학교교사는 발달장애를 지닌 학생들을 위한 학교로 전학시키는 것이 좋겠다고 M양 부모에게 권고하였다. 처음에 부모는 이를 거절하였고, M양의 문제는 정서적인 것으로 치료를 받으면 나을 것이라고 하면서 M양을 정신과의사에게 데려갔다. 그러나 정신과의사도 학교의 평가에 동의하였고, M양을 특수교육학교에 두는 것이 더 좋겠다고 권고하였다. 다음 학년 초에 M양은 특수학교로 전학을 가게 되었다.

5년 후 M양의 읽기, 쓰기, 그리고 산술적인 기술은 6학년 수준으로 발전하게 되었다. M양은 자신이 언니와 다르다는 것을 항상 인식하였다. 16세에 M양은 언니가 데이트하는 것을 보고 언니는 데이트할 남자친구가 있는데 왜 자기는 없냐고 하면서 부모에게 기분 나쁘다고 말한 적이 있었다. M양은 위축되었고, 체중이 줄었으며, 그리고 수면장애를 호소하였다. 부모는 M양을 정신과의사에게 데려갔고 주요 우울장애, 단순 삽화로 진단받아 치료가 시작되었다.

* 자료 : 김청송(2003)

(1) 유약형

① 온순하다.
② 선생님의 말을 잘 듣는다.
③ 솔직하다.
④ 연령에 비하여 어린 행동을 한다.
⑤ 지능적으로 단순하고 유치하다.
⑥ 집념이 강하다.
⑦ 명랑하다.
⑧ 사람들을 좋아한다.

(2) 고집형

① 자기 마음에 맞는 일만 계속한다.
② 옷이 단정하지 않으면 언짢아한다.
③ 한번 자신이 결정한 것은 고치려고 하지 않는다.
④ 자기 물건은 다른 사람이 만지지 못하게 한다.
⑤ 한번 시작한 일은 끝까지 계속한다.
⑥ 간단한 일은 싫증을 내지 않고 끝까지 마무리한다.
⑦ 고집이 세다.
⑧ 일의 방법을 바꾸며 잘 따르지 않는다.
⑨ 그림은 늘 같은 것만 그린다.

(3) 흥분 · 충동형

① 갑자기 화를 낸다.
② 까닭 없이 남을 해친다.
③ 조금만 흥분하면 물건을 집어던진다.
④ 사소한 일에 화를 잘 내고 말을 잘 듣지 않는다.

⑤ 충동적으로 위험한 일을 일상사로 한다.
⑥ 큰 소리로 이상한 소리를 낸다.
⑦ 침착성이 없이 지껄인다.
⑧ 사소한 일로 남과 다툰다.
⑨ 다른 사람이 떠들면 언제나 따라서 떠든다.

(4) 지리멸렬형

① 일관성이 없다.
② 상황에 맞지 않는 행동을 한다.
③ 혼자서 중얼거리기를 잘 한다.
④ 기분의 변화가 심하다.
⑤ 일을 할 때 지시도 듣기 전에 자기 멋대로 행동한다.
⑥ 다른 사람의 말의 뜻과 관계없는 행동이나 언어로 비약한다.
⑦ 하는 일마다 결함투성이다.
⑧ 바지 위에 팬티를 입는 격으로 일에 순서가 없다.
⑨ 그림을 그릴 때 유치하게 그린다기보다 제멋대로 그리는 경향이 있다.

(5) 몽유형

① 주위의 일에 무관심하다.
② 하는 일도 없이 늘 혼자 지낸다.
③ 하는 일을 늘 바꾼다.
④ 자기가 하지 않은 일도 자기가 한 것처럼 태도를 취한다.
⑤ 사람을 피한다.
⑥ 말을 하지 않으며, 자기 의사를 나타내지 않는다.
⑦ 동작이 느리다.
⑧ 언제나 귀찮아한다.
⑨ 희로애락과 같은 감정의 표현을 하지 않는다.

⑩ 늘 우울한 것 같다.

정신지체 아동의 특성을 표로 나타내면 〈표 3-4〉와 같다.

표 3-4 정신지체 아동의 특성

CA	MA	특 성	발달 과업
3.5~5	2~3	인지적	형태인지, 수 개념 갖기 시작(하나와 많은 것을 식별), 여러 개의 낱말을 사용, 대명사는 부정확, 의사전달수단으로 몸짓사용, 책장을 넘길 수 있고, 뚜껑을 돌려서 열 수 있으며, 수직선과 수평선을 묘사할 수 있다.
		사회·정의적	따로 놀기는 하지만 나이가 비슷한 다른 아이들과 짧은 시간 놀 수 있고 다른 사람을 인지하고 좋아함을 나타낸다. 흘리기는 하지만 손가락으로 음식을 먹을 수 있고, 그릇을 들고 물을 마실 수 있으며, 도움을 받으며 옷을 입고 벗을 수 있다. 변소를 이용하고 팬츠가 젖으면 이를 가리킬 수 있다.
		신체·운동적	혼자서 걷기, 달리기, 뛰기 등을 할 수 있고 도와주기만 하면 층계를 오를 수 있다.
5~7	3~4	인지적	자신의 성을 식별할 수 있고 기본색깔을 인지하며 오늘, 내일, 어제 등과 같은 시간개념 및 위, 아래, 내부 등과 같은 위치개념을 갖기 시작. 몇 가지의 수 개념과 간단한 크기 개념을 가짐. 그리고 2~3개의 문자를 쓸 수 있다. 2~3개의 단어로 된 구절사용, 대명사 정확하게 사용, 첫 자음과 끝 자음 정확히 발음. 자기자신을 대명사로 가리킬 수 있다.
		사회·정의적	1~2명의 다른 아동과 자발적으로 어울려 놀 수 있다. 큰 집단놀이에 가담할 수 있고 아동 중에서 누구를 좋아하는 것을 나타낸다. 숟가락으로 음식을 흘리지 않고 먹을 수 있으며, 간단한 옷을 벗을 수 있고, 단추는 못 끼워도 간단한 옷 입음. 도움을 받아 손을 씻거나 세수할 수 있고 대소변을 보려는 의사표시와 배변의 실수를 알릴 수 있다.
		신체·운동적	층계를 오르내릴 수 있으며, 달리기, 뛰기, 한 발로 서기, 공받기, 물건 옮기기 등을 할 수 있다. 정교한 운동은 잘하지 못한다.

2. 전반적 발달장애의 이해

가. 전반적 발달장애의 정의

전반적 발달장애(Pervasive Development Disability : PDD)는 사회적 의사소통 능력과 사회적 상호작용 능력의 현저한 결함과 함께 틀에 박힌 정형화된 행동이나 지나친 집착 행동을 수반하는 언어, 정서, 행동 전반에 걸친 장애를 말한다(Volkmar & Rutter, 1995). PDD에는 자폐증(autism), 에스퍼거 증후군(Asperger syndrome), 레트 증후군(Rett syndrome), 헬러 증후군(Heller syndrome)이 포함된다. PDD는 뇌와 관련된 신경학적 장애이며, 성인기까지 계속되는 평생장애라고 할 수 있다.

PDD를 가지고 있는 아동은 사회적 관계의 형성이나 유지, 의사소통 기술에 있어서 심각한 문제를 가지고 있으며, 자신만의 의식(rituals)적 행동이나 반복적인 정형화된 행동(stereotypies)과 같은 일반아동에게서는 볼 수 없는 기이한 행동을 나타낸다.

이들은 신생아 시기부터 자기 자신을 다른 사람이나 상황과 연계하는 행동에 현저한 결함을 나타내 보인다. 예를 들면, 아동기에는 다른 사람에게 안기려고 하지 않으며, 자신에 대한 타인의 접근을 피한다. 또한, 자신을 돌봐 주는 사람을 제외하고 다른 사람들을 마치 사물처럼 대하며, 다른 사람과 최소한의 시선 맞추기도 피하는 행동특성을 나타낸다. 또한, 상상을 기반으로 하는 가상적 놀이 활동을 하지 못하며, 한 가지 사물이나 사물의 부분에 지나친 집착행동을 나타낸다. 언어행동에 있어서도 앵무새처럼 자신이 들은 단어나 어구의 일부를 반복적으로 말하며, 자발적 의사소통을 하지 않는 특성을 가지고 있다. 언어의 이해 능력에 있어서도 글자 그대로 언어를 이해할 뿐 은유적 표현이나 속담 같은 간접표현을 잘 이해하지 못한다.

PDD의 대표적 유형인 자폐증(自閉症)은 1943년 아동정신과 의사인 Leo

Kanner가 쓴 「정서적 접촉에 대한 자폐적 혼돈」(Autistic Disturbance of Affective Contact)이라는 논문을 통해 처음으로 소개되었다. Kanner 박사가 기술한 자폐증 아동의 특성은 아직까지도 타당한 것으로 받아들여지고 있는데, Kanner 박사의 기술 중 근거가 없는 것으로 밝혀진 것은 자폐증 아동을 둔 부모의 특성에 대한 기술 부분이다. 그는 자폐증이 선천적인 장애이지만 자폐증 아동을 둔 부모의 경우 대인관계가 차갑거나 형식적인 특성을 가지고 있다고 생각하였다. 1960년대에 들어 많은 학자들은 차갑고 무관심한 부모의 특성이 자폐의 원인 중 하나라고 믿기 시작하였으며, 이에 대한 다양한 연구를 수행하기도 하였다. 하지만 1990년대에 들어 이러한 부모의 특성이 자폐를 유발하는 원인이라는 주장은 근거가 없는 것으로 밝혀졌으며, 자폐증은 아동의 기질적 요인에 의한 선천적인 생물학적 장애라는 사실이 전문가들 사이에 지지를 얻게 되었다(Mauk, Reber, & Batshaw, 1997).

나. 자폐 진단준거

자폐증(autism)은 전반적 발달장애(PDD) 유형 가운데 가장 심각한 형태의 발달장애이다. 아동이 자폐증을 가지고 있는지 아닌지를 알아보기 위해 교사들이 제일 먼저 활용할 수 있는 것이 제4판 정신장애 및 통제편람(Diagnotic and Statistical Manual Mental Disorder-Ⅳ : DSM-Ⅳ)에 나타난 12개의 준거이다. 자폐증으로 판정되기 위해서는 12개 준거 중 6개 이상을 만족시켜야 하며, 이들 영역의 발달문제들이 3세 이전에 나타나야 한다.

이들 12가지 행동 준거들은 '사회적 상호작용', '사회적 의사소통', '정형화된 행동'의 세 가지 하위 영역으로 나누어지며, 4개의 행동 준거들이 이들 하위 영역에 각각 포함되어 있다. 사회적 상호작용 영역에 포함되어 있는 4개의 행동 준거 중 2개 이상의 준거에서 문제를 보이는 경우 사회적 대인관계 기술에 결함이 있을 수 있으며, 사회적 의사소통 영역과 정형화된 행동 영역에 있어서는 한 가지 이상의 준거에서 문제행동을 나타내는 경우 일반아동과 구별되는 문제를 가지고 있다고 말할 수 있다(American Psychiatric Association, 1994).

다. 자폐아동의 특성

자폐아동의 특성으로는 대인관계의 장애, 언어의 장애, 변화에 대한 저항 등으로 크게 나누어 살펴볼 수가 있다(Ritvo, E. R. and Freeman, B. J., 1984).

1) 대인관계의 장애

대인관계의 장애란 타인과의 관계 형성이 잘 이루어지지 않는 것으로, 다음과 같은 특성이 있다.

① 부모와 애착 형성이 되지 않는다. 자폐증 아동은 부모와의 눈과 눈의 접촉까지도 피하며 부모를 좋아하지 않는다.

② 타인과의 신체적인 접촉을 싫어하고 피한다.

③ 타인과의 감정적 관계가 형성되지 않을 뿐더러 또래와의 놀이에도 무관심하다.

④ 타인의 감정을 이해할 줄 모르고 공감을 하지 않으며, 다른 아동의 권리나 입장을 전혀 고려하지 않는다.

2) 언어의 장애

언어의 장애는 거의 모든 자폐증 아동에게 수반되는 특성이다. 자폐증 아동이 나타내 보이는 언어장애의 특성은 다음과 같다.

① 전반적으로 언어 발달이 늦는데 특히 언어 이전 기술이 결여되어 있다. 즉, 옹알이나 모방이나 흉내 내는 행위가 잘 나타나지 않는다.

② 언어의 이해력이 부족하며 자기의 의사를 표시할 때는 말보다도 상대방의 손목을 끌어서 자기가 원하는 바를 요구하는 경우가 많다.

③ 언어가 시작되더라도 남이 이야기한 것을 그대로 되풀이하며 대명사의 혼동

이 심해 너와 나, 그리고 우리 등의 구별이 되지 않는다.

④ 말을 하더라도 문장으로 구성되기가 어려우며 억양, 발음 등이 비교적 고음으로써 괴상한 형태로 나타나는 경우가 많다.

3) 변화에 대한 저항

자폐증 아동은 이미 자기가 알고 있거나 자기가 늘 해오던 것만을 되풀이하거나 유지하려고 하는 경우가 많다.

① 일정하고 한정된 놀이 활동만을 하려고 하며, 특정한 물건에 강렬한 애착을 느껴서 그것이 없으면 울고불고 야단을 한다.

② 자기 주위의 환경에 어떤 조그마한 변화라도 생기면 이를 참지 못하고 적응을 하려고 하지 않는다.

③ 이들은 대개 심한 편식증을 가지고 있으며, 심한 고집이 있어서 이를 굽히거나 다루기가 힘이 든다.

4) 기타의 장애

자폐증 아동에게 잘 나타나는 증상으로는 다음과 같은 것들도 있다(Erickson, M. T., 1978).

① 집중력이 부족하며 과잉 운동을 보이는 때가 많다.

② 자신의 신체 일부를 물어뜯거나 벽이나 바닥에 부딪치는 등의 자해 행위가 나타나기도 한다. 그러나 타인에 대한 공격성은 현저하게 부족하며 자기 방어조차도 못하는 경우가 많다

③ 대·소변 가리기가 지연되며, 어떤 감각에 있어서 과잉 또는 과소 반응을 보이는 수가 많다.

④ 자폐증 아동들은 대개 발달이 불규칙적이며, 반복적인 운동을 되풀이하는 경우가 많다.

⑤ 자폐증 아동들은 주위로부터 여러 자극 중 한두 가지 자극에만 협소하게 반응을 보이는 경향(over selectivity)이 있다.

5) 다른 전반적 발달장애아동의 특징 : 에스퍼거, 레트, 헬러 증후군

자폐증 외에 전반적 발달장애에 포함될 수 있는 것으로는 에스퍼거(Asperger), 레트(Rett), 헬러(Heller) 증후군을 들 수 있다.

(1) 에스퍼거 증후군

에스퍼거 증후군은 사회적 행동이나 다른 사람과의 관계 면에서 자폐아동과 같은 특성을 보이지만, 언어발달이나 인지발달에 있어서는 문제가 없는 아동을 가리킨다(Szatmari, 1990). 자폐아동과 마찬가지로 타인과의 사회적 상호관계 형성에 심각한 문제를 가지고 있으며, 이로 인해 또래들과 정상적인 친구관계를 맺지 못한다. 제한적인 정형화된 행동 양식을 보이며, 지도, 운동선수와 관련된 통계적 사실, 열차시간표와 같은 구체적 사실의 암기에 지나친 집착을 갖는다. 구어 사용은 일반적으로 정해진 언어 틀에 의존해 이루어지며, 비언어적 의사소통에 있어서도 문제를 나타낸다. 에스퍼거 증후군을 가지고 있는 아동들은 언어와 인지기능의 문제가 심각하지 않으므로 장애에 대한 발견이 아동기가 되어서야 이루어지는 경향이 있다.

(2) 레트 증후군

레트 증후군은 진행성인 신경학적 장애로서 여자에게만 나타나는 발달장애이다(Mauk, Reber, & Batshaw, 1997). 성염색체 X와 관련된 장애로 그 원인이 구체적으로 밝혀지지 않았으며, 남성의 경우 치명적인 장애이기 때문에 여아에게만 나타나는 것으로 추정되고 있다. 생후 1년 동안은 정상적인 발달을 나타내 보이며, 그 이후 행동, 언어, 정신기능의 격한 악화를 나타내 보인다. 일시적인 자폐적 행동특성을 나타내 보이며, 다리 부분의 진행성 경련, 발작, 후천성 소두증으로 인한 정신지체, 치매 등을 수반하기도 한다. 이 증후군은 유치원 시기가 되면 분명하게 나타나기 시작하며, 증후군을 가지고 있는 여아의 경우 계속적인 도움을 필요로 하는 중도(重度)에서 최중도(最重度)의 정신지체를 나타내게 된다.

(3) 헬러 증후군

헬러 증후군의 경우에도 2세까지는 모든 영역이 정상적인 발달을 나타내 보이다가, 2세 이후 언어, 사회적 기술, 동작기능 등이 퇴행하기 시작한다. 이들은 일반적으로 자폐아동이 보이는 행동과 유사한 행동특성을 나타내 보이며, 보통 정신지체를 함께 수반한다. 장애의 원인은 신진대사나 신경학적 퇴행과 관련이 있을 것으로 추정되며, 지금까지 그 원인이 알려진 신진대사나 신경학적 퇴행과 관련된 장애 이외의 모든 것을 총칭하여 가리키는 장애라고 할 수 있다(Mauk, Reber, & Batshaw, 1997 ; 김동일 외 2003, 재인용).

6) 전반적 발달장애의 출현율

전반적 발달장애아동의 출현율은 10,000명당 약 22명꼴인 것으로 나타나고 있다. 이를 영역별로 세분화해서 보면 자폐증이 10,000명당 10명꼴로 레트 증후군과 헬러 증후군은 1명꼴로 나타나는 것으로 보고되고 있다. 레트 증후군을 제외한 나머지 장애에서 남녀의 출현율 비율은 약 3~4 : 1 정도로 남자가 많은 편이다. 가계를 중심으로 한 연구들은 자폐아동을 둔 가정에서 또 다른 자폐아동을 가질 재현율이 약 2~9%에 이르는 것으로 보고하고 있다. 일란성 쌍생아와 이란성 쌍생아가 각각 모두가 발달장애를 가질 확률은 일란성 쌍생아가 95%, 이란성 쌍생아가 24%로 나타나고 있는데, 이는 발달장애가 유전적 요인과 밀접한 관련이 있음을 보여준다(Mauk, Reber, & Batshaw, 1997 ; 김동일 외 2003. 재인용).

3. 정신지체 및 발달장애 아동교육

정신지체 및 발달장애아동을 위한 효과적인 교육활동을 위해서는 먼저 교사는 발달장애와 관련된 객관적 사실에 대해 전문적 지식기반을 가지고 있어야 한다.

자폐증 학생 한 명 위해 전담교사 특별채용

미국 로스앤젤레스의 멜빈초등학교는 '장애인의 천국'이다.

이 학교는 전교생 700명 가운데 백인이 18%에 불과하다. 나머지는 흑인 히스패닉 아시아계 등 소수 민족들이 차지하고 있다. 학생들 가운데 특수교육 대상자는 모두 65명으로 10명 중 1명꼴로 특수교육을 받고 있는 셈이다. 교사 32명 중 10명은 장애아 학생들을 위한 전문교사들이다.

이 학교는 장애학생이라고 해서 따로 격리시켜 교육하는 것이 아니다. 장애아도 일반학생과 같은 교실에서 공부하는 '통합교육(Inclusion program)'을 원칙으로 하고 있다.

1학년인 케빈(7)은 영화 '레인 맨'의 주인공처럼 자폐증이 있다. 집중력은 떨어지고 신체가 부자유스럽지만 수학 능력은 다른 학생에 비해 매우 뛰어나다. 학교 측은 케빈군을 위해 특수교육을 전공한 여교사 마리아 오브리언을 특별 채용했다. 케빈군 한 명을 위해 쓰는 돈만 연간 3만 4000달러가 된다.

오브리언 교사는 항상 케빈군의 옆자리에 앉는다. 색종이 오리기를 할 때 가위질을 잘 못하는 케빈군의 손을 잡고 물건 모양대로 종이를 함께 오려 준다. 체육시간은 물론 화장실까지 그림자처럼 따라 다닌다.

오브리언 교사는 "케빈군이 처음에는 소외감을 느꼈지만 통합교육을 하면서 친구들과도 잘 적응하고 있다"며 "혼자 독립적인 학습을 할 수 있게 만드는 것이 교육목표"라고 말했다.

특수교사 뿐만 아니라 일반교사들도 장애학생들이 갑자기 발작하는 등 응급사태에 대비해 심폐소생술(CPR) 같은 응급처치 요령을 배웠다.

학교 측은 케빈군 뿐만 아니라 케빈군의 부모를 위해 수시로 특수교육 전문가를 불러 강의를 한다. 장애아를 둔 부모가 자녀의 상태를 호전시키기 위해 어떻게 해야 하는지 등을 전문가가 조언하도록 하는 것이다. 이를 통해 학교와 학부모가 함께 고민하면서 끈끈한 관계를 유지하고 있다.

수전 그로스만 교장은 "장애인 학생 1인당 추가 교육비가 적지 않지만 국가가 당연히 교육을 책임져야 한다"며 "장애인이지만 '나도 할 수 있다'는 자신감을 심어 주는 것이 가장 중요하다"고 말했다.

* 동아일보, 2001-07-24 A21면

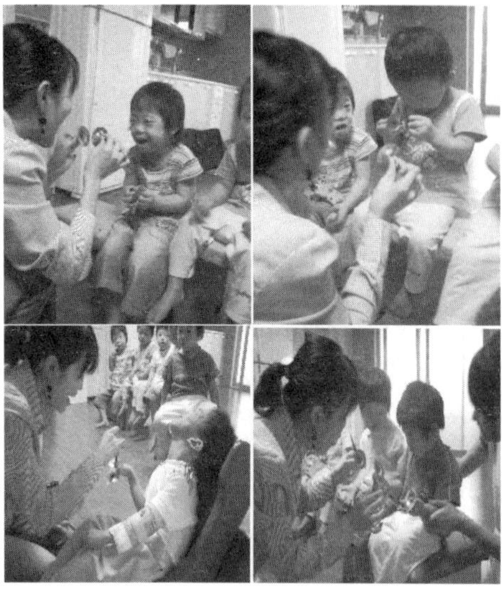
장애아동들이 음악치료를 받고 있다.

두 번째는 교사 자신이 발달장애아동에 대해 현실적이며 긍정적인 관점을 가지고 있어야 한다. 셋째, 교사는 발달장애아동과 그 부모들을 받아들일 수 있는 포용적 분위기를 조성해야 한다. 이들은 계속적으로 사회적 차별과 거부를 경험한 사람들이기 때문에 자신의 문제를 편견 없이 들어줄 수 있는 분위기와 사람을 필요로 한다. 마지막으로, 교사는 발달장애아동이 필요시 추가적 서비스를 제공받을 수 있는 사회 시설이나 기관에 대한 정보를 가지고 있어야 한다. 또한, 같은 장애문제를 가지고 있는 다른 부모들과의 만남을 계획, 주선함으로써 비슷한 적응과정과 심리문제를 경험한 사람들끼리 그동안 마음에 쌓였던 심리적 문제들을 이야기할 수 있도록 도와줄 수 있을 것이다. 이러한 모임을 통해 심리적 문제에 대한 대화뿐만 아니라 서로가 알고 있는 정보를 공유할 수 있다는 점에서 긍정적인 기능을 할 수 있을 것으로 기대된다.

가. 조기교육

정신지체나 자폐증과 같은 발달장애를 가지고 있는 아동 모두에게 중요한 것이 조기교육의 제공이다. 그러므로 교사는 이들 아동을 위한 조기교육 프로그램 제공을 위해 가족구성원들과 함께 중요한 역할을 수행할 수 있는 위치에 있어야 한다.

1) 아동의 발달 수준에 대한 정보

정신지체나 자폐증과 같은 발달장애를 가지고 있는 아동의 교육을 위해 교사는 아동의 발달 수준에 대한 정확한 정보를 알고 있어야 한다. 교사가 관심을 가져야 할 사항으로는 아동의 사회성 및 정서발달, 인지발달, 언어발달, 동작발달, 그리고 사회적 적응기능을 들 수 있다.

(1) 아동의 사회성 및 정서에 관한 정보

타인과의 사회적 상호작용시 나타나는 행동양식과 아동의 정서적 상태를 포함하는 것으로서, 주로 아동의 행동관찰이나 부모와의 면담, 아동과의 대화, 그림 그리기, 놀이활동을 통해 얻을 수 있다.

(2) 인지적 발달에 관한 정보

아동용 지능검사(㉮ : 웩슬러 아동지능검사, 고대－비네 지능검사, 한국행동과학연구소 아동지능검사)를 이용해 얻을 수 있다. 이 때 전체 지능지수보다는 각 하위 영역별 아동의 수행결과에 더 많은 관심을 가져야 한다.

(3) 언어발달에 관한 정보

언어이해・인지력 검사(장혜성・임선숙・백현정, 1992)와 같은 표준화된 언어형식 검사나, 객체, 개념, 동작, 상태에 대한 그림 검사를 통해 얻을 수 있다.

(4) 아동의 동작발달에 관한 정보

자신의 신체 부분을 구성하는 근육의 통제력을 점차로 획득해 나가는 과정으로, 이는 크게 대근육(gross motor) 운동 발달과 소근육(fine motor) 운동 발달로 나누어 볼 수 있다. 발달장애를 가진 아동들 가운데 이 두 영역에서 어려움을 가지고 있는 경우가 많으므로, 행동관찰을 통해 가능한 한 이른 시기에 아동에게 필요한 운동기능 향상을 위한 프로그램을 제공해야 할 것이다.

(5) 사회적 적응기능에 대한 정보

자립(self-help), 대인관계 형성, 지역사회 구성원으로서 사회 참여(community participation) 등에 필요한 생활기능을 아동의 발달수준에 맞게 발달시키고 있는지에 대한 항목들을 포함한다. 이 같은 정보를 수집하기 위해 사회성숙도 검사(김승국 · 김옥기, 1995)를 사용할 수 있다.

2) 유형별 교육방안

학령기에 있는 발달장애아동을 위한 교육 프로그램을 계획할 때에는 아동이 가지고 있는 발달장애의 심각성을 고려해야 한다.

(1) 경도 정신지체 아동

경도 정신지체 아동의 학습 시 아동이 성인이 되었을 때 독립된 생활을 하는데 필요한 학업 및 직업 기술이 무엇인가를 확인해 주고, 이를 개별화 교육 프로그램(Individualized Education Plan : IEP)에 반영하도록 해야 한다. 또한, 프로그램이 제공되는 동안 아동이 향상을 보이고 있는지, 제공되는 프로그램은 효과가 있는지에 대한 계속 확인하여야 한다. 만일 아동이 향상을 보이지 않고 그것이 프로그램의 문제라는 것이 확인되면, 교사는 다른 프로그램을 아동에게 제공할 수 있어야 한다.

(2) 중도 정신지체 아동

중도의 정신지체를 가지고 있는 발달장애아동의 경우에는 기본적인 학습능력이 거의 없다고 볼 수 있다. 그러므로 이들에게는 기본적 학업이나 직업교육보다는 이들이 기본적인 생활을 하는데 필요한 생활기술들을 반복적 훈련을 통해 제공해야 한다. 이들에게 필요한 교육 프로그램은 주로 기능적 의사소통, 자기관리, 가정생활, 대인관계, 건강과 안전 같은 최소한의 삶의 질을 보장하기 위한 생활기능들을 주 내용으로 포함해야 한다. 마찬가지로, 교사들은 아동의 발달 수준과 요구에 따라 개별화된 교육 프로그램을 개발하여 제공해야 하며, 아동의 발달 정도와 프로그램의 효과성에 대해 계속적인 평가 활동을 수행해야 한다.

(3) 정신지체 · 자폐증을 가진 발달장애아동

정신지체나 자폐증을 가지고 있는 발달장애아동들은 사회적 놀이나 행사 참여를 통해 자신의 여가와 취미를 계발할 수 있는 기회와 환경이 제한되어 있는 것이 사실이다. 일반적으로 어린 발달장애아동의 경우 유치원이나 학교에서 또래의 장애 또는 일반아동과 만나서 놀이 활동을 할 수 있는 기회가 상대적으로 많은 반면, 청소년기가 되면 점차로 이러한 기회가 적어진다. 대부분의 발달장애를 가지고 있는 청소년들은 사춘기를 거치면서 소극적인 성격 특성을 많이 나타내 보이며, 때로는 여아의 경우 우울증과 같은 심리적 문제를 많이 나타내 보인다. 그러므로 발달장애를 가지고 있는 어린 아동뿐만 아니라 청소년, 그리고 나아가서 성인들에게도 일상적인 사회환경 속에서 사회성을 계발할 수 있는 체계적 프로그램이 제공되어야 한다.

3) 심리교육

발달장애 아동은 연령이 증가함에 따라 신체적, 인지적 특징으로 인해 자신이 남들로부터 차별적 대우를 받고 있다는 것을 인식하기 시작한다. 이들은 누적된 실패, 좌절감, 자신에 대한 사람들의 편견과 차별, 자신에게 주어지는 제한된 생활환경 및 경험으로 인해 심각한 심리적 문제를 나타낼 수 있다. 이러한 문제를 해결할 수 있도록 도와주기 위해 생활 교육뿐만 아니라 심리 교육이 제공되어야 한다.

정신지체 아동에게는 개인교육기법보다 집단교육이 더 효과적이다. 적응행동의 문제는 일차적인 어려움이기 때문에 집단상황에서 사회적 행동을 연습할 수 있는 환경을 제공하여야 한다. 집단 장면의 다른 장점은 또래와 상호작용할 수 있는 기회와 또래에게 수용을 얻을 수 있다는 것이다. 또래 상호작용을 통해서 이들은 정서적 지원을 주고받는 방법을 학습할 뿐만 아니라 문제에 대처하는 대안적인 방법도 개발할 수 있다. 마지막으로 교사가 집단 속에서 아동을 관찰하는 것이 교사에게 권고를 하기 위한 진단적 도구가 되며, 보다 개별화된 교육방법이 필요한지의 여부도 결정할 수 있다.

정신지체 아동의 집단교육에 대한 많은 연구들이 비지시적 방법보다는 지시적 방법이 더 효과적임을 보여주고 있다(Humes & Suggs, 1988). 교사의 역할은 주제를 투입하고, 과제에서 집단이 이탈하지 못하게 하고, 참여를 촉구하고, 행동적 한계를 노출하는 것이다. 많은 경우에 교사는 자신의 문제에 대처하려는 아동의 시도에 대해 지원과 격려를 제공하는 것과 동시에, 특정 기능의 지도도 적극적으로 할 필요가 있다. 정신지체 아동이 사회적 상황에서 적절하게 행동하는 방법을 학습하는 데 도움이 되는 효과적인 도구가 역할놀이이다. 언어적 기능에 크게 의존하지 않는 다른 기법으로는 가상 게임, 미술교육 또는 미술치료가 있다.

나. 아동교육에서의 지도

정신지체아의 아동이기에 그들의 적응 행동을 도와줄 발달적 구성 요소는 감각-운동기능, 의사소통 기능(말과 언어 포함), 자립 기능, 사회화(다른 사람과의 상호작용 능력) 등이다.

지도상의 유의점은 다음과 같다.

1) 구체적인 경험을 통한 지도

정신지체아는 구체적 경험을 통하여 여러 가지 개념을 파악하고 이해하게 된다. 추상적 사고력이 열등한 정신지체아의 경우 특히 이와 같은 점을 충분히 고려하여 지도할 필요가 있다. 예를 들면, 소풍을 갈 경우 차 안에서 지켜야 할 사항에 대해서 이야기한다든가 간단한 교사의 이야기 등은 별로 효과가 없고 실제로 버스와 지하철을 타고 지도하는 것이 더 효과적이다. 또 두 사람씩 손을 잡고 길 좌측을 걸어야 한다고 하는 말은 실제로 그 말대로 길을 걷는 연습을 하게 되면 그 의미를 깨닫게 된다. 보통 아이 같으면 교사의 이야기, 그림책, 슬라이드, TV 등을 통하여 이해할 수 있는 것도 정신지체아는 실제적인 경험을 하지 않으면 이해하지 못한다. 그러나 모든 것을 실제로 경험할 수는 없으므로 장래의 생활

자립에 필요한 것들로만 선정하는 것이 좋다.

따라서 시간적, 경제적, 기술적으로 허용되는 범위 안에서 아동들의 신변에 친근감이 있는 구체적 경험을 통하여 지도하는 것이 바람직하다.

2) 능력차를 고려한 지도

정신지체라고 해도 장애의 정도가 경도에서 중도까지 있고 또 그 장애의 원인에 따라 나타나는 능력도 상이하다. 이러한 장애 정도는 크게 차이가 나기 때문에 그 능력의 차에 따라 적절한 지도 계획을 세워야 하다. 예를 들어, A라고 하는 아동은 "바지까지 전부 단정하게 입고 벗는 일"을 목표로 할 수 있지만, B라고 하는 아동은 "바지를 뒤집고 바로 하기" 또는 "옷의 앞뒤 구별하기" 등으로 하고, C아동은 "상의와 양말을 입고 벗는 것"을 목표로 세울 수 있다. 이처럼 구체적으로 한 사람 한 사람에 대한 활동 시간의 목표를 세우고 지도하며 평가한 후 그 목표가 타당한지의 여부를 확인하여 새로운 목표를 세워야 한다.

3) 중복장애아에 대한 유의

특수학교 유치부에 다니는 있는 정신지체 아동들이 그 장애의 정도가 점점 심한 것으로 나타나고 있다. 실제로 이들은 지적 능력이 떨어지는 경우와 함께 지체장애, 언어 장애, 정서장애 등 2차적 파생적으로 여러 가지 장애가 일어나고 있으므로, 그 장애 내용이나 그에 따른 대응책을 수립하는 일이 중요하다.

또 지체장애의 경우에는 가벼운 경련이나 마비 등의 현상을 보이므로 교사로서는 그에 대한 대책을 수립하는 데 어려움이 있다. 장애가 가벼운 경우에는 장애 상태를 모르고 무리한 요구를 할 수도 있으므로, 중복장애 아동에 대해서는 특별히 그 상태를 잘 파악하여 지도해야 한다.

4) 유효한 자극과 훌륭한 교재

정신지체아는 비장애아에 비해서 자기를 둘러싸고 있는 외계에 대한 관심과 흥미 등이 낮다. 정상아는 항상 자기를 둘러싸고 있는 환경에 대해 여러 측면에서 의문을 가지기도 하고 알아보고자 애를 쓰기도 하지만, 정신지체아는 스스로 무엇을 알아보기 위해 애쓰거나 노력하지 않는다. 외계에 대하여 어떤 흥미나 관심이 없다고 하는 것은 알고 싶다든가 무엇을 어떻게 하고 싶다는 욕구가 없다는 것이다. 따라서 내적인 욕구가 없으면 결국 외적으로 강력하고 유효한 자극을 줄 수밖에 없다. 이 때 주의할 사항은 다음과 같다.

① 적절한 시기를 보아서 자극을 주되 준비도를 고려할 것.

② 필요성을 가지게 할 것.

③ 반복하여 줄 것.

산발적인 자극은 효과가 없기 때문에 매일 반복하여 주는 것이 중요하다.

정신지체아의 지도에서 교재는 매우 중요하다. 그 선정 방법에 따라 교육의 효과가 크게 달라질 수도 있기 때문에 목표에 알맞은 교재를 신중하게 선택해야 한다.

다. 부모교육

1) 교육 프로그램 참여

사회성 및 정서, 인지, 언어, 운동, 사회적 적응기능에 관한 발달장애아동의 발달을 돕기 위해서는 부모들이 교육 프로그램에 체계적으로 참여할 수 있도록 해야 하며, 교육 프로그램이 교육 센터와 같은 환경뿐만 아니라 가정에서도 이루어질 수 있도록 계획되어야 한다. 특히, 아동기의 아동은 부모와 집에서 보내는 시간이 많으므로 가정중심의 조기교육을 계획, 실시하는 것이 중요한 의미를 갖는다. 이와 같은 가정중심의 조기교육을 제공하는 경우 발달장애아동 뿐만 아니라 가족구성원도 필요한 프로그램을 제공해야 할 대상으로 고려할 필요가 있다. 예를 들어, 부모가 적절한 발달장애아동 양육에 관한 지식이나 방법을 전혀 모르고 있는 경우 이들을 위한 프로그램도 동시에 제공해야 한다. 지금까지 수행된 많은 연구들은 장애아동에게 필요한 교육 프로그램을 조기에 제공하는 것이 상당히 효과적이라고 밝히고 있다.

2) 심리적 과정에 따른 교육

발달장애아동의 부모교육을 효과적으로 하기 위해서는 부모들이 장애아동을 수용하기까지 어떠한 심리적 과정을 거치는지를 이해하고 있을 필요가 있다. 발달장애를 가지고 있는 부모들은 ① 부정(denial), ② 우울(depression), ③ 분노와 죄책감(anger and guilt), ④ 치료법의 탐색(bargaining), ⑤ 수용(acceptance) 단계를 거치는 것으로 보고되고 있다(Batshaw, Perret, & Trachtenberg, 1992).

(1) 부정 단계

부모들은 자신이 사랑하는 자식이 남들과 다른 특성을 가지고 있다는 사실에 대한 심리적 거부를 나타낸다. 이러한 심리적 거부 현상은 아동이 신체적 외형상으로 아무런 문제가 없어 보이는 경우, 외동아인 경우 그리고 장손인 경우에 심하게 나타난다. 심리적 부정 단계를 거치게 되면, 자식이 장애를 가지고 있다는 심리적 위협이 이제는 하나의 사실로서 받아들여지게 된다.

(2) 우울 단계

자식이 장애를 가지고 있다는 사실을 수용한다고 할지라도 이것이 객관적 사실로서가 아니라 암울한 난관으로 받아들여지며, 심리적으로는 우울함을 나타내 보인다.

(3) 분노와 죄책감 단계

심리적 우울상태를 거치고 난 후 발달장애아동의 부모들은 심각한 분노와 죄책감을 느끼기도 하는데, 이는 자식의 장애가 자신으로부터 기인된 유전의 문제라고 잘못 믿고 있기 때문이다. 이때 교사는 아동이 가지고 있는 발달장애의 원인이 무엇인지를 부모가 객관적으로 알 수 있도록 필요한 도움을 제공하여야 한다.

(4) 치료법의 탐색 단계

분노와 죄책감의 단계를 거치고 난 후 부모들은 아동이 가지고 있는 장애문제를 극복할 수 있는 치료방법을 찾기 시작한다. 이 단계에서 여러 의사를 찾아다니는 의사 쇼핑(doctor shopping)을 하기도 하는데, 이때 부모들은 객관적인 정보보다 낭만적인 정보를 제시하는 의사를 찾아 여러 병원과 기관들을 돌아다니게 된다.

(5) 장애의 수용 단계

시간이 지남에 따라 점차 부모는 아동의 장애문제에 대한 객관적인 인식을 가지게 되며, 이 같은 발달장애를 있는 그대로 받아들이는 것이 당사자와 가족구성원 모두에게 더 바람직한 결과를 가져올 수 있음을 직시하게 된다.

3) 장애아동 재현에 대한 불안

발달장애아동을 둔 부모들이 가지고 있는 심리적 문제 중의 하나는 다시 임신을 하고자 하는 경우 발달장애아동을 또 임신할 가능성에 대한 걱정이다. 많이 알려진 대로 다운 증후군의 경우 산모의 연령이 많은 경우 정신지체 아동을 가질 확률이 젊은 산모보다 훨씬 높다. 실제로 20세의 여자가 세 개의 21번 염색체로 인해 다운 증후군을 가진 정신지체 아동을 임신할 확률이 2,000분의 1정도라면, 45세의 여성의 경우에는 확률이 20분의 1로 증가한다(Batshaw & Shapiro, 1997). 그러므로 산모의 나이가 많은 경우 다시 아기를 가지려고 할 때는 태아에 대한 염색체 검사를 반드시 받아보도록 권할 필요가 있다.

염색체 전위(translocation)로 인해 다운 증후군이 생기는 경우는 산모의 연령과는 아무런 연관이 없으나, 다운 증후군의 자식을 임신할 재현율이 약 33%에 이르는 것으로 보고되고 있다(Jones, 1996). 염색체 분석을 통해 염색체 전위로 다운 증후군 아동을 임신할 가능성이 높은 부모를 확인할 수 있으므로, 교사는 필요시 이상 여부를 알아볼 수 있는 검사 방법에 대한 정보를 제공함으로써 발달장애아동의 부모들이 가질 수 있는 임신에 대한 공포를 어느 정도 덜 수 있도록 도와줄 수 있다. 그러나 임신 중 태아가 발달장애를 가지고 있는지 알아보기 위해 사용되는 선별검사가 윤리적으로 옳은 것인가에 대해 교사 스스로 정확한 자기 인식을 가지고 있어야 한다. 선별검사를 통해 태아가 발달장애를 가지고 있다고 확인된 경우 대부분의 산모들은 태아를 유산시킬 것을 희망한다. 유산과 관련해 우리는 '삶의 질'과 '생명의 존엄성'이라는 두 가지 양가적(兩價的) 가치가 대립됨을 알 수 있다. 이러한 윤리적 딜레마에 빠진 부모의 심리적 갈등에 대해 교사는 조력할 필요가 있다.

CHAPTER

04

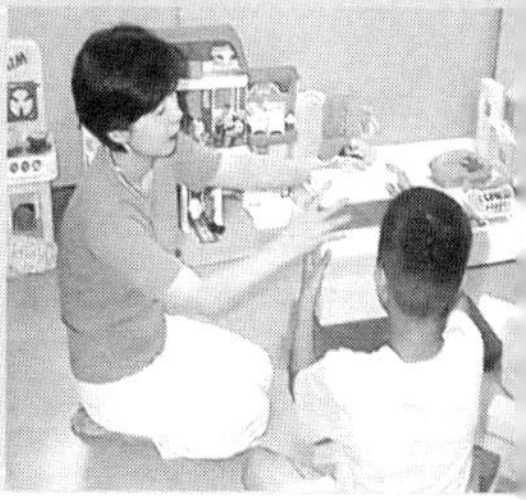

정서 · 행동장애 교육

1. 정서 · 행동장애의 이해

가. 정서 · 행동장애의 정의

1) 특수교육진흥법(1994, 12)

정서 · 행동장애아동의 기준을 다음 6가지 특성 중 한 가지 이상의 증상을 지니며, 장기간 심하게 그 증상을 나타내는 자로 규정하고 있다. 여기에서는 자폐성 장애를 정서 · 행동장애에 포함시키고 있다.

① 지적, 신체적, 또는 지각적인 면에 이상이 없음에도 학습성이 극히 부진한 자

② 친구와 교사들과의 대인관계에서 부정적 문제를 지닌 자

③ 정상적인 환경 아래에서 부적절한 행동이나 감정을 나타내는 자

④ 늘 불안해하고 우울한 기분으로 생활하는 자

⑤ 학교나 개인문제에 관련된 정서적인 장애로 인해 신체적인 통증이나 공포를 느끼는 자

⑥ 지적 능력과 상관없이 생후 30개월 이전에 나타나는 발달장애 증후군에 속하는 자로서 감각적 자극에 대한 반응, 언어, 인지능력, 대인관계 그리고 사물이나 사건 처리능력에 결함이나 자폐성 경향을 나타내는 자

2) 미 공법 94-142(Public Law 94-142)

비교적 장기간에 걸쳐 교육적 수행에 심각한 영향을 미치는 다음의 특성 중에서 1개 혹은 2개 이상을 나타내는 상태를 의미한다.

① 지적, 감각적 혹은 신체적 요인으로는 규명될 수 없는 학습의 무능력

② 동료와 교사들과 만족할 만한 대인관계를 형성 · 유지하는 능력의 결여

③ 정상적인 상황 하에서의 부적절한 행동이나 감정 유형

④ 늘 불행해하고 우울한 기분으로 생활함

⑤ 학교나 개인문제에 연관된 정서적인 장애 때문에 신체적인 통증이나 심한 공포감을 느낌

이 용어는 정신분열증 증세와 자폐증을 포함한다. 그러나 정서적 장애라고 판명되지 않는 사회부적응 아동은 포함하지 않는다.

3) 1993년 국제장애인협회 연차대회

① 정서장애 또는 행동장애의 학교 프로그램에서 적절한 연령, 문화 또는 민족적 규준으로부터 벗어나 교육적 수행능력에 역효과를 가져다 주는 정서 · 행동 반응들로 특징지워진다. 교육적인 수행능력은 학습, 사회적 기술, 대인관계 능력, 직업 등을 포함한다.

- 환경 내의 스트레스 사건 상황에서 기대되는 반응보다 더 지속적이다.
- 두 가지 다른 환경에서 지속적으로 나타난다. 적어도 하나의 환경은 학교와 관련된 환경이다.
- 일반적인 교육에서 적용되는 직접적 중재에 반응하지 않거나 아동의 상태가 일반적인 교육중재로 불충분하다.

② 정서 · 행동장애는 다른 장애와 함께 나타날 수 있다.

③ 정신분열증, 기분장애, 불안장애, 행위 또는 적응의 장애가 교육적인 수행능력에 영향을 미치면 이 범주에 포함된다.

나. 정서 · 행동장애의 출현율

1980년대 이전까지 미국 교육부 특수교육국에서 발표한 정서 및 행동장애아 출현율은 학령기 아동의 약 2%이며, 그 이후 여러 학자들 이 보고한 실제 인구조사에 근거한 출현율은 3~6%이다. 우리 나라의 경우에도 1.52%(윤점룡, 1982)에서 22%(이은, 1982)에 이르는 다양한 출현율이 보고되고 있다. 특수교육진흥법에서 정서장애의 진단기준으로 제시된 정의의 기초가 된 Bower(1981)의 정의를 근거로 산출한 출현율에 의하면 학령기 아동의 약 10%가 정서 및 행동장애를 보이는 것으로 나타났다. 한 장기 추적조사에 의하면 학령기 아동의 약 7.4%가 그 아동을 담당한 모든 교사에 의해서 정서 및 행동장애아로 진단되었으며, 적어도 한 명 이상의 교사에 의해서 정서 및 행동장애로 의뢰된 아동은 약 20~30%에 이르는 것으로 보고되었다.

다. 정서 · 행동장애의 원인

정서 · 행동장애의 원인은 크게 다음과 같이 생물학적 장애 및 질병, 병리학적 가족관계, 학교에서의 바람직하지 못한 경험으로 구분할 수 있다(장선철, 2002).

1) 생물학적 요인

정서 · 행동장애를 일으키는 생물학적 요인에 대해서 거의 밝혀지지 않고 있음에도 불구하고 대부분의 전문가들은 유전이나 기타 체질상의 요인들(㉮ : 출산 전의 상태)이 특정 행동 패턴을 발달시키는 상황을 조성한다는 사실에 동의하고 있다. 예를 들어서, 사람에게는 기질(temperament)이라는 출생부터 지니고 태어나는 행동특성이 있으며(예 : 다루기 쉬운 아동, 다루기 어려운 아동), 모든 아동은 출생 시 서로 다른 기질을 지니고 태어나는 것으로 주장되고 있다(Kagan, 1984). 이 주장에 의하면, 두 아동이 동일한 상황에 처했을 때 각각의 아동이 지닌 독특한 생물학적인 요소에 의해서 같은 상황에 대해서 서로 다르게 반응할 가능성이 있다는 것이다. 이와 같은 맥락에서 일부 전문가들은 난기질(difficult temperament)을 보이는 아동이 정서 및 행동장애를 일으키는 성향을 지닌 것으로 주장하기도 한다.

기질 외에도 질병, 영양부족, 뇌손상 등의 요인들이 정서 및 행동장애에 대한 성향을 일으킬 수도 있으며, 특히 약물 등의 독극물 남용 역시 심각한 정서 및 행동장애의 발생에 기여할 수 있다.

정신지체의 경우에서와 마찬가지로 장애가 심한 경우 생물학적 원인의 증거가 더 많이 밝혀지고 있는데, 특히 자폐나 정신분열증의 경우 항상 그런 것은 아니지만 신경학적 이상의 증거를 보이기도 한다(Prior & Werry, 1986). 특히 정신분열증의 경우에는 유전적인 요소의 원인이 입증되고 있으며(Gottesman, 1991; Plomin, 1989), 자폐는 일반적으로 신경학적 손상으로 인한 장애인 것으로 받아들여지고 있으나 신경학적인 결함의 성격이나 원인은 아직 알려져 있지 않다.

2) 가족 요인

정신건강 전문가들이나 과거의 정신분석학적 접근은 부모-자녀 관계가 행동장애를 일으킨다고 주장하였다. 그러나 부모-자녀 관계는 서로 상호적이며 진행적이기 때문에 단순하게 한쪽에서 한쪽으로 일방적인 영향을 미쳐서 장애를 일으킨다고 말하기가 어렵다. 특히 정도가 심한 정서 및 행동장애의 경우에도 그 원인이 1차적으로 부모에게 있다고 말할 만한 일관적이고도 타당한 입증 자료들이 아직까지는 보고되지 않고 있다.

부모의 양육방법이 자녀의 행동에 영향을 미치는 것은 사실이다(Gottesman, 1991). 대체로 아동의 필요에 민감하게 반응하고, 잘못된 행동에 대해서는 사랑이 담긴 방법으로 대처하며, 적절한 행동에 대해서는 관심과 칭찬을 아끼지 않는 태도의 양육방법은 아동의 바람직한 행동을 발달시킨다. 반면에 훈육은 거의 하지 않으면서 적대적이고 거부적이고 잔인하고 비일관적인 태도로 양육하는 부모 밑에서는 공격적이고 비행을 저지르는 아동이 양육된다. 그러나 여기에서 가장 중요한 것은 가정환경이 가족 단위로 모든 자녀들에게 동일한 영향을 미치는 것은 아니며, 각 자녀들은 개별적으로 자기 나름대로의 방법으로 가족관계를 경험하고 반응하기 때문에 상호적인 영향에 의해서 행동적인 특성이 결정된다는 것이다.

3) 학교 요인

학령기가 되기 이전에 이미 문제를 보이는 아동들도 있지만 입학한 후에 학교에서의 부징적인 경험으로 인해서 정서 및 행동장애를 일으키는 아동들도 있다. 생물학적 요인이나 가족 요인과 마찬가지로 학교에서의 그러한 경험이 아동의 정서 및 행동 문제를 일으킨다는 단순한 인과론에 대해서는 입증하기가 어렵지만, 아동의 기질과 사회적 능력 등이 또래나 교사의 행동과 상호작용하여 정서 및 행동 문제를 일으키는 데 기여하는 것으로 가정할 수는 있다.

학교생활이 정서 및 행동 문제를 일으키는 데 기여하는 몇 가지 특정 요인들을 살펴보면 다음과 같다.

① 아동의 개별성에 대한 교사의 무감각

② 아동의 성취나 품행에 대한 교사 및 부모의 너무 높거나 낮은 기대

③ 방종적이거나, 너무 완고하거나, 비일관적인 학교 훈육방법

④ 잘못된 행동이 관심을 받고 바람직한 행동은 무시되는 학교 환경

⑤ 교사나 또래들의 잘못된 행동을 모방할 수 있는 기회

이러한 요소들이 아동의 정서나 행동상의 문제를 일으킬 수도 있다는 인식을 통해서 교사들은 자신의 교수방법, 아동을 향한 기대 수준, 훈육방법 등을 검토해 볼 필요가 있으며, 문제를 보이는 아동 개인에게만 문제의 근원이 있다고 생각해서는 안 된다.

2. 정서 · 행동장애의 특성

가. 지능 및 학업 성취

정서 · 행동장애아들의 평균 지능은 일반아동의 하위 평균인 약 90% 정도이며, 상위 평균 이상의 지능을 보이는 아동은 비교적 적은 것으로 보고되고 있다. 특히 자폐아동의 경우 지능상의 결함이 매우 심한 것으로 여겨져 왔으나, 최근의 연구들에 의하면 그 분포가 다양한 것으로 나타나고 있다. [그림 4-1]은 일반아동과 정서 및 행동장애아, 자폐아동의 가상적인 지능분포 곡선을 보여주고 있다.

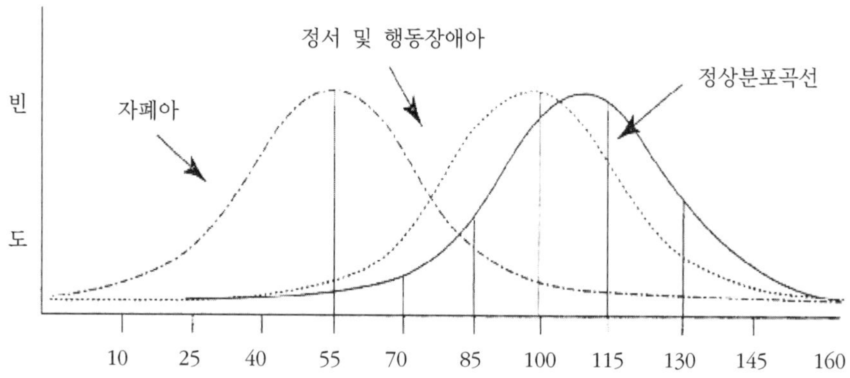

그림 4-1 정서 및 행동장애아, 자폐아, 일반아동의 가상 지능분포곡선

* 출처 : Kauffman, J. M.(1993). *Characteristics of emotional and behavioral disorders of children and youth* (5th ed.), p. 227, New York : Macmillan Publishing Company.

정서 · 행동장애아들이 보이는 중요한 특성 중의 하나는 낮은 학업 성취이다. 대부분의 정서 · 행동장애아들은 교실에서의 학업활동에 어려움을 겪는다. 이들은 읽기를 잘못하고 산수 문제를 푸는데 문제를 보일 뿐만 아니라 기타 과목들의 학습에도 문제를 보이곤 한다. 정서 · 행동장애가 심한 아동들은 기초학업기술 외에도 용변, 식사와 같은 기본적인 자조기술조차도 갖추지 못할 수도 있다. 특히 이들 중 많은 아동들이 학습장애를 복합적으로 보이기도 하는데, 이것은 부적절한 행동이 빈약한 학업 성취를 초래하거나 빈약한 학업 성취로 인해서 부적절한 행동이 나타나기도 하기 때문이다.

나. 사회-정서적 특성

정서 · 행동장애아들은 공격적이고, 겉으로 드러나는 행동을 보이거나, 미성숙하면서도 내부적으로 위축된 행동을 보이는 등의 다양한 사회 · 정서적 특성을 보인다. 정서 · 행동장애의 가장 보편적인 문제 중의 하나로 품행장애(conduct disorder)를 들 수 있다. 때리기, 싸우기, 친구 놀리기, 소리 지르기, 반항하기, 울기, 기물 파괴하기, 강탈하기 등의 행동이 이에 속한다. 이러한 행동은 비장애아들에게서도 흔히 관찰되는 행동이지만, 행동의 발생이 지나치게 충동적이거나 잦으면 문제로 여겨져야 한다. 이러한 행동들은 전형적인 방법의 훈육을 통해서 변화시키기 어렵다는 특성을 지닌다. 그러나 이러한 행동들은 주위 환경으로부터 부정적인 반응을 받게 되므로 이로 인해서 상호간에 부정적인 영향을 미치게 되기 때문에 문제를 아동의 행동에만 국한시켜서는 안 된다. 이들을 돕기 위해서는 아동의 행동과 환경 내의 다른 사람들의 행동 간의 상호작용을 반드시 분석 · 조사해 보아야 한다.

또한 학교생활 실패와 품행장애 및 청소년 비행은 상당히 높은 관계가 있는 것으로 알려져 있다. 그러므로 외부적으로 드러나는 문제행동을 보이면서 학업 성취가 낮은 아동들에 대해서는 각별한 관심과 교육의 필요성이 강조되어야 한다.

사회적으로 미성숙하고 위축된 행동을 보이는 아동들은 아동기 발달에 심각한 영향을 미칠 뿐만 아니라, 성인이 된 후에도 정신 건강상 좋지 않은 예후를 보이곤 한다. 특히 이들은 만족스러운 인간관계를 발달시키지 못하기 때문에 사회적으로 고립되어 친구가 거의 없고, 놀이 기술 등과 같은 사회적 기술의 결핍을 보이며,

환상이나 백일몽에 빠지기도 하고, 신체적인 고통을 호소하기도 한다. 초기 발달단계로 퇴보하여 끊임없는 도움과 관심을 요구하기도 하고, 아무런 이유도 없이 우울증 증세를 보이기도 한다. 사회적 위축은 나이에 따라 일시적으로 새로운 관계를 형성해야 하는 상황을 회피하고 싶어하는 등의 가벼운 증세(장애로 판별되지 않음)로부터 소아정신분열증, 자폐증과 같이 다른 사람과의 상호작용에 대해서 전혀 관심을 보이지 않는 등의 심각한 증세에 이르기까지 그 정도에 있어서도 다양하게 나타날 수 있다. 중요한 것은 사회적 위축 행동은 겉으로 드러나는 공격행동과는 달리 잘 발견되지 않는 경우가 많기 때문에 조기 발견을 위해서 교사들의 각별한 관심이 필요하다는 것이다.

다. 과다행동, 충동성, 산만함

정서 · 행동장애아들이 보이는 특성들 중 보편적으로 가장 자주 언급되는 행동은 과다행동(hyperactivity), 산만함(distractability), 충동성(impulsivity)이다.

정서 · 행동장애아들이 보이는 특성들 중 보편적으로 가장 자주 언급되는 행동은 과다행동(hyperactivity), 산만함(distraction), 충동성(impulsivity)이다. 과다행동은 활동의 양이 지나치게 과도하게 나타날 때 사용되는 용어로, 쉬임없이 움직이거나 연령 및 주어진 과제에 비해서 움직임의 양이 부적절한 경우를 뜻한다. 만 2세 아동의 경우 매우 활동적이며 끊임없이 움직이는 것이 사실이다. 그러나 이런 활동은 환경에 대한 탐구 작업이며 이 연령층에 있어서는 적절한 행동이다. 만일 10세 아동이 학급 토론 시간에 이와 동일한 행동을 보인다면 이것은 적절한 행동으로 평가되지는 않을 것이다.

산만함이란 과제에 대한 주의집중과 관련된 용어로, 학교활동으로부터 쉽게 방해를 받거나 특정 과제에 주의를 기울일 수 없는 경우를 의미한다. 그러나 과다행동과 마찬가지로 산만함을 평가하기 위해서는 아동이나 환경과 관련된 변인들을 반드시 고려해야 한다. 아침 식사를 하지 못하고 등교하여 매우 배가 고픈 상태에서는 점심시간 이전의 과목 학습이 매우 산만해질 수도 있기 때문이다.

충동성은 주의 깊은 생각이나 목적 없이 발생하는 행동을 말한다. 충동성을 보이는 아동들은 반응하기 전에 생각하지 않고 충동적으로 행동하기 때문에 이들의 행동은 부적절한 경우가 많다. 특히 수업 시간 중 부정확한 반응을 많이 보인다. 교사의 질문이 끝나기도 전에 큰 소리로 답을 말하거나 과제를 수행함에 있어서 머리에 떠오르는 대로 마구 적어 나가는 아동은 충동적이라고 말할 수 있다.

사실상 과다행동을 보이는 아동들이 쉽게 충동적이고 산만한 행동을 보이는 것과 같이 위의 세 가지 행동특성들은 서로 관계가 깊다. 또한 이러한 특성들은 학습장애나 경도 정신지체 등의 기타 장애아들에게서도 흔히 발견되는 행동들이다. 이러한 행동특성들을 지니는 아동들이 학교에서 보이는 문제들은 그 원인이 뇌손상과 같은 아동의 개인 내적인 일탈현상에 있는 것으로 진단됨으로써 교사들의 수동적인 태도를 야기하기도 하지만, 중요한 것은 체계적인 교수와 행동 통제 전략에 의해서 행동이 향상될 수 있다는 사실이다. 특히 의학적인 약물 치료를 받고 있는 아동의 경우 약물 치료 자체가 학업문제를 해결해 주거나 새로운 행동을 가르치는 것이 아님을 인식하여야 한다. 특히 약물 복용으로 인한 부작용이나 행동 변화를 관찰하여 담당 의사나 학부모와 밀접하게 정보를 교환하여야 한다.

라. 자 폐

자폐는 사회적 상호작용과 의사소통에 있어서의 비정상적인 발달을 보이면서 활동과 관심 영역이 제한된 특성을 보이는 장애이다. 미국의 장애인교육법(IDEA)에 의하면 자폐는 기타 장애 영역과는 다른 하나의 독립된 장애 영역으로 분류되고 있으나, 우리 나라에서는 특수교육진흥법에 의해서 정서장애의 범주로 분류하고 있다.

3. 정서 · 행동장애 아동교육

정서 · 행동장애아동의 교육에 활용되는 기법이나 도구는 아동의 기능과 연령에 따라 달라진다. 연령이 낮거나 기능이 낮을수록 평가나 중재에 그림이나 놀이 등의 보조기법들이 사용된다. 이들을 만날 때에는 부모를 먼저 만나 그들이 관찰한 행동이나 상황에 대한 정보를 수집하는 것이 좋다. 아동을 만나 모든 것을 언어적으로 다루기 어렵기 때문에 장난감이나 놀이 도구, 혹은 그림을 활용할 때가 많다. 이를 위해 약속을 정할 때 부모에게 아동이 좋아하는 장난감이나 놀이에 대해 미리 알아둘 필요가 있다.

가. 정서 · 행동장애아동을 위한 주요 방략

1) 정신분석적 방략

정신분석적 방략(psycho-analytic strategies)은 장애의 원인으로 생활 내면적인 작용을 강조한다. 창시자는 S. Freud이다. 이 방략에서는 아동의 정서생활을 강조하며, 아동의 감정, 태도, 기억, 충동 및 경향을 의식(conscious)과 무의식(unconscious)의 두 차원에서 본다. 의식적인 요소는 직접적인 인식을 말하는데, 현재 경험하고 있거나 인식하고 있는 바를 쉽게 회상할 수 있는 사고, 지각 혹은 기억 등이 의식의 구성 요소이다. 그러나 무의식적이란 쉽게 접근할 수 없는 정신생활의 한 부분으로, 무의식의 요소는 다만 상징적으로 의식을 통해 알 수 있다. 가끔 꿈, 그림, 연주 및 실언 등은 무의식 가운데 존재하는 상징적 정보를 제공해 준다.

이 모델에서는 무의식적인 요소를 의식적인 부분보다 더욱더 중요한 것으로 본다.

Freud와 그 후의 역동적 이론가들—Anna Freud, Karn Horney, Melanie Klein, Erik Erikson, Bruno Bettelheime 등—은 의식적 자아를 정신생활에서의 빙산의 일각으로 묘사했다.

정신분석이론은 인간성에 대한 세 가지 가정 위에 근거한다.

첫째, 성인의 행동, 그것이 정상이든 비정상이든 그 행동은 그 개인이 출생한 때로부터 초기 5년간의 결정적인 발달결과에 의하여 거의 결정된다.

둘째, 성적 충동이 행동의 결정적 요소가 된다.

셋째, 대부분의 행동은 무의식적 결정 요인들에 의하여 통제된다.

Freud는 행동은 우연이나 어쩌다가 일어나는 것이 아니고 그 개인의 과거 경험에 의해 결정된다고 말한다.

Freud가 말한 인성 발달에 대한 개념을 이해하기 위해서 그가 말한 의식, 무의식의 수준, 그리고 원욕, 자아, 초자아로 구성되는 인성구조 등을 이해해야 한다. Freud는 인성발달의 과정으로써 심리성적 발달단계(psychosexual stages of development)를 들고 있으며, 자아가 내부의 불안을 해소하기 위한 방법을 선택하는 방어기제(defense mechanism)로써 동일시, 전위, 억압, 투사, 반동형성, 고착, 퇴행 등을 들고 있다.

비정상적인 인성의 발달 이유로 Freud는 원욕, 자아, 초자아 간의 비효율적 역동성과 부적절한 영·아동기의 학습을 두고 있다.

정신분석적 방법의 주요 목적은 불안의 원인이 되는 억압된 충동을 의식화하는 것이다. 치료적 상황에서 사용되는 기술로써는 자유연상, 전이와 해석 등이 있다.

2) 내담자중심 요법

C. R. Rogers는 인간이 비이성적, 비사회적, 자기 파괴적이며 또 자기 자신에 대하여 거의 통제력이 없는 존재라는 Freud의 인간성에 대한 개념을 거부하고 오히려 인간은 적극적인 방향으로 동기지워진 존재라고 주장한다. 즉, 인간이란 이성적이며 사회적이며 근본적으로는 자기운명을 자기 스스로 이끌어 가고 통제하고 조정할 수 있게 되어 있으며, 오직 그러한 조건이 결여되었을 때만 외부의 통제와 규율이 필요하다는 것이다.

다시 말하자면 성장하고 성숙하도록 적절한 환경만 주어지면 자신의 가능성을 최대한 신장시키고 그 발달은 건설적인 방향으로 진행하게 되어 있다는 것이다. 그러므로 인간은 근본적으로 스스로 자기 방향을 자기가 취할 수 있으며, 적당한 조건만 주어지면 전진적, 적극적, 건설적인 자기가 됨으로써 내면적인 불안에서부터 자유롭고, 사회에서도 만족스럽게 생을 영위해 갈 수 있다는 것이다.

Rogers는 성격을 정지된 것이 아니라 계속적으로 변화하는 상태로 본다. 그리고 모든 인간행동은 자기실현이라는 한 가지 동기를 가지고 있으며, 인간행동은 근본적으로 선한 것이고 일반적인 상태에서는 외부의 통제가 필요 없는 것이라 주장한다.

성격발달에 있어서 개인은 출생시부터 자기실현화를 위한 경향을 갖고 있어서 이것이 바로 성격형성의 동기가 된다. 즉, 아동의 동기는 목적적이고 현실과 작용하는데 있어서 이미 자기실현의 욕구를 충족시키기 위해 초점을 맞춘다.

아동이 어떤 곳에 옮겨졌을 때 그가 '놀랐다'면 그것은 놀랄만한 환경이었지 현실적으로 남 보기에 안전하다거나 괜찮다는 것과는 무관하다. 단지 아동이 처음에는 놀랐지만 그 상황을 여러 번 되풀이 경험해서 자기가 이제 놀라지 않아도 될 것이라고 믿게 될 때만 현실에 대한 지각이 변하게 된다. 즉, 현실상황을 자기가 어떻게 지각하느냐에 따라 행동이 변할 뿐이다. 개체가 지각된 현실과 상호작용할 때 그 경험을 자기실현의 요구를 만족시키는가, 아닌가를 기준으로 평가하여 그 기준에 도달치 않는 것은 가치 없는 것으로 지각한다.

이 과정이 '유기체의 가치화 경험'이다.

개체는 이 과정을 통해 자기가 가치 있는 것으로 평가한 경험에만 관심을 두고 부정적으로 평가한 경험은 회피하기 시작한다. 개체가 환경과, 그것도 부모와 같은 자기에게 가장 의미 있는 환경과 상호작용할 때 자기에 대한 경험이 의식화되고 그것이 바로 자기 개념으로 발달한다. 이러한 과정을 통해 개체는 이제 자기가 진정 원하는 것이 아닌 남이 원하는 것을 행동에 적용하게 되고 남이 자기를 어떻게 보느냐에 따라 자기를 좋아하거나 싫어하게 된다.

이 결과는 이제 자기의 내면성을 만족시키는 경험을 오히려 가치 없는 것으로, 또는 그 반대로 가치를 만족시킬 수 없는 경험을 가치 있는 것으로 평가하게 되는 불행스런 일을 초래한다.

Rogers는 개체가 타인이 요구하는 것을 선택할 때 자기와 유기체의 경험 간에 부조화가 일어나고 이러한 자기 분열이 바로 부적응 행동의 원인이라 보았다. Rogers가 말하는 이러한 상황 아래 개체는 향상성 있게 타인에 의한 적극적 평가를 경험하고 동시에 그것은 자기의 요구를 만족시켜 줄 수 있기 때문에 통합되고 균형 있는 자기를 형성할 수 있다.

내담자중심 치료과정에 필요한 충분조건은 다음과 같다.

① 심리적인 접촉 또는 관계

② 최소한의 불안

③ 교사의 신뢰성

④ 무조건적인 적극적 수용

⑤ 공감적 이해

⑥ 내담자 지각

위와 같은 조건이 교사에 의하여 성립되면 치료과정은 자연스럽게 진행된다.

3) 행동적 방략

행동적 방략(behavioral strategies)은 학습이론에서는 모든 행동은 개체가 환경과 상호작용할 때 학습된 것으로 본다. 사람이 출생할 때 아직도 그림이 그려지지 않은 흰 상태였는데 환경과의 상호작용에 따라 성격의 색깔이 제각각 다른 색으로 형성된다고 본다. 따라서 그들에 의하면 부적응 행동이나 적응행동 모두가 학습원리에 따라 학습된 결과이다.

행동주의의 주요 개념은 강화, 강력조절, 소거, 일반, 분별, 행동 형성(shaping) 등이다. 학습 원리를 이용한 행동수정의 방법으로써는 감감, 혐오치료, 자기표현 훈련, 토큰 이코노미(token economy) 등이 있다.

체계적 감감은 공포 및 불안을 제거하는 데 쓰인다. 불안과 양립할 수 없는 이완반응을 끌어낸 다음, 불안을 유발하는 장면을 상상하게 함으로써 불안 유발 자극의 위력을 약화시키는 방법이다.

구체적인 절차는 다음과 같다.

첫째, 불안을 유발하는 자극을 분석하여 불안의 정도에 따라 불안 위계 목록을 만든다.

둘째, 근육이완훈련을 한다.

셋째, 내담자가 눈을 감고 이완 상태에 도달하게 한 다음 불안 위계 목록 중 가장 적게 불안을 일으키는 장면부터 상상시킨다.

이러한 자극 상황에 대해 내담자가 심한 불안을 일으키면 치료자는 다시 이완 상태로 유도하여 불안을 느끼지 않게 될 때까지 이완시키는 과정을 되풀이한다.

이런 식으로 불안 위계 목록상 가장 밑에 있는 자극에서부터 가장 위에 있는 자극에 이르기까지 단계적으로 진행한다. 가장 불안이 심한 자극 장면을 상상할 때에도 내담자가 아무런 불안을 느끼지 않게 되면 이 절차는 끝난다. 이 방법은 대안관계 공포, 시험 공포, 신경증 공포 등을 제거하는 데 효과적이다.

자기표현 훈련은 대인관계의 문제를 해결하는 데 쓰인다. 자기의사나 감정을 잘 표현하지 못하는 사람을 대상으로 한다. 이 훈련은 교사와 내담자가 특정한 대인관계 상황을 놓고 서로 역할을 바꾸어 가며 자유로이 자신의 의사와 감정을 표현하는 역할 행동의 연습을 통해 이루어진다. 상대방의 입장에서 느낀 바를 서로 이야기하면서 교사는 내담자가 보다 효과적으로 자기표현을 할 수 있도록 도와 준다.

내담자가 두려움과 불안 때문에 표현하지 못했던 감정이나 의사를 교사 앞에서 표현하여 아무런 처벌을 받지 않을 뿐 아니라 오히려 보상된다는 것을 경험함으로써 내담자의 자기표현 행동이 강화된다.

혐오치료는 부적절한 행동이 나타날 때마다 불유쾌한 혐오 자극을 가하여 문제행동을 약화 또는 소거시키는 방법이다. 혐오 자극으로써는 전기충격, 구토제 등이 사용될 수 있다. 이 방법은 혐오 자극으로 문제행동을 처벌하면서 문제행동을 대치할 수 있는 바람직한 다른 행동을 수정하는 데 적용된다.

토큰 이코노미는 칭찬과 같은 사회적 강화만으로 큰 효과가 없을 때 토큰을 주어 나중에 내담자가 원하는 물건이나 권리와 바꿀 수 있도록 하는 치료 절차를 말한다. 아동 및 정신지체아의 행동수정에 유용한 방법이다.

4) 정신교육적 방략

정신교육적 방략(psycho-educational strategies)은 교육적인 환경과 그 환경 내에서 아동들의 반응과 수행에 관심을 두고 있으며, 환경에서 이동되었을 때 발생되는 치료와는 대조적이다. 정신교육적 방략에서는 아동들이 천부적인 생리적인 잠재력을 갖고 있고 그것이 초기 경험과 조화를 이루어 자아 개념이나 열망, 현실과 긴장을 처리해 나가는 태도 등을 결정한다고 생각한다. 아동들이 학교에 입학할 때는 학교, 가정, 사회에서 인정된 형식을 수행하기 위한 사회성이나 준비도를 갖추고 있을 거라고 기대를 받게 된다. 아동들이 외부의 요구를 접할 때 실패하게 되면 내적인 불안한 좌절을 초래하고 직접적으로 부적응 행동을 야기시킨다.

특수아동이 대처해 나갈 수 있는 기술은 생활 무대면담법(LSI : life space

interview)과 같은 숙련된 방법이나 더 좋은 조절에 의해 습득될 수 있다(Redl, 1971). LSI는 아동들이 위기 절정(예 : 다른 아이를 때리는 것)에 있는 동안 자신의 감정을 처리할 수 있도록 고안되어야 하고 그들의 행동이 그런 상황을 가져오게 한 원인이 무엇인가를 지적해 내야 한다. 이것은 즉각 시도하는 것이 그 행동에 대한 합리화가 이미 결정되어 버린 며칠 후에 토론하는 것보다는 훨씬 효과적이다.

정신교육적 방략의 장점은 지지자들은 이상한 행동뿐만 아니라 아동 자체를 그대로 인정하고 긍정적으로 보며, 성인과 아동의 내적 관계가 효과적인 조치의 필수 요건이라고 보는 것이다.

정신교육적 방략의 장점은 아동교육기관의 책임이란 범주 내에서 조직되고 이행될 수 있다는 것이다. 교사는 관찰자로서 외곽에 남아 있는 것이 아니고 책임감 있게 의사를 결정하는 팀의 성원으로 고려된다.

아동들은 수용할 수 있는 한도 내에서 중요한 행동을 배우는 데, Long과 Newman(1976)은 교사가 사용하는 4가지 행동의 대안을 다음과 같이 제시했다.

① **예방 계획** : 보호적인 환경을 만들어 줌으로써 아동들이 통제 하에서 자신의 행동을 취할 수 있도록 한다.

② **허용** : 운동장에서 뛰거나 소리칠 수 있게 하는 것과 같이 어떤 행동의 유형이 때에 따라 교사에 의해 허용된다.

③ **관대** : 교사가 아동의 행동을 통제하는 것은 일시적인 것이기 때문에 행동을 관대하게 해야 한다. 그러나 그것은 향상이 기대되는 아동들에게만 적용되는 것 이다.

④ **중단** : 교사는 아동 자신이나 학급 내의 다른 아동의 보호나 학급의 행동을 계속적으로 유지시키기 위해 진행을 중재해야 한다.

5) 발달 방략

Hewett는 정서장애아 교육에 있어 발달 방략(developmental strategies)을 세운 중요한 주창자이다. 그는 7개의 교육 목표를 발달 순서로 하여 행동을 수정하는 교육 프로그램을 완성하였다. 이 발달 순서는 주의(attention), 반응(response), 지시(order), 탐색(exploratory), 사회(social), 숙련(mastery), 성취(achievement)이다.

발달 방략에서는 성공적인 삶을 일으키기 위해 아동이 주의를 기울이고 반응하여 지시에 따르고, 자유롭고 정확하게 환경을 탐색하여 다른 사람과 적당한 관계를 맺는 기능을 가져야 할 것을 강조한다. 또 아동기로부터 학령기 정상적 발달과정 동안에 이러한 행동이 학습된다고 가정하고, 이 학습에 실패하면 학교에 갈 준비를 하지 못하게 된다고 한다.

아동이 주의를 기울이는 것부터 성취에 이르기까지 단계적으로 이끌려는 교사를 돕기 위하여 Hewett는 효과적인 교수를 위한 본질적인 3가지 내용을 다음과 같이 제시하고 있다.

① 적당한 과제의 선택

② 그 과제를 성취한 후의 의미가 있는 보상 선택

③ 교사의 통제 하에서 유지

Hewett는 발달 단계에 따라 수준에 맞추어 작업 부분을 숙련센터, 규칙센터, 탐색센터의 세 영역으로 나눈 '과제 수행 교실(engineered classroom)'을 제시했다.

숙련센터는 원래 학술적인 분야에서 숙련된 성취의 과업을 위해 고안되었으며, 규칙센터는 아동으로 하여금 지시에 따르고 완전히 과제를 하도록 하여 그들의 행동을 통제하는 훈련을 하도록 고안되어 있다. 그리고 탐색센터는 과학, 예술, 그리고 의사소통 활용을 위해 사용된다.

Hewett의 과제 수행 교실에서의 교사의 역할은 아동을 적당한 센터에 배치하고 학습할 준비를 갖게 하여 성공적으로 완수해 낼 수 있는 과업을 제공하는 것이다. 교사는 별표(check-mark)를 사용하여 아동에게 보상해 준다. 아동은 할당된 과업이나 활동을 시작하면서 2개의 별표를 받고, 완성했을 때는 3개, 그 이후의 성취에서는 5개를 받는다. 즉, 보상은 특별한 능력에 의존해서 아동 각각에게 개별화한다. 교사는 별표를 설명과 함께 제공한다. 즉, '너는 4개의 활동을 해내었으니까 2개의 별표를 얻었다.' '너는 주의를 기울였음으로……' 등이다.

Hewett의 모델에서는 비록 아동이 다소 퇴보적이라도 강화는 계속할 것을 권장한다. 아동은 다른 수준에서 안정될 수 있다면 그 수준에서 부적합한 행동을 해도 처벌받지 않는다. 그런 이유 때문에 어느 할당된 과업을 하는데 부적합한 행동의 첫 시도가 이루어지면 그 과업은 재빨리 변화한다.

6) 생태학적 방략

정신분석적 방략(ecological strategies)이나 행동주의적 방략 외에 비교적 최근에 각광을 받고 있는 방법으로 사회 생태학적 방략을 들 수 있다. 사회 생태학적 방략에서는 아동의 행동수정이나 정서 안정을 위해 그 아동이 처해있는 환경의 중요성과 환경과의 상호작용의 중요성을 강조한다.

이 전략의 선구자는 Rhodes박사로서 그는 행동수정의 방법이나 정신분석적 지도 방법을 아주 없애자는 것이 아니고 필요에 따라서는 종래의 방법도 쓰며, 또 아동의 행동수정이나 정서장애 치료를 위해서는 환경적인 요소에 더욱 관심을 가지고 아동의 행동뿐 아니라 환경도 보다 바람직한 행동을 조절할 수 있는 것으로 만들어 주어야 한다고 주장한다. 왜냐하면 아무리 아동의 행동 자체가 어느 정도 수정이 되었다고 하더라도 그가 처해있는 환경이 바람직하지 못하여 그 아동의 문제행동을 일으키는 원인이 된다고 하면 그것은 그 아동의 정서안정뿐 아니라, 그의 행동에도 지대한 영향을 미치기 때문이다. 이와 같이 사회 생태학적 방략의 핵심은 개개의 부분과 그 개개의 부분이 모여서 이르게 되는 전체 상호의존의 중요성을 강조하는 데 있다.

사회생태학적 방략을 학급에 적용시킨 예로서는 Hobbs박사가 시도한 'project Re－Ed'가 있는데 이것은 바로 정서장애아를 위한 재교육(project for the re-education of the emotionally disturbed children)을 의미하는 것이다. 이 재교육 과제가 내세운 원리에 의하면 물론 갈등은 아동에게 있지만 그 문제점은 환경과의 상호작용을 통해서 유지된다는 것이다.

Re－Ed 프로그램에서는 아동들이 집을 떠나서 약 6개월 동안 다른 아동들과 함께 생활하면서 24시간(하루)씩 집중적인 지도를 받는다. 그리고 이 교육방법을 채택하는 데 가장 핵심적인 주요 인물은 교사 겸 교육교사(T－C : Teacher Counselor)의 역을 맡은 사람들이다.

이 T－C에는 세 가지 종류가 있는데 주로 낮에 교육과 지도를 담당하는 day time T－C가 있고, 저녁에 아동에게 필요한 사회생활의 기술이나 다른 기술을 가르쳐 주고 함께 생활하는 night time T－C가 있으며, Re－Ed 프로그램에 들어오기 전에 그들에 대한 제반 정보수집 등을 하고 여러 기관(학교, 집, 병원) 간에 중간 역할을 함으로써 아동의 행동변화나 학습 성적 등에 대한 정보를 제공하는 등 의사소통을 촉진시켜 주는 liaison T－C가 있다.

Re－Ed 프로그램에서는 중류계급의 가치관을 가르치고 건전한 심신의 발달을 위해 여러 가지 운동(수영, 배타기, 걷기 등)을 하도록 하고, 예식이나 절차를 가르치며, 또 자제력 등을 함양시켜 주는 데 힘을 기울인다.

나. 정서 · 행동장애의 통합교육

1) 매디슨 학교 플랜

MSP(Madison School Plan)는 학습 준비의 결여로 인해 일반 학급에 적응하기 어려운 아이들에게 특별한 교육을 제공하기 위해 마련된 것으로써, 여기서는 장애 종별이나 진단적 범주에 따라 집단화한 것이 아니라 학습결함에 따라 집단을 구성하여 조작적 학습센터를 개념화한다.

교실 구조는 학업전단계 Ⅰ, Ⅱ, 학업단계 Ⅰ, Ⅱ의 4개 영역으로 구성되어 있다. 학업전단계 Ⅰ에서는 6～12명으로 구성되어 주의집중, 적절한 반응, 차례 지키기, 간단한 지시 따르기, 다른 사람과 함께 지내기, 소집단 활동능력 개발 등을 개별지도 받게 한다. 여기서는 정서장애아 뿐만 아니라 학습장애나 정신지체 아동 등 장애 영역을 구별하지 않고 학습 환경을 단계별로 구분한다는 데 의의가 있다.

학업전단계 Ⅱ에서는 학업 전 기능부터 학업 기능으로 이행하는 단계로서 6～8명의 아동이 공동 테이블을 이용하여 사회적 상호작용과 집단활동의 참여 등을 유도할 수 있게 설계되며, 이 단계의 시작과 더불어 하루 중 일부(몇 분씩)를 일반학급에 통합시킨다.

학업단계 Ⅰ은 대집단 교수 상황에서 학습에 문제를 지닌 아동 12～15명으로 구성하고 정규학급에서 보내는 시간을 늘려 일반학급 활동을 준비한다. 교사는 학습 토의의 리더가 되고 읽기, 계산, 철자, 사회학습, 국어 등의 영역에서 집단학습을 제시하며, 집단규모는 일반교육과 같게 하고 각 아동간의 협력을 강조한다.

학업단계 Ⅱ는 학급 규모는 20~30명 정도로 하고 대부분의 시간을 일반학급에서 일반 아동과 더불어 보내게 되어 특별 학습실과 같은 역할을 한다. 여기에서는 일부 특정 분야의 특수교육을 실시한다(강위영, 1987).

① **학업전단계** Ⅱ : 소집단을 구성하여 집중적인 학업 치료를 실시하는 단계, 강화 스케줄

② **학업단계** Ⅰ : 대집단 구성, 토론, 개별학습, 학업적 치료교육 실시, 정규 보고카드

③ **학업전단계** Ⅰ : 학습을 위한 선수행동(주의집중, 조용히 앉아있기 등)을 지도하기 위해 매우 구조화된 단계, 강화 스케줄 이 모델의 교실구조도는 [그림 4-2]와 같다.

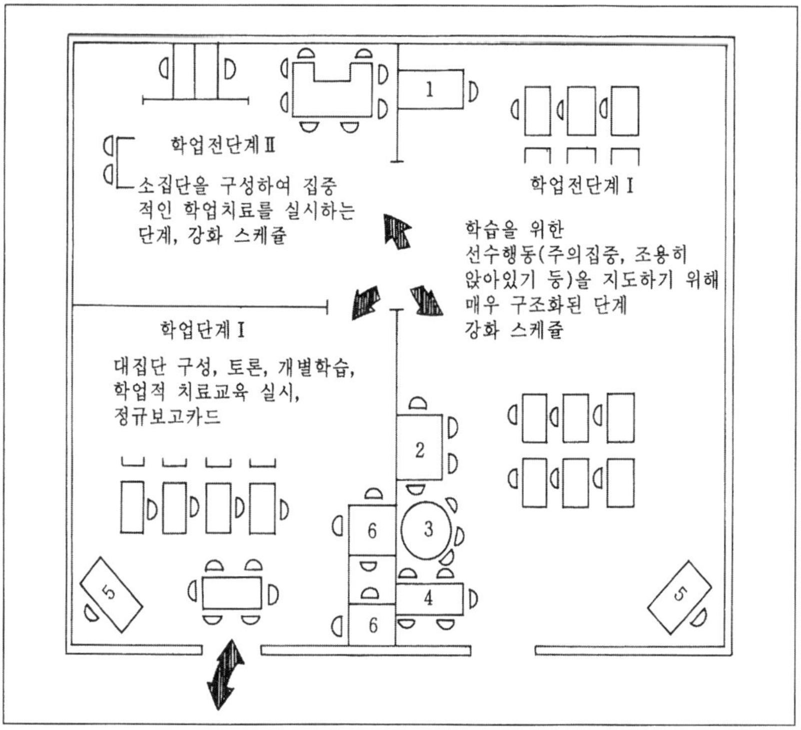

그림 4-2 매디슨 학교 플랜 교실

MSP는 3개의 방으로 나누어지는 데, 방 크기는 보통 교실 2개 정도로 한다. 아동들은 가장 낮은 수준(독립적인)에서 시작할 수 있으며, 그들이 필요한 기능을 발달시킴에 따라 일반학급으로 점차 이동할 수 있다. 매디슨 학교 플랜은 원래 행동장애아를 위해서만 고안되지는 않았다. 그러나 이런 아동들에게 유용한 것으로 널리 알려져 있다.

2) 클래스 프로그램

CLASS(Contiagencies for Learning Academic and Social Skills) 프로그램은 공격적이며 파괴적인 행동을 하는 아동을 일반학급 교사들이 지도하도록 구성되어 있다. 이것은 교수 팩키지로서 여러 개로 나누어진 행동적 조정(behavioral intervention)을 통합하고 있다.

클래스 프로그램(CLASS program)은 몇 가지 요소를 포함하고 있다.

첫째, 프로그램은 유관학급(classroom group-oriented contingency)이다. 대상 아동은 학급에서 적절한 행동을 하고, 교사의 규칙을 따르면 점수를 획득한다. 교사는 아동들이 점수를 얻을 때마다 칭찬한다.

둘째, 하루 동안 충분한 점수를 획득하면 전체 학급에 미리 선정된 보상(휴식, 게임이나 좋아하는 것 하기)을 준다.

셋째, 아동이 가정생활에서 만족스러운 행동을 했을 때는 TV 관람이나 즐거운 놀이 제공 등 가정에서의 보상을 부모들이 제공하도록 합의하며, 아동이 충분한 점수를 획득했을 때만 보상을 주도록 한다.

CLASS 초기에 수행되는 과정에서는 자문위원회의 지도하에 실시된다. 그러나 담임교사는 활동적인 역할을 맡기 위해 보다 일찍 프로그램을 시행한다. 수일 내에 교사는 자문위원의 도움을 받지 않게 된다. CLASS 프로그램은 약 2개월 내에 완수되도록 고안되어졌다.

(3) 연령 수준 특성

정서장애아동들을 위한 정확하고 체계적이며 일률적인 통합교육 방법은 없다. 그리고 이들의 행동을 교정하는 데는 많은 요소들이 요구된다. 이 요소에는 아동, 교사, 타인의 행동과 태도가 포함된다. 예컨대, 일반학급에서 기대되는 아동들의 임무 및 수행과 통합의 효과를 지원해 주는 범위와 질, 그리고 통합교육 대상 아동의 개인적인 특성 등이다.

일반학급에서 정서장애아동들을 교육하기 위한 계획들은 가정에서 강화자(reinforcers)인 부모의 능력에 의존하는 경우가 많다. 그러나 아동이 나이가 들어감에 따라 부모들은 점점 더 강력한 강화자로 통제를 하기 마련이다. 따라서 강화자를 사용하는 통합교육의 모델은 나이가 든 아동들에게 맞지 않을 수도 있다. 그러므로 나이가 많아질수록 광범위한 언어적 자료에 의존하여 대화를 통해 문제를 해결해 나가야 할 것이다.

다. 자폐증을 위한 교육 프로그램

1) TEADDC 프로그램

이 TEADDC(Treatment and Education of Autistic and Developmentally Disavled Children)는 1966년 North Carolina 대학의 Eric Schopler를 중심으로 하여 개발된 프로그램이다.

이 프로그램의 목적은 자폐증인 아동이 미래에 가정, 학교 및 지역사회에서 효과적으로 일하고 자립생활의 준비를 할 수 있도록 도와 주는데 있다. 즉, 자폐아가 가족과 함께 살면서 자폐증 행동을 감소시켜 바람직한 행동으로 전환시키고자 하는 것이다. 부모가 훈련을 맡아서 아동의 문제행동을 관리하고 학습을 발전시키고 사회성 및 언어적 기능을 증진시키도록 하는 것이다.

(1) TEADDC 프로그램의 치료와 부모의 역할

이 프로그램의 치료 내용은 다음 6개 영역에 중점을 두고 있다.

① 아동이 다른 사람을 좋아하고 이해하며, 그의 가정 안에서 좀더 잘 어울려 생활할 수 있는 구체적인 방법을 개발한다.

② 환경에 대하여 탐색하고 학습하려는 동기를 좀더 강하게 갖도록 강화시킨다.

③ 불균형적으로 발달된 지적 기능을 골고루 증진시킨다.

④ 지각 운동적 영역의 소기능과 대기능의 결손을 극복하기 위하여 신체훈련

및 눈과 손의 협응을 기른다.

⑤ 가족의 모든 구성원에게 장애아와 함께 산다는 압박감을 감소시킨다.

⑥ 아동의 유치원 생활 적응 기능을 증진시킨다.

부모들은 아동의 판별을 전문가에게 맡기고 아동의 개별화 교육 프로그램에 참여하여 아래의 일을 맡는다.

① 특수교육법에 명기된 대로 유치원에서 아동을 위한 개별화 교육안을 설정하도록 책임을 진다.

② 전문가를 도와서 아동의 학습상의 장·단점을 발견하는 일을 한다.

③ 아동에게 알맞은 교육 목적을 설정하는 데 있어 필요한 정보를 전문인에게 제공한다.

④ 아동을 위하여 설정된 개별화 교육계획에 따라 가정에서 아동을 지도한다.

(2) 교육 목표

TEADDC 프로그램에서 제시하는 교육목표는 초급단계와 고급단계로 나누어지며, 내용은 〈표 4-1〉과 같다.

표 4-1 초급단계와 고급단계

초급단계	고급단계
① 모방 : 물건 사용하기, 신체 동작 및 소리의 모방 ② 지각능력 : 촉각의 자극과 반응 학습, 시각적 추적, 시각적 집중과 조직, 소리나는 곳 알기, 소리의 판단 ③ 대근육운동 : 근육의 강화, 균형과 조화, 장애물 따라 움직이기 ④ 소근육운동 : 붙잡거나 꼬집기, 물건 집어서 놓기, 팔목 돌리기, 두 손 함께 쓰기	① 눈·손협응 : 선따라 줄긋기, 물건 본뜨기 ② 인지적 수행력 : 같은 것과 다른 것 알기, 물건을 본대로 본뜨기, 계열성의 학습, 같은 속성끼리 맞추기 ③ 고착적 개념능력 : 명령형과 그 동사의 이해, 명사의 이해, 요구나 불만의 표시

(3) 일과 프로그램과 거주 프로그램

■ 일과 프로그램

교육과정은 자폐아가 성공적으로 지역사회 생활을 하는데 필요한 생활기능의 향상을 강조하고 있다. 상황에 따라서 그 주요 목적은 달라지지만 대체로 다음과 같다.

① 표현언어 훈련 및 그 대안으로서의 의사소통 체제(수화)의 훈련
② 직업준비 기능 및 직업기능의 훈련
③ 자립기능의 훈련
④ 사회적 기능의 증진

일과 프로그램의 구조는 다양하지만 직업훈련 요소가 포함되어 있다. 이 훈련기간에는 분류하고, 조립하고, 포장하는 활동 등이 포함되어 있다. 또한 일과 프로그램에 반드시 포함되어야 하는 것은 작업요소 시간을 기록하기 위한 기록용 시계, 휴식 시간의 배정 및 협력에 의한 공동작업 등이다.

2 거주 프로그램

대부분의 자폐아는 그들의 부모보다는 더 오래 살기 때문에 적절한 기주 프로그램을 개발할 필요가 있다.

TEADDC의 거주 프로그램은 다음 세 가지 원칙에 의해 개발된다.

첫째, 자폐증아동을 가정에서 지도할 수 있도록 프로그램을 개발한다.

둘째, 가능한 한 자폐증을 가지지 않은 정신지체인이 자폐증인 사람을 돕도록 프로그램을 개발한다.

셋째, 가족이나 정신지체인 사람이 도와 주는 프로그램에 포함되지 않은 내용에 대해서는 다른 특별한 프로그램을 개발한다.

TEADDC는 모든 자폐증 청소년과 어른들을 위한 거주 프로그램을 개발할 때 자폐증아 가족을 가장 중요한 자원으로 믿는다. 만약 자폐아의 가족이 원하는 만큼 조력을 얻는다면 자신의 자폐증아동을 가정에서 더 오래 데리고 있을 것이며, 또한 그들의 불만은 많이 줄어들 것이다.

자폐아를 가지고 있는 가족을 돕는 체제로서 가장 중요한 것은 휴식시설을 이용하게 하는 것이다. TEADDC 프로그램은 융통성 있는 휴식 프로그램을 개발했는데, 이것은 부모가 특정기간 동안 아동을 데리고 와서 휴식 프로그램을 적용하거나 부모가 가정을 떠나 있는 동안 훈련받은 전문가가 가정을 방문하여 자폐증아에게 이 프로그램을 적용할 수 있도록 되어 있다.

낮 프로그램과 하기 프로그램은 부모가 모두 직업을 가진 경우에는 매우 유용한 프로그램이다.

다른 지원 체제의 자원은 자폐증 증상이 없는 정신지체아를 활용하는 것이다. 이 때 자폐증 증상이 없는 정신지체아는 자폐증에 대한 특별훈련을 받아야 하는 것이 문제점이다.

2) 발달치료 프로그램

발달치료 프로그램(developmental therapy program)은 Georgia 대학의 Mary M. Wood가 2~16세의 연령 범위에 있는 발달장애아나 중증 정서장애아, 행동이상 아동을 위해 개발한 일종의 정신교육적 프로그램이다.

이 프로그램의 목표는 사회성과 정서의 향상에 있다.

(1) 발달치료 프로그램의 원리

발달치료 프로그램은 행동, 의사전달, 사회화, (전)학습 이 4가지 영역이 계열성으로 구성되어 있는데, 이것을 행하고, 말하고, 돌보고, 생각하는 4가지 과정을 통하여 사회성과 정서적 발달을 도모하는 것이다.

Wood가 개발한 계열성으로 되어 있는 4가지 영역의 기본 성격은 행동은 행하는 것, 의사전달은 말하는 것, 사회화는 돌보는 것, (전)학습은 생각하는 것이다.

(2) 발달치료 프로그램의 계열과 단계

발달치료 프로그램에서 행하는 계열성으로 이루어진 4가지 영역의 하루 일과표는 놀이, 인사, 작업, 운동, 맛과 냄새 맡기, 이야기, 실외 활동, 간식 등의 활동으로 구성되어 있다.

3) 시라규스 프로그램

시라규스 프로그램(Syracuse Program)은 1979년 Syracuse대학의 Knoblock

을 중심으로 해서 개발된 것으로서 이 프로그램은 일반학급 중 두 학급에 발달장애 아동과 자폐성이 있는 아동을 통합시킨 프로그램이다.

이 프로그램은 한 명의 일반학급 교사와 한 명의 특수교육 교사를 중심으로 해서 이루어지는 Team-Teaching 모델이다.

표 4-2 발달치료 프로그램의 4가지 영역

단계 \ 영역	행동	의사전달	사회화	학습 기능
1단계	자신의 신체와 기능을 안다.	자신의 요구를 말로써 표현한다.	유아와 친한 사람을 알고 따른다.	분류, 식별, 기본적인 수용언어 개념, 신체협응을 할 수 있다.
2단계	일상적인 활동에 성공적으로 참여한다.	건설적으로 다른 사람에게 호감을 줄 수 있다.	다른 사람과의 행동에 참가한다.	유사성과 상이성, 명칭 알기, 용도 알기, 순서화와 분류하의 숫자적인 관계 알기, 신체협응을 학습하는 수업에 참가한다.
3단계	집단생활에 개인의 기능을 적용한다.	집단활동에서 자신의 의사를 말로써 표현할 수 있다.	집단활동에서 만족감을 갖는다.	기본적 표현언어, 경험이나 개념의 상징적 설명, 신체협응을 요하는 집단 생활에 참가한다.
4단계	집단활동의 목적을 위해 자신이 노력한다.	자신과 다른 사람과의 사이에서 느낌과 행동의 관계를 알고 표현할 수 있는 말을 사용한다.	집단의 구성원으로서 집단활동이 자발적이고 성공적으로 참가한다.	집단활동이나 학교활동에서 공식적인 신호나 상징성을 성공적으로 사용한다.
5단계	자신에게 비판적인 생활경험에 건설적이고, 적응하는 행동으로 반응한다.	관계를 모색하고 향상시키는 말을 사용한다.	독립적으로 또래 집단과의 관계를 시작하고 유지한다.	학교 생활과 개인의 성장을 위해 성공적으로 상징적인 의미를 사용한다.

이 프로그램은 두 교사가 자기의 경험이나 능력을 서로 교환하여 아동을 지도함으로써 발달장애 아동과 자폐성이 있는 아동에게 다른 사람의 기능을 배우게 하는 과정에서 새로운 기능을 발달시키는 것을 돕도록 구성되어 있다.

이 프로그램은 운용하기 전에 일반학급 교사는 발달장애 아동과 자폐증 아동의 지도에 대한 연수를 받고, 특수교육 교사는 일반아의 학습과 기능을 돕는 연수를 받아야 한다. 학급의 크기는 15명의 일반아동과 3명의 발달 장애아(자폐아)로 구성한다. 유치원 프로그램에서는 발달 장애아를 2명 늘려 5명까지 통합시킬 수 있다. Syracuse 프로그램은 수업시간 동안 계속 도와줄 수 있는 성인 보조자를 필요로 한다. 그래서 한 학급당 성인 보조자 1명, Syracuse 대학원 실습생 1명을 기준으로 정하고 있다. 중증 발달 장애아들이 있는 학급이면 성인 보조자의 수를 늘려서 운용한다.

이 프로그램을 운용하는 데 필요한 자원인사(resource personnel)는 발달 장애아(자폐아)의 언어훈련과 의사소통의 방법을 도와줄 언어 치료사, 교수 스태프진을 보조하는 학교 심리학자 등인데, 이들은 아동의 개별화 교수 프로그램을 발달시키는데 참여하고, 아동을 관찰하여 교사에게 정보를 제공하고, 아동의 학습 프로그램에 조정자로서 참여한다.

Syracuse 프로그램의 구조를 도표화하면 [그림 4-3]과 같다.

3학년 일반학급 교사	← Team - Teaching →	4학년 특수교육 교사
· 보조자 · 대학원 실습생 · 15명의 일반아동 · 3명의 발달장애아 (자폐증아)	▶ 특별활동을 위하여 두 학급 사이를 이동한다. ▶ 자원인사 · 언어치료사 · 학교심리학자	· 보조자 · 대학원 실습생 · 15명의 일반아동 · 3명의 발달장애아 (자폐증아)

그림 4-3 시라규스 프로그램의 구조

영화로 만나는 특수아동교육

말아톤

감독 : 정윤철
출연 : 조승우(윤초원), 김미숙(엄마 경숙), 이기영(코치 손정욱), 백성현(윤중원), 안내상(초원 아빠)

초원이는 자폐증이라는 청천벽력과 같은 진단을 받게 되고, 엄마 경숙은 감당할 수 없는 현실 앞에 좌절한다. 그러나 경숙은 초원이가 달리기에만큼은 정상인보다도 월등한 능력을 가지고 있음을 발견하고, 달릴 때만큼은 남들과 다르지 않은 아들의 모습에 희망을 갖고 꾸준히 훈련시킨다.

시간이 흘러 어느덧 20살 청년이 된 초원. 그러나 지능은 여전히 5살 수준에 머물고 있다. 모르는 사람 앞에서 아무렇지도 않게 방귀를 뀌어대고, 동생에겐 마치 선생님 대하듯 깍듯이 존댓말을 쓰고, 음악만 나오면 아무데서나 특유의 막춤을 선보이기 일쑤이니, 어딜 가든 초원이가 있는 곳은 시끄러워지기 마련이다. 하는 짓이나 말투는 영락없는 5살 어린애이지만 어린 시절부터 꾸준히 해온 달리기 실력만큼은 여전히 최고인 초원. 경숙은 자신의 목표를 '초원의 마라톤 서브쓰리 달성'으로 정하고 아들의 훈련에만 매달린다.

어느 날 세계대회에서 1등을 한 전력도 있는 전직 유명 마라토너 정욱이 음주운전으로 사회봉사 명령을 받고 초원의 학교로 오게 된다. 경숙은 애원하다시피 해서 기어이 정욱에게 아들의 코치 역할을 떠맡긴다. 도무지 속을 알 수 없는 초원을 성가시게만 생각했던 정욱. 하지만 초원과 함께 시간을 보낼수록 그는 아이같이 순수하고 솔직한 초원에게 조금씩 동화되어 가고, 초원도 정욱에게 마음을 열기 시작한다. 정욱은 매번 속도조절에 실패해 지쳐 쓰러지기는 하지만 지구력이 남다른 초원에게서 마라톤 서브쓰리의 가능성을 발견하고 본격적으로 훈련에 들어간다.

한편 불성실하게만 보이는 정욱이 도통 미덥지 않은 경숙은 어느 날 정욱과 말다툼을 벌이게 된다. "자식 사랑과 집착을 착각하지 말라"는 정욱의 말에 아무 대꾸도 할 수 없는 경숙. 경숙은 정욱의 말대로 이제껏 '좋다', '싫다'는 의사 표현도 할 줄 모르는 아이를 자신의 욕심 때문에 혹사시키고 있는 것이 아닌가 싶은 생각을 떨쳐버릴 수가 없다. 이제껏 쌓아온 모든 것이 무너져 내리는 듯한기분의 경숙. 그녀는 이제 마라톤도, 서브쓰리도 모두 포기하기로 마음먹는데……

CHAPTER 05

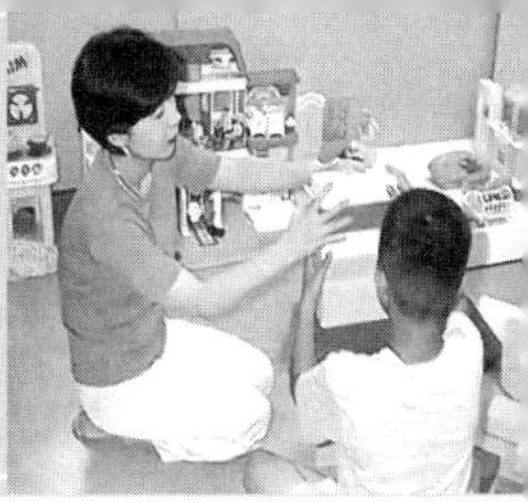

학습장애와 주의력결핍·과잉행동장애 아동교육

21세기, 디지털시대를 일컫는 정보화 사회의 특징은 지식과 정보의 변화 속도가 무척 빠르다는 것이다. 이에 따라 현대사회에서는 깊이 있는 지식기반과 새로운 지식을 끊임없이 학습할 수 있는 자기학습(self-learning)에 대한 요구가 그 어느 시기에 비해 강하게 나타난다. 이러한 측면에서 학습능력의 상대적 부족은 미래사회의 적응을 어렵게 한다. 학습능력과 관련되는 학습장애와 주의력결핍·과잉행동장애 아동교육의 필요성이 여기에 있다.

1. 학습장애의 이해

가. 학습장애의 정의

학습장애(Learning Disabilities : LD)는 다른 대부분의 장애와 마찬가지로 이미 오래 전에 미국에서 정의가 내려지고 연구된 한 영역이다. 한국에서도 개정된 특수교육진흥법(1994. 1. 7)에서 학습장애아동들도 특수교육을 받도록 특수교육 대상으로 규정하였다. 이러한 법규는 특수교육 전문가 뿐만 아니라 부모 및 일반교사들도 학습장애의 개념을 비롯하여 학습장애의 원인 및 특성, 판별과 교육 등에 대하여 보다 깊은 관심과 지식을 갖도록 요청하고 있다.

이전에는 학습장애(learning disability)를 지칭하기 위해 '뇌손상'이나 '미세 뇌기능 이상'(minimal brain dysfunction)이라는 용어들을 사용하였으나 (Kavale & Forness, 1995), 이들 용어가 내포하고 있는 부정적 의미 때문에 오늘날에는 거의 사용하지 않는다. 미국 교육부에서 제안한 학습장애에 대한 정의는 다음과 같다.

학습장애란 구어나 문어의 사용이나 이해와 관련된 기본적 인지기능의 장애를 말한다. 이 같은 인지기능 장애는 듣기, 말하기, 읽기, 쓰기, 산수 등의 학습기능 수행에 어려움을 초래한다. 학습장애는 지각장애, 뇌손상, 미세 뇌기능 이상, 난독증, 발달실어증 같은 상태를 포함한다. 하지만 시각장애, 청각장애, 운동장애, 정신지체, 정서장애로 인한 학습결손, 그리고 환경, 문화, 경제적 결핍으로 인한 학습결손은 학습장애에 포함시키지 않는다(미국 교육부 정의, 1977).

이 정의에서 학습장애의 주요 개념을 네 가지로 추출할 수 있다.

① 학습장애란 기본적 인지기능의 결손을 의미한다. 인지기능의 결손이란 주어진 자극을 처리하는 과정에서의 이상(abnormality)을 의미하는 것으로, 많은 연구들은 학습장애아동이 시지각-동작 협응력, 주의력, 단기 기억력에 문제를 가지고 있다고 보고한다(Hallahan, Kauffman, & Lloyd, 1985 ; Kavale & Forness, 1995 ; Mercer, 1991).

② 학습장애는 기본적 인지기능의 문제로 인해 기본 기능학습(읽기, 쓰기, 셈하기)과 교과학습에 심각한 결손 또는 지체를 수반한다. 외현적인 학습문제 유형에 따라 학습장애는 읽기, 쓰기, 산수 학습장에로 분류되기도 한다.

③ 생물학적 문제이다. 학습장애 전문가 중 일부는 학습장애가 단순히 환경적, 후천적 요인으로 발생하는 학습 지체를 의미한다고 주장하나, 학습장애아동에 대한 최근 신경학 분야의 연구들은 학습장애가 중앙신경체제(central nervous system)와 관련된 기질적 장애임을 보여주고 있다(Church, Lewis, & Batshaw, 1997).

④ 학습장애는 다른 장애로 인한 학습결손과 환경적 결핍으로 인한 학습결손을

포함하지 않는다는 배제요인을 포함하고 있다. 배제요인을 정의에 포함시킨 이유는 다른 장애 또는 환경 문제로 인해 심각한 학습결손이 생긴 경우 다른 특수교육 프로그램(㉥ : 청각장애아동을 위한 교육 프로그램)이나 보상교육(㉥ : 미국의 경우 Chapter One 교육 프로그램)을 통해 아동의 학습문제를 도와줄 수 있음을 의미한다. 특히, 환경 배제요인은 환경 문제로 인해 학습결손을 가지고 있는 아동의 경우 내적 장애를 가지고 있는 특수아동으로 판정함으로써 사회적 낙인(labeling)이 찍히는 것을 최대한 지양해야 한다는 것을 반영한다. 미국의 경우에는 이들 아동에게 장애 명칭을 부여하지 않고 필요한 교육 서비스를 제공받을 수 있도록 제도적으로 뒷받침하고 있다.

나. 학습장애의 출현율

학습장애의 출현율에 대한 추정치는 사용된 기준에 따라 취학 아동의 1%~30%까지 다양하다(Lerner, 1985). 그 수는 정의 및 판별 절차에 따라 좌우될 수 있는데, 판별기준이 엄격할수록 출현율은 더 낮아질 것이고, 반대로 기준이 가벼울수록 출현율은 더 높아질 것이다.

학습장애는 1차적으로 교과학습의 문제를 갖고 있다. 따라서 아동들이 공식적인 교과학습을 하기 전까지는 발견하기가 어렵다. 나이가 많은 학생들의 출현율을 추정한 결과, 청년기 학습장애의 평균 출현율은 2.01%로 나타났다. 그러나 학습장애는 장애아동 집단 중에서 가장 많은 수를 가진 집단이라 할 수 있다.

다. 학습장애의 원인

대부분 학습장애에 대한 원인은 정확히 밝혀지고 있지 않다. 그러나 많은 요인들이 가능한 원인으로 제시되고 있는데, 그것들은 크게 세 가지 기본적 범주로 나눌 수 있다. 즉, 기질적 · 생물학적 요인, 유전적 요인 및 환경적 요인이 그것들이다(구본권 외, 2001).

1) 기질적 · 생물학적 요인

의학적 지식을 가진 전문가들은 뇌상해가 학습장애의 일차적 원인이라고 믿고 있다. 그러나 학습장애는 뇌상해가 심한 것으로 나타나지 않기 때문에 그들은 미세뇌기능장애(MBD)라는 용어를 사용한다. 어떤 학자들은 생화학적 장애를 학습장애의 원인이 된다고 주장한다. 예로, 초콜릿이나 우유와 같은 알레르기 항원을 음식에서 제거한 결과 약간의 MBD 아동들의 행동이 개선되었다는 연구도 있다. 특히, Feingold(1975)는 알레르기와 학습장애아들의 과잉행동과 관련시킨 연구로 주목을 끌기도 하였다.

또 학습장애가 비타민의 정상공급을 하지 못하는 혈액의 기능 때문일 수도 있다는 것을 시사한 연구도 있으나, 비타민 결핍증을 방지하기 위한 비타민 요법의 효과가 학습장애아동 중에서 거의 나타나지 않았다. 여러 연구자들은 어떤 학습장애아들의 미성숙이 중추신경계의 발달 지체와 관련되어 있다는 것을 시사하고 있다. 즉, 임신 중의 병 발생, 초기외상, 전염병, 영양실조 등이 그것이다. 그러나 지체는 구조적 결함이나 잠재력의 제한을 반드시 지칭하는 것은 아니기 때문에 지체의 결과로 나타난 학습장애는 연령의 증가에 따라 부분적으로 극복될 수도 있다(Bryant, 1972).

영양실조를 학습장애의 원인으로 보는 연구도 있다. 영양이 중추신경의 성장에 영향을 주는 것 같다. 그러나 영양실조의 영향은 시기, 지속기간, 강도 및 사회 · 문화적 조건 등에 따라 다르게 나타날 수 있다.

2) 유전적 요인

유전적 요인은 학습장애에 약간의 영향을 미치는 것으로 나타나 있다. 가족연구에 의하면 난독증을 가진 276명과 그들의 가족을 조사한 결과, 친척들 간의 읽기, 쓰기 및 철자장애의 출현율로 보아 유전적 요인이 포함되어 있다는 증거도 있다. Hermann(1958)은 읽기장애를 가진 일란성 쌍생아 12쌍과 이란성 쌍생아 33쌍을 비교한 결과 일란성 쌍생아가 읽기장애를 더 많이 가지고 있다는 것을 발견하고 읽기장애가 유전된다는 가정을 부분적으로 입증하였다.

3) 환경적 요인과 유형

교육학자들은 부적절한 학습 환경이 많은 학습장애아들의 학습과 행동 문제에 영향을 주는 것으로 간주하고 있다. 많은 학습장애 학생들의 문제가 직접적이고 체계적인 교수에 의해 교정되었다는 증거들이 있다. 또한, 허술한 교수계획, 동기화가 낮은 학습활동, 부적절한 교수방법이나 교수자료 및 교육과정이 학습장애의 원인이 될 수 있다고도 본다(Wallace & McLoughlin, 1979).

학습장애의 유형을 고려할 때 각 유형별 학습장애를 일컫는 용어로서 특정 학습장애(specific learning disabilities)라는 용어를 사용하고 있다. 특정 학습장애에 분류되는 유형에는 읽기, 쓰기, 말하기, 듣기, 셈하기, 생각하기(사고) 등에 있어서의 결함이 포함된다. 이 가운데 학습장애아동의 80% 이상이 읽기장애를 보이는 것은 이미 잘 알려져 있는 사실이다. 읽기장애는 난독증을 비롯하여 다양한 양상의 읽기 문제를 보이는 아동들을 모두 포함하고 있다. 난독증의 종류로는 왼쪽 두뇌 손상시의 문제로서 독서불능증(단어맹), 청각적 실어증(단어농), 근운동 오자증(motor agraphia : 誤字症), 근운동 실어증(motor aphasia), 우반구 우세성의 강조로 인한 언어장애 또는 언어학적 난독증(linguistic dyslexia), 지각적 난독증(perceptual dyslexia), 혼합형(mixed dyslexia) 등을 들 수 있다.

라. 학습장애아동의 특성

학습장애아동의 행동적 · 학습적 특성은 다음과 같다(최중옥 외, 2001).

1) 학습장애아동의 행동적 특성

(1) 지각운동 및 협응의 문제

학습장애아동들은 청각적 정보나 시각적 정보를 처리하는 데에 어려움이 있다.

어떤 아동들은 청각적 정보에 의존하여 정보를 처리하려고 하고, 다른 어떤 아동들은 시각적 정보에 의존하려 든다. 이러한 아동들은 시각적 정보와 청각적 정보를 통합하는 데에 어려움이 있거나, 감각기관을 통한 지각과 신체운동 간의 협응이 잘 이루어지지 않는다. 그리고 신체적 경험을 통한 물리적 지식의 체득에 어려움이 있거나 이러한 경험을 논리적 · 산술적 경험으로 발전시키지 못하는 경향이 있다.

(2) 주의집중의 문제

학습장애아동들은 주의집중력이 짧고(short attention span), 초점 집중(focus)이 어려우며, 선택적으로 주의(selective attention)를 기울이지 못하는 행동특성이 있다. 주의력은 학습을 일으키는 주요한 수단이다. 주의력은 좀더 구체적으로 '한 과제에 얼마나 집중할 수 있는가?'라는 주의집중력과 그 과제 자체에 집중하는 초점, 주어진 환경에서 다른 자극들을 무시하고 그 과제에 선택적으로 집중할 수 있는 능력 등을 망라한 의미이다.

(3) 짧은 기억력(shrot memory)의 문제

기억은 정보를 저장하여 필요할 때 재생하는 능력으로서 학습에 중요한 역할을 한다. 기억에 대한 연구는 다양하다. 이러한 연구들이 가진 기억에 대한 두 가지 가설은 정보가 아동의 기억에서 일정량씩 새어나가서 다 기억하지 못한다는 것과 기억 저장 체계가 정보에 대한 구획(blocks)을 가지고 있어서 그 구획들을 잊을 때 기억의 문제가 생긴다는 것이다(Polloway, et al., 1989).

(4) 사고(how-to-do-it)의 문제

학습장애아동들의 또 다른 문제는 과제수행에 있어서 중재적 사고, 즉 과제의 내용을 이해하고 기억하는 전략적 지식인 'know-how'가 약하거나 이러한 사고를 개발하는 데에 어려움이 있다는 것이다. "교육의 목표가 어느 정도로 안정되고 많은 명제적 지식의 상호관련성을 개발하는 것(Glover et al., 1990)"이라고 한다면, 학습방법 및 기억방법과 일반화의 방법은 학습에 있어서 주요 열쇠가 된다

(Kim, 1992). 따라서 기억해 내기, 기억력, 문제해결을 돕는 전략 또는 사고과정 등을 향상시키는 교육적 조치가 필요하다. 예를 들면, 어떤 일을 처리해야 할 때에 어떻게 처리할 것인가를 생각하는 교육이 필요하다.

학습장애아동들은 어려서부터 주변 어른들의 기대수준에 미치지 못하는 행동으로 주목을 받아왔기 때문에 자신감이나 자아정체감이 제대로 형성되어 있지 않다.

(5) 언어문제

학습장애아동들은 수용언어 또는 표현언어에 장애를 보일 수도 있다. 언어의 사용은 지각적 정보의 수용과 처리과정을 거쳐서 이루어지기 때문에, 지각운동 및 협응에 어려움이 있는 아동들은 시각적 또는 청각적 정보처리의 비효율성으로 인하여 이해하는 데에 어려움이 있다. 이러한 어려움은 어휘력의 발달이나 어휘간의 미묘한 차이의 파악에 부정적인 영향을 주며, 논리적인 언어표현의 장애가 되기도 한다.

(6) 정서적 불안

학습장애아동들은 어려서부터 주변 어른들의 기대수준에 미치지 못하는 행동으로 주목을 받아왔기 때문에 자신감이나 자아정체감이 제대로 형성되어 있지 않다. 따라서 어떤 과제에 봉착했을 때 자신이 없을 뿐더러 어떤 평가를 받을까 등에 대해 부정적인 생각으로 불안해한다. 이러한 불안은 항상 일을 그르치게 만드는 요인으로 작용하고 있으며, 만성적인 실패감이나 충동성으로 발전할 수 있다.

(7) 낮은 자아개념

학습장애아동들은 주변 사회로부터(부모, 교사, 또래집단) 게으름, 이기주의, 거칠음, 어쩔 도리가 없는 아이, 멍청함 등으로 핀잔을 많이 받는다. 이러한 사회적 상호작용은 실패감, 무능력감, 좌절감을 심는 요인이 된다. 이러한 아동들은 다음과 같은 특성을 갖는다(Lombana, 1992).

① 개인적으로나 사회적으로 자신감을 갖지 못한다.
② 좀더 의존적인 인성을 갖고 있다.

③ 태만의 빈도가 더 높다.
④ 낮은 자아개념을 갖고 있다.
⑤ 여가활동에 더 소극적이며 혼자라는 생각에 잠겨 있다.
⑥ 가족들과의 갈등적인 관계가 더 많다.

(8) 충동성

'일을 어떻게 처리할 것인가?'에 대한 사고의 결여와 주의집중의 어려움, 지각 및 협응의 어려움, 정서적 불안 등은 학습장애아동으로 하여금 임기응변식의 충동적인 전략을 구사하게 만든다. 학습장애아동들은 흔히 충동적인 행동을 하나, 이러한 경험을 통해 얻어야 할 지혜는 터득하지 못하므로 끝없는 시행착오를 거듭하게 되어 지속적으로 어른들에게 야단을 맞는다.

(9) 시각운동 협응의 문제

학습장애아동들의 또 다른 대표적인 행동특성은 시지각－운동 협응의 문제이다. 즉, 눈으로 보고 지각하여 신체적으로 대응하는 눈－손 협응, 또는 눈－발 협응 등이 잘 되지 않는 현상을 보인다. 예를 들면, 문턱에 잘 걸려 넘어진다든지, 다른 사람으로부터 물건을 건네받을 때 잘 떨어뜨린다든지 하는 부주의한 행동을 보인다.

(10) 낮은 학업성취도

학습장애아동들은 밤새도록 공부를 하는 데도 그 성취도가 노력에 비해 매우 낮게 나타나는 경우가 비일비재하다. 책상 앞에 앉아 있는 시간은 아주 긴데 다른 사소한 일에 시간을 대부분 허비하기 때문에 의도한 과제에 집중하는 시간은 얼마 되지 않을 뿐만 아니라, 무엇을 어떻게 공부할 것인가에 대한 지혜가 거의 없기 때문에 성취도가 낮을 수밖에 없다.

2) 학습장애아동의 학습적 특성

(1) 의존성

학습장애아동들은 학습에 있어서 타인의 지시에 의존하는 경향이 있다. MacInnis와 Hemming(1995)은 그 이유를 첫째, 이들에 대한 접근이 고도로 교사 지시적인 것이 많아서 학습장애아동들이 무의도적으로 학습의 의존성이 강화되어 왔으며, 둘째로, 학습과정이 연계적 교수목표로 분리되어 교수를 위한 교재가 단순화됨으로 학생들이 자신의 학습을 통제할 기회를 박탈해 왔다는 것이다.

(2) 수행을 관리하는 데의 문제

자기관리는 자립심과 학습의 숙달에 꼭 필요한 것이다. 학습상애아동들은 학습에 있어서 융통성 있게 전략적 접근을 하는 데에 어려움을 겪는다. 그 이유는 이러한 전략을 개발하도록 기회를 접하지 못했기 때문이다. 이러한 전략을 개발하도록 돕는 길은 첫째, 학습전략 교수가 직접 교수방법으로 이루어지기보다는 학습자의 알고자 하는 필요에 따라 기능적으로 개연성이 있어야 한다(Reid & Stone, 1991). 둘째, 학습전략모형(strategy instruction model)은 학생들이 가지고 있는 기존의 전략적 능력에는 거의 주의를 기울이지 않았다(Anderson & Roit, 1993). 따라서 학습전략 교수는 학생들이 가지고 있는 기존의 전략을 수정하고 촉진하여 학생 스스로가 효과적인 전략을 개발하는 데에 능동적으로 참여할 수 있도록 강조하여야 한다(MacInnis & Hemming, 1995).

(3) 과제의 주요 변화에 따른 전략 수정의 실패

학습장애아동들은 과제의 변화에 맞게 전략을 적절하게 수정하여 적용하지 못한다. 많은 일부 연구들이 학업성취도의 향상을 위해 학습전략 교수의 효과에 대해 보고하고 있지만, 어떤 과제에 적용할 적절한 전략을 선택하는 능력은 여전히 문제로 남아 있다. 따라서 학생들은 다양한 전략의 학습도 필요하지만 다양한 학습전략을 적용하는 다양한 기회를 가질 필요가 있다(MacInnis & Hemming, 1995).

(4) 기억에의 어려움

학습장애아동들에게 결핍되어 있는 많은 어려움 중의 하나가 기억과정에서의 결함이다. 기억은 읽기, 쓰기, 철자, 수학, 언어, 학습, 조직기술, 과학, 사회, 그리고 기타 교과목에서 중요 역할을 한다(Mastropieri & Scruggs, 1990 ; Scruggs, & Mastropieri, 1990). 이러한 기억에의 어려움은 학습자로 하여금 다른 사람에게 의존하여 기억을 위해 필요한 연결고리를 제공받으려고 한다. 이러한 문제는 기억에 대한 전략이 필요하다는 것을 지지하고 있다. 특히, 학습장애아동들을 대상으로 하는 전략 가운데 말로 소리내어 하는 연습은 기억과제의 수행에 효과적인 것으로 알려져 있는 바, 구어적 언어가 격려되고 의미있는 학습전략이 시범으로 보여지는 환경이 제공될 필요가 강조되고 있다(MacInnis & Hemming, 1995).

학습장애아동들은 의미적 기억의 과정(저장된 기억의 전개) 뿐만 아니라 구조(저장 및 조직)에 있어서도 문제를 보인다. 학습장애아동들이 가진 기억하기 위한 단어 찾기의 문제는 기억 속의 단어들을 부적절하게 재현하는 데에 기인하는 것으로 보이는 바, 기억장치 전략(mnemonic strategy) 교수가 효과적인 것으로 알려져 있다.

(5) 읽기에의 어려움

학습장애아동들의 90% 이상이 읽기에 어려움을 보인다(Vaughn et al., 1998). 읽기는 학령기 동안 지식을 획득하는 중요 수단이며, 읽기에서의 성공은 단어에 대한 이해와 지식에 고도의 상관이 있는 것으로 알려져 있다(Jenkins & Dixon, 1983). 특히 초등학교 학생에 있어서 읽기의 문제는 국어교과의 읽기를 비롯하여 사회, 자연, 도덕, 실과, 산수 등의 교육내용의 이해 및 성취도에도 심각한 영향을 미친다. 그 이유는 교육활동을 일종의 해석활동으로 규정지었을 때, 해석활동은 교육내용, 즉 '원문(text)'에 대한 읽기를 전제로 하고 있기 때문이다.

읽기를 강요당할까 봐 불안해하는 소년

S군은 5주 일찍 조산했고, 몇 주간 병원에 있었는데 그 때 감염에 몇 번 걸렸고, 체중증가에 어려움이 있었다. 그리고 병원에서 두 달을 보낸 후 마침내 퇴원을 했고, 처음 2년간은 잘 지내는 것처럼 보였다. S군은 기민했고, 엄마에게 잘 반응했으며, 잘 웃고, 형제들 및 아빠와도 잘 놀았다. S군은 두 살 때 걷기 시작하여 곧 아장아장 걸어 다니며 집을 탐험하기도 하였다. 그러나 S군은 세 살이 될 때까지 말을 시작하지 못했다. 부모와 형제들이 S군에게 말을 하면 분명히 이해하는 것처럼 보였으나, 3세 후반이 될 때까지 단순한 말도 하지 못하였다.

S군의 읽기 어려움은 4~5세가 되었을 때 분명해졌는 데, 이 때 단순한 철자나 숫자도 잘 인식하지 못했다. 유치원에 들어가서도 S군은 읽기의 어려움을 계속 보였다. 한글 모음과 자음을 잘 배우지 못했고, 자기 이름을 읽거나 쓰지 못했고, 그리고 친구들이 쉽게 읽을 수 있는 단순한 단어도 잘 인식하지 못했다. S군은 초등학교 1학년과 2학년 때 읽기 치료훈련을 받았고, 그의 읽기기술은 향상되기 시작하였다. 그러나 읽기검사를 해보면, S군은 단어를 인식하고 문맥을 이해하는 데 상당한 어려움이 있는 것으로 나타나곤 하였다. S군은 자주 단어의 순서나 위치를 바꾸어 놓았고, 철자 판독에서 큰 어려움을 보였다.

치료교육은 5학년까지 계속되었다. 그 기간에 실시한 표준화 지능검사에서 지능은 IQ 110으로 평균 이상이었고, 산술능력도 정상적인 것으로 나타났다. 그러나 S군의 읽기장애는 여전했지만, 단어 인식 및 읽기 이해기술은 좀 향상되는 듯하였다. 추가적 훈련을 받은 S군은 자기의 읽기장애를 보충하기 시작했고, 일반 사람들이 보기에도 명백한 손상이 아니라서 고등학교에 진학할 수 있었다. 그러나 S군은 자발적으로 큰 소리를 내어 읽는 데 어려움을 보였고, 학급에서 읽기를 요구받게 될까봐 매우 불안해지곤 하였다.

* 자료 : 김청송(2003).

따라서 읽기능력의 향상을 위한 교육적 개입은 읽기 교과목을 비롯한 초등학교 교육과정 전반의 교육과제를 수행하는 데 상당히 긍정적인 효과를 가져올 것이다.

읽기는 여러 가지 기술영역을 포함하는 복합적인 과정이다. 대부분의 전문가들은 읽기가 인식, 문자부호화(decoding), 이해 등을 포함하는 것으로 보고 있다. 이러한 읽기기술은 초인지와 기억과 깊은 상관이 있는 것으로 알려져 있으며(Cornoldi, 1990), 초인지전략을 통한 중재의 효과를 계속 연구 중이다.

(6) 일반화의 어려움

학습장애아동들은 하나의 상황에 맞는 기술 또는 개념을 이해하여 실행하는 능력은 있으나 다른 상황에 그들이 배운 것을 전이하는 데에는 실패한다. 어떤 경우, 입으로는 그 전략을 설명하면서도 실제로 그 전략을 사용하지 않는다. Palincsar와 그의 동료들(1991)은 이러한 전이의 어려움을 극복하기 위해 자기가 아는 지식을 실세계에 적용해 보도록 격려하는 교수환경을 제공할 필요가 있음을 강조하였다.

(7) 과제에 대한 긍정적인 접근의 어려움

학습장애아동들은 항상 실패를 전제하면서도 과제에 접근한다. 과제의 시도에 대한 망설임은 학습장애아동들이 발달상 준비가 되어 있지 않은 과제를 수행할 것을 반복적으로 요청받기 때문에 기인한 것으로 보인다. 아동의 요구보다는 내용의 교수목표, 즉 부적절한 교수목표가 학생들의 좌절, 실패, 의존성 등을 낳고 있다(MacInnis & Hemming, 1995).

2. 주의력결핍 · 과잉행동장애의 이해

가. 주의력결핍 · 과잉행동장애의 정의

주의력결핍 · 과잉행동장애 아동(Attention Deficit Hyperactivity Disorder:

ADHD)의 특징은 짧은 주의력, 충동적 행동, 산만함, 과잉행동 등이다. 학습장애 아동과 유사한 특성을 나타내 보인다. 실제 학습장애를 가지고 있는 아동 가운데 25%가 주의력결핍 · 과잉행동장애를 같이 가지고 있다(Barkley, 1990).

주의력결핍 · 과잉행동장애 아동들은 일반적으로 주의력결핍 및 과잉행동의 문제, 좌절에 대한 참을성의 부족, 자극적인 놀이를 제외한 과제에 대한 낮은 수행 동기, 과제수행시 지속성의 부족, 자신의 행동에 따르는 결과 예측을 잘 하지 못함, 실수를 통해 새로운 행동을 학습하는 능력의 부족 등과 같은 행동 특성을 나타내 보인다. 대부분 이러한 문제는 성인기까지 계속되며, 성인기에 이르러서는 직장에서 업무수행 과정에서 요구되는 계획, 조직, 관리 등과 같은 수행행동에 문제를 나타내 보이기도 한다(Blum & Mercugliano, 1997).

주의력결핍 · 과잉행동장애는 학습장애 이외에도 다른 장애와 함께 나타나는 것으로 밝혀지고 있다. 임상적으로 의뢰된 주의력결핍 · 과잉행동장애 아동의 30~50% 가량이 반항성행동장애(oppositional defiant disorder)와 일탈행동장애(conduct disorder)를 가지고 있으며, 주의력결핍 · 과잉행동장애를 가지고 있는 성인의 경우에는 우울이나 불안과 같은 기분장애(mood disorder)를 수반하는 것으로 보고되고 있다(American Psychiatric Association, 1994).

제4판 정신장애 진단 및 통계 지침서(Disagnotic and Statistical Manual of Mental Disorder-Ⅳ, 이하 DSM-Ⅳ)에 의하면, 주의력결핍 · 과잉행동장애(ADHD)는 두드러지게 나타나는 행동특성에 따라 부주의형(ADHD predominantly inattentive), 과잉행동형(ADHD predominantly hyperactive-impulsive type), 혼합형(ADHD combined type)으로 분류된다(American Psychiatric Association, 1994). 주의력결핍 · 과잉행동장애의 진단은 일반적으로 DSM-Ⅳ에 나타난 진단준거, 아동의 행동특성에 대한 부모와의 면접, 필요시 아동과의 직접 면접, 다양한 상황에서의 아동행동 관찰, 표준화된 평정척도를 통해 얻은 아동 행동특성에 관한 자료를 종합적으로 고려하여 임상 전문가(주로 소아정신과 의사)가 장애 판정을 한다.

나. 주의력결핍·과잉행동장애의 원인

ADHD로 진단되는 아동들은 매우 다양하고 이질적인 집단이어서 그 원인 역시 매우 다양하다. 일반적으로 이 장애는 유전적 요인이나 미세한 뇌손상 등의 생물학적 요인과 부모의 성격이나 양육방식과 같은 심리사회적 요인이 복합적으로 작용하여 유발되는 것으로 여겨지고 있다.

ADHD를 나타내기 쉬운 취약성은 유전적 요인과 밀접한 관계를 지닌 것으로 알려져 있다. Goodman와 Stevenson(1989)은 238쌍의 쌍둥이 연구에서 ADHD의 공병률이 일란성 쌍둥이는 51%, 이란성의 쌍둥이는 33%임을 보고하였다. 형제 자매 중에 과잉행동을 나타내는 사람이 있으면, 다른 형제 자매들이 ADHD를 나타낼 가능성이 일반인보다 2배 정도 높다. ADHD를 나타내는 아동의 친부모는 양부모보다 이 장애를 지니고 있는 확률이 더 높다. 또한 ADHD와 품행장애를 함께 나타내는 아동의 부모는 일반인보다 알코올 사용장애와 반사회적 성격장애를 나타내는 비율이 더 높다. 이런 연구들은 ADHD가 유전적 요인의 영향을 받는다는 것을 보여주지만, 과연 무엇이 유전되는가에 대해서는 아직 분명하게 밝혀진 바가 없다.

ADHD는 출생 과정에서의 미세한 뇌손상이나 출생 후의 고열, 감염, 독성물질, 대사장애, 외상 등으로 인한 뇌손상에 의해 유발될 수 있다는 주장이 제기되고 있다. ADHD 아동에게서는 중추신경계의 현저한 손상이 발견되지 않지만 비정상적인 뇌파를 보이는 등 경미한 뇌손상이 있는 것으로 여겨져서 과거에 '미세두뇌기능 장애'(minimal brain dysfunction)로 불리기도 했다. Zametkin 등(1990)은 뇌영상술을 사용하여 ADHD를 지녔던 사람들이 청각적 주의과제의 수행시에 대뇌의 글루코스 대사수준이 저하된다는 것을 발견하였다. 이러한 결과는 주의과제 시행 시에 정상인에 비해 뇌의 활동성이 떨어진다는 것을 의미하며 특히 운동근육과 주의체계의 조절에 관한 기능이 저조하였다. 뇌영상술을 사용한 ADHD 아동에 대한 연구에서 전두엽의 혈류와 신진대사가 감소된다는 발견에 근거하여 ADHD 아동은 전두엽의 억제기능이 저하되어 과잉행동이 발생된다는 가설이 제시되고 있다.

ADHD는 신경전달물질에 의한 기능장애로 norepinephrine이나 dopamine이 관여한다는 주장도 제기되었다. 이러한 주장은 amphetamine과 같은 흥분제가 ADHD 아동의 부주의와 과잉행동을 개선하는 데에 효과적이라는 점에 근거하고 있다. 즉 이러한 흥분제가 norepinephrine이나 dopamine에 영향을 주어 ADHD가 치료된 것이며 ADHD는 이러한 신경전달물질의 기능장애에 기인한다는 주장이다. 그러나 이러한 약물효과에 대해서는 그 해석이 다양하여 현재 어떤 신경전달물질이 관여하는지에 대해서는 분명하게 밝혀진 바가 없다.

ADHD를 나타내는 아동은 아동기나 학령기 전기에 신체적으로 건강하지 못하고 운동발달이 더디며 지나치게 활동적이며 부모에게 요구가 많은 경향이 있다. Bettelheim(1973)은 취약성 – 스트레스 이론을 제안하여 아동의 과잉활동적인 기질과 부모의 잘못된 양육방식이 결합되면 ADHD가 발생한다고 보았다. 과잉활동적이고 요구가 많으며 기분의 기복이 심한 아동은 부모를 자주 화나게 만들 수 있다. 이 때 부모가 인내심을 잃고 화를 잘 내면, 아동은 스트레스를 받게 된다. 그러면 아동은 어머니의 지시에 잘 따르지 않게 되고 부모는 자녀에게 더욱 부정적이고 거부적으로 반응하게 되어 점차적으로 관계가 악화된다. 부모가 더 많은 명령을 하고 처벌을 가하면, 오히려 과잉행동이 증가하고 부모에 대해 부정적인 반응을 나타냈다는 연구결과(Barkley, Karlsson, & Pollard, 1985 ; Tallmadge & Barkley, 1983)도 있다. 이러한 아동은 유치원이나 학교에 입학한 후에도 교사의 지시나 요구를 따르지 않고 학교의 규칙을 잘 위반한다. 그러나 Barkely(1990)는 흥분제를 통해 아동의 과잉행동이 감소하면 부모의 명령과 처벌 행동도 역시 감소한다는 사실을 보고하면서 부모와 아동 간의 관계는 양방향적임을 시사하고 있다.

3. 학습장애 및 주의력결핍 · 과잉행동장애 아동의 출현율

최근 특수교육 서비스를 요하는 장애아동 가운데 가장 높은 증가율을 보이는 분야가 바로 학습장애 및 주의력결핍 · 과잉행동장애이다(Church, Lewis, & Batshaw, 1997 ; Mercer, 1991). 각 장애 영역별 특수아동의 수를 통계적으로 나타내는 개념인 출현율(prevalence)은 전체 학령기 아동 중 특정 장애를 가지고 있는 아동의 비율을 나타내는 것인데, 전체 학령기 아동 수를 특정 장애아동 수로 나누고 이에 100을 곱하여 얻어진다. 학습장애아동의 출현율은 어떤 정의를 적용하느냐, 어떤 평가 도구를 사용하느냐에 따라 약 4~10% 사이로 보고되고 있다(Mercer, 1991). 읽기나 쓰기, 셈하기의 기본적 학습기능에 있어서 중증(重症)의 학습문제를 보이는 아동만을 대상으로 할 때의 출현율은 약 1~2% 정도인 것으로 보인다. 한편, 주의력결핍 · 과잉행동장애 아동의 출현율은 학습장애아동보다 낮은 3~5% 가량인 것으로 보고되고 있다.

일반적으로 학습장애와 주의력결핍 · 과잉행동장애를 가지고 있는 아동의 성비를 살펴보면, 남자가 여자보다 많은 것으로 나타나고 있다. 학습장애의 경우 남자 대 여자의 비율이 약 2 : 1에서 4 : 1 정도이며(Mercer, 1991), 주의집중장애의 경우 비율이 4 : 1에서 9 : 1에 이른다(American Psychiatric Association, 1994). 남자가 여자보다 더 많은 주요 이유 중 하나는 남학생이 여학생보다 문제행동(behavioral problem)을 더 많이 나타냄으로써 장애 판정을 위한 평가에 더 많이 의뢰되기 때문이다.

4. 학습장애 및 주의력결핍 · 과잉행동장애 아동교육

학습장애 및 주의력결핍 · 과잉행동장애 아동의 정보처리과정에서의 인지적 어려움과 누적된 실패의 경험으로부터 기인되는 정의적 문제들은 이들의 정상적인 학교 생활을 돕기 위해서는 체계적인 교육 프로그램이 필요함을 분명히 보여준다. 학습장애 및 주의력결핍 · 과잉행동장애 아동을 위한 학습지도, 심리교육의 방안은 다음과 같다.

가. 학습지도

학습장애 및 주의력결핍 · 과잉행동장애 아동이 유치원생활에서 경험하는 심리적 문제들은 근본적으로 이들이 가지고 있는 심각한 학습 결손에서 기인한다고 할 수 있다. 이들 장애아동들의 학습 문제는 단순히 일반아동과 비교되어 나타나는 상대적 학습 문제가 아니라 기본적 학습기능(예 : 읽기, 쓰기, 셈하기)의 심각한 결손과 이로 이한 다른 교과 학습의 결손을 가져오는 절대적 학습 문제라고 할 수 있다. 여기에서는 학습장애를 교과 영역별로 분류할 때 범주로서 대별되는 읽기, 쓰기, 수학 영역에 있어서 이들 아동들이 가지고 있는 학습 문제 및 학습교육의 필요성에 대해 살펴보기로 한다.

1) 읽기 영역

(1) 문자 해독 지도

학습장애 및 주의력결핍 · 과잉행동장애 아동의 약 80~90% 가량이 심각한 읽기 문제를 가지고 있는 것으로 보고되고 있다(Mercer, 1991). 읽기는 내용학습을 위한 중요한 학습 도구의 역할을 수행하기 때문에 중요한 의미를 지닌다. 일반적으로 읽기는 읽기활동 자체가 독립적인 수업활동으로 이루어지다가, 학년이 올라감에 따라 다른 교과 학습의 도구로써 역할을 수행하게 된다. 이러한 읽기는 기능적으로 볼 때 단어 인지(word recognition)와 내용이해(comprehension)로 나누어 볼 수 있으며, 학습장애아동의 경우 두 기능 모두에 있어 심각한 문제를 나타낸다.

단어 인지는 형태 인식(configuration), 문맥 분석(context analysis), 음소 분석(phonics analysis), 음절화(syllabication), 즉시 읽기(sight-word reading)로 나누어 볼 수 있다. 학습장애 및 주의력결핍 · 과잉행동장애 아동을 대상으로 한 연구들은 이들 아동들이 초기 읽기 학습에 있어서 문자소와 음소의 일대일 대응과 음소의 결합에 대한 지식을 기반으로 체계적으로 문자 해독을 수행하는 것이 아니라, 문자에 대한 개인적 경험을 통한 기억과 문맥에 의존한 읽기행동(형태 인식과 문맥 분석을 이용한 읽기)을 많이 나타내 보인다고 한다(Hallahan, Kauffman, & Lloyd, 1985 ; Mercer, 1991). 문자해독 능력의 발달지체나 결함은 계속적인 다른 교과의 내용학습에 심각한 부정적 영향을 미침으로, 이들 아동들이 가능한 빨리 문자소-음소의 대응관계 학습을 통해 문자해독 기능을 습득할 수 있도록 학습지도를 통해 체계적인 프로그램이 제공되어야 할 것이다.

(2) 독해 지도

문자해독 능력에 대한 체계적 지도와 함께 교사가 주의를 기울여야 할 부분이 바로 독해 능력에 대한 체계적인 지도이다. 읽기활동과 관련된 아동의 내용이해 활동은 크게 어휘 이해(vocabulary comprehension), 문자의 내용 이해(literal comprehension), 추론적 이해(inferential comprehension)로 나누어 볼 수 있다. 학습장애 및 주의력결핍·과잉행동장애 아동들의 독해 능력과 관련된 연구들은 이들 아동들이 세부 독해 기능에 있어 일반아동에 비해 현저한 어려움을 가지고 있는 것으로 보고하고 있다(Mercer, 1991). 먼저, 학습장애 및 주의력결핍·과잉행동장애 아동들은 제한된 언어 경험으로 인해 어휘력이 상대적으로 부족한 것으로 보고되고 있으며, 어휘력의 부족은 읽기와 다른 교과의 내용 학습에도 현저한 어려움을 초래한다. 그러므로 장애아동들이 읽거나 내용 학습을 시작하기 전에 새로운 학습활동에 핵심이 되는 어휘에 대해 사전 이해를 가질 수 있도록 적절한 프로그램이 계획, 제공되어야 한다.

읽기활동에 있어서는 글자 그대로 쓰여진 내용을 이해하는 것뿐만 아니라 개인적 경험과 직관을 통해 글 속에 내재해 있는 사건들 간의 관련성(예 : 인과관계)을 파악하거나, 계속되는 이야기에 대한 가설 형성을 할 수 있는 추론능력이 중요한 역할을 수행한다. 하지만, 학습장애 및 주의력결핍·과잉행동장애 아동들은 읽기자료에 내재해 있는 내용 구성 요인들 간의 관련성을 파악하는 데 필요한 인지전략의 활용에 있어서 수동적인 특성을 나타낸다(Hallahan, Kauffman, & Lloyd, 1985). 효과적인 읽기활동을 위해 필요한 인지전략으로는 읽기 목적에 따른 읽기활동의 수준 결정(예 : 속독 대 정독), 읽기 활동을 시작하기 전 읽기자료의 전체적 구성 확인, 중요한 부분과 그렇지 않은 부분에 대한 주의(注意)와 읽기 시간의 상대적 할당, 읽기활동 진행 중 자신의 이해에 대한 계속적 추적, 난해한 부분에 대한 반복 읽기, 필요시 이해를 도울 수 있는 외적 자료의 활용 등을 들 수 있다.

앞에서 언급한 것처럼 비록 이들 아동들이 읽기에 필요한 인지전략의 활용에 있어 수동적인 특징을 가지고 있지만, 전략들을 활용하도록 체계적인 프로그램을 제공받았을 경우 이를 효과적으로 활용할 수 있는 기본능력을 가지고 있다. 즉, 일반아동과는 달리 학습장애 및 주의력결핍 · 과잉행동장애 아동들은 유사한 다른 학습 상황에서 이들 인지전략들을 일반화하여 자율적으로 사용하지 않고, 단지 이를 사용하도록 교사나 교사가 지시하는 경우에만 이를 활용한다는 것이다. 그러므로, 교사들은 학습 교육시 충분한 연습과 다양한 적용 경험을 계획, 제공함으로써 학습장애 및 주의력결핍 · 과잉행동장애 아동들이 필요한 인지전략들을 자율적으로 일반화하여 적용할 수 있도록 조력해야 할 것이다.

2) 쓰기 영역

초기 기능적 쓰기 능력은 읽기 능력과 밀접한 관련을 가지고 발달해 간다. 단어 인지에 어려움이 있는 아동의 대부분이 해당 단어의 철자에도 문제를 나타내 보이며(Carpenter & Miller, 1982), 난독증을 가지고 있는 아동의 경우 자신이 읽을 수 있는 단어 중 약 50%만을 정확하게 쓸 수 있다(Mercer, 1991). 이는 읽기가 단순히 인지(recognition)라는 인지적 기능을 요구하는 반면, 쓰기는 회상(recall)을 통한 부호화(encoding)라는 상대적으로 복잡한 인지 기능을 요구하기 때문이다. 이 밖에도 읽기의 경우에는 문맥과 같은 추가적 단서가 제공되는 반면, 쓰기의 경우에는 이러한 문맥이 추가적 단서로서 그 기능을 수행하지 못하는 상황적 차이도 존재하기 때문이다.

쓰기 지도는 크게 철자 지도와 글쓰기 지도로 대별해 볼 수 있다.

(1) 철자 지도

일반적으로 철자 지도는 해독 능력을 키워 주기 위한 읽기 지도와 함께 이루어지는 것이 바람직하다. 이 때 문자소와 음소의 대응 및 결합과 관련된 규칙을 아동이 분명히 알 수 있도록 해야 하며, 다양한 연습 활동을 통해 이를 자동화하는 단계에 이르도록 하는 것이 필요하다. 철자 지도시에는 가르치는 활동과 평가활동을 결합하여 아동의 진전도(progress)를 추적하고, 이를 수업 효과성 분석과 아동의 수업 참여도를 높이는 방안으로 활용할 필요가 있다. 철자 검사로서 활용할 수 있는 평가 도구로는 교사들이 흔히 활용하는 단어 중심의 구술 받아쓰기 외에도 문장을 활용한 구술검사, 빈칸 채우기, 선택하기, 그림을 이용한 검사 방법이다.

(2) 글쓰기 지도

철자 지도와 함께 실제로 자신의 생각을 전달할 수 있는 수단으로서 글쓰기에 대한 체계적 지도가 학습장애 및 주의력결핍·과잉행동장애 아동에게 제공되어야 한다. 단순한 기능적 글쓰기(이력서, 지원서, 각종 서식 작성)뿐만 아니라, 정보화 사회에서 요구하는 체계적인 사고전달 능력을 키워 주기 위해서는 내용적 글쓰기에 대한 지도가 필요하다. 학습장애 및 주의력결핍·과잉행동장애 아동은 주제에 대한 글쓰기를 할 때 주로 관련된 단어들을 나열하는 식의 특징을 나타낸다. 이들 장애아동의 지도를 위해서는 글쓰기 과정을 단계별로 나누어서 각 단계에 필요한 기능이 무엇인지를 체계적으로 도와 주는 것이 필요하다.

쓰기 학습 교육을 위해 교사들이 참고할 수 있는 쓰기 활동의 단계로는 쓰기 전 단계, 초안 단계, 개정 단계, 편집 단계, 공유 단계를 들 수 있다(Mercer, 1991). 쓰기 전 단계에서는 아동이 무엇을 쓸 것인지 분명한 주제의식을 갖도록 하고, 이를 다른 사람(교사, 또래, 부모)과 같이 이야기해 보도록 지도한다. 주제를 선택한 후에는 글의 목적(정보 제공, 현상 기술, 타인의 설득 등)과 글의 독자(또래, 부모, 교사, 다른 성인 등)에 따라 글의 형식(편지, 이야기, 보고서 등)을 적절하게 선택하도록 해야 한다.

초안 단계에서는 글의 전체적 구성을 조직해 보도록 하고, 각 부분별로 내용 전달을 위해 사용될 소재의 적합성에 대해 검토해 보도록 한다. 전체적 글의 조직과 글을 구성할 소재가 결정되면 철자나 문법을 지나치게 의식하지 않는 상황에서 내용에 대한 글쓰기를 시작하도록 지도한다.

초안이 완성되면 전체적인 글의 구성에 대해 다시 한 번 검토하는 것이 필요하며, 완성된 결과를 다른 사람에게 보여주고 이에 대한 피드백을 받는 것이 필요하다. 이 단계에서는 자신의 검토와 다른 사람의 피드백을 근거로 전반적인 글의 조직, 내용의 타당성, 문법적 오류 등에 대한 개정 작업을 체계적으로 수행할 수 있도록 교사가 도와야 할 것이다.

편집 단계에 있어서는 철자나 문법의 오류뿐만 아니라 글의 형식에 대한 편집이 이루어지도록 지도하는 것이 필요하다. 글의 형식 요인으로는 글 제목의 적절성, 각 장 및 절에 사용된 소제목의 적합성 및 체계성, 글자 및 줄 간격의 크기 그리고 여백의 적절성 등을 포함한다.

마지막으로 쓰기의 가장 큰 목적은 쓰기 활동의 산물인 글을 타인과 공유하는 것이다. 이는 학습장애 및 주의력결핍 · 과잉행동장애 아동의 쓰기 활동에 대한 동기를 높이기 위해 교사가 고려해야 할 중요한 부분이기도 하다. 결과물에 대한 공유를 위해 교사들은 아동이 자신의 글을 다른 동료, 부모 또는 교사와 공유할 수 있는 장을 마련해 줄 필요가 있다. 특히, 인터넷이 대중화된 정보화 시대에 있어서 웹을 통한 출판 기회를 아동에게 제공하는 것도 하나의 방법이 될 수 있다.

3) 수학 영역

지금까지 학습장애 및 주의력결핍 · 과잉행동장애 아동의 학습문제에 대한 연구는 주로 읽기 영역에 집중되어 왔다. 이는 읽기 영역 학습 교육에서 언급된 바와 같이 학습장애 및 주의력결핍 · 과잉행동장애 아동의 80% 이상이 수학보다는 읽기 영역에서 심각한 기능적 학습문제를 가지고 있는 것으로 나타나고 있는 것과 관련이 있다. 또한, 읽기는 다른 교과 학습으로의 전이 효과가 수학보다는 상대적으로 크기 때문에 읽기문제 해결을 위해 전문가들이 읽기장애와 관련된 연구를 더 많이 수행해 왔다고 볼 수 있다.

수학 영역에서 심각한 학습결손을 보이는 아동의 경우 사물의 분류(classification), 계열화(sequencing), 일대일 대응관계(one-to-one correspondence), 보존(conservation)과 같은 기본적 개념이 부족한 것으로 보고되고 있다(Mercer,

1991). 이들 개념들은 수의 이해, 연산, 측정, 집합 등과 관련해 중요한 개념적 역할을 수행한다. 따라서 수학 장애를 가지고 있는 아동들을 대상으로 한 학습 교육에 있어, 아동들이 수학기능을 수행하는 데 근본이 되는 개념들을 가지고 있는지에 대한 평가가 먼저 수행되어야 한다. 또한 수학에 심각한 학습결손을 보이는 아동들은 초등학교 저학년 교육과정의 주 내용인 사칙연산과 연산법칙(교환, 결합, 배분법칙) 활용에 어려움을 가지고 있다. 즉, 수학 장애 아동은 미분, 적분, 행렬, 통계와 같은 고차적인 내용 학습에 어려움을 경험하는 학생들이 아니라 바로 단순한 기능 학습에 어려움을 겪는 학생들인 것이다.

셈하기와 관련된 기본 수학기능 학습에 어려움을 겪게 되는 것은 부분적으로는 이들에게 제공되는 교육 프로그램의 내용과 방법이 지나치게 단순하게 구성·운영된다는 것과 관련이 있다. 예를 들어, 뺄셈 활동에 내재해 있는 기본 기능은 크게 세 가지로 나누어 볼 수 있다. 첫째, 뺄셈은 우리가 흔히 알고 있는 것처럼 전체에서 일부를 제하는(take-away) 수리적 활동으로 이해할 수 있다. "철수는 아이스크림 5개를 냉장고에 넣어 두었다. 철수가 이 중 한 개를 먹었다면 몇 개의 아이스크림이 남았겠는가?"는 이러한 뺄셈의 측면을 보여주는 문제라고 할 수 있다. 둘째, 뺄셈은 서로 다른 두 집단 간의 차이(difference)를 나타내 준다. 이를 대표해 주는 문제로서 "철수는 몽당연필을 10개 가지고 있으며, 순희는 6개를 가지고 있다. 철수가 순희 보다 몇 개의 몽당연필을 더 가지고 있는가?"를 들 수 있다. 마지막으로 뺄셈은 특정한 수나 양을 채우기 위해 추가로 요구되는(add-up) 수나 양을 나타낸다. "철수가 사고 싶어하는 장난감은 500원이다. 지금 철수가 가지고 있는 돈은 100원인데, 장난감을 사기 위해서는 얼마가 더 필요한가?"라는 문제는 추가로 요구되는 수나 양에 대한 이해를 요구하는 문제이다. 이처럼 다양한 개념적 이해를 요구하는 뺄셈을 오직 전체에서 일부를 제하는 것으로만 단순화하여 가르친다면, 다른 개념적 이해를 요구하는 문제에 대해서 학습장애 및 주의력결핍·과잉행동장애 아동들은 심각한 어려움을 나타내 보이게 된다. 그러므로 수학 영역에 대한 학습 교육시 교사는 아동이 개념적으로 제한된 학습 경험을 가지고 있는지에 대한 평가를 실시할 필요가 있으며, 단순한 반복 연습을 통한 기본기능 학습보다는 각 기능에 내재해 있는 개념적 이해를 도울 수 있는 방향으로 교육 프로그램이 계획, 제공되도록 노력해야 한다.

4) 교육적 조치

학습장애는 경도에서부터 중증까지 분포된 장애 조건을 모두 포함하고 있다. 학습장애 학생을 위한 대안적 배치는 〈표 5-1〉과 같다.

표 5-1 학습장애아 교육적 배치에 대한 장 · 단점

배치모형	장 점	단 점
정규학급 (정규학급 전일제)	최소로 제한된 환경, 장애아와 비장애아 상호작용 원활, 불필요한 명칭 방지	복합적 학습장애의 가중 가능성, 한 학급에 많은 인원 포함 가능, 특수교육에 관한 교사 교육 부족
자문교사 (학습장애아 교육계획에 관해 정규교사와 협력)	많은 교사들에게 영향을 줌. 많은 학생들에게 시혜 가능, 특수한 교수 방법, 프로그램, 자료 제공이 가능	자문교사를 정규 교수요원으로 간주치 않음. 학생의 기초지식 결함 보충의 어려움. 사정과 교수가 분리될 가능성이 있음
순회교사 (학습장애 학생에 관해 정규교사 자문을 위해 여러 학교 순방	선별과 진단에 조력, 자문지도 가능, 시간제 교육 서비스 가능, 여러 지역의 아동들에게 특수교육 서비스 제공이 가능	지속적 후원 곤란, 교직원의 신뢰성 결여, 자료의 이동이 어려움, 프로그램의 계속성 결여
특별학습실 (학습장애아는 특별학습실 교사와 45~60분 정도의 교정학습, 가장 광범위하게 활용)	낙인의 감소, 정규학급 교수 제공, 특정수업시간만 정규학습에서 분리, 특정 장애 영역에 개별화 교수 제공, 정규교사를 위한 자문, 정규교사와 아동에 대한 책임 분담	심한 학습장애아에 서비스제공 못함. 과잉급 가능성, 교사의 역할에 대한 오해 가능, 역할혼미 유발, 사정과 계획에 시간 제공 거의 못함
특수학급 (학습장애아 특수학급에서 대부분 수업)	중증에는 최소로 제한된 환경 제공, 중증 학습장애아에게 독특한 환경 조건 제공, 개별 및 소집단 교수제공, 한 교사에서 전 시간 운영과 책임, 고도로 특수화된 학습조건 제공	분리됨, 비장애아와 최소 상호작용, 낙인이 찍힘, 부적절하게 영구화됨, 경도일 경우 불필요한 제한 가능, 부적절한 행동모방 가능, 교사의 낮은 기대에 따른 성취 저하

배치모형	장 점	단 점
특수학교 (학습장애아는 전일제 특수학교)	많은 중증 학습장애아에게 제공, 진단 · 교수 · 자문서비스 집중적임 학습장애아를 위한 다양한 프로그램의 개발, 가정이나 지역사회에서 경험할 수 있는 특별한 환경 제공	분리됨, 비장애아와 상호작용거의 없음, 최소로 제한된 환경이 되지 못함, 비용이 많이듬
기숙제학교 (특수학교에서 생활함)	식사나 필요한 의료적 처방제공, 학교에서 정규학교 생활의 모든 면을 포함시킬 수 있는 기회제공, 직업훈련제공, 적절한 진단과 교수과정의 운용	사회주류화로부터 분리, 경제적 소비유발, 외출이 적음, 최소로 제한된 환경이 아님, 질적 통제 감소

나. 심리교육

1) 학습된 무력감

학습장애 및 주의력결핍 · 과잉행동장애 아동의 정의적 특성에서 논의된 바와 같이 이들 아동들의 심리적 문제를 대표하는 것이 바로 학습된 무력감(learned helplessness)이다. 이는 누적된 실패 경험을 통한 심리적 좌절로서, 아동이 이를 극복할 수 있도록 도와 주기 위해서는 체계적 교육 서비스가 제공되어야 한다. 학습의 주체인 아동이 스스로 노력하고자 하는 의지를 상실하는 경우 아무리 효과적인 학습 전략 및 교육 프로그램을 제공한다 할지라도 의미가 없기 때문이다.

(1) 응용행동분석 기법

"노력해도 소용없다"라는 자포자기적 심리 상태를 극복하기 위해 사용될 수 있는 교육 기법으로는 행동주의 이론에 근거하여 개발된 응용행동분석(applied behavioral analysis) 방법을 생각해 볼 수 있다. 응용행동분석은 대상 아동이 보이는 문제 행동(학습된 무력감)에 영향을 미치는 선행자(antecedents)와 결과물(consequences)을 관찰과 면담을 통해 밝혀 내고, 이들 선행자와 결과물의 체계적인 변화를 통해 문제 행동의 변화를 도모하는 접근 방법이다(Smith, 1993). 학습된 무력감의 변화에 영향을 미칠 수 있는 선행 요인으로는 과제의 난이도, 수업의 체계성, 학습 환경 등을 생각해 볼 수 있으며, 행동에 뒤따르는 결과 요인으로 노력이나 결과에 대한 주위의 관심과 인정, 아동 자신의 내적 성취감, 외부에서 주어지는 긍정적 평가 등을 들 수 있다. 교육 기법으로서 응용행동분석은 외부적 환경 변화를 통한 행동 변화를 계획한다는 측면에서 초등학교에 재학 중인 어린 학생들에게 더욱 효과적으로 사용될 수 있을 것이다.

(2) 정신적 후원자 활용

현장학습은 특수아동들에게도 큰 도움이 된다.

학습장애 및 주의력결핍 · 과잉행동장애 아동의 학습된 무력감을 극복해 주기 위해 사용할 수 있는 또 다른 방법으로는 정신적 후원자(mentor) 활용을 생각해 볼 수 있다. 정신적 후원자 활용을 통한 행동 변화의 모색은 이론적으로 Bandura의 사회적 관찰학습이론에 근거한 방법이다. 사회적 관찰학습이론에 따르면, 직접적 보상에 의해서 뿐만 아니라 다른 사람의 행동과 결과에 대한 직접적 · 간접적 관찰을 통해 새로운 행동의 획득이나 기존 행동의 변화가 이루어질 수 있다고 한다. 이 때 대리 학습의 모델 역할을 하게 되는 정신적 후원자로서 아동과 비슷한 환경적 · 심리적 경험을 가지고 있는, 하지만 지금은 성공적으로 자신의 일을 수행하고 있는 상급 학생이나 성인과의 만남을 주선해 주는 것을 고려할 수 있다. 자신과 유사한 심리적 경험을 가졌던 사람들과의 만남을 통해 자신의 심리적 문제에 대한 솔직한 대화와 인간적 관계 형성을 상대적으로 쉽게 할 수 있다는 장점이 있기 때문이다. 이 같은 사회적 망(social networking)의 형성을 교사가 체계적으로 계획함으로써 계속된 실패로 인해 자신감을 잃은 아동에게 “나도 할 수 있다”라는 의지를 가질 수 있도록 도와줄 수 있을 것이다.

2) 사회적 소외 및 거부

학습된 무력감과 함께 학습장애 및 주의력결핍·과잉행동장애 아동들이 경험하는 심리적 문제로서 사회적 소외 및 거부를 생각해 볼 수 있다. 이들 아동들은 공부를 못한다는 이유로 자신에게 있어 가장 소중한 존재인 부모로부터 점차 관심과 기대 밖의 대상이 되어 간다. 학교에서도 점차 교사의 관심과 기대는 자신과는 무관하다는 것을 스스로 느끼면서 더 많은 문제 행동을 나타내 보이게 된다. 이처럼 학습에 심각한 결손을 가지고 있는 아동들은 자신을 인정해 주고 자신의 문제를 이야기할 수 있는 주변 상대자가 하나 둘씩 사라짐을 경험하게 된다. 이에 따라 이들 학생들은 자신의 존재와 문제를 공유할 수 있는 대상으로 자신처럼 학교 및 가정으로부터 소외되어 있는 다른 또래를 선택한다. 이러한 부정적 관계 형성을 막기 위해서는 아동들이 학교와 가정으로부터 개인적으로 경험하는 외면과 무시를 누군가와 이야기할 수 있도록 기회를 제공해야 한다. 이러한 측면에서 교사들은 이들 학생들이 경험하는 심리적 문제들을 함께 이야기하고 필요할 때 도움을 제공하는 정신적 후원자의 역할을 수행해야 한다. 이러한 심리 교육활동이 체계적으로 이루어지기 위해서는 일반 교과 교사처럼 전문적 교육훈련을 받은 교육교사가 학교의 정규 구성원으로서 상근하는 것이 바람직하다.

다. 부모교육

학습장애 및 주의력결핍·과잉행동장애 아동의 부모는 대부분 왜 아동이 심각한 학습문제를 경험하는지에 대한 이해가 부족한 것으로 보고되고 있다. 이러한 이해의 부족은 때로 부모가 아동의 능력수준을 넘는 지나친 기대를 가지게 하며,

이는 결과적으로 아동과 부모 간의 관계를 갈등의 관계로 만든다. 그러므로 교사들은 아동이 경험하고 있는 어려움에 대해 부모가 올바른 이해를 가질 수 있도록 조력할 필요가 있으며, 이를 통해 궁극적으로 부모가 정신적 후원자(mentor)로서 그 역할을 수행할 수 있도록 도와야 할 것이다.

아빠의 작은 우주, 막내둥이

D양은 13세의 초등학교 6학년 소녀로 "D양이 머리는 꽤 좋은데 읽기장애가 있다"라는 담임교사의 말을 듣고 부모가 D양의 정신평가를 위해 병원에 찾아온 경우였다. 정신평가 결과 D양의 지능검사의 소검사 프로파일 중 숫자외우기, 산수, 바꿔 쓰기는 수행력이 낮았는데, 이는 불안에 기인한 것으로 보였다. 따라서 치료자는 부모에게 불안장애의 가능성을 시사해 주었다. D양은 3학년 이후 성적이 많이 떨어지고 있었지만, 높은 지능과 모범적 행동 때문에 별 탈 없이 6학년까지 올라오게 되었다. D양은 눈에 보이는 "나태함" 때문에 여러 선생님들로부터 많은 주의를 받았었다. D양은 공부에 관심이 없었고 지루해 했으며, 여러 상황에 간섭을 많이 하였다. 또 학교 환경이 너무 시끄러워서 공부에 집중할 수가 없었다고 불평을 자주 하였다.

D양은 집에서 숙제를 하지 않으려고 하는 것만 제외한다면 일반적으로 말을 잘 들었다. D양의 학교 과제물은 너저분했고 혼란스러웠다. D양의 필기는 미숙했고, 글씨 모양도 이해하기가 힘들 정도였다. 특히 받아쓰기 검사와 작문표현은 다른 아이들보다 2년 정도 지연되어 있었다. 철자법은 2학년 이후 문제가 되어 왔지만, 보통 정도의 지연을 보이고 있었다. D양은 어떤 일을 매우 급하게 끝마치는 경향이 있었기 때문에 그것을 다시 검토하지 않으면 안 되었다. 또 자주 부주의한 실수를 많이 했고, 자신의 능력을 충분히 보여줄 수 있는 과목에서도 실수를 하곤 하였다. D양은 부모가 꼼꼼하게 일러주는 것은 일반적으로 잘 해 냈지만, 일상적인 일과 집안일에 대해서는 믿을 수 없을 정도로 자주 잊어버리곤 하였다.

D양은 종종 집에서 어쩔 줄 몰라 하는 것처럼 보였다. 질문을 받았을 때 흔히 대답을 못하거나, 또는 공상에서 깨어나 깜짝 놀라는 것처럼 보이곤 하였다. 마치 백일몽을 꾸는 사람처럼 보였다. D양이 1학년이 되었을 때부터 아버지는 D양을 "작은 우주, 혹은 막내둥이"라는 별칭을 즐겨 불렀다. D양은 보통 집에 있는 것을 매우 지루해 하였고, 어머니에게 어떤 것을 함께 하자고 성가시게 조르곤 하였다. 어머니는 D양에게 바늘로 레이스 뜨기, 매듭 만들기, 그리고 그림그리기 등을 가르쳐 주었다. D양은 어머니와 함께 이런 활동을 하는 것은 기뻐했지만, 과업을 끝마칠 정도로 지속하는 경우는 매우 드물었다. 특히 어려운 숙제를 끝마치는 것은 더욱 힘들어 하였다. 공부할 때도 위에서 본 내용이 아래 내용에 나와도 공부하면 기억이 나지 않는다고 하고, 집에 물건이 너무 많이 있어서 숙제에 집중할 수 없다고 불평하고, 그리고 음악을 들으면서 숙제를 하곤 하였다. 어머니에 따르면, D양은 자기가 정한 규칙, 기념일, 심지어 자기가 주도해서 만든 친구와의 약속도 쉽게 잊어버렸고, 그래서 또래 친구들에게 약속에 늦거나 잃어버리는 믿을 수 없는 사람으로 알려져 있다고 하였다. D양이 좋아하는 활동은 가게 집에서 물건을 이것저것 보고 돌아다니는 것이었다.

* 자료 : 김청송(2003)

CHAPTER 06

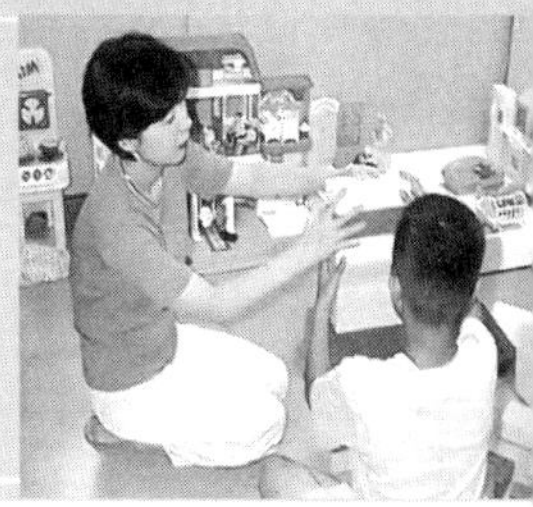

감각장애 · 신체장애 · 의사소통장애 교육

1. 시각장애 아동교육

오늘날 의학이 급속도로 발달하여 많은 사람들이 시각장애를 극복하고 있지만 그렇지 못한 사람은 여전히 여러 가지 어려움에 직면하고 있다. 시각장애의 근본적인 문제는 일차적으로 시각자극을 수용하지 못하는 것이고, 이차적인 문제는 이동, 학습, 사회적 성장, 적응에서 겪는 어려움이다. 시각장애가 지적 장애나 언어장애를 일으키는 직접적인 원인이 아니므로 맹인들 가운데 탁월한 업적을 남긴 사람들이 많다. 최근의 변화 가운데 주목할 만한 것은 맹아동들의 일반학급 통합, 잔존시력 활용의 강조, 시각장애에 대한 법적 정의보다 기능적 정의에 대한 관심이 커지는 것 등이다.

가. 시각장애의 정의

1) 맹의 법률적 정의

맹의 법률적 정의는 시력과 시야에 근거를 둔다. 시력(visual acuity : 형태를 분명하게 구별하거나 특정 거리에서 작은 사물을 변별하는 능력)은 Snellen chart의 문자, 수, 다른 상징을 읽는 선에 의해 측정된다. 사람들이 생각하는 것처럼 '20/20'이라는 문구는 정확한 시력을 의미하는 것이 아니다. 다시 말하면, 20피트의 거리에서 정상적인 눈이 볼 수 있는 것을 20피트 거리에서 볼 수 있다는 것을 나타낸다. 아래의 수가 커질수록, 시력은 저하된다.

콘택트렌즈나 안경을 쓰고 교정한 뒤에 잘 보이는 시력이 20/200 혹은 그 이하인 사람은 법적 맹으로 간주된다. 만약 갑이 안경을 끼고 20/200의 시력이라면, 대부분의 사람이 200피트 떨어져서 볼 수 있는 것을 갑은 20피트의 거리에서 볼 수 있다는 것이다. 다른 말로 하면, 분명하게 보기 위해 정상사람보다 더 가까이 가야만 한다. 법적 맹은 일상 상황에서 시력을 활용하기 어렵다는 것을 의미한다. 그러나 20/200 혹은 심지어 20/400 시력의 아동들도 특수한 도움으로 일반학급에서 잘 적응한다. 그러나 안경 혹은 콘택트렌즈를 끼고도 시력이 너무 나빠 작은 사물을 지각하지 못하는 아동도 있다.

또한 시야(field of vision)가 극히 제한되면 법적 맹으로 간주될 수 있다. 정면을 똑바로 응시할 때, 정상적 눈은 약 180° 범주 내의 사물을 볼 수 있다. 만약 David의 시야가 10° 라면 한번에 극히 제한된 영역만 볼 수 있다(비록 좁은 영역의 시력은 상당히 좋더라도). 제한된 시야를 가진 사람들은 좁은 관이나 터널을 통해 세상을 보는 것으로 자신의 지각을 묘사한다. 그런 사람들은 중앙 부분은 좋은 시력을 가질 수 있으나, 시야 외부 영역의 주변 시야(peripheral vision)는 나쁘다. 반대로, 어떤 경우에 주변 시야는 비교적 좋지만 중심 부분의 사물을 정확하게 보는 것은 불가능하다.

시야 손상이 중심 혹은 말초이든지 간에 정상의 180° 로부터 20° 혹은 그 이하로 제한된다면 법적 맹으로 간주된다. 세월이 흐르면서 시야는 천천히 판별되지 않은 채 나빠지는 것이 보통이다. 시각검사는 시력뿐 아니라 시야의 측정도 반드시 포함되어야 한다.

2) 시각장애의 교육적 정의

IDEA에서는 시각장애란 "교정을 해서 시력이 아동의 교육적 수행에 불리한 영향을 주는 것"으로 정의하고 있는데, 이는 시각과 학습의 관계를 강조한다. 시각장애아동도 시각적 능력은 전맹에서부터 잔존시력이 좀 있는 경우까지 광범위한 범주를 나타낸다. 법적 맹을 결정하기 위해 사용되는 시력과 시야에 대한 정밀한 의학적 측정은 교사들에게는 별로 준거가 되지 않는다. 대신에 교사들은 학습을 위해 시각 및 촉각적 수단을 사용하는 정도에 근거하여 시각장애를 분류한다(Bishop, 1996).

① 전맹인 아동은 시각으로는 유용한 정보를 얻을 수 없고 학습을 위해 촉각과 청각을 활용해야만 한다.

② 시력이 거의 없는 기능적 맹은 다른 감각으로 주로 학습을 한다. 그러나 특수한 과제를 위해서는 제한된 시각을 보조적으로 활용할 수도 있다(㉠ : 교실을 옮겨 다니는 것). 대부분의 맹 아동은 읽고, 쓰기 위해 브레일(braille)을 이용한다.

③ 약시의 아동들은 학습의 주된 수단으로 시각을 사용하고 일반적으로 인쇄물을 읽고 배운다. 학령기 시각장애아동의 75~80%가 약시 아동이다.

3) 우리 나라 특수교육진흥법의 정의

우리 나라 특수교육진흥법 시행령에는 시각장애를 지닌 특수교육 대상자에 ① 두 눈의 교정시력이 각각 0.04 미만인 자, ② 시력의 손상이 심하여 시각에 의하여 학습과제를 수행할 수 없고 촉각이나 청각을 학습의 주요 수단으로 사용하는 자, ③ 두 눈의 교정시력은 각각 0.04 이상이나 특정의 학습매체 또는 과제의 수정을 통하여서도 시각적 과제수행이 어려운 자, ④ 특정의 광학기구 학습매체 또는 설비를 통하여서만 시각적 과제수행을 할 수 있는 자를 포함시키고 있다.

시각기능 또는 시각능력이란 잔존시력을 실제로 활용하는 것을 말한다. 그런데 아동의 잔존시력의 양과 잔존시력을 활용하는 능력이 일치하는 것은 아니다. 즉, 시각장애의 원인과 잔존시력이 같은 두 시각장애아동이 있는 경우에 그들이 자기의 잔존시력을 이용하는 방식은 판이하게 다를 수 있다는 것이다. 피로, 조명, 정서 상태 및 기타 많은 요인이 잔존시력의 활용 방식에 영향을 끼친다. 그리하여 교육상의 목적으로 사용될 경우에는 법적 정의보다 기능적 정의가 더 효과적으로 이용된다.

영 · 유아의 연령과 시력의 범위는 다음의 〈표 6-1〉과 같다.

표 6-1 영 · 유아의 연령과 정상 시력

연 령	정상 시력	연 령	정상 시력
1 개월	빛지각 ~ 안전(眼前) 수동 (hand movement)	10개월	0.1 ~ 0.15
2 개월	안전 수동 ~ 0.01	1세	0.2
3 개월	0.02	1.5세	0.4
4 개월	0.02 ~ 0.04	2세	0.5 ~ 0.6
6 개월	0.04 ~ 0.1	3세	0.7 ~ 0.8 (25% 정도가 1.0 이상)
8 개월	0.1	4세	1.0 ~ (56% 정도가 1.0 이상)

나. 시각장애의 유형 및 원인

눈의 각막(cornea)과 동공(pupil)을 통해 들어온 시각 정보는 수정체(lens)를 통해 망막(retina)에 상을 형성한다. 망막은 전달된 시각 정보를 전기 신호로 바꾸어 시신경 세포(optic nerve cells)에 전달하며, 전기 신호는 시각 통로(visual pathway)를 통해 대뇌의 후두엽(occipital lobe)에 전달되어 그 내용을 처리한다(Smith & Luckasson, 1992).

시각 정보 처리와 관련된 시각기관 가운데, 각막은 눈 앞쪽의 투명한 부분으로 빛이 통과하는 통로인 동공과 함께 시각 정보를 수용하여 전달하는 역할을 담당한다. 홍채(iris)는 동공을 통과하는 빛의 양을 조절하는 기능을 담당하며, 수정체는 빛을 굴절시켜 망막에 상(images)이 제대로 맺히도록 하는 역할을 담당한다. 망막은 원추체(cones)와 간상체(rods)로 구성된다. 원추체는 망막의 중간 부분에 주로 위치해 있으면서 세부적인 사항들을 변별하고 색을 인식하는 기능을 한다. 예를 들어, 읽기, 바늘 꿰기, 빨강과 파랑 구별하기 등과 같은 일을 수행할 때 원추체가 중요한 역할을 수행한다. 간상체는 망막의 주변부에 흩어져서 존재하며, 주로 암순응(night vision)과 움직임을 지각하는 기능을 담당한다(Tuttle &

Ferrell, 1995).

시각기관을 중심으로 볼 때 시각장애는 크게 눈 근육의 이상, 각막, 홍채, 수정체, 망막, 시신경 세포, 중앙신경체제의 이상으로 나누어 볼 수 있다.

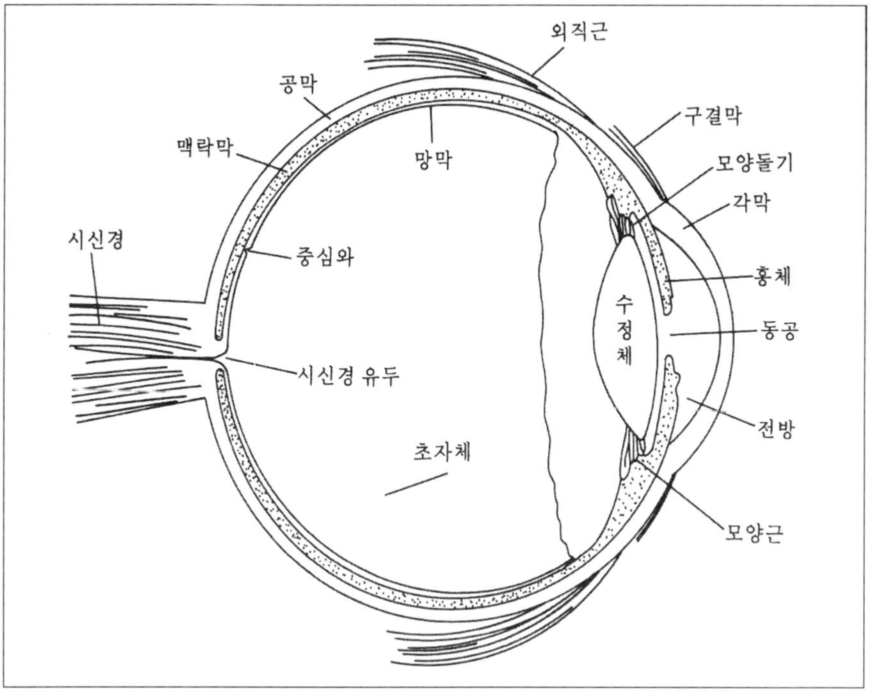

그림 6-1 눈의 구조

1) 눈 근육의 이상

(1) 사시(strabismus)

사시는 두 눈에 있는 근육들이 동일하게 움직이지 않아 같은 방향으로 동일 대상을 바라보는 데 어려움이 있는 것을 말한다. 두 눈이 서로 다른 상을 형성하고 있는 것을 두뇌가 융화(통합)하지 못하는 경우, 두뇌는 어느 한쪽 눈에 의해 형성된 상을 억제한다. 이 때 이 같은 억제 현상이 오랫동안 지속되는 경우 한쪽

눈을 사용하지 않는 결과를 가져와 사용하지 않는 눈의 실명이 일어날 수 있다. 그러므로 이 같은 경우 시각 정보가 두뇌에 의해 처리되는 부분의 눈을 가림으로써 다른 눈을 통해 들어오는 시각 정보를 두뇌가 처리하도록 의도적으로 훈련을 하거나 심한 경우 수술을 할 필요가 있다.

(2) 안구진탕(nystagmus)

안구진탕은 불수의적으로 눈의 움직임이 급속하게 일어나는 것으로 눈의 초점을 맞추는 데 어려움을 겪는다. 따라서 읽기 활동시 읽는 속도가 상대적으로 느리며, 시각 과제 수행시 피로함을 자주 느끼게 된다.

2) 각막, 홍채, 수정체의 이상

(1) 각막 손상

각막 손상은 빠른 시일 내에 치료하지 않으면 물체가 흐리게 보이거나 심한 경우 실명을 초래할 수도 있다.

(2) 녹내장(glaucoma)

녹내장은 안구 내에 있는 액체의 유출이 제한됨으로써 안구 압력이 증가하여 발생하며, 회복 불가능한 시력 손실을 초래할 수 있다. 그러므로 이상이 발견되었을 때에 눈약이나 수술을 통해 조속히 치료를 해야 한다.

(3) 광선 공포증(photophobia)

광선 공포증은 홍채가 완전히 발달하지 않았거나 눈의 색소가 부족한 경우 발생한다. 이 경우 빛에 대해 지나치게 민감한 반응을 보이며, 백내장이 이차적 문제로 수반될 수 있다.

(4) 백내장(cataract)

백내장은 수정체가 불투명하게 되는 상황을 말하며, 시상이 흐리게 맺히거나 심한 경우 실명을 초래할 수 있다.

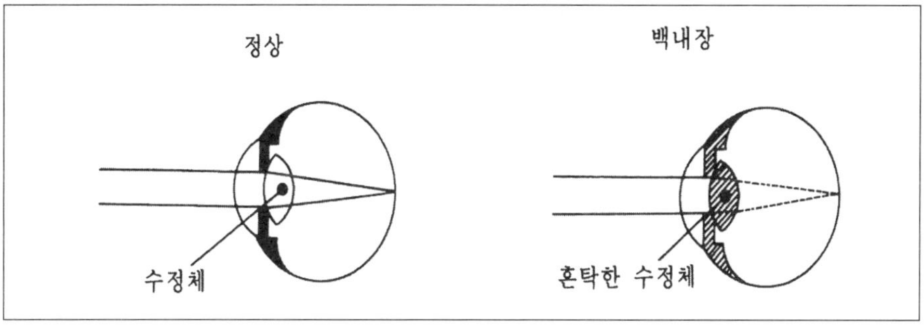

그림 6-2 백내장의 눈

3) 망막 이상

(1) 망막 이상증(diabetic retinopathy)

망막 이상증은 당뇨병으로 인해 발생하며, 안구 혈관에 변화를 초래하게 된다. 이 경우 보통 시각장애가 심하지 않을 수 있으나, 출혈이 있거나 망막 박리가 일어날 경우 실명 가능성도 존재한다. 현재 악화되는 과정이 천천히 일어나도록 지연시키는 치료법은 개발되었으나 상당히 진행되었을 경우에는 치료가 어렵다.

(2) 황반 퇴화증(degeneration of the macula)

황반 퇴화증은 황반이 세부적인 사항에 대한 지각을 담당하기 때문에 이 부분의 손상은 중심 시력(central vision)의 손상을 초래한다.

(3) 조숙으로 인한 망막 이상증(retinopathy of prematurity : ROP)

조숙으로 인한 망막 이상증은 조산이나 저체중아와 관련이 있으며, 이로 인해 경도의 시각장애를 초래하거나 망막의 완전한 박리를 초래할 수 있다.

(4) 망막 박리증(retinal detachment)

망막 박리증은 망막이 이를 받쳐 주는 안구 부분으로부터 분리된 상태로서, 분리된 부분에 맺힌 상을 해석할 수 없기 때문에 이 부분에 부분적 실명이 생기는 것을 말한다. 이 경우 레이저를 이용한 치료법이나 수술을 통해 실명된 부분의 시력을 회복할 수 있다.

(5) 망막 색소 변성증(retinits pigmentosa)

망막 색소 변성증은 유전에 의한 퇴행성 망막염으로, 야간 시력의 상실, 주변 시력의 저하, 완전한 시력 상실을 초래할 수 있다. 초기의 자기 진단 증후로는 야간에 아무것도 보이지 않는 현상을 들 수 있으며, 현재까지는 치료법이 개발되어 있지 않다.

(6) 망막 종양(retinoblastma)

망막 종양은 망막에 종양이 생기는 유전병으로, 생긴 종양은 시신경을 따라 뇌로 퍼진다. 그러므로 발견 즉시 수술로 문제가 생긴 안구 전체를 제거해야 한다.

4) 시신경 세포와 중앙신경체제의 이상

시신경 세포와 중앙신경체제의 이상으로 인한 시각장애에는 발달상의 장애로서 시신경 위축증(optic nerve atrophy)과 시신경 발달 미숙(optic nerve hypo-pnoeaa)이 있다. 이 밖에도 망막과 후두엽을 연결하는 시각 통로(visual pathway)가 손상되었거나 시각 정보를 해석하는 대뇌 후두엽 자체가 손상된 경우를 생각해 볼 수 있다. 이처럼 시신경이나 대뇌에 이상이 있는 경우 시각 정보를 해석할 수 있는 기본 통로나 기제가 손실된 것이기 때문에 회복 불가능한 완전한 실명을 초래하게 된다.

다. 시각장애의 출현율

시각장애는 다른 장애 영역에 비해 출현율이 낮다. 학자에 따라 약간씩 다른 출현율을 보고하고 있는데, Tuttle & Ferrell(1995)은 학령 인구 1,000명당 약 5명이 시각장애를 가지고 있다고 보고하고 있다. 이는 미국 교육부가 1990년 의회 보고서로 제출한 자료에 나타난 시각장애 출현율과 거의 비슷하다. 이 보고서에 1,000명당 약 4명의 아동이 시각장애를 가지고 있다는 것으로 나타났다. 하지만, 보통 중도(重度)의 시각장애를 가지고 있는 아동의 50% 이상이 다른 장애를 추가적으로 가지고 있으며, 이 경우 이들 아동들은 일반적으로 중복장애로 분류되어 출현율이 계산된다. 그렇기 때문에 시각장애의 출현율은 0.4%보다 높을 것으로 생각할 수 있다.

라. 시각장애아동의 특징

시각장애는 크게 맹과 약시로 구분되어지기 때문에 여기서는 맹과 약시로 구분하여 발달상의 특징을 살펴보고자 한다.

1) 지적인 발달

일반적으로 맹 아동의 지능은 표준화된 맹인용 지능검사에 의해 측정되는데, 비장애아동의 지능과 큰 차이가 없다. 그러나 일반적으로 맹 아동은 비장애아동에 비해 행동반경과 경험의 영역이 좁아 지적인 우수아는 적고 보통 이하인 경우가 많다.

약시 아동의 지능검사는 보통 비장애아동들이 하는 지능검사지를 확대하여 사용할 수도 있다.

2) 성격상의 특성

맹 아동의 경우 그들의 장애가 1차적인 요인이 되어 2차적 증후인 왜곡된 성격 특성이 잘 발견된다.

① 자제심이 결여되어 화를 잘 낸다.

② 타인을 잘 의심하며 매사에 폐쇄적인 경향이 있다.

③ 의존성이 높다.

④ 심한 열등감을 가지고 있으며 매사에 소극적이다.

⑤ 불평불만이 많다.

약시 아동은 거의 비장애아동과 같기 때문에 일상생활을 통해 비장애아동과 같이 취급되는 경우가 많다. 그러나 이들은 눈과 신경이 항상 피로한 상태로 있기 때문에 비장애아동과의 적응이 잘 되지 않는 경우가 많이 생긴다. 이에 따라 야기되는 성격상의 특징은 다음과 같다.

① 매사에 소극적이며 내성적인 성격이 되기가 쉽다.

② 비장애아동과의 놀이 활동에 잘 참여하지 못할 뿐더러 고립되어 있다.

③ 나이가 많아지면서 화를 잘 내며, 공격적인 행동을 많이 나타낸다.

④ 교우관계 형성의 능력이 떨어진다.

3) 맹 아동의 기타 특성

맹 아동들은 시각장애를 가지고 있는 대신에 촉각이 매우 발달되어 있어서 이를 통해 거리, 넓이, 수량, 온도 등을 지각한다. 그런데 이런 촉각의 발달은 선천적이기 보다는 끊임없는 훈련의 결과이기 때문에 맹 아동들의 교육과 교육에 있어서는 이런 감각을 길러 주기 위한 훈련이 집중적으로 이루어져야 한다.

맹 아동들은 색채와 관련된 표상이 비장애아동과는 다르기 때문에 곧잘 언어장애를 수반한다. 즉, 폭포의 소리를 듣고 비장애아동들은 흰 물줄기를 연상하지만 맹 아동들은 검은색을 연상한다고 한다. 왜냐하면 이들은 자기가 분명히 모르는 것은 전부가 다 검다고 지각하기 때문이다.

4) 시각장애아동의 교육

시각장애아동 교육은 학습 활동을 돕기 위한 교육활동과 심리적 문제를 돕기 위한 심리 교육으로 나누어 생각해 볼 수 있다(김동일 외, 2003).

(1) 학습활동을 돕기 위한 교육활동

법적으로 맹인 아동 중 약 80%가 잔존시력을 이용해 학습할 수 있으며, 약시 아동을 포함하면 10명 중 9명의 시각장애아동이 시력을 통해 학습이 가능한 것으로 보고되고 있다(Barraga & Erin, 1992). 일반적으로 학습을 위해 사용되는 감각은 시각, 촉각, 청각이며, 시력의 손실이 있는 경우 이를 보상해 주는 경험을 체계적으로 제공해 줄 필요가 있다. 시력 손실을 보상해 주는 한 방법으로 교사가 고려할 수 있는 것이 시각장애아동이 주변 환경에 대한 정보를 명확하게 이해하도록 돕기 위해서 아동을 가능한 한 많이 움직이도록 하고, 또한 주변 환경과 접촉 기회를 많이 가질 수 있도록 활동중심의 프로그램을 제공하는 것이다.

또한, 듣고 이해하는 간접 학습 경험보다는 실제적으로 만져보고 해 보는 경험중심 학습 기회가 체계적으로 제공되어야 한다.

(2) 심리적 문제를 돕기 위한 심리교육

시각장애아동들은 자신이 가지고 있는 장애와 장애에 대한 타인의 편견과 차별적 행동으로 인해 다양한 심리적 문제들을 경험한다(Heinze & Rotatori, 1986; Tuttle & Ferrell, 1995). 시각장애아동들은 장애 때문에 학교 활동에서 소외되고 있다고 느끼며, 어떻게 해서든지 또래집단에 속할 수 있기를 희망한다. 누적된 소외의 경험은 때로 자기중심적(ego-centric), 자기 의식적(self-conscious) 성격 특성을 형성하도록 일정한 영향을 미친다.

시각장애인에 관한 인식과 예절

시각장애인에게 인사할 때는 먼저 말을 걸고 인사해 주는 것이 좋다.

방향과 장소를 알려줄 때는 전후좌우와 몇 발자국, 몇 미터 등 정확한 위치를 말해 줘야 한다.

안내할 때는 흰 지팡이 반대쪽에 서서 자기 팔을 빌려 주고(대개 오른팔을 잡도록 해 준다) 시각장애인의 반보 앞에서 걸어간다. 흰 지팡이는 시각장애인의 눈이므로 그것을 잡고 있는 손을 붙잡는다거나 당기거나 하는 것은 금물이다.

식사할 때는 먼저 각 그릇의 위치와 음식 내용을 확실히 설명해 줘야 한다. 반찬을 일일이 집어 주는 것보다는 젓가락을 쥔 맹인의 손을 잡고 시계방향으로 반찬접시의 위치를 알려 주는 것이 좋다.

① **취미 생활** : 앞을 보지 못하더라도 비장애인과 마찬가지로 다양한 취미생활을 할 수 있다.

② **독서** : 주로 점자와 녹음도서를 이용한다. 녹음도서란 일반도서를 낭독, 녹음 제작한 도서를 의미한다. 최근에는 음성카드나 점자프린터를 컴퓨터에 연결하여 디스켓 도서를 음성이나 점자로 출력하여 읽기도 한다.

③ **윷놀이나 장기** : 윷놀이의 경우 윷가락을 던져서 하는 방식이 아니라 머리 속에 말판을 그리고 1에서 10까지 새겨진 10개의 젓가락을 뽑는 방식으로 놀이를 즐긴다. 장기는 비장애인들과 같은데 단지 말과 판이 손으로 만져 알 수 있도록 오목 또는 볼록선으로 구분되어 있을 뿐이다.

④ **기타** : 그 외에 낚시, 등산, 문학활동, 음악감상 등이 있다.

⑤ **스포츠 생활** : 시각장애인들도 다양한 스포츠를 즐기고 있다. 골볼, 키퍼볼 등의 시각장애인 전용 경기에서부터 축구, 야구, 탁구, 볼링처럼 일반경기를 조금 변형한 것에 이르기까지 종목도 매우 다양하다.

그 중 시각장애라는 상황에 맞게 변형시킨 야구에 대해 간단히 설명하면 다음과 같다.

① **야구** : 작은 야구공 대신 축구공을 사용한다. 축구공을 의자에 앉아 있는 포수를 향해 투수가 굴리면 타자는 공이 굴러오는 소리를 듣고 타격을 한다. 타자가 안타를 쳤을 경우에는 각 베이스 맨들이 치는 박수소리를 듣고 주루를 하는데 이 때 수비수들은 공이 구르는 소리와 바운드되는 소리를 듣고 수비를 한다.

② **버스나 택시를 이용할 때** : 맹인이 버스를 이용할 때 가장 난처한 일은 정류장에 도착하는 버스의 번호를 알 수 없다는 것이다. 버스 번호를 물어 보는 것을 버스노선을 묻는다고 생각하여 길게 설명하다가 버스를 놓치는 경우가 종종 발생하므로 맹인이 묻는 것이 버스 번호인지 버스 노선인지 잘 파악해서 알려 주어야 한다. 맹인이 택시나 승용차를 이용하는 경우에는 오른손은 차의 문에, 왼손은 차의 지붕에 얹어 주면 혼자서 차를 탈 수 있다.

* 출처 : 손으로 보는 세상(한국맹인복지연합회)

이 같은 심리적 문제들을 도와주기 위해 교사는 점진적이고 체계적으로 시각장애아동이 또래와 접촉할 수 있는 기회를 만들어 줄 필요가 있다.

시각장애아동은 수동적이고 의존적인 행동을 많이 나타내 보인다. 이 같은 행동은 순종하는 모습을 보일 경우 다른 사람에게 보상을 받는 경험을 많이 했거나, 일방적으로 다른 사람들이 모든 일을 결정해 주는 일이 많았거나 남들이 자신에게 무엇인가를 해 주는 일이 더 많음으로써 생긴다. 그러므로 교사는 시각장애아동이 자신과 관련된 일에 직접 참여하여 일을 할 수 있도록 기회를 주어야 하며, 무엇인가 남들을 위해 자신이 할 수 있는 일들을 찾아할 수 있도록 도와주어야 한다. 이러한 과정을 통해 자신이 가지고 있는 장점과 능력을 재발견함으로써 능동적이고 긍정적인 행동특성을 가질 수 있다.

중요한 것은 교사가 중증 시각장애아동들에게 특별한 의미가 있는 환경 단서에 민감해져야 한다는 것이다. 시각장애아동들은 다른 사람과 정서적 상태를 교환할 때 비언어적 메시지는 관찰할 수 없기 때문에 청각적 단서에 크게 의존하는 방법을 배워야 한다. 교육상황에서 시각장애아동의 심리적 안정수준은 교사의 래포 형성 노력에 영향을 미친다. 많은 시각장애아동들은 구조화된 활동에 익숙하고, 특히 최초 회기가 대단히 구조화된 상황에서 더 안정적이 된다. 그래서 교육 초기에는 아동의 자발적인 감정이 촉진되어야 하는 개방 형식보다는 질의 응답형식이 더 적절한 방법이다.

(3) 집단교육

집단교육은 맹아동에게 광범위하게 사용되었고(Johnson, 1989), 시각장애아동들이 자주 직면하는 문제 영역에 대처하는 데 적절한 기법이다. 시각장애아동들이 이용할 수 있는 언어적 의사소통의 양이 적기 때문에 개별교육과 마찬가지로 집단교육에 있어서도 교육방법이 달라져야 한다. 시각장애아동들은 다른 사람과 동시에 말하는 것에 대한 두려움이 있기 때문에 집단 속에서 말하는 것에 저항을 한다. 아동이 말을 하도록 촉진하는 비언어적 수단을 이용할 수 없을 때 침묵은 교사를 괴롭히는 문제이다. 이러한 문제는 오랫동안 침묵하고 두 사람이 동시에 말을 하지 않도록 하기 위한 방법으로 집단을 구조화하면 해결된다. 그러나 때로는 그러한 방법이 아동들보다 교사의 안정을 촉진하는 것으로 만들어지기도 한다. 만약 교사가 자신의 불안정을 극복할 수 있고 집단 회기를 통제하도록 유머감각이 허용되면 많은 문제들이 사라질 것이다.

만약 역할놀이(role playing), 또래 촉진(peer facilitation), 독서치료(bibliotherapy)와 같은 대안적인 의사소통 방법이 언어적 상호작용을 늘리는 데 사용되면 그 이득은 매우 커진다. 역할놀이는 맹아동과 비장애아동이 서로의 기본적인 감정과 생각을 이해하도록 서로가 그들의 반응에 행동하도록 한다. 독서치료는 허구적인 사람과 사실적인 사람을 확인하도록 하여 자아개념을 재구성하고, 맹이라는 사실에 적응하도록 모든 연령의 아동에게 사용될 수 있는 방법이다.

5) 아동교육활동 영역

(1) 기본적인 생활 습관 지도

시각장애아동을 대상으로 이루어지는 기본적인 생활 습관 지도란 자기 자신의 신변을 자립하게 한다는 의미를 가지고 있다.

시각장애아동을 대상으로 한 기본적인 생활 습관의 지도에는 크게 식사, 배설, 의복, 위생, 수면, 건강 등의 6가지 영역이 있다.

(2) 언어 지도

시각장애아동의 언어 지도 역시 비장애아동의 언어 지도와 마찬가지고 읽기, 쓰기, 듣기의 3가지 영역에서 이루어진다.

1 시각장애아동의 읽기 지도

맹 아동의 문자는 바로 점자(點字)가 된다. 따라서 맹 아동을 대상으로 읽기 지도를 시키기 위해서는 점자의 시도가 선행되어야 한다. 현재 사용되고 있는 6개의 볼록 나온 점으로 표시하게 되어 있는 점자는 1829년에 Louis Braille이 발전시킨 것이며, 한글 점자는 이것에 준하여 1926년에 박두성을 비롯한 몇 사람이 수정・보완한 것이다. 현재 한국에서 사용되고 있는 점자는 한글 점자, 음악・

수학 · 과학 기호에 해당하는 점자 등이 있다.

점자는 흔히 집게손가락 끝으로 더듬어 읽게 되어 있다. 그러므로 맹 아동이 점자를 잘 읽도록 하기 위해서는 손가락 끝으로 점을 더듬어 식별해 낼 수 있는 능력을 길러 주어야 한다. 따라서 시각장애아동에게는 본격적인 점자 훈련보다는 촉각으로 사물의 형태나 질감을 식별하는 훈련이 잘 이루어져야 한다.

맹 아동을 포함한 시각장애아동의 읽기 지도를 위해서는 다음의 것들이 충분히 고려되어야 한다.

① 읽기 발달의 지체를 사전에 예방하기 위해 많은 것을 들려주어야 한다.

② 많은 것을 들려줌과 동시에 개념 하나하나와 관련된 구체물을 설명해 주며 만져 보게 하거나 조작해 보게 하여야 한다.

③ 아동이기에 특히 발음과 관련된 정확한 입모양과 정확한 발음에 대한 지도를 해야 한다.

④ 약시 아동의 읽기 지도를 위해서는 문자의 크기를 크게 한 읽기 자료를 제작 · 제공해 주어야 한다.

⑤ 약시 아동은 직사광선 아래에서는 잘 보지 못하므로 이에 대한 적절한 조치가 있어야 한다. 예를 들면, 커튼을 친다든지 하는 것 등이다.

⑥ 가능하면 밝기의 조절 장치가 되어 있는 조명 기구로 조명 시설을 하여야 한다. 왜냐하면 시각장애아동 가운데는 보통 이하의 조명에서 잘 보는 아동이 있는가 하면 보통 이상의 조명에서 더 잘 보는 아동도 있기 때문이다.

⑦ 시각장애아동을 교육하는 아동교육기관에서는 가급적이면 확대경, 약시 교정 연습기, 약시자용 확대 독서기 등의 광학 기재, 그리고 크림색의 윤이 나지 않는 약간 깔깔한 종이와 굵고 진하게 나오는 연필을 사용할 수 있게 준비해 두어야 한다.

2 시각장애아동의 쓰기 지도

맹 아동의 쓰기 지도는 점자 읽기 지도와 동시에 이루어지게 되는데, 현재 한국에서는 점판(點板)과 점필(點筆)을 이용하여 점자 쓰기 지도를 하고 있다. 점판은 철이나 플라스틱으로 되어 있는데, 점을 찍는 뚫어진 구멍이 있는 윗판과 구멍이 일치하는 오목한 구멍이 있는 아랫판으로 이루어져 있다. 점을 찍을 때에는 윗판과 아랫판 사이에 점자를 찍는 종이를 넣고 점필로 오른쪽에서 왼쪽으로 찍어 나간다. 그리고 읽을 때에는 종이를 뒤집어 놓고 볼록 나온 실점(實點)을 왼쪽에서 오른쪽으로 읽어 나간다.

아직 잔존 시력이 있는 아동에게는 비장애아동에게 쓰기 지도를 하듯이 자기 손으로 쓰도록 지도하여야 한다. 시력의 문제에 한계가 있을 때는 크게 쓰게 하거나 굵게 쓰여지는 연필이나 색연필을 사용하면 된다.

그리고 전맹에 가깝다 하더라도 최소한의 문자 쓰기의 기술은 익히도록 지도하는 것이 그들의 미래 생활을 준비시키는 데 도움을 준다.

3 시각장애아동의 듣기 지도

시각장애아동에게 듣기 지도를 하는 것은 그들의 방향 정위를 위해서도 꼭 이루어져야 할 지도 내용이다. 듣기 내용을 발달시켜 줌으로써 시각장애아동은 음의 위치로써 자기의 환경에 대해 올바르게 인지할 수 있게 된다. 또한 시각장애아동은 점자로 된 책을 읽는 것보다 동일한 내용으로 구성된 말하는 책(talking book)을 듣고 이해하는 속도가 빠르다.

시각장애아동을 대상으로 언어 지도를 할 때에는 듣기 지도에 각별한 관심을 가져야 한다.

(3) 방향 정위 및 가동성의 지도

방향 정위(orientation)란 환경 속에서 자기 자신의 위치와 의미 있는 모든 대상간의 관계를 정하는 데 있어서 잔존 감각을 이용하는 과정이며, 가동성(mobility)은 잔존 감각을 이용해서 어느 한 장소로부터 다른 한 장소로 보다 안전하고 효과적이며 편하게 이동하는 능력을 말한다(Napeir, G. D. and Weishahn, M. W. 1970). 이런 정의를 놓고 볼 때 방향 정위 및 가동성의 지도, 즉 보행훈련은 시각장애아동교육의 요체가 된다고 할 수 있다.

보행 훈련은 조기에 실시하되 연령별, 영역별로 내용을 설정하여 가르친다. 그림 에서 제시한 보행 훈련의 이론적 모형에서 보듯이 세 차원으로 나누어 체계적인 지도가 요구된다.

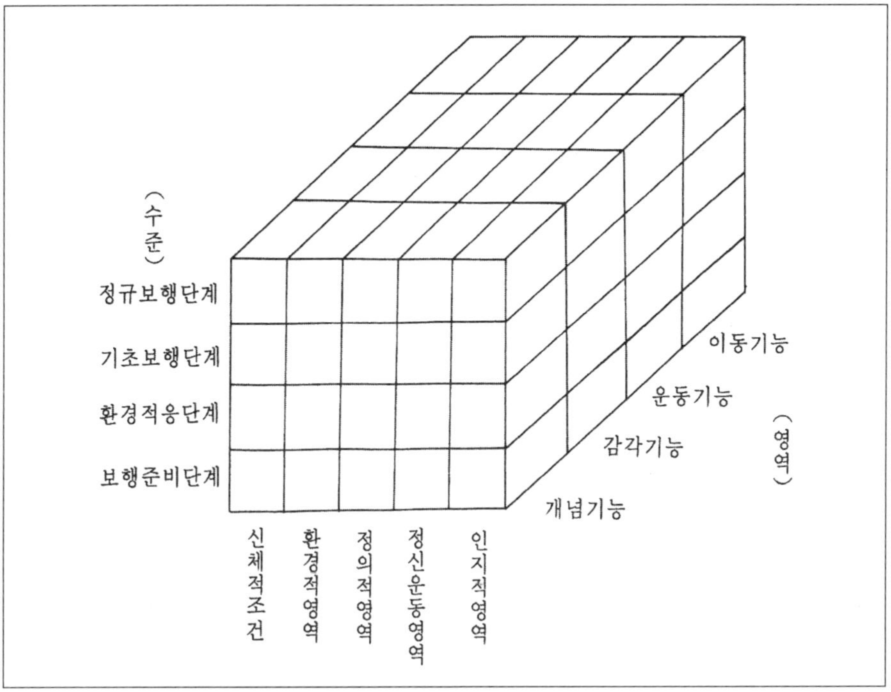

그림 6-3 보행 훈련 구조의 삼차원적 모형

1 보행훈련의 수준

첫째 차원은 보행 훈련의 수준을 고려하는 차원으로써 네 개의 단계로 제시될 수 있다.

① **보행 준비 단계** : 개인의 일상생활과 관련한 자립기능을 성취해야 하는 시기이다. 이 시기에는 특히 음원을 향한 직진 보행, 바른 자세, 익숙한 장소의 보행, 친구와의 신체적 높이, 보행 경험의 표현 등이 중요한 목표가 된다.

② **환경 적응 단계** : 맹아가 방향 정위의 기능을 습득하기 전에 신체상의 정립과 공간 개념, 감각 기능, 자세나 걸음걸이 등을 훈련하는 단계와 이를 통해 실내외 환경을 이해하고 자신의 위치와 방향을 정립하는 단계가 포함된다.

③ **기초 보행 단계** : 지팡이 사용 전 기능인 안내자에 의한 보행과 정규 보행의 준비 단계로 볼 수 있으며, 대부분 초등학교 수준에서 이루어진다.

④ **정규 보행** : 지팡이 기능이나 지팡이에 의한 독립 보행을 훈련하는 단계로써,

중학교 수준 이상에서 다루어지며 안내견, 전자기구 등에 의한 실외 보행도 성취하는 단계이다.

2 보행 훈련의 내용과 기능

둘째 차원은 보행 훈련의 내용 또는 기능의 차원으로써 네 개의 영역으로 제시되었다.

① **개념 영역** : 신체상이나 공간 개념 및 환경 개념을 포함하고 있다.

② **감각 능력** : 청각, 촉각, 기타 감각(후각, 근육 운동 감각) 등을 포함한다.

③ **운동 능력** : 자세와 걸음걸이, 기초 운동을 포함한다.

④ **이동 능력** : 안내자에 의한 보행과 자기 보호 능력, 지팡이에 의한 정규 보행이 포함되고 있다.

3 보행 훈련의 작용 변인

셋째 차원은 보행 훈련에 영향을 미치는 작용 변인으로써 다섯 개의 영역으로 제시되었다.

① **인지적 변인** : 문제 해결력, 의사 결정, 파지와 전이, 확산적 사고, 지능 등이 포함된다.

② **정신운동적 변인** : 기민성, 지구력, 반응 시간 등이 포함된다.

③ **정의적 변인** : 동기, 태도, 가치, 자신감, 성격, 불안, 의존심과 독립심, 자아 개념 등이 포함된다.

④ **환경적 변인** : 가족의 태도, 가족의 관계, 가정환경 등이 포함된다.

⑤ **신체적 조건** : 잔존시력의 정도, 실명 시기, 청력, 일반적인 건강 상태 등이 변인으로 포함된다.

보행 훈련은 보행교사가 담당하는 것이 바람직하며, 이미 1960년 미국의 보스턴 대학에서는 보행교사를 양성하였다.

시각장애아동의 방향 정위 및 가동성 훈련의 지도를 위한 구체적 방안 및 지도상의 유의점은 다음과 같다.

① 시각장애아동으로 하여금 집안이나 아동교육기관 내의 활동실이나 유원장 등을 자유롭게 다닐 수 있도록 격려해야 한다.

② 시각장애아동이나 가정이나 그가 다니는 아동교육기관 내에 있는 모든 대상

의 소리나 냄새, 그리고 맛이나 촉감을 충분히 경험하도록 지도하여야 한다.

③ 신체상(body image)에 대한 훈련을 시켜야 한다. 즉, 신체 부위의 명칭과 각 신체 부위의 상호 관계 등을 지도하여야 한다.

④ 좌 · 우, 상 · 하, 전 · 후 등이 의미하는 내용과 그 외의 위치와 관련된 용어 및 개념을 형성시켜 주어야 한다.

⑤ 자기 자신을 다른 대상과 관련시켜 방향을 정위할 수 있게 하여야 한다.

⑥ 일정한 어떤 곳에는 항상 일정한 무엇이 있다는 것과 또 어떤 것은 이동한다는 것을 알게 한다.

⑦ 우리를 둘러싸고 있는 환경은 항상 변하며, 그 변하는 환경에 어떻게 적응해야 하는지를 알게 한다.

⑧ 청각으로 대상을 올바르게 판단하고 자기 주위의 사상을 관찰하게 한다.

⑨ 온도와 기류의 변화를 청각과 촉각으로 느낄 수 있고 지각할 수 있게 한다.

⑩ 지면의 변화를 이해하는 능력을 키워 준다.

⑪ 시각장애아동의 경우 바르지 못한 자세는 방향 정위 및 가동의 행동에 장애를 가지고 오기 때문에 이들에게 자세를 바로 하는 지도를 해야 한다.

⑫ 보조기의 활용법을 알게 한다. 보조기에는 지팡이와 적외선을 방사하고 고음으로 장애물을 경고하는 레이저 지팡이(laser cane), 그리고 고주파의 음파를 통해서 장애물을 경고하는 음파 안경(sonic glasses)과 진로 음향기(pathsounder) 등이 있다. 진로 음향기는 목끈으로 가슴에 달도록 되어 있는데 장애물이 6피트 내에서 탐지되면 똑딱거리는 소리를 내다가 장애물이 30인치 안에 들어오면 삑 하는 소리를 낸다.

⑬ 시각장애아동이 어느 정도 익숙한 길은 반복해서 자기 혼자 걸을 수 있는 기회를 자주 제공해 주어야 한다. 또한 익숙한 곳에서는 자기 또래와 운동 또는 놀이를 하게 격려해 주고 권장해 주어야 한다.

일반적으로 시각장애의 정도가 심할수록 보행을 의식적으로 회피하는 경우가 많은데 이런 아동들은 다음의 관점에서 보행 지도에 임해야 한다.

첫째, 이들은 대개 보행의 경험이 없거나 적기 때문에 허리나 다리의 힘이 적은 경우가 많다. 따라서 이들을 지도할 때는 상반신 및 하반신의 근력을 강화해 주고 몸 전체의 평형 감각을 기르도록 지도하여야 한다.

둘째, 이들은 대개 외계에 대한 흥미의 폭이 아주 좁기 때문에 목적 보행을 하지 않는 경우가 많다. 따라서 보행에 대한 의욕을 환기시키며 언어적 지시에 따라 목적 보행을 하도록 하는 적극적인 지도 및 그 결과에 대한 긍정적인 강화를 자주 제공하여 주어야 한다.

셋째, 보행이나 움직이는 것에 대한 심한 공포나 불안 증세를 나타낼 경우에는 심리 치료를 병행해야 한다.

넷째, 이들의 보행 형태는 대개 빙빙 도는 등 부자연스러운 것이 많기 때문에 직진 보행에 대한 특별한 지도가 이루어져야 한다.

(4) 감각훈련지도

자기 주위의 물체나 상황을 보다 바르게 인지하는 능력은 아동 발달의 기초가 된다. 특히 시지각의 능력에 결함이 있는 시각장애아동들에게는 감각 훈련이 보다 잘 이루어져야 한다. 시각장애아동을 대상으로 이루어져야 할 감각 훈련의 내용은 다음과 같다.

1 촉각적 인지 훈련

촉각적 인지 훈련은 상지 및 손가락 운동이 그 요체가 된다. 촉각적 인지를 발달시키기 위해서는 평상시 주위 물체에 대한 촉각 경험을 보다 풍부하게 제공해 주는 것이 좋다. 특히 물체의 윤곽에 따라서 손가락을 움직이거나 평면적 형태를 그리게 하는 활동이 큰 도움이 될 수 있다.

2 신체 훈련

신체면, 신체 부위의 이미지가 형성되도록 지도되어져야 하는데, 언어적 지시에 따라서 신체의 전체나 어느 특정 부위를 움직이거나 지적하게 하는 지도가 효과가 있다.

3 시지각 훈련

여기에는 잔존 시력을 보존하고 계발시켜 주는 훈련이 모두 포함되어지는 데, 안경의 선택 및 착용 방법에 대한 지도, 확대경을 이용한 놀이 활동지도, 시신경을 언어적으로 강화시켜 주는 활동 등이 있다.

(5) 정서 발달 지도

시각장애아동을 대상으로 정서 발달 지도를 하기 위해서는 다음과 같은 활동을 하는 것이 좋다.

① 음악회에 자주 참석시키거나 레코드를 통해 음악을 감상할 수 있는 기회를 많이 제공한다.

② 리듬 악기 등의 연주 기법을 익히게 하여 정기적인 연주회의 경험을 갖게 한다.

③ 시각장애아동들은 대개 음감이 뛰어난 경우가 많기 때문에 이들로 하여금 일정한 음률에 따라 신체 표현을 자유롭게 하게끔 하거나, 언어적 표현을 하게끔 한다.

④ 형태와 색에 대한 인지가 이루어지도록 지도되어야 하며, 이런 지도를 바탕으로 여러 가지의 형태와 색깔을 언어나 그림으로 표현하게 한다.

⑤ 점토, 모래, 나무 조각 등을 이용하여 여러 가지를 제작하게 한다. 특히 시각장애아동들은 점토 공작을 좋아한다.

⑥ 꽃을 키우게 하는 등 아름다운 것에 대한 흥미와 관심을 가지게 한다.

⑦ 자기의 장애에 대한 정확한 지각을 가지게 하여, 2차적 징후로 나타나는 열등의식, 반사회적 행동을 미리 막아야 한다. 따라서 이들에게 시각장애인의 성공 사례 등을 자주 들려주어 보다 긍정적인 자아 개념을 가지도록 한다.

(6) 신체 발달 지도

시각장애아동에게 있어서는 달리기, 뛰어오르기, 씨름이나 레슬링 등과 같은 전신운동이 그들의 신체 및 정신 건강에 큰 도움을 준다. 그러나 이들을 대상으로 체육이나 신체 활동을 할 때에는 이들이 쉽게 피로를 느낀다는 사실을 잊지 말아야 한다. 또한 보다 건강한 생활을 영위하기 위해 지녀야 할 좋은 습관에 대한 지도도 이루어져야 한다.

2. 청각장애 아동교육

가. 청각장애의 정의

청각장애(hearing impaired)는 청각기관의 어느 부위에 여러 가지 원인으로 이상이 생겨서 청력이 저하되어 있는 상태를 말한다. 미국농학교집행위원회(The Conference of Executives of American School for Deaf)에서는 청각장애를 가벼운 것에서부터 심한 것에 이르기까지 청각 불능(hearing disability)을 지칭하는 일반적인 개념으로 언급했는데, 이는 농(the deaf)과 난청(hard of hearing)으로 대별할 수 있다. 농은 보청기를 착용하든 않든 간에 청각을 통한 언어적 정보(linguistic information)의 성공적인 수용이 불가능한 상태이고, 난청은 일반적으로 청각을 통한 언어적 정보의 활용이 가능한 상태를 말한다.

이렇게 볼 때 청각장애란 청각기관에 어떤 이상이 있어 청력이 저하되어 있는 상태를 의미한다.

나. 청각장애의 유형 및 원인

1) 청각장애의 유형

청각장애는 분류 기준에 따라 다음과 같은 여러 유형이 있다.

(1) 청각장애를 입은 시기에 따른 분류

청각장애를 입은 시기에 따라 선천성(유전성) 청각장애, 태아기성 청각장애, 조산기성 청각장애, 후천성 청각장애로 분류한다.

1 선천성(유전성)

유전이라 생각되는 음기(音器)의 발육 부진, 청신경의 이상 등을 말한다.

2 태아기성

태아기에 모친의 풍진, 성병, 기타 유행병이 원인이 되어 태아의 청기가 손상되어진 경우이다.

3 조산기성

조산으로 청기에 손상이 일어난 경우이다.

4 후천성

출생 후 뇌막염, 홍역, 백일해 등의 질병이나 약물에 의한 약물 중독, 두부 외상 등에 의해서 실청된 경우이다.

(2) 청각장애 부위에 따른 분류

귀는 전음기(외이, 중이)와 감음기(내이, 청신경)로 나눌 수 있는데, 장애 부위에 따라 전음성 난청, 감음성 난청, 중추성 및 복합성 난청으로 나누어진다.

1 전음성 난청

전음기(외이 및 중이로 음이 물리적인 힘으로 전달되는 부분)에 장애가 있는 청각장애

2 감음성 난청

내이로부터 대뇌(여기서는 전기적인 힘으로 전달)에 장애가 있는 청각장애

3 중추성 및 복합성 난청

중추 신경계의 이상으로 인한 청각장애 및 전음성, 감음성이 복합으로 나타난 청각장애

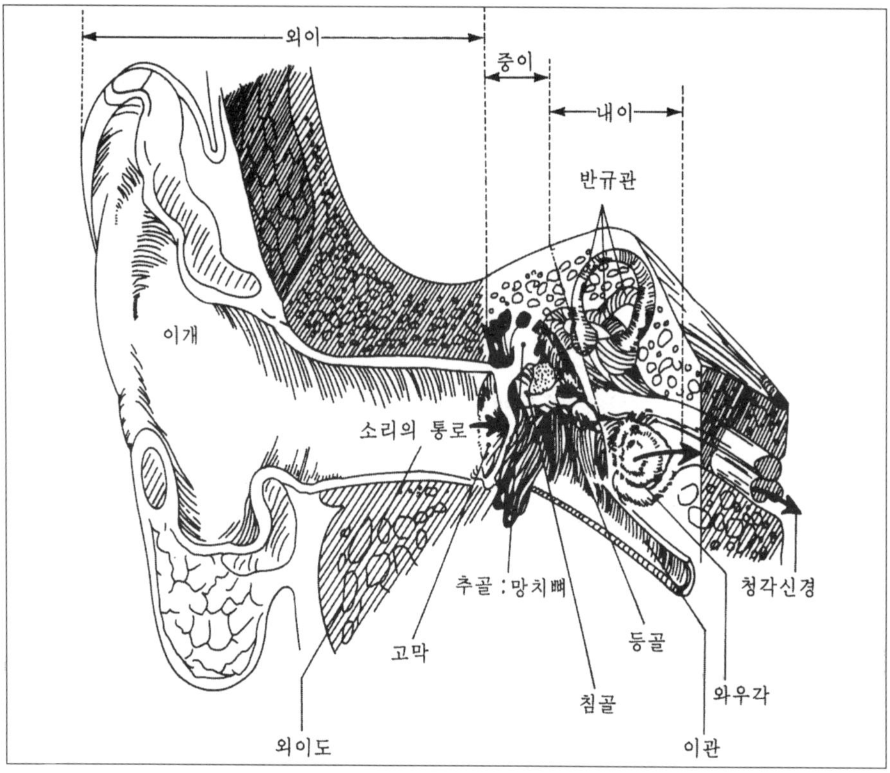

그림 6-4 귀의 구조

(3) 청각장애의 정도에 따른 분류

일반적으로 순음 청력 검사기로 측정한 청력 손실치(dB)를 평균한 것을 갖고 청각장애를 분류하는데, 가장 대표적인 ISO(International Standard Organization)의 기준은 다음과 같다.

① **경도(輕度) 난청** : 27~40dB. 흐리거나 작은 말소리에 곤란을 느낌

② **중도(重度) 난청** : 41~55dB. 3~5feet의 얼굴과 마주하는 대화는 이해하나 학급회의의 50% 정도는 이해하지 못함

③ **준고도(準高度) 난청** : 56~70dB. 큰 소리의 회화만 듣기 가능하고 집단토의의 소리는 듣지 못함

④ **고도(高度) 난청** : 71~90dB. 1feet 이내의 큰 소리만 들을 수 있음

⑤ **최고도(最高度) 난청** : 91dB 이상. 소리의 진동에 거의 의존함

한편 한국에서는 특수교육진흥법 시행 규칙에서는 청각장애를 청력 손실치의 정도에 따라 다음과 같이 분류하고 있다.

① 두 귀의 청력 손실이 90dB 이상인 자

② 두 귀의 청력 손실이 90dB 미만 50dB 이상의 경우, 보청기를 사용해서 보통 말소리의 이해가 불가능하거나 아주 곤란한 정도의 자

③ 두 귀의 청력 손실이 50dB 미만이라 할지라도 특수교육을 필요로 하는 자

2) 청각장애의 원인

청각장애는 다음과 같이 외이, 중이, 내이, 청각 중추의 이상에 기인하고 있다.

(1) 외이의 원인

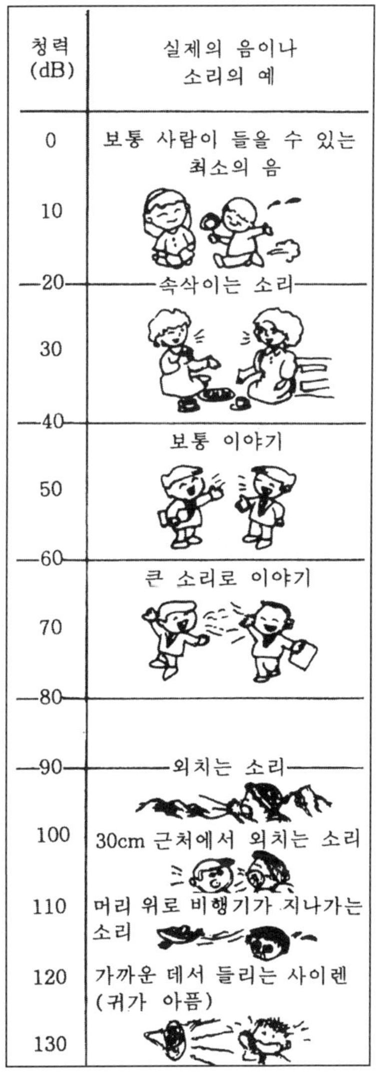

그림 6-5 음의 크기와 dB

귀지나 이물 등이 외이도를 막았을 경우에도 청각장애를 유발할 수 있으나 비교적 경미하다. 그러나 선천적 기형에 의해 외이도가 생기지 않은 경우에는 중이의 기형까지 있어 심한 경우 약 70dB까지 전도성 청각장애를 초래할 수 있다. 이러한 선천적 기형은 임신초기 태아에게 영향을 주는 바이러스성 감염(풍진, 인플루엔자)에 의한 경우가 많다.

(2) 중이의 원인

1 고막천공

타박이나 중이의 과도한 압박, 기타의 염증에 의해 생긴다. 이소골 연쇄가 건전하다면 20~30dB의 청력손실이 온다.

2 급성 중이염

일반적으로 감염에 의하며, 중이에 액이 차서 중이의 증폭 기능이 장애를 입게 된다. 약 30dB 정도의 청력손실이 오나 의료적인 치료로 치유가 가능하다.

3 삼출성 중이염

고막 안의 중이강 속에 끈적끈적한 진물이 차서 잘 안 들리는 질환으로 30dB 정도의 청력 손실이 온다. 원인도 잘 모르며 만성으로 진행되는 경우가 대부분이다.

4 알레르기성 중이염

최근에 와서 보다 많은 주의를 끌고 있는 중이염으로 유스타키우스관이 부어서 중이 내에 음기압(negative air pressure)을 일으키며, 이 음기압이 중이 내막(lining)의 혈청(blood serum)을 중이강 속으로 빨려 들게 하여 청각 손실을 일으킨다.

5 이경화증

중이염에 비해 드물게 발생하는 것으로서 등골이 난원창에 비정상적으로 붙어 있는 질병이다. 이경화증(otosclerosis)은 일반적으로 유전되는 것으로 알려져 있다.

(3) 내이의 원인

내이의 장애는 대부분 심한 청력 손실을 일으키며 소리의 왜곡, 평형의 문제, 현기증 등을 일으킬 수 있다.

1 유전성

유전성 원인에는 여러 가지가 있는데 주요 증후군으로는 Waardenberg증후군, Ushers증후군, Treacher Collins증후군 등이 있다. 유전성 농은 우성 유전형질(14%), 열성 유전형질(84%), 성(sex) 관련 장애(2%)로써 유전된다(Lewenbraun & Thompson, 1986). 현재 청각 손실을 일으킬 수 있는 유전적 증후군(genetic syndromes)이 50개 이상 확인되고 있다. 또한 아동기 농의 약 50%가 유전성 원인에 의한 것이다(Nance, 1976).

2 뇌막염

출생 후 또는 외인성 원인 중에서 가장 많이 나타나는 것으로 청각 손실의 4.9%가 뇌막염에 의한 것이다(Ries, 1973).

3 풍진

임신부가 임신 3개월 이내에 풍진에 감염되면 농아동을 출산할 수 있다.

4 모자혈액 부적합

어머니와 태아가 각각 다른 Rh형을 갖게 되는 경우로 청각장애 뿐만 아니라 다른 여러 장애를 유발할 수 있고 태아가 사망할 수도 있다.

5 미숙

미숙은 농의 원인일 뿐만 아니라 정신지체 또는 맹의 원인이 되기도 한다.

6 사이토메갈로 바이러스(Cytomegalo virus : CMV)

최근에 확인된 바이러스로 아직 백신이 없으며 선천적으로 감염된다. 이 CMV는 새로 태어난 아이들 중에 가장 흔한 바이러스성 감염으로(Williams et al., 1982) 감염된 아동의 1/3이 청각장애를 일으킨다. 이 CMV는 진행성 청각 손실의 원인이 되지만 즉각 발견하기가 어렵다.

7 기타

이 밖에도 전신질환성, 약물중독성, 직업성, 외상성, 노인성 난청 등의 원인군에 의해 내이가 손상되고 따라서 청각 손실을 유발한다.

청각장애의 원인과 청력 손실 정도 간에는 깊은 관계가 있다. 내이가 원인이 된 청각장애는 정도가 대체로 심하다. 특히 Corti씨 기관의 병변은 주로 유모세포 표면에 있는 섬모의 퇴행성 변화에 의한 것으로 일단 변화가 생기면 의학적으로 재생이 불가능하다.

(4) 청각중추의 원인

청각중추는 상위의 부위로 올라갈수록 고도의 기능을 가진 다른 작용, 즉 언어·판단·기억·학습 등과 같은 작용을 하는 중추들과 상호의존하고 보완하고 견제하는 기능을 가지고 있어 청각장애만 오는 경우는 드물고 학습장애, 뇌성마비 또는 정신과 문제 등을 동반한다. 이러한 장애의 원인은 뇌중추의 발육부진이나 손상이 있는 기질적인 경우와 기능적으로 정신과 문제들이 동반되는 경우가 많다.

다. 청각장애의 출현율

미국 교육부의 1990년 의회 보고서에는 6~21세 사이의 특수아동 중 1.3%가 청각장애아동인 것으로 나타나 있다. 이는 특수교육을 받고 있는 아동들 가운데 청각장애 명칭을 가지고 교육받는 아동의 수가 매우 적음을 나타내 준다. 중도(重度) 이상의 청각장애를 가지고 있는 경우 다른 장애를 가지고 있을 확률이 높으며, 실제 청각장애를 가지고 있는 아동 중 약 20%가 중복장애를 가지고 있다(Lowenbraun, 1995). 전체 학령기 아동을 놓고 볼 때 약 0.14에서 0.17%가 청각장애를 가지고 있는 것으로 알려지고 있다.

한편, 최근 청각장애아동의 출현율이 평균 약 3%씩 감소하고 있는 것으로 보고되고 있다. 이는 풍진 백신이나 수술 기술의 발전과 같은 의학의 발달과 더불어 청각 보조기구의 발달과도 관련이 있다.

청각장애의 출현이 아동의 가정환경, 즉 사회·경제적 지위와 밀접한 관련이 있음을 주시할 필요가 있다(Karchmer, 1985). 사회·경제적 지위가 낮은 경우 의학적 혜택을 받을 수 있는 기회가 상대적으로 제한되기 때문에, 필요한 처치를 적시에 제공받지 못해 청각장애를 갖게 될 확률이 상대적으로 높다.

라. 청각장애아동의 특징

청각장애아동의 인지적, 심리행동적 특징은 다음과 같다(김동일 외, 2003).

1) 인지적 특징

청각장애아동의 의사소통은 주로 수화를 사용하기 때문에 본질적으로 듣기, 말하기와 같은 언어행동에 큰 장애를 수반한다(Hallahan & Kauffman, 1988). 청각장애아동의 옹알이 유형은 일반아동에 비해 단조로운 특징을 갖는다. 약 8개월이 되면 옹알이가 급격하게 감소하는 데, 이는 언어행동에 대한 강화가 적기 때문이다. 청각장애아동의 구어 능력은 발음, 목소리, 수용 및 표현 어휘의 수, 적합한 문법의 적용 등에 있어서 결함 또는 지체를 나타내 보인다. 그 이유로는 자신이 말한 것에 대한 청각 피드백을 받는데 어려움이 존재하고 성인으로부터 적절한 언어적 강화를 받지 못하며, 언어 모델인 성인이 하는 언어행동을 모방하는 데 어려움이 따르기 때문이다.

청각장애아동의 지적 능력에 대한 최근의 관점은 언어경험에 의존하는 경우에 있어서도 청각장애아동과 일반아동 간에 본질적인 차이가 없다는 것이다. 이 관점에 의하면 수화 자체도 한글이나 영어와 같이 독립된 단어와 문법체계를 갖추고 있어 그 자체가 완전한 언어체제라는 것이다. 그러므로 언어 개념과 관련된 과제에서 청각장애아동이 어려움을 겪는 것은 일반아동이 사용하는 언어와 자신들의 언어(수화) 간에 차이가 존재하기 때문이며, 언어 능력 그 자체에 있어서는 아무런 기능적 결함을 가지고 있지 않다는 것이다. 결론적으로 볼 때, 기존의 지능검사에서 청각장애아동이 차이를 나타내는 것은 일반인들이 사용하는 언어에 대한 경험이 부족하기 때문이며, 청각장애와 지능 간에는 어떠한 인간관계도 존재하지 않는다(Sistenhen & Rotatori, 1986).

학업성취와 관련하여 청각장애아동은 읽기에서 많은 어려움을 경험한다. 고등학교를 졸업할 때 약 50% 가량의 청각장애 학생들이 초등학교 4학년 수준의 읽기 능력을 나타내며, 이는 기능적으로 간신히 신문을 읽을 수 있는 수준이다(Hallahan & Kauffman, 1988). 읽기는 학습을 위한 도구로서 다른 교과목의 학습에도 중요한 영향을 미치기 때문에 청각장애아동은 다른 내용교과(과학, 사회, 역사 등)에서도 학습의 어려움과 저성취(低成就)를 나타낸다. 수학에 있어서도 청각장애아동은 상대적으로 낮은 성취를 나타낸다. 청각장애 학생들은 고등학교를 졸업할 때 약 50% 가량이 중학교 2학년 수준의 수학 능력을 가지고 있는 것으로 나타난다. 하지만, 이 같은 연구결과는 청각장애아동이 더 나은 학업성취를 할 수 있는 기본 능력을 가지고 있지 못하다는 의미보다는 더 집중된 체계적인 교육 프로그램이 필요하다는 의미로 해석하여야 한다.

2) 심리행동적 특징

타인과의 관계 형성을 위해 중요한 역할을 하는 것이 바로 언어이다. 서로 간에 생각하고 느끼는 것을 공유할 수 있을 때 비로소 상호적인 사회적 관계가 형성되기 때문이다. 청각장애아동은 그들만의 다른 언어 체제를 가지고 있기 때문에 비장애아동과 대화를 나눌 수 있는 기회가 부족할 수밖에 없다. 그러므로 한 가지 생각해 볼 수 있는 것은 청각장애아동의 수화를 통역해 줄 수 있는 친구를 활용하는 것인데, 그것도 현실적인 요인을 고려하면 쉬운 일이 아니다.

이처럼 다른 언어를 사용하기 때문에 사회적인 관계 형성이 쉽지 않고, 시간이 흐름에 따라 청각장애아동들은 스스로가 사회적으로 소외되고 고립된 존재라는 생각을 한다. 이러한 소외와 고립을 반영하는 움직임이 바로 일부 청각장애인들을 중심으로 제기되고 있는 공동체 형성이다. 자신들만의 공동체를 형성하여 생활할 수 있다면, 구어라는 언어장애를 더 이상 경험하지 않고 완전한 개체로서 살아갈 수 있기 때문이다. 그렇기 때문에 자신들의 공동체 형성을 주장하는 사람들은 통합교육보다는 기존의 분리된 특수학교 체제를 더 선호한다. 자신들이 느끼는 불편과 차별은 일반사회에서 구어를 사용하는 비장애아동과 만날 경우에만 일어나는 사회적 장애라는 것이 그들의 인식이다. 일반적으로 청각장애아동들은 비장애아동에게서 받는 소외와 차별에 대한 경험으로 인해 상대적으로 빈번한 문제행동을 표출해 보인다.

마. 청각장애 아동교육

청각장애아동과의 직접적인 교육을 진행하기 위해서는 교사가 수화를 할 줄 아는 것이 필요하다(Levine, 1980). 교사가 수화를 함으로써 아동과 더 오랜 시간 질적인 대화를 나눌 수 있으며, 교사와 내담자 간에 신뢰감이 있는 관계를 형성할 수 있는 계기가 될 수 있다.

청각장애아동 교육에서 교사는 무엇보다 또래 친구나 주변 인물과 의미 있는 사회적 관계를 형성하도록 조력하여야 한다. 교사는 아동이 느끼는 심리적 소외감이나 분노에 대한 심리 교육을 제공하여야 하며, 아동을 중심으로 지지적인 사회망(social network)이 형성되도록 체계적인 노력을 경주해야 한다. 왜냐하면 청각장애아동은 쉬임없이 '나는 누구인가, 왜 나는 말을 못하는가, 남들은 왜 나를 친구로서 받아주지 않는가'에 대해 질문과 고민을 반복하기 때문이다(Rudloff, 1990). 또한 다른 방식의 언어를 사용한다는 이유만으로 소외되고 있다는 사실에 대한 분노는 때때로 공격적 행동으로 나타나고, 공격적 행동은 주변 사람들이 가지고 있는 편견을 강화시켜 주는 역할을 한다. 이러한 악순환을 반복하면서 청각장애아동들은 자신들만의 세계를 추구하는 심리적 특성을 갖게 된다. 그러므로 청각장애아동이 지닌 심각한 자아정체감의 혼돈을 극복하도록 도와 주는 것이 교육의 목표가 된다.

1) 청능 훈련

(1) 청능 훈련의 개념

청능 훈련은 청각을 회복시키는 것이 아니라, 청각장애아동의 잔존 청력을 최대로 개발시켜 청각을 기능적으로 활용하기 위한 훈련을 의미한다.

청각장애아동의 청능훈련 목표는 다음과 같다.

① **음 의식지도** : 음에 주의를 기울이는 습관이 몸에 배게 하여 소리에 관심을 가지고 소리가 이 세상에 존재하고 있음을 알아차리고, 소리에 반응을 하게 한다.

② **음 분별지도** : 음이나 어음의 차이를 분별하는 힘을 기른다.

③ **보청기 적용 훈련** : 증폭음에 익숙해지도록 한 다음, 보청기 착용에 잘 적응할 수 있도록 훈련한다.

④ **언어의 이해** : 음과 언어를 이해하고, 음 소재에 대해 변별하는 힘을 기른다.

⑤ **언어의 표현** : 청각을 이용하여 이해한 음들을 자연적으로 표현할 수 있는 능력을 기른다.

위의 목표를 달성하기 위해서는 다음과 같은 활동이 필요하다.

① 음을 지각시켜 음에 의미가 있음을 알린다.

② 보청기 착용을 익숙케 해야 한다.

③ 청각적 주의집중력을 기르고 환경음을 이해시키도록 한다.

④ 언어, 독화, 발어로 표현하려고 하는 의지를 길러 주어야 한다.

이상의 목적을 달성하기 위해서는 보청기 착용, 언어 검사, 청능 훈련 프로그램 작성이 필요하다.

청각장애아동의 청능 훈련은 나이가 어릴수록 나타나는 효과가 크다는 연구 결과를 보아, 청각장애아동의 조기교육의 필요성이 강조되고 있다.

청능 훈련에 영향을 미치는 중요한 요인은 다음과 같다.

① 연령에 관계없이 가능한 한 조기에 진단이나 판별이 이루어질 수 있는 체제나 방법이 확립되어질 필요가 있다.

② 청각장애아동의 청력 손실이 중도(重度)일지라도 청능 훈련이 배제되어서는 안 된다.

③ 단순히 보청기를 착용한다고 해서 그 효과가 기대되는 것은 아니나, 적절하게 교육적으로 취급됨에 따라 청능 훈련의 성과나 언어 발달이 촉진된다는 것을 인식해야 한다.

④ 부모에 의한 가정교육의 힘은 언어 발달에 필요한 요소이다. 따라서 전문가

와 부모의 팀 어프로치(team approch)가 필요하다.

(2) 언어 수용 지도

청각장애아동을 대상으로 한 교육 활동의 실시는 크게 '언어 수용'과 '언어의 표현'으로 나눌 수 있다. 언어 수용을 위한 청능 훈련의 단계를 제시하면 다음과 같다.

① 경청의 태도가 형성되어야 한다. 이를 위해서는 육성이나 악기, 자연음 등으로 자극을 주거나, 음성 · 악기음 · 환경음 등을 확대시켜 들려주어 주의를 기울이게 해야 한다.

② 보청기를 착용시킨다. 자연음이나 증폭음으로 청각을 자극시켜 음에 대한 주의력이 길러지게 되면 결국 보청기를 착용하게 되는데, 보청기에 익숙해지려면 상당한 시간과 노력이 필요하게 된다.

③ 음의 유무를 식별하게 한다.

④ 여러 가지 음이 상이하더라도 식별하게 한다.

⑤ 모음을 식별하게 한다.

⑥ 피아노나 여러 가지 악기를 이용하여 음의 강약, 리듬, 고저를 식별하게 한다.

⑦ 단어나 문장을 청취케 하여 식별하게 한다.

청각 손실이 높지 않은 경도(輕度) 난청의 아동에서부터 최고도(最高度) 난청의 아동에 이르기까지 환경음을 듣도록 훈련하는 것은 환경을 이해시키고, 나아가 아동으로 하여금 환경과의 관계를 갖도록 하자는 데 의미가 있다.

주위에서 생기는 사람의 음성, 자동차 소리, 기차 소리 등을 들음으로써 다음과 같은 이득을 얻을 수 있다.

① 소리의 다양함을 인지하게 된다.

② 실제 경험의 폭이 넓어진다.

③ 청각장애아동 나름대로 듣는 세계 속에서의 위치를 점하게 된다.

④ 환경에 대한 적응력이 높아진다.

비록 청각장애가 있어도 소리의 세계로부터 차단되지 않고, 생활 가운데서 청각을 통한 소리의 인지로 정서적인 안정이 이루어지도록 지도하기 위해 필요한 것은 다음과 같다.

① 소리에 의한 위험의 인지

② 타인의 존재 인지

③ 유쾌한 음을 통한 기쁨의 인지

이것은 비록 청각장애가 있을지라도 들을 수 있는 데까지 도와 주고, 소리를 듣게 함으로써 정서적인 안정을 유지하게 하기 위해서이다.

또 하나의 청능 훈련의 목적은 언어, 독화, 발어의 보다 나은 발달로 소리의 식별, 음성의 이해를 거쳐 음성을 통한 표현에 이르도록 하는 것이다. 이는 소리를 들어서 인지에서부터 목소리의 변별, 어조의 차이 등 더욱 나아가서는 문장이나 단어를 들어 아는 언어로 습득시키고, 동시에 언어를 통한 개인적 대화가 가능하게 하는 것이다.

언어의 수용에서 최대의 효과를 얻기 위해서는 다음과 같은 점들에 유의해야 한다.

① 청능 훈련의 처음에는 독화를 배제하지 않으면 안 된다.

② 청능 훈련은 적어도 경청 태도가 형성될 때까지 시각을 사용하지 않는다.

③ 청능 훈련은 적어도 음이 지각될 때까지는 시각을 사용하지 않는 것이 좋다.

④ 청능 훈련의 본격적인 지도에 있어서 특히 유의해야 할 사항은 특별한 지도 외에 자연적인 방법이 좋다.

ⓘ 눈과 귀를 동시에 사용하는 편이 한쪽만 사용하는 것보다는 말의 지각이 쉽다.

ⓙ 갖가지 감각은 서로 보강할 수밖에 없다.

ⓚ 서로 보강된 많은 감각 자극은 훨씬 효과적이다.

ⓛ 청능 훈련은 구화법에 모순된 것이 아니라 오히려 포함되는 것이다.

ⓜ 언어 지도에 있어서는 자연적인 방법과 의도적인 방법의 양면이 있다.

(3) 청각장애아동을 위한 언어 수용 활동의 지도 내용(예)

표 6-3 청각장애아동의 언어 수용 활동 계획

지도 목표		음을 지각하고 즐겨 보청기를 자연스럽게 착용하게 한다.
지도내용 / 연 월		지도 내용
첫째 해	1, 2	자연음에 주의를 기울인다. (귀에 대고 부르거나, 말하거나, 소리지른다. 완구, 악기 등의 음을 들려주고 놀게 한다.)
	3, 4 5, 6	증폭음에 주의를 기울인다. (메가폰, TV, 라디오, 전축 등의 음을 통해서) 환경음에 주의를 기울인다. (호루루기, 자명종 시계, 사이렌, 전화벨, 문 여닫는 소리, 깨지는 소리 등)
	7, 8	보청기를 착용한다. (귓본을 끼움, 앞치마를 건다, 음량을 작게 하여 보청기를 착용한다, 처음에는 잠시, 나중에는 오랫 동안 공부할 때 언제든지)
	9, 10	음의 유무를 분별하게 된다. (악기, 증폭 기기의 사용, 청력 검사 가능)
	11, 12	음의 변별 (악기로는 심벌즈, 북, 방울, 탬버린, 트라이앵글 등)

(4) 언어 표현 지도

음성은 폐에서 나온 공기를 성대에 보내고, 성대에서 만든 소리는 인강, 구강, 비강 등의 공명강에 의해서 확대되어 말로 된다. 청각장애아동들의 발음은 정확하지 않은데, 그 이유는 청각장애를 갖고 있으므로 정상 아동이 들어서 쉽게 말할 수 있는 음들을 쉽게 듣지 못하고 말을 하는 시기가 늦어서이다. 즉, 청각장애아동은 피드백(feedback)의 한계가 있으므로 발음의 문제는 쉽게 해결되지 않는다. 따라서 1차적으로 청능 훈련을 실시함과 동시에 2차적으로 발어 훈련(언어 표현 지도)도 실시해야 한다.

발어 지도의 원리를 알아보면 다음과 같다.

① 밝은 소리를 내게 한다.

② 밝은 음성 표상을 갖게 한다. 이를 위해서는 소리를 내면서 놀도록 하거나 음성 표현을 많이 시켜야 하며, 표현된 음성 중 잘못 조음된 음을 교정하여 주고 음성에 의미가 있음을 알게 해야 한다.

③ 소리의 질과 양에 통제력을 갖도록 해야 한다.

④ 편안한 자세로 구형(口形)을 자연스럽게 한다.

⑤ 시각, 청각, 촉각을 사용해야 한다.

⑥ 발어 지도에 따라 음운 지도를 한다.

위와 같은 발어 지도의 원리를 통하여 바른 발성 지도를 하기 위해서는 호흡 훈련, 촉각 훈련, 청능 훈련 등의 감각 훈련이 병행되어야 한다.

효과적인 발성 지도를 위한 호흡 훈련에 앞서 비장애아동과 청각장애아동의 호흡 방법은 서로 다름을 이해해야 한다. 청각장애아동의 호흡법은 짧다. 그리고 소리는 대개 낮고 무거운 소리, 높거나 금속성의 소리, 약한 소리이다. 그리고 짧고 1어절 이상의 말이 연결되지 못하는 등의 이유로 호흡 조절이 잘 되지 않는다.

호흡 훈련 방법은 다음과 같다.

① 한숨을 길고 가늘게 쉬기

② 한숨을 끊으면서 길게 쉬기

③ 한숨을 리드미컬하고 길게 쉬기

호흡 방법과 조절을 위한 연습 방법은 다음과 같다.

① **호흡 방법** : 복식, 흉식, 어깨 호흡, 발성 등 발음에 유효한 호흡 방법이다. 배에 숨을 가만히 깊게 들이쉰 다음 조용히 길게 내쉰다.

a. 코로 들이쉬고 내쉼

b. 코로 들이쉬고 입으로 내쉼

c. 입으로 들이쉬고 입으로 내쉼

d. 입으로 들이쉬고 코로 내쉼

② **숨을 들이쉼**(빨리, 천천히, 깊게 들이쉬기)

③ **내쉬는 법**(숨을 많이, 조금씩, 강하게, 약하게 내쉬기)

이상의 훈련에서 특히 주의해야 할 것은 입으로 호기를 내면서 코로 호기가 새지 않도록 한다는 점이다.

발음기관의 훈련은 혀 운동, 입술 운동, 턱 운동을 매일 조금씩 해야 한다. 혀의 운동은 굳은 혀를 부드럽게 하기 위한 것이고, 입술 운동은 입술에 너무 힘을 주지 않게 거울 앞에서 놀이를 하는 것처럼 훈련을 하고, 턱의 훈련은 턱을 뻣뻣하지 않고 부드럽게 하기 위한 것이다.

2) 보청기 착용 지도

청각장애아동의 청능 훈련에서 보청기는 필수 불가결의 요소다. 최근에는 보청기의 눈부신 개발로 청능 훈련에 크게 기여하고 있다. 한국에서 많이 사용하고 있는 보청기의 형태는 상자형과 귀걸이형으로 다음의 [그림 6-6]과 같다.

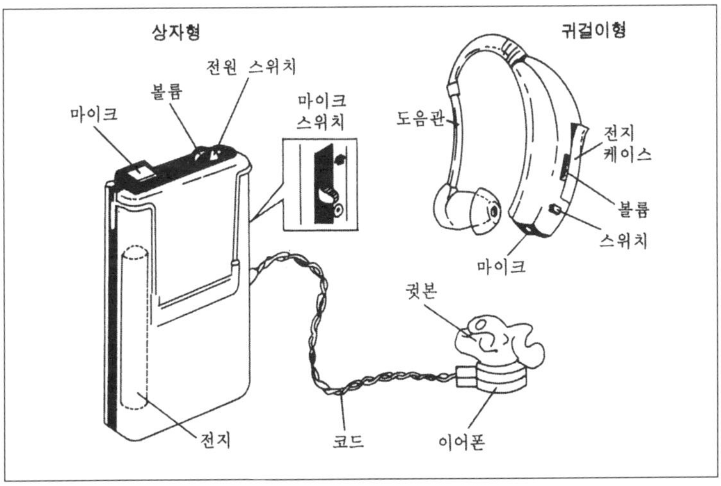

그림 6-6 보청기의 형태

보청기의 형태는 여러 가지지만 기능은 같아 작은 소리의 물리적 에너지를 큰 소리의 물리적인 에너지로 변화시켜 준다. 보청기의 기능은 다음의 [그림 6-7]과 같다.

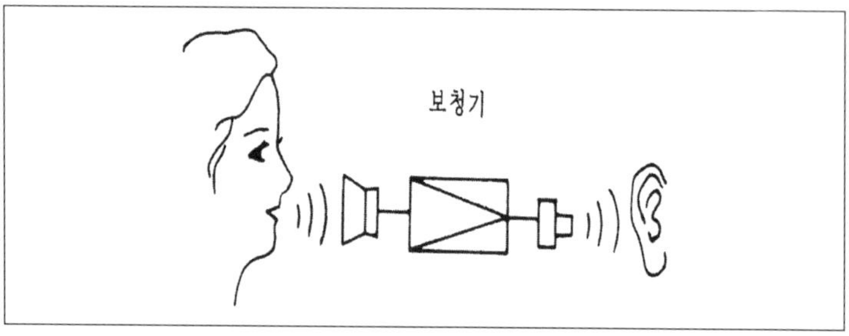

그림 6-7 보청기의 기능

보청기의 선택 및 착용에는 전문가의 도움을 받는 것이 좋다. 일반적으로 보청기 착용시 주의해야 할 사항은 다음과 같다.

① 건전지는 보통 상자형의 경우 약 1주일(귀걸이형은 약 한 달)에 한 번씩 교환해야 한다.

② 시끄러운 전철, 버스 속에서는 볼륨을 낮춘다.

③ 물이나 습기가 많은 곳을 피한다.

④ 뜨거운 난로 옆이나 더운 곳에 두지 않는다.

3) 청각장애아동의 언어 지도 방법

청각장애아동의 언어 지도 방법은 청각장애를 보는 관점에 따라 교육 방법을 달리하고 있다. 그러나 크게 구화법(oral method), 수화법(manual method), 토탈 커뮤니케이션(total communication)으로 나누어 볼 수 있다.

(1) 구화법

구화법은 음성 언어만을 사용하는 방법이다. 이것은 1880년 밀라노에서 개최된 국제 농교사 회의에서 농교육의 가장 좋은 방법으로 채택된 이래 현재까지 음성 언어만을 사용하여 언어 지도를 하고 있다.

영화로 만나는 특수아동교육

비욘드 사일런스(Beyond Silence, Jenseite Der Stille, 1996)

감독 : 까롤리네 링크
출연 : 실비 테스튀, Howie Seago

독일 남부지방의 작은 마을. 소리를 들을 수 없는 부모 사이에 태어난 라라는 말을 배우기 시작하면서, 바깥 세계와 부모 사이의 다리가 되었다. 가족 중 말하고, 들을 수 있는 유일한 사람이었던 여덟 살 라라는 수업도중에도 은행에 대출협상을 하러 부모님과 동반해야 하고, 학교에서 그녀에게 내리는 훈계까지 전달해야 했다. 라라의 아빠 마틴, 그는 소리를 들을 수 없었고, 또 음악 애호가 아버지의 사랑을 한 몸에 받았던 여동생 클라리사의 그늘에 가려 고립된 삶을 살았다. 불행한 어린 시절을 보낸 마틴은 그의 딸 라라와 소리 알아맞추기 게임을 하고 했다."해가 뜰 때는 어떤 소리가 나지?" "눈이 땅에 닿을 때는 어떤 소리를 내지?" 그는 라라가 태어남으로 인해, 세상의 소리와 연결될 수 있었다. 그러나 그것은 라라에게는 세상 사람들과는 다른 고립된 환경이었다. 여덟 살 라라의 크리스마스. 그날 라라는 유명한 클라리넷 연주자이며 아름다운 고모 클라리사로부터 클라리넷을 선물 받는다. 그날부터 라라에게는 음악이라는 새로운 소리의 세계가 열리고, 마틴은 라라가 자신과는 단절된 바깥세계로 연결되는 것을 두려워한다. 그리고 라라와 클라리사가 가까워지는 것을 보며 점점 외로움을 느낀다. 십년 후 고등학교 졸업을 앞둔 라라. 라라의 타고난 음악적 재능을 발견한 클라리사는 그녀를 베를린의 음악학교에 입학시키려는 계획을 세운다. 그리고 음악에 대한 열정과 가족의 사랑사이에서 고민하던 라라는 결국 베를린으로 향하고, 마틴은 라라가 아버지 대신 고모를 선택한 것으로 받아들인다. 그렇게 아버지와의 골은 지울 수 없을 만큼 깊어지게 된다. 음악학교 입학시험을 준비하며 고모 부부와 함께 한 베를린 생활. 그 곳에서 라라는 톰을 만나게 되고, 그를 사랑하면서도 자신의 어린 시절과 아버지를 돌이켜 생각하게 된다. 짧았던 사랑을 남기고 톰이 유학을 떠나려고 할 때 어머니의 죽음으로 집으로 돌아오지만 아버지를 책임져야 한다는 부담이 그녀를 우울하게 한다. 결국 아버지와 그의 세계를 이해하지 못하고 음악학교 입학시험을 치르기 위해서 베를린으로 다시 돌아온다.

(2) 수화법

수화법은 1760년대에 세계에서 최초로 더 레페(de lépée)가 설립한 파리 농학교에서 사용한 방법으로, 한국에서는 지문자(finger spelling)와 수화(sign language)로 크게 나누고 있다.

(3) 토탈 커뮤니케이션

토탈 커뮤니케이션은 1969년 미국 메릴랜드(Maryland) 농학교에서 처음 사용되었다. 이 방법은 구화, 수화, 지문자, 무언극, 읽기, 쓰기, 그림 등 모든 방법을 통합하여 언어 습득과 언어생활에 활용하게 하는 방법이다.

3. 의사소통장애 아동교육

가. 의사소통장애의 정의

의사소통장애(communication disorder)란 의사소통 수단(언어, 구어, 몸의 움직임 등)을 이용해 메시지를 서로 주고받는 과정에서 메시지에 담겨 있는 내용을 수용, 처리, 전달하는 능력에 현저한 결함을 가지고 있는 상태를 의미한다(American Speech-Lanaguage-Hearing Association, 1993). 의사소통장애는 다시 언어장애(lanaguage disorder)와 구어장애(speech disorder)로 구분해 볼 수 있다.

1) 언어장애

언어장애는 언어의 형식(음운, 형태, 구문), 언어의 내용(의미), 언어의 화용(기능)의 측면에서의 현저한 결함으로 이해할 수 있다. 형식장애(disorder of form)는 의미 단위 형성을 위한 각 음소의 분석 및 연결, 문법에 맞게 구성요인들을 배열하는 능력의 결함을 의미한다. 내용장애(disorder of content)는 제한된 어휘, 단어의 잘못된 사용, 속담이나 은유법에 대한 이해의 어려움 등의 문제가 심각한 경우를 나타낸다. 마지막으로, 화용장애(disorder of use)는 언어를 목적, 상황, 대상에 맞지 않게 사용하는 정도가 일상생활에 어려움을 줄 정도로 심각한 경우를 말한다.

2) 구어장애

구어장애는 목소리 장애, 조음장애, 유창성 장애를 포함하며 말하기의 기능적 결함을 의미한다. 목소리 장애는 소리 지르기 등과 같은 목소리의 남용으로 듣기 싫은 거친 목소리가 나오는 경우이다. 조음장애는 각 음소의 발음을 정확하게 하지 못하는 것을 말하며, 유창성 장애는 말하는 속도가 지나치게 느린 경우를 가리킨다.

나. 의사소통장애의 출현율

의사소통장애의 출현율은 전체 인구의 약 6%이며, 학령기에 있는 아동만을 대상으로 했을 때 약 1~2%인 것으로 보고되고 있다(Catrogiovanni, 1999). 의사소통장애에서 가장 큰 비중을 차지하는 것이 조음장애이다. 조음장애를 유발하는 원인 중의 하나인 구개/구순파열은 750명 중 1명 꼴로 발생하는 것으로 나타났다(Bradley, 1997). 구순파열(cleft lips)의 경우는 남자가 여자보다 2 : 1의 비율로 더 많이 발생하며, 구개파열(cldft palate)은 반대로 여자에게서 더 많이 발생하는 것으로 나타났다.

유창성 장애의 경우 심각한 말더듬을 경험한 성인의 비율은 약 5%이다. 일반적으로 아동기의 유창성 장애는 출현 3~5년 이내에 자발적 회복을 보인다. 자발적

회복을 보이는 아동의 비율이 전체의 85%를 차지한다. 이러한 자발적 회복률을 감안할 경우 계속해서 유창성 장애를 가지고 사는 사람의 비율은 전체의 약 1% 이내이다.

유창성 장애는 남자 대 여자의 비율이 약 2.3 : 1에서 3.0 : 1로 남자가 더 많다. 또한, 유창성 장애를 가진 가족구성원이 집안에 있는 경우 상대적으로 높은 가족 재현율을 보인다. 유창성 장애를 가지고 있는 아동의 50%가 유창성 장애를 경험한 친척을 가지고 있으며, 직계 가족 중 15%가 현재 또는 과거에 유창성 문제를 경험하였다. 쌍둥이의 경우 한 사람이 유창성 문제가 있을 경우 다른 사람도 유창성 문제를 가지고 있을 확률이 높다.

다. 의사소통장애의 원인 및 특징

1) 의사소통장애의 원인

의사소통장애아동 가운데 자주 만나는 유형은 조음장애와 유창성 장애이다.

(1) 조음장애

조음장애란 조음기관(혀, 이, 입술, 구개, 턱)이 그 위치 혹은 조음점(調音點)이 바뀜으로써 후두에서 공기의 흐름이 가감되어 틀리게 발음하는 것으로, 여기에는 크게 생략, 대치, 첨가, 왜곡 현상이 있다.

① **생략**(omission) : 형님을 형임으로 말하거나, 아가씨를 아씨로 말하거나, 책을 액으로 말하는 것 등이다.

② **대치**(substitution) : 개나리를 개다리로 말을 하거나, 밥을 밤으로 말하는 것 등이다.

③ **첨가**(addition) : 학교를 핵꾜로 말하는 것 등이다.

④ **왜곡**(distortion) : 우리말로 표기할 수 없는 말을 의미한다.

조음장애를 언어장애 중에서 첫 번째로 분류하는 것은, 이 장애가 조음에만 한정되어 나타나는 두드러진 장애이고 다른 언어장애에 비하여 거의 정상에 가깝기 때문이다. 출현율은 학령기 전체 아동의 약 2~3%로, 아동기 전체 언어장애의 3/4 정도를 차지한다.

조음이 대체로 완성되는 때는 생후 4년 정도이다. 만 4세가 넘어서도 조음 불가능의 상태가 계속되는 경우에는 조음장애로 간주해 잘 관찰하여야 한다. 조음의 습득을 위해서는 잘 들을 수 있어야 하는데, 말하는 음을 스스로 잘 듣고, 그에 알맞은 말로 표현하도록 지도해야 한다. 아동에게 조음운동을 시킬 때는 자연스럽게 시행해야 한다. 왜냐하면 일상생활 중 우리가 말을 할 때는 말의 내용에만 주의를 기울이지 조음법은 좀처럼 의식하지 않기 때문이다. 그러나 틀린 조음법이 신경 계통에 고착되면 쉽게 바뀌지 않고 조음장애로 나타나기 때문에 어려서부터 바람직한 조음습관을 갖도록 지도해야 한다.

조음장애는 청각장애, 열악한 언어 환경, 낮은 지능, 불안정한 아동의 정서 등이 원인이 되기도 하나 가장 큰 원인은 발어기관에 장애가 있는 경우이다. 즉, 입술, 혀, 구개, 코, 인후 등에 장애가 있으면 조음 이상을 가져오는 직접적인 원인이 된다. 또한 치열의 이상, 코의 질환, 구개의 마비 등도 조음장애의 원인이 된다.

치료적인 관점에서 조음장애의 원인을 살펴보면 어음을 수용하는 in-put과 구음을 하는 out-put의 면으로 나누어 생각해 볼 수 있다.

① **in-put의 장애** : 난청으로 어떤 음을 들을 때 충실하게 들을 수 없고, 왜곡되게 인지함으로써 바르게 음을 낼 수 없는 장애를 말한다. 조음의 습득시 단기간 혹은 장기간 청력 손실이 있으면 조음장애가 될 수 있다. 청각적 기억력과 어음 변별력이 떨어지면 반향어기를 대부분 거치지 않으므로 천천히 하는 어른의 말을 알아듣지 못한다. 또한 자폐적 행동이 있으면 몸에 관심을 기울이지 않아 조음장애가 될 수 있다. 환경적인 문제로는 아동과 가까이에 접하는 주위 사람들의 말소리가 작거나 너무 빠른 말, 조음의 불명확 등이 in-put의 장애를 유발하는 요인이다.

② **out-put의 장애** : out-put의 장애 중 가장 대표적인 유형이 발어기관의 형태적 이상이라 할 수 있는 구개파열이다. 구개파열이 있으면 당연히 조음장애를 수반하는데, 수술을 받아도 조음의 약습관이 남아서 심한 조음장애가 되는 경우가 많다. 치아의 이상과 혀의 짧음 등도 역시 여기서 문제가 될 수 있다. 구순/구개파

열은 이른 시기에 수술을 통해 구조적 이상을 해결해 주는 것이 가장 효과적인 치료법이다. 이러한 치료는 생후 3개월 이전에 실시하는 일차치료와 6~12세 경에 실시하는 이차치료가 있다. 일차치료의 목표는 외형적 모습에 대한 정형외과적 수술과 벨로페린질(velopharyngeal)이라는 기관의 기능을 회복시키는 것이다. 벨로페린질은 음식물 섭취나 말하기 과정에서 비강과 구강을 분리시키는 기능을 한다. 일차 수술은 약 72% 가량이 성공하는 것으로 알려져 있다.

기능적인 문제로는 발어기관의 마비, 협조 운동 혹은 운동 습관의 불기능 등이 있다. 입 안의 염증이나 디프테리아 후에 마비가 되어 조음장애가 되는 경우가 있다. 정신지체의 경우에 조음운동 습관이 둔하여 조음장애가 되는 경우도 허다하다. 그 외 심리적인 문제로 조음 습득 때에 엄격한 간섭을 받았기 때문에 반항적으로 오는 경우가 있다. 때에 따라 이와 같은 요인들이 서로 복합되어 조음장애로 나타나는 예도 많이 있다.

(2) 유창성 장애

대체로 2세경에 말더듬 현상이 나타나기 시작하며, 3세경에 절정을 이룬다. 이 시기에 일어나는 유창성 문제의 특징은 전체 단어를 반복하기(밥~밥~밥 줘), 무의미한 단어의 삽입(나 음~ 사탕 좋다), 문장 개정(나 밥 먹다……먹었다)을 들 수 있다(Owens, Metz, & Haas, 2000). 2~3세경에 유창성 문제가 나타나는 것은 이 시기가 아동이 폭발적으로 언어를 습득하는 시기이기 때문이다. 보통 아동의 경우, 3세 이후에 이러한 정상적인 유창성 문제(normal dysfluency)는 감소하기 시작한다. 그러나 유창성 장애아동의 경우 3세 이후에도 계속적으로 유창성 문제(abnormal dysfluency)를 나타내 보인다.

유창성 장애의 특징은 다음과 같다.

① 첫 음이 완전히 막히는 것
② 낱말 전체의 되풀이, 말의 첫 음절 또는 음의 되풀이 및 첫 음의 막힘
③ 낱말의 되풀이와 첫 음의 막힘
④ 첫 음절의 되풀이와 첫 음의 막힘
⑤ 후음에 따른 말이 말하기 전에 막힘

⑥ 첫 음 또는 음절의 되풀이와 첫 음을 길게 끄는 것

⑦ 낱말 전체의 되풀이 또는 첫음이나 음절의 되풀이, 첫 음이 완전히 막히거나, 첫 음의 자음을 길게 끌거나 '아아'를 삽입함

⑧ 말하기 전에 막힘

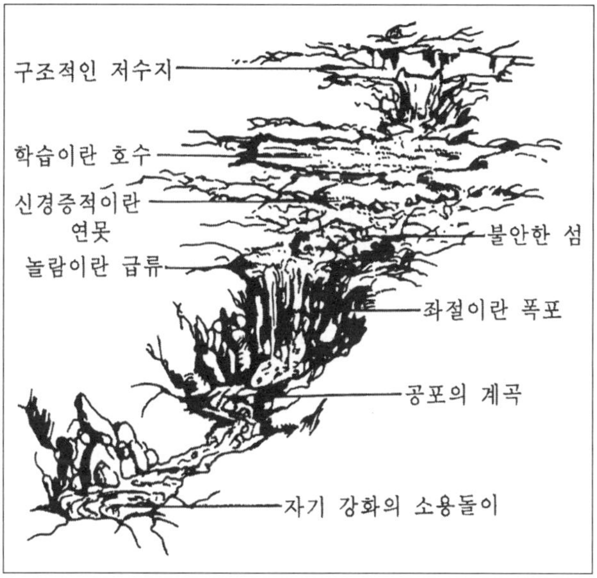

그림 6-8 유창성 장애의 근원과 발달

유창성 장애는 그 정도에 따라 네 단계로 나누어 볼 수 있다(Bloodstein, 1995).

첫 번째, 초기단계(2~6세 사이)는 일상생활 속에서 당황하거나 흥분했을 때 주로 말더듬을 나타내며, 음소나 음절의 반복이 가장 큰 언어 특징이다. 이 시기는 자신의 말더듬 행동에 대해 지나친 의식을 하지는 않는다.

두 번째 단계(초등학교 시기)는 언어의 사용이 증가함에 따라 말더듬 현상이 만성적, 습관적으로 나타나기 시작한다. 특히 내용 단어(명사와 동사) 사용시에 말더듬 현상이 많이 나타나며, 서서히 자신의 유창성 문제를 지각하기 시작한다.

세 번째 단계(8세에서 성인기)는 낯선 사람 앞에서 말하기, 전화로 말하기, 대중 앞에서 말하기 등과 같은 상황적인 요인에 따라 말더듬 현상이 발생한다.

이 단계에서는 특정 단어의 발음이 다른 단어에 비해 어렵다는 것을 지각하고, 이를 쉬운 단어로 대체하려는 행동을 보인다.

네 번째 단계(8세에서 성인기)는 말더듬 현상의 절정 단계이다. 이 단계의 특징은 말더듬 행동에 대해 스스로 두려움을 느끼며 특정 발음, 단어, 또는 상황을 피하기 시작한다.

유창성 장애의 원인에 대하여는 여러 가지 설이 있으나, 최근에는 선천적이라기보다는 성장 과정에서 환경으로부터 받는 영향으로 인하여 발달적인 과정에서 결정되어 나타나는 장애라고 보고 있다. 유창성 장애의 원인은 다음과 같다.

① 미숙한 말을 주위의 사람이 듣고, 더듬는다고 지속적으로 하는 부정적 강화
② 가족이나 이웃에 말더듬이가 있어 모방하는 것
③ 빠른 말버릇
④ 공포, 초조, 불안을 가질 때
⑤ 심리적인 갈등이나 충격으로 인하여
⑥ 사회적인 부적응

2) 의사소통장애아동의 언어행동 특징

의사소통장애아동이 보이는 언어행동 특징은 크게 언어의 형식, 내용, 화용 측면으로 나누어 살펴볼 수 있다.

(1) 형식적 측면

의사소통장애아동이 보이는 특성으로는 시제 또는 복수 표현을 부적절하게 사용하는 것을 들 수 있다. 또한, 문장 자체가 아주 길거나 짧은 패턴을 보이며, 문법적으로 문장을 구성하는 데 있어서도 오류를 많이 범한다. 전체적인 문장 완성도에 있어서도 어려움이 있는 것으로 나타난다.

(2) 내용적 측면

어휘가 제한되어 있으며, 구체적으로 대상을 지칭하기보다는 ‘이것’, ‘저것’ 등과

같은 포괄적인 지시어를 자주 사용한다. 관련성을 포함하는 언어를 사용함에 있어 어려움을 나타내며, 은유법, 중의법, 접속사가 포함되어 있는 문장을 파악하는 데 곤란함을 나타낸다.

(3) 화용적 측면

상대나 상황에 따라 적절한 언어를 구사하지 못하며, 적절한 목소리 톤을 유지하는 데 어려움을 보인다. 몸동작과 같은 비언어적 의사표현에 있어서도 미숙함을 나타내 보이며, 질문을 할 경우 적절하고 분명하게 질문하는 능력이 부족하다. 대화시에는 대화를 먼저 이끌고, 유지하고, 끝마치는 능력이나 대화 내용을 상대방의 수준에 따라 적절히 조절하는 능력에 있어서도 부족함을 보인다.

라. 의사소통장애 아동교육

의사소통장애아동들은 만성적인 언어 문제로 타인과 대화를 회피하거나 내성적인 성격특성을 나타낸다. 이러한 심리적 문제를 유발하는 근원이 아동이 가지고 있는 언어행동 문제라는 것을 감안할 때 일반적인 심리교육과 함께 언어치료를 같이 하는 것이 아동의 심리문제를 해결하는 데 더 도움을 준다.

1) 조음장애의 지도 및 치료

조음장애를 치료할 때는 대상아의 조음 발달 과정에 어떤 잘못이 없었는가를 먼저 살펴야 한다. 아동의 조음장애를 가정에서 지도할 경우에는 일반적으로 아동의 말에 대해 꾸중을 함으로써 아동으로 하여금 말하기를 기피하도록 하여 지도 자체가 실패하는 경우가 대부분이다. 그러므로 가정에서의 치료보다는 전문기관에 의뢰하는 것이 바람직하다.

조음의 일반적인 지도법으로는 다음과 같은 7가지가 있다.

① 그 음을 단독으로 길게 끌어 조음한다.

② 연습 기호를 쓰면서 그 음을 낸다.

③ 무의미 음절의 연습을 시킨다.
④ 단어의 연습을 시킨다.
⑤ 구별을 하여 연습을 시킨다.
⑥ 문장의 연습을 시킨다.
⑦ 일상 회화에서 해당 조음을 사용하게 한다.

조음장애의 치료 및 지도의 원리는 다음과 같다.
① 말을 들어 분간할 수 있는 능력을 길러 준다.
② 틀리게 발음하는 음을 바르게 내는 방법을 가르쳐 준다.
③ 바르게 발음하는 방법을 가르쳐 준 음이 들어간 낱말의 발음을 수시로 연습시킨다.
④ 바르게 발음된 음이 들어간 낱말을 문장이나 회화를 통하여 바르게 사용할 수 있도록 연습시킨다.

이와 함께 호흡 훈련, 혀의 운동 및 훈련, 입술의 운동 및 훈련, 턱의 운동 및 훈련 등과 같은 발음기관의 훈련이 이루어져야 한다.

치료 기간은 조음의 틀린 정도, 장애아동의 능력 등을 고려하여 정해야 한다. 조음장애는 단순히 조음의 틀림만이 아니라, 틀린 말로 인해 사람의 주의를 끌어 놀림을 받게 되고 그에 따른 열등감이 심리적인 문제로 나타날 수 있다. 이들에 대한 치료는 아동기나 학령기 초기에 이루어지는 것이 효과가 큰데, 이 때 정확한 진단 및 치료가 이루어지면 정상적인 조음을 할 수 있다.

2) 유창성 장애아동의 지도 및 치료

1차성 말더듬이는 아동이기에 나타나는 현상으로 자신이 더듬는다는 사실을 의식하지 않는다. 그러므로 말더듬이 아동의 기본적인 지도 원칙은 더듬는다는 것을 의식하지 않도록 하는 것이다. 따라서 1차성 말더듬이에서 이행성 말더듬이로 악화되지 않도록 환경 조건을 개선하여 자연 소멸시키는 것이 중요하다. 어머니를 비롯한 주위의 언어 환경을 개선하기 위해서는 다음과 같은 것이 필요하다.
① 아동의 심신발달 및 아동의 1차성 말더듬에 관해서 가족들 모두가 같이

인식해야 한다.

② 주위의 어른들이 '더듬지 마라', '정확히 말해라' 등 직접적인 주의를 주지 않는다.

③ 아동이 가정 내에서 불안이나 열등감을 느끼지 않도록 환경을 조성한다.

④ 바람직한 행동을 보였을 경우에는 칭찬을 통해 자신을 갖게 하고, 바람직하지 못한 행동은 가급적 무시한다.

⑤ 아동이 정신적으로 미숙하다든지 불안정한 경우 또는 소극적이고, 신경질적일 때는 놀이치료, 심리극 등으로 정서 안정을 도모하고 사회성을 신장시킨다.

⑥ 아동의 장점을 최대한 수용하고 그것을 신장시킨다.

⑦ 생활에서의 실제 경험을 통하여 흥미나 관심의 영역을 확충시켜 나간다.

유창성 장애아동의 치료를 위해 부모가 해야 할 일은 다음과 같다.

① 아동이 말을 더듬어도 중도에서 차단하거나 거들지 말고 끝까지 잘 들어주어 좋은 듣기 상대가 되어 준다.

② 가급적 아동에게 말하는 기회를 많이 부여한다.

③ 아동이 더듬기 쉬운 장면과 더듬지 않는 경우를 잘 관찰하여 말하기 쉬운 경우를 많이 제시한다.

④ 말하는 것에 자신을 갖게 한다.

⑤ 집단놀이를 통하여 집단 중에서 말하기를 권유하는 등 말할 수 있는 기회를 많이 제공한다.

⑥ 이야기를 들려준다든지, 책을 읽는다든지, 같이 노래를 부른다든지, 같은 소리를 내어 표현하는 등의 기회를 많이 갖게 한다.

이상에서 보는 바와 같이 말더듬이 아동의 치료와 지도는 주위 환경적인 차원에서 이루어지는 것이 바람직하다.

유창성 장애아동의 지도방법은 다음과 같다.

① **놀이치료** : 놀이치료를 말더듬이 아동에게 이용하면 자주성의 회복, 감정적 갈등 상황의 해소, 대인적 적응력의 개선 등을 기대할 수 있다

이 방법은 말더듬이 제거에 유효한 것이 아니라 말을 더듬게 하는 심리적 긴장을 정화하는데 더 효율적이다.

② **언어요법** : 대상이 아동일 경우에는 놀이언어요법(play speech therapy)을 이용한다. 놀이요법의 장면 안에 의도적으로 언어 자극을 부여하고 대화 장면을 도입하여 언어 관계의 구성에 중점을 둔다.

③ **음독법**(oral reading therapy) : 음독을 하는 것은 그다지 어렵지 않으므로 그것에 의해 적응력을 형성시키는 데 있다. 그래서 말을 더듬지 않고 음독을 할 수 있게 되면 자신감이 생겨 말할 때에 적극적이 된다.

④ **심리극법**(psychodrama therapy) : 소집단 활동을 좋아하는 초등학교 3~4학년 이상의 경우에는 집단심리 요법이 효과가 있다.

⑤ **언어의 위생 지도** : 아동의 지능, 사회성, 흥미, 언어 능력 등을 잘 이해하고, 적절한 자극을 주어서 격려함으로써 언어발달이 촉진되도록 최선의 조건을 갖추도록 부모와 관계자를 지도한다. 아동의 능력에 적합한 자극을 제시해 주어야 한다. 가급적 언어 자극을 많이 제시하도록 말을 건다든지, 그림책을 읽어 준다든지, 노래를 들려준다든지 하고, 아동의 발성에 기쁘게 응해 주어 열심히 들어주는 것이 필요하다. 그러나 무리하게 말을 시키고 발음을 교정시키는 것은 좋지 않다. 그리고 말의 필요성과 언어로 표현하는 것을 통한 기쁨을 경험하는 기회를 많이 제공해야 한다.

⑥ **발어기관의 기능 훈련** : 호흡, 발성, 조음기관 등에 기능장애가 있을지라도 훈련을 통한 기능 향상이 기대될 경우에는 적극적으로 전문가의 교육 지도를 받아야 한다. 호흡 발성기관의 훈련에는 여러 가지 부는 놀이, 소리를 내는 놀이, 노래를 부르는 놀이 등이 있다. 조음기관의 훈련에는 주로 음식물의 섭취 동작, 파이프를 빠는 연습, 단순한 것을 씹는 연습, 껌을 씹는 연습 등을 계획적으로 하는 것이 좋다.

4. 신체장애 아동교육

가. 신체장애의 정의

신체장애는 비감각적 신체 부분의 결손 또는 건강상의 문제로 특수한 시설,

장비, 자료, 서비스와 같은 것이 제공되지 않으면 학교생활이나 학습이 심각하게 어려운 상태를 의미한다(Hallahan & Kauffman, 1988; Sirvis & Caldwell, 1995). 이러한 신체장애는 보통 이차적 장애로 감각장애, 정신지체, 정서/행동장애, 의사소통장애를 수반하기도 한다.

미국특수아동교육법(Individuals with Disabilities Act)은 신체장애를 정형외과장애(orthopedic disabilities)와 건강관련장애(other health impairments)로 나누고, 이에 대해 각각의 정의를 제공하고 있다. 이들 정의들을 살펴보면 다음과 같다.

1) 정형외과 장애

아동의 학업수행에 부정적인 영향을 미치는 신체 구조적 문제를 말한다. 이러한 장애는 만곡족(clubfoot, 彎曲足)이나 신체기관 중 어느 부분이 없는 것과 같은 선천적인 이상, 척수성 소아마비(poliomyelitis), 골결핵(bone tuberculosis)과 같은 질병으로 인한 이상, 뇌성마비(cerebral palsy), 신체 절단(amputation)과 같은 것을 포함한다.

2) 건강관련 장애

심장의 문제, 결핵, 류마티즘열(rheumatic fever), 신장염(nephritis), 천식(asthma), 겸상 적혈구성 빈혈(sickle cell anemia), 혈우병(hemophilia), 간질(epilepsy), 납중독(lead poisoning), 백혈병(leukemia), 당뇨병(diabetes)과 같은 만성적 또는 심각한 건강의 문제로 인해 아동의 학업수행이 어려운 상태를 의미한다.

나. 신체장애의 출현율

특수교육을 받고 있는 전체 장애아동 중 약 1%가 정형외과 장애, 약 1.2%가

건강관련 장애를 가지고 있다. 신체장애를 가지고 있는 아동 중 다른 장애 요인들을 추가적으로 가진 중복장애의 출현율은 약 1.6%이다. 그 외, 이분척추의 출현율은 0.1%, 간질은 0.5%, 뇌성마비는 0.15%이다.

신체장애를 가지고 있는 아동의 약 반이 뇌성마비나 소아마비를 가지고 있는 것으로 추정되며, 나머지 반은 만성적인 건강상의 문제나 질병으로 신체장애를 가지게 된 경우이다. 이러한 신체장애의 출현율은 최근 들어 전체적으로 증가하고 있는 상태이다. 이는 의학 기술의 발달로 이전에는 생존하기 어려웠던 아동들이 생존하게 됨으로써 중도(重度)의 신체장애 출현율이 급격히 증가하였기 때문이다.

다. 신체장애의 유형과 특징

1) 신경학적 이상으로 인한 장애

신경학적 이상으로 인한 장애는 대뇌나 척추와 같은 중앙신경체제의 손상을 나타내며, 이로 인해 자세, 동작, 움직임에 어려움을 갖게 된다.

(1) 뇌성마비

두뇌가 발달하는 동안에 생긴 뇌 손상으로 근육의 마비, 약화, 불균형 등이 초래된 상태를 가리킨다. 뇌성마비는 아동의 발달시기에 두뇌에 손상을 줄 수 있는 모든 요인들이 원인이 될 수 있다. 출산 전 원인으로는 산모의 독성 물질 또는 방사선에의 노출, 영양 실조, 약물 복용 등을 들 수 있으며, 출산 중 원인으로는 조산, 난산, 산소 부족, 뇌 손상이 있다. 일반적으로 뇌성마비는 낮은 사회·경제적 환경에서 많이 발생하는 데, 이는 산모나 아동이 위험 요인에 노출될 확률이 높기 때문이다.

뇌성마비는 크게 마비가 일어나는 신체 부분에 따라 편측마비(hemiplegia), 양측마비(diplegia), 전체마비(quadriplegia), 하지마비(paraplegia)로 나누어진다.

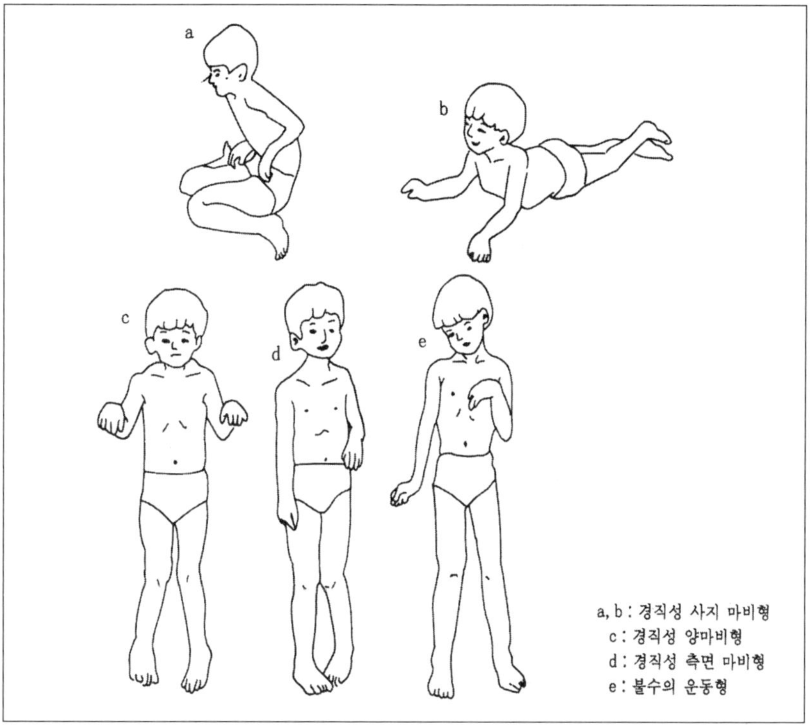

그림 6-9 뇌성마비의 병형

편측 마비는 오른쪽이든 왼쪽이든 신체의 어느 한쪽이 마비 현상을 나타내는 것으로, 뇌성마비의 35~40%를 차지한다. 양측마비는 신체 양쪽 모두에 마비 현상을 가지고 있지만, 다리 부분이 팔보다 더 심한 마비 현상을 보인다. 양측마비는 전체 사례의 약 10~20%를 차지한다. 전체마비는 용어가 의미하는 대로 목 밑 부분부터 몸 전체에 걸쳐 마비 현상을 나타내 보이는 것으로 전체 사례의 약 15~20%를 차지한다. 하지마비는 양측 하지 부분만 마비 현상을 보이는 것으로 전체 사례의 약 10~20%를 차지한다.

뇌성마비는 감각장애, 정신지체, 언어장애, 행동장애 등 다른 장애를 수반한다. 일부 뇌성마비 아동 가운데는 평균보다 높은 지능을 나타내고, 그 중 일부는 상위 1% 이내에 드는 뛰어난 능력을 가지고 있기도 하지만, 전체적인 지능 점수 평균은 일반아동보다 낮다.

(2) 간질(epilepsy)

두뇌 세포에서 전기 에너지가 비정상적으로 방전됨으로써 발생하는 신경학적 신체장애이다. 방전이 되면 전기 에너지가 주위의 여러 신경 세포에 영향을 미치고, 이로 인해 의식불명, 불수의적 움직임, 비정상적인 감각 현상 등이 발생하는 것이다. 발작의 정도와 유형은 어느 부분에서 방전이 일어났는가, 어느 정도로 다른 세포로 확산되었는가에 의해 결정된다. 대발작(grand mal seizure)은 방전이 대대적으로 전체 뇌세포에 영향을 미치는 경우를 가리키며, 그 영향으로 자기 자신이 발작을 하고 있다는 것을 의식하지 못하는 상태이다. 소발작(petit seizure)은 뇌의 일부분이 영향을 받은 상태를 가리키며, 이 경우 자기 자신이 발작을 하고 있는 상황을 의식할 수 있다.

간질을 가지고 있는 아동의 반 이상은 평균 이상의 지능을 가지고 있다. 특이한 사실은 간질을 가지고 있는 학생들 중에 학습장애로 판정되어 특수교육을 받는 학생들이 의외로 많다는 것이다. 그 이유로는 뇌의 기질적 이상과 학교 학습에서의 부적응 문제를 들 수 있을 것이다. 또한, 간질을 가지고 있는 아동들은 일반아동보다 정서・행동장애를 수반하는 경우가 많다.

(3) 이분척추

발생기에 태아의 척추가 완전히 닫히지 않아서 생기는 척추 부분의 선천적 결함을 말한다. 척추가 완전히 닫히지 않았기 때문에 신경 섬유가 튀어나올 수 있으며, 이로 인해 신경 손상을 가져와 신체 마비를 가져올 수가 있다. 이분척추는 크게 무증상형, 외형적 증상형, 신경학적 이상형으로 나누어 볼 수 있다.

무증상형은 척추가 틈 사이로 튀어나오지 않은 상태로서 외형적 이상이나 신경학적 이상을 가지고 있지 않다. 이 경우 이상이 있는 등뼈 부분에 털이 나는 경우가 종종 있다. 외형적 증상형은 등뼈 부분에 자루 모양의 액낭(液囊)이 생기는데, 이 액낭에 뇌수(腦水, cerebrospinal fluid)만이 담겨져 있고 신경 세포의 돌출은 없는 경우를 말한다. 이 경우에도 신경학적 이상으로 인한 신체장애는 발생하지 않는다. 신경학적 이상형은 튀어나온 액낭 부분에 신경 세포가 같이 튀어나와 있는 경우이다. 이 경우 튀어나온 척추 부분에 손상이 일어나면 손상된 척추 이하의 모든 신체기관이 마비되는 결과를 초래한다.

이분척추의 경우, 뇌수에 의한 압력이 지나치게 증가되어 머리가 커지게 되는 뇌수종(hydrocehpalus)이나 두뇌나 척추의 감염을 일으키는 뇌막염(meningitis)을 수반하는 경우가 자주 있다. 이러한 합병증을 수반하는 경우에는 정신지체와 같은 정신기능의 문제를 가지고 오나, 그렇지 않은 경우 이분척추 그 자체가 인지 기능에 부정적 영향을 미치지는 않는다.

하반신 장애를 가진 아동이 프로야구대회에서 시구를 하고 있다.

(4) 신경학적 이상으로 인한 신체장애

여기에는 소아마비와 다발성 경화증이 있다. 소아마비는 폴리오균(polio virus)이 척추나 두뇌의 신경 세포를 공격함으로써 발생하는 것으로서, 다리의 부자연스러운 움직임을 가져온다. 최근 면역 백신이 개발되어 소아마비의 출현율은 급격하게 낮아진 상태이다. 다발성 경화증은 주로 청소년들이나 성인들에게서 발견되는 질병으로, 신경 세포의 축색돌기를 덮고 있는 수초(myelin sheath) 부분이 서서히 굳어가는 만성적인 진행성 질병이다. 구체적 증상으로는 시각 혼란과 같은 지각문제, 몸의 떨림, 근육 약화, 경직성 발작, 말하기의 어려움, 어지럼증, 걷는데 어려움 등을 들 수 있으며, 아직까지는 그 원인과 치료법이 밝혀지지 않았다.

2) 근육과 골조직 이상으로 인한 장애

(1) 근위축증

근육 섬유의 퇴행으로 발생하는 진행성 유전병으로 근육이 점차적으로 약화되는 장애이다. 아직까지 근육의 위축을 가져오는 원인과 이에 대한 치료법이 밝혀지지 않았다. 근위축증은 가성 비대증(pseudohypertrophy)과 상체근육 위축증(facioscapulohueral form)으로 나누어 볼 수 있다. 가성 비대증은 어깨, 팔,

다리 부분이 외형적인 측면에서 정상적으로 발달하고 있는 것처럼 보이나, 실제는 외형적 발달을 보이게 된 이유가 근육이 발달해서가 아니라 지방 세포가 많아졌기 때문이다. 이 병은 남아에게서만 발견되며, 성인 초기가 되면 거의 사망한다. 상체근육 위축증은 청소년기에 시작되며, 남아와 여아 모두에게 발견된다. 다리보다는 어깨나 팔의 근육이 더 약화되며, 얼굴 부분도 영향을 받는다. 진행이 아주 천천히 일어나기 때문에 어떤 사람들은 문제에 대한 증상을 나타내지 않고 오래 살기도 하지만, 심한 경우에는 완전한 신체 불구를 가져온다. 근위축증은 정신기능에 부정적인 영향을 미치지는 않지만, 가성 비대증을 가진 아동의 경우 언어지능이 일반아동보다 낮다.

(2) 관절염(arthritis)

관절 부분의 고통을 수반하는 신체장애로서 어린 아동에게도 나타난다. 실제 17세 이하의 아동 중 약 0.08%가 류마티즘성 관절염을 나타낸다. 관절염의 일종인 골관절염(osteoarthritis)은 관절 부분의 연골이 손상을 입은 경우로서, 이로 인해 골 간 거리가 점차 좁혀지고 윤활기능이 떨어져 움직일 때마다 상당한 고통을 수반하게 되는 신체적 장애이다.

라. 신체장애 아동교육

신체장애를 가지고 있는 아동들은 초기에 정상적인 신체를 가지고 싶어하는 심리적 갈망을 가지고 있으며, 자신의 현재가 곧 사라질 것이라고 믿는다(Griffin, Sexton, Gerber, & Rotatori, 1986; Ha- llahan & Kauffman, 1988). 이 같은 믿음은 비장애아동처럼 모든 일을 똑같이 하고 싶어하는 희망에서 나온 것으로, 이러한 심리적 갈망은 지극히 정상적인 것으로 생각할 수 있다. 하지만, 이것이 지나친 집착과 심리적 우울 증상으로 심화되는 경우 문제가 될 수 있다.

또한 또래, 교사, 부모, 사회가 신체장애아동을 어떻게 보느냐가 자기개념을 형성하는 데 중요한 역할을 수행한다. 만일 또래들이 장애아동을 두려움, 거부,

차별의 대상으로 본다면, 장애아동은 자신의 장애를 부인하고, 자신과 사회에 대해 분노와 좌절을 경험하며, 자포자기적 생활을 하게 될 수 있다. 이와는 달리 사회가 장애아동을 연민과 도움의 대상으로 대할 때에는 의존적인 형태로 행동하게 되며 자기 자신에 대해 항시 낮은 자기개념을 갖게 될 것이다. 이런 특성을 지닌 신체장애아동의 교육은 다음과 같은 관점에서 이뤄지는 것이 바람직하다.

어린이날, 지체부자유 아동들에게 꿈을 선물하고 있는 자원봉사자들

첫째, 신체장애아동이 자신의 장애로 인해 기인되는 한계를 인정할 수 있도록 돕는다.

둘째, 신체장애에도 불구하고 자신이 가지고 있는 장점과 능력을 찾을 수 있도록 조력해야 한다.

셋째, 자신의 삶을 자신이 계획하고 이끌어 나가야 한다는 주인의식을 갖도록 돕는다.

넷째, 신체장애아동이 지닌 사회적 기술을 분석하고 도움을 제공한다. 협동하기, 공유하기, 인사하기, 칭찬하기 등 사회적 상호작용시 필요한 사회적 기술을 익히도록 돕는다.

신체장애아동 교육에서 교사는 모든 기관, 전문가, 부모, 기타 다른 사람이 함께 활동하도록 해야 한다. 서비스를 조정하고, 물리적인 환경을 다시 정리하고, 장벽과 불편함을 제거하고, 특별한 장비와 자료를 확보하는 것이 교육에서 신체장애아동의 요구에 부합되는 첫 번째 단계가 된다. 교사는 자기가치감(self-worth)과 건강한 태도를 형성하는 데 초점을 두어야 한다. 아동은 장애에 대한 자신의 느낌을 표현하고 인정하도록 격려되고, 사회적 또는 개인적 기능을 학습하는 데 도움을 받아야 하고, 독립생활 영역에서 충고를 받고, 미래의 직업 계획에 도움을 받아야 한다. 신체적 한계보다 더 중요한 것은 각 아동이 가능성과 잠재력을 지닌 독특한 존재라는 사실이며, 교사의 역할은 이러한 잠재력을 성취하도록 성장을 촉진하는 것이다.

영화로 만나는 특수아동교육

로렌조 오일

감독 : 조지 밀러
출연 : 닉 놀티, 수잔 서랜든, 폴 라자르, 로라 리니, 캐슬린 윌호이트, 콜린 와드, 제니퍼 던대스, 마고 마틴달

오돈 부부는 로렌조라는 다섯 살 난 아들이 있다. 하지만 어느 날 불행이 닥쳐오는데, 원인도 치료법도 모르는 ALD라는 진단을 받게 되고 곧 죽게 된다는 비보였다. 그러나 이 치명적인 죽음 앞에 오돈 부부는 굴복하지 않고 오직 지식과 논리를 바탕으로 아들의 병마와 싸우게 되고 마침내는 승리에 도달하게 된다. 오돈 부부는 ALD에 대해 연구하기 시작한다. 그러나 관련된 서적도 적고 전문의들은 조직화되어 있지 않다고 느껴 그들은 ALD 심포지엄을 조직하기에 이른다.

어느 날 우연히 폴란드 의학지에서 로렌조의 병과 비슷한 증세를 쥐에다 실험한 기사를 발견해 의사에게 자문을 구한다. 오돈 부부는 ALD가 나쁜 지방산이 생기면서 생기는 병이므로 나쁜 지방산을 제거해 주면 되지 않겠냐는 논리에서 한 발자국 해결책 가까이 나가게 된다.

마침내 1984년, 역사적인 "로렌조의 경주"는 시작이 된다. 여러 어려움이 닥치게 되나 그들은 포기하지 않고 새로운 도전을 계속한다. 1984년 4월 로렌조 아버지는 식용이 가능한 불포화 지방산을 발견해야겠다는 생각이 떠오르게 되고 생화학자에게 의뢰하여 하루도 쉬지 않고 연구한 끝에 1kg의 소중한 기름을 발견하여 오돈 가족에게 보낸다. 그 이후로 이 기름은 '로렌조 오일'이라 불리게 되는데……

CHAPTER 01

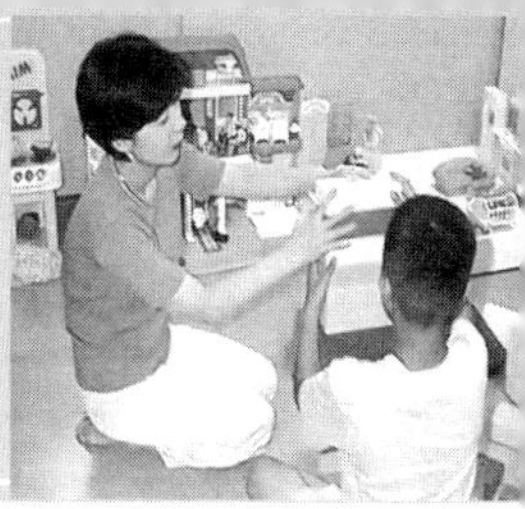

특수아동 교육을 위한 진단과 평가

1. 진단 및 평가의 개념

가. 진단 및 평가의 목적

특수교육에서 진단과 평가는 한 아동에게 특정 장애가 있는지 여부, 회복 가능한 영역, 동원할 수 있는 자원 등에 대해 포괄적인 판단을 내리는 것을 목적으로 한다. 이 목적을 달성하기 위한 절차로는 아동을 특수교육의 대상자로 포함시킬 것인지 여부 결정, 아동이 과거나 현재의 수행수준이 미약함에도 앞으로 더 높은 성취를 할 수 있는지에 대한 판단, 손상된 기능 영역 중에서 회복이 가능한 영역의 변별, 아동의 회복을 위해 동원할 수 있는 강점의 확인 등을 포함한다. 한편 Cross와 Goin(1975)은 진단과 평가단계를 선정(locating) · 선별(screening) · 진단(dia gnosis) · 평가(evaluation)로 구분하고 각 단계의 목적과 참여자를 다음과 같이 정리하였다(김동일 외, 2003에서 재인용).

나. 진단 및 평가의 기능

진단과 평가는 순기능과 역기능을 동시에 가지고 있다. 진단과 평가의 순기능으로는 아동이 경험하고 있는 장애의 특성을 간략하게 요약하고, 전문가들 간에 의사소통을 원활히 하도록 도와 주며, 때로는 개입방법에 대해서도 시사점을 준다는 점 등이 있다(김창대 등, 1994 ; Hoghughi, 1992 ; Johnson, 1984).

그러나 진단과 평가는 평가대상이 되는 아동에게 꼬리표(labeling)를 붙임으로써 진단이 아동에 대한 이해를 증진하기보다는 오히려 그 아동에 대한 몰이해를 초래할 수 있다는 역기능을 가지고 있다. 또한 아동이 특정 유형으로 진단될 경우 그 유형 내에서는 각 개인의 개인차가 무시될 수도 있으며, 아동에 대해 낙인을 찍고는 편견이나 부정적인 기대를 가질 수 있다.

따라서 특수아동의 장애를 진단·평가할 때 평가자는 우리는 아직 인간 내면세계에 대해 충분히 모르고 있다는 점을 기억해야 한다. 즉, 지능을 평가함으로써 우리가 알 수 있는 것은 '지능의 수준'일 뿐이며 실제 정보가 두뇌 속에서 처리, 저장, 인출되는 '방식', 환경이 학습에 영향을 미치는 '과정', 지능을 발달시킬 수 있는 '교육방법'에 대해서는 아직 잘 모른다. 따라서 아동의 지능을 평가하여 점수를 기준으로 분류하여 동일한 집단으로 분류, 진단된다고 하더라도 교사는 그들이 동일한 방식으로 정보를 처리, 저장, 인출하거나 같은 교육방법을 통해 그들의 문제를 개선할 것으로 생각할 수 없다. 또한 동일하게 정신지체아로 명명되었다고 하더라도 그들의 지적인 능력이나 학습하는 방식, 그리고 기질이 서로 다르다. 따라서 아동에 대해 명명이나 분류하는 것이 매우 중요하긴 하지만 그러한 명명과 분류 때문에 실제 교사가 아동을 관찰하거나 그들을 교육시키는 방식을 제한해서는 안 된다는 점을 기억해야 한다(김동일 외, 2003).

다. 진단 및 평가의 유형

특수아동의 진단과 평가에는 아동의 장애 유형에 따라 다양한 방법이 도입되어야 하며, 수집한 자료를 기초로 통합적인 판단을 내려야 한다. 특수아동의 진단 및 평가의 유형은 크게 표준화 검사, 면접, 관찰로 살펴볼 수 있다.

1) 표준화 검사

표준화 검사란 검사의 규준이 마련되어 있는 검사를 의미한다. 표준화 검사는 규준집단(norm)이라고 하는 나이나 성별이 분명하게 규정된 대표적인 집단을 기준으로 검사의 척도를 만들어 둠으로써 평가대상이 되는 각 개인의 점수를 원래 기준이 되었던 규준집단 내에서의 서열점수로 재해석할 수 있도록 제작된 검사이다.

2) 면 접

면접 역시 다른 진단 및 평가방법과 마찬가지로 대상에 대해 적합하고 신뢰할 수 있으며 타당한 정보를 얻고자 하는 목적을 가지고 있다. 그러나 면접을 통한 평가는 다른 방식의 평가보다 유연성이 있어서 평가자가 평가 중에 방향을 바꾸어 가면서 아동에 대해 유용한 정보를 얻을 수 있을 뿐만 아니라 내담자의 행동을 관찰할 수 있다는 이점이 있다. 반면 면접을 통한 평가는 신뢰도나 타당도를 확보하기 어렵다는 단점이 있다.

3) 관 찰

아동의 일상생활을 관찰하면 귀중한 정보를 얻을 수 있다. 평가자는 아동이 학교나 가정, 그리고 동네에서 보여주는 행동을 관찰할 수도 있고, 교사가 그 아동에게 특별히 대하는 방식, 친구들의 반응 등을 관찰할 수도 있다. 관찰을 통한 평가는 다른 객관적인 검사와 함께 사용할 때 훨씬 풍부한 평가를 내릴 수 있으며, 이러한 정보를 토대로 교사는 아동을 위한 치료 프로그램을 구성하거나 선정할 수 있다. 일상생활의 관찰을 통한 평가는 다음과 같은 특징이 있다.

① 아동의 자연스럽고 자발적인 행동을 평가할 수 있다.
② 아동의 대인관계나 학습 양식을 평가하기 용이하다.
③ 아동의 행동뿐 아니라 다른 사람의 반응도 동시에 평가할 수 있다.

④ 아동의 행동에 대해 부모나 교사가 보고한 내용을 확인할 수 있다.

⑤ 아동의 행동을 평가 상황과 자연스런 상황에서 서로 비교할 수 있다.

⑥ 다른 방식으로는 평가하기 어려울 정도로 어리거나 발달적 장애가 있는 아동을 평가할 수 있다.

2. 장애영역별 진단과 평가

진단과 평가의 대상이 되는 아동이 어떤 아동이냐에 따라 보다 세심한 주의가 필요하다. 진단과 평가에 있어서 대상이 특수아동인 경우 교사들이 고려해야 할 사항들은 더욱 다양해진다. 특수아동을 대상으로 검사를 실시할 때는 보다 더 숙련된 방법과 보다 많은 인내가 필요하다. 정서불안, 자폐, 뇌손상 아동을 검사하는 경우가 그렇다. 더욱이 신체적인 장애를 지닌 아동의 경우는 특별한 문제가 있을 수도 있으므로 확실한 자격을 갖춘 동시에 경험이 많은 숙련자가 세심한 준비를 하여 검사를 실시해야 한다. 검사에 사용되는 측정 도구와 여러 절차를 통해 어떤 과제에 대한 아동의 수행 실패든 자신 있게 설명할 수 있어야 한다. 비장애아동에게 시행하는 일반적인 검사 절차들이 그대로 특수아동에게 적용될 수도 있겠지만 몇 가지 부가적인 절차들이 필요하다. 여기에서는 Sattler(1992)가 제시한 것을 참조하여 평가 대상의 아동의 특성, 특히 장애아동을 평가할 때 접할 수 있는 문제들에 대해 설명하고자 한다(곽금주, 2002에서 재인용).

가. 정서장애 · 소심증 · 비행아동 평가

대부분의 정서장애 아동이 평가 상황에서 위축되는 경우는 없지만 평가자 입장에서 본다면 상당한 노력과 인내를 필요로 한다. 아동이 검사를 받기 어려운 경우라면 검사자는 그러한 저항을 최소화하여 아동을 도울 수 있는 나름대로의 절차를 개발하지 않으면 안 된다. 만일 아동이 말로 응답하는 것에 저항한다면 초기 평가의 형태는 행동 반응 유형으로 하는 것이 효과적일 것이다.

평가자는 또한 검사 항목의 질문들에 대답할 준비가 전혀 되어 있지 않은 극도의 소심증 아동을 만날 수도 있다. 비행아동의 경우는 검사가 실시되는 장소가 그러하듯(청소년보호센터나 소년원과 같은) 어딘가 권위적인 장면에서 발생하는 상황적 스트레스는 물론 검사 자체에 대하여도 즉각적이고 구체적인 형태의 위협을 느낄 수 있다. 그들은 평가자에게 자신들의 모든 것을 내보임으로써 얻을 것은 하나도 없고 잃기만 할 것이라고 생각하여 방어할 수도 있다.

다시 말해 검사장소가 공공기관, 비행아동이 양육되는 집, 처벌적 의미를 지닌 장소라면 자신들을 노출시키려는 시도에 대해 철저한 방어기제를 동원하려 할 것이다. 따라서 검사자는 항상 이러한 문제점을 인식하고 아동을 이해하기 위한 모든 노력을 기울여야 한다. 그렇지 않다면 비정상적인 행동에 대한 타당한 원인을 찾기가 어려워진다.

나. 자폐아동 평가

선천적으로 자폐 증상을 갖고 있는 아동, 즉 사회적 관계 형성에 어려움을 겪거나 대화 장면에서의 심각한 장애 또는 감각적 자극에 대한 기이한 반응을 보이는 아동은 검사 상황에서도 역시 어려움을 겪는다. 이러한 아동은 검사과제라든가 검사자와의 접촉 장면에서 거의 의욕을 보이지 않는다. 적절히 격려하기 위해서 사용하는 일반적인 방법들, 즉 미소를 짓는 것과 같은 방법은 별다른 효과가 없다(Baker, 1983).

자폐아동에게는 아주 천천히 그리고 간략하게 말해야 하는데 어법적 구조는 상관하지 말고 아주 짧은 문장으로 극히 필요한 단어만 사용해야 한다. 아주 구체적이고 정확히 말하도록 하며 만일 아동이 반응을 보이지 않는다면 질문이나 지시 사항을 좀더 단순한 형태로 바꾸는 것이 좋다(Lord & Baker, 1977). 검사자가 말하는 동안 아동은 검사자를 뚜렷이 주목하고 있음을 명심해야 한다. 그리고 시각적 단서는 아동의 참여를 유도해 내는 데 아주 유용하다.

1) 자폐아동과의 의사소통 기법

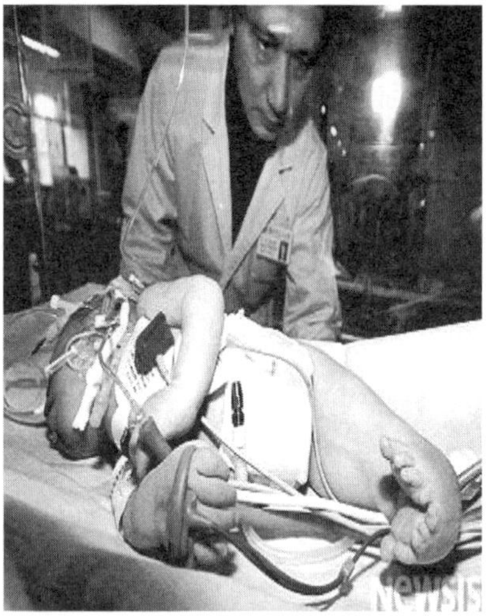

인어아기의 모습

검사를 실시하기 전에 자폐아동과의 의사소통 기법에 대하여 가능한 많이 알아둘 필요가 있다. 그러한 정보는 그들의 부모나 교사로부터 얻을 수도 있고 검사자 스스로의 관찰로부터 얻을 수도 있다. 다음의 질문들이 도움이 될 것이다(Lord & Baker, 1977).

· 간단한 지시를 따를 수 있는가?
· '예', '아니오'로 대답할 수 있는가?
· 몸짓이나 그림 혹은 기호의 의미를 이해하는가?
· 읽을 줄 아는가?
· 자신만의 특이한 행위(암호로 된 단어나 구절 따위)를 갖고 있는가? (예를 들면, '아니오'의 의미로 '안녕! 안녕!'을, 좋아하는 장난감에 대하여 '이것 봐, 이것 봐'라고 하는 것)

2) 자폐아동의 개인적 특성 고려

검사를 실시하기 전에 아동이 보이는 특별한 선호, 능력, 생활양식 등의 자료들을 신중히 고려해야 한다(Baker, 1983). 또한 아동의 발달수준에 맞는 검사를 선택해야 한다. 필요하다면 아동의 실제 연령보다 다소 낮은 검사를 실시할 수도 있다. 자폐아동의 언어적 문제를 고려할 때 검사는 언어와 비언어적 측정 도구가 별도로 되어 있는 것이나 혹은 양자를 동시에 포괄할 수 있는 것을 선택해야 한다.

3) 자폐아동의 언어 결손

자폐아동의 언어 결손은 일반적으로 네 가지의 방식으로 나타난다.

① 무언가 자기 쪽으로 가져오는 경우에 사용하는 언어 기술이 그것을 단순히 표현하는 언어 기술보다 더 발달하는 경향을 보인다. 즉 달라고 할 때는 "연필 주세요"라고 말하면서 되돌려줄 때는 그냥 '연필'이라고 말한다.

② 단절적인 구절의 기계적 반복이나 모방 언어(검사자가 한 말을 조금 후에 되풀이하여 따라 하는 것)의 구사는 가능하지만 그것을 일정한 이야기의 문맥 속에서 의미 있는 문장으로 만들지는 못한다. "나가"라고 반복하여 말하면서도 그 말을 사용하여야 할 문장에서는 정작 사용하지 못한다. 그러나 이러한 즉각적인 혹은 잠시 지체된 모방 언어를 아무런 사회적 의미가 없거나 의사소통으로서의 의미가 없는 그저 공허하고 무의미한 되풀이로 해석해서는 곤란하다. 자폐아동을 네 그룹으로 나누어 실시한 한 연구 결과에서는 그들이 사용하는 모방 언어의 대부분이 일정 정도의 이해를 보여주는 증거임을 보여 준다. 그것이 아무런 의미도 갖지 않는 경우는 전체의 40%에 불과했다. 이러한 결과는 모방 언어가 의사소통의 장면에서 일정한 기능적 요소로 활용될 수 있음을 시사하며 일반적인 의사소통의 맥락에서 나타나는 다른 요소들, 즉 시선, 자세, 몸짓 등과 마찬가지로 정당한 평가를 받아야 함을 의미한다.

③ 한 장면에서 나타나는 자폐아동의 언어 기술은 장면이 바뀌게 되면 달라질 수 있다. 다만 어떤 대상을 늘 올바르게 인식하는 유일한 경우는 그 대상이 자기 집에서 익숙하고 아주 좋아하는 것일 때이다.

④ 자폐아동의 언어 기술은 정상적인 혹은 일반적으로 예상되는 발달 패턴을 따르지 않는 경향이 있다. 여전히 말은 못하면서도 읽기는 어렵지 않게 할 수 있는 아동도 있다.

이러한 언어 문제로 인하여 검사자는 자폐아동을 위해 만들어진 자극 반응 자료 등 여러 선택적 대안을 준비하여야 한다. 시각적으로 뚜렷하고 아동 스스로 설명할 수 있도록 만들어진 검사 자료 등이 좋다. 또한 그들 사이에 이루어질 수 있는 여러 가지 소통 수단들, 예를 들면 그림을 보여 주며 지적하는 것, 기호화된 언어, 손으로 쓴 단어, 그 밖의 여러 상징들도 아동에게 이미 친숙한 거라면 사용할 수 있다. 검사자가 검사 결과를 분석하거나 검사 보고서를 작성할 때는 과제 수행에 대한 그들의 관심도, 혼자 과제를 수행할 수 있었는지의 여부, 여러 형태의 사회적 간섭에 대한 반응, 신체적 강약 정도 등도 평가하여 보고하여야 한다.

다. 뇌손상아동 평가

뇌기능 손상아동이 검사 실시 과정에서 나타내는 반응은 그 범위가 아주 넓어서 다양한 형태의 인지 장애를 보여 준다. 어떤 평가의 경우는 비장애아동의 결과와 다를 바가 없지만 대부분의 경우는 심한 두려움, 극도의 침묵, 정서적인 불균형을 나타낸다. 즉 쉽게 흥분 상태에 이르기도 하고 잦은 감정의 변화를 보인다. 만일 아동이 검사를 두려워하는 것으로 판단되면 불안감을 줄이기 위하여 검사에 앞서 충분한 시간을 할애해야 한다. 또 아동에게 신뢰와 검사에 대한 자신감을 심어 주기 위해서 간단한 퍼즐과 같은 놀이 시간이 필요하다. 또한 부모로부터 학습에 관한 평소 아동의 반응을 확인해 두는 것도 도움이 된다. 뇌손상아동의 경우 칭찬, 과제 수행에 따른 격려, 무언가 아동에게 자신감을 줄 수 있는 말들을 많이 사용할 필요가 있다. 그리고 검사를 비교적 쉬운 것부터 시작하여 초기 단계에서 성취 경험을 가지게 한다면 그 후 일련의 검사과정을 비교적 편한 상태로 마칠 수 있다. 다소 어려운 검사는 전체 과정 중 중간쯤에 실시하여 피로가 오기 전에 초기의 적응력이 지속될 수 있도록 한다. 간혹 문제의 답을 알고 있음에도 불구하고 적절한 반응을 이끌어 내기까지 평소와는 다르게 오랜 시간을 필요로 할 수도 있는데, 그저 아무 말도 없이 앉아 있거나 응답을 거부하는 태도를 보이기도 한다. 이런 경우가 발생하면 그들 나름대로의 속도로 진행할 수 있도록 결코 무리해서 응답을 이끌어 내려 해선 안 된다. 그렇기는 해도 너무 오래 지연되는 경우라면(대개 1분을 넘어서면) 일반적인 기준이 허용하는 범위 내에서 과제를 다시 제시해야 한다. 왜냐하면 아동이 그것을 잊어버렸을 가능성이 크기 때문이다. 아니면 다른 과제로 넘어갔다가 나중에 다시 재실시할 수도 있다.

검사가 시작되기 전에 검사실 안에 주의를 산만하게 만들 수도 있는 잠재 요소들을 최소화해야 한다. 검사실은 조용해야 하고 불필요한 집기들이나 장난감 등은 치워야 한다.

아동에 따라 다소 어려운 과제를 접할 경우 비정상적인 지연을 보이기도 한다. 예를 들면, 검사 제시조건을 변화시키는 데도 불구하고 지속적으로 응답을 거부하기도 하고, 감정의 기복이 심하게 나타나거나 검사자의 주변의 사물들에 대하여 이상할 정도의 적대감과 분노를 드러내기도 한다. 이러한 행동은 뭔가 익숙치 않은 상황에 대처하기 위한 아동 나름대로의 시도일 수도 있다. 비록 이러한 행위가 검사를 실시하는 데 방해가 될 수도 있지만 한편으로 그러한 반응은 아동으로서는 더 심한 스트레스를 피하기 위해 스스로 대처하는 기제일 수도 있다. 따라서 이와 같은 아동의 행동을 잘 이해하고 능숙하게 다룰 수 있어야 한다.

라. 정신지체아동 평가

정신지체아동도 검사 과정 전반을 통하여 비협조적일 수밖에 없다. 따라서 뇌기능 손상아동의 경우와 마찬가지로 그러한 행위 가운데서 일정한 의미를 지니는 부분을 평가하는 것이 중요하다. 이들이 보이는 소극적 행위는 어려운 주변 환경에 대한 최소한의 자부심을 유지하는 방책이며 공격적이거나 비정상적으로 과장된 행위는 어렵고 새로운 상황에 대한 위급 반응임을 나타낼 수도 있다. 모방 언어 역시 일반적인 경우라면 매우 부적절한 행위로 간주할 수도 있지만 이 아동의 경우는 일정한 관계를 형성하고 유지하기 위한 방법이 될 수도 있다. 또한 응답에 대한 지속적인 거부 행위 역시 심리적 안정을 얻기 위한 행위로 간주할 수도 있다. 이 경우 조용히 기다려 주는 것이 아동으로 하여금 상황을 이겨내는 데 도움을 줄 수 있다.

거부 행위 역시 깊은 심리적 상처로부터 자신을 보호하기 위한 방책이 되기도 한다. 이러한 행위들에 적절히 대처하기 위해서는 몇 가지의 대응 행위를 알고 있어야 한다. 경우에 따라서 마치 입장이 바뀐 것처럼 검사자가 반대로 아동의 질문에 응답할 수도 있는 장면을 연출하여 아동에게 보다 편안한 마음을 갖게 할 수 있고 무엇보다 자기 멋대로 하고자 하는 욕구를 상당히 줄일 수 있다.

공격성과 과장행위의 경우는 비교적 쉬운 과제를 가지고 평가를 시작함으로써 줄어들 수 있다. 또 아동이 계속해서 부적절한 반응을 보이는 것을 방지하려면 과제의 난이도를 번갈아 제시하는 절차를 취할 수도 있다. 그러나 평가 절차를 수정함으로써 결과의 신뢰도를 떨어뜨릴 수 있으므로 주의해야 한다. 다른 모든 아동의 경우와 마찬가지로 따뜻한 감정의 교류와 서로에 대하여 개방적인 태도야 말로 부적절한 행위를 줄일 수 있는 가장 바람직한 방법이다.

1) 심각한 지체아동에 대한 검사

심한 지체아동을 대상으로 무엇인가 측정한다는 것은 어려운 일이다. 이들은 누군가의 제안이나 명령, 몸짓 따위에 결코 쉽게 응답하지 않으며, 전혀 움직이지조차 않으며, 주의를 기울이지도 않고, 사나운 표정을 짓고, 전혀 예측할 수 없으며, 도저히 이해할 수 없는 언어를 구사한다. 게다가 지체 정도가 아주 심각한 아동의 경우는 검사가 보다 더 어려울 수 있다. 왜냐하면 그들이 곧 잘 나타내는 행위를 이를테면 자기 강화 행동, 자해 행위, 주의력 분산, 파괴 행동, 갑작스런 분노, 집착, 검사 지시사항이나 요청에 대한 불복종 등으로 검사 장면이 방해받을 수 있기 때문이다. 또한 표준화된 검사의 많은 항목들도 이들에게는 전혀 쓸모없는 것이 될지도 모른다. 이런 경우라면 좀더 기능적인 평가가 이루어져야 하는데 이러한 종류의 평가에는 평가 항목마다 자세한 설명이 첨부되어 있다.

2) 심각한 지체아동에 대한 관찰

지체아동을 관찰하는 경우라면 다음의 사항들을 특별히 주목해야 한다.

① **주의력** : 아동이 자기 주변에 있는 사물에 주의를 기울이는가? 만일 그렇다면 무엇에? 어느 정도로? 얼마나 오래 동안 주의를 기울이는가?

② **움직임** : 아동이 한 곳에서 다른 곳으로 어떻게 움직이는가? 도움을 받아야 한다면 어느 정도인가?

③ **팔의 사용** : 아동이 더 많이 사용하는 팔은 어느 쪽인가? 행동을 할 때 두 팔을 모두 사용하는가?

④ **결손** : 아동의 결손은 무엇인가?

⑤ **장점** : 아동의 장점은 무엇인가?

⑥ **보상행위** : 어떤 보상 행위가 나타나는가?

⑦ **강화인자** : 아동의 환경에서 무엇이 강화인자로 작용하는가?

⑧ **건강상태** : 일반적인 건강상태와 신체 근력은 어느 정도인가?

⑨ **지속 정도** : 일정한 행위를 얼마나 오래 지속할 수 있는가? 피로는 어떤 형태로 나타나는가?

마. 신체장애아동 평가

비장애아동에게 사용하는 대부분의 검사 기법은 신체장애아동에게도 유용하다. 다만 적용에 있어 몇 가지 유의할 사항이 있다. 대부분의 비장애아동은 특별한 격려를 필요로 하지 않는다. 검사에 응답하는 상황에 익숙하며 검사의 과제를 일종의 도전으로 간주하기까지 한다.

이와는 대조적으로 신체장애아동은 검사 장면에서 별다른 관심을 느끼지 못할 수 있다. 그들의 불안정한 움직임은 매우 서툴러 보이게 만들고 이런 점은 그들의 자의식 속에 부정적인 감정을 만들어 낸다. 이들은 자신의 신체적 장애와 연관된 결함과 싸워야 하는 동시에 그들의 부모로부터 잘 해낼 수 있을까 하는 불안감과도 맞서야 할 것이다.

되풀이되는 의료적 검사로 인한 불안감, 주위로부터 받는 뜨거운 시선, 그 외 여러 가지 요인들은 그들의 정서, 인지력, 학습 능력에 영향을 미친다. 따라서 검사 장면에서 그들의 반응은 평상시의 자신에 대한 자화상에 크게 의존할 수밖에 없다. 따라서 바람직한 과제 수행을 위해서는 인내와 끊임없는 격려가 필요하다.

1) 신체장애아동에 대한 검사

약물복용 후유증에 의한 지체장애 아동

신체장애아동에 대한 검사는 다양한 문제점을 지니고 있다. 먼저 의사소통의 어려움 때문에 자칫 그들의 지적 능력에 대한 그릇된 인상을 가질 수 있다. 둘째, 장시간의 주의집중을 필요로 하는 작업에 익숙하지 않으므로 쉽게 피로를 느낄 수 있다. 셋째, 검사 시점에서 볼 때 집중 곤란이 신체장애로 인한 것인지 복용한 약물로 인한 것인지 또는 인지적 장애로 인한 것인지 판별하기가 어렵다. 넷째, 의존성이 강화된 아동의 경우는 신뢰감의 형성이 쉽지 않다. 다섯째, 검사가 시작되면 극도의 긴장감을 느낄 수 있다. 마지막으로 이들에게 검사의 개괄적인 방침을 이해시키는 데는 더 많은 노력을 필요로 한다. 이들을 평가할 때 인지적 능력과 감각적 능력(시각, 청각, 촉각)을 절대 혼동해서는 안 된다. 감각이나 운동 능력 장애를 가졌어도 인지 능력이 뛰어날 수 있다. 만일 시간 측정이 필요하다면 그렇지 않은 검사를 보충적으로 병행해야 한다. 시간이 측정되는 과제에 스트레스를 받는 아동이라면 검사 실시를 유보하는 것이 좋다. 어떠한 능력 검사이든 간에 이들의 감각적, 운동적 장애로 인한 부적절성이 평가 반영되어서는 안 된다. 이들이 최적의 조건을 가지고 과제를 응답할 수 있는 종류의 검사를 선정하여야 한다.

2) 감각 기능에 대한 비형식적 평가

검사에 들어가기 전에 검사자는 아동의 시각, 청각, 신체적 조건, 건강기록부 등에 관하여 미리 알아둘 필요가 있다. 심각한 장애아동의 경우는 부모에게 문의하여 아동이 주로 사용하는 신호들, 몸짓 등과 그 각각의 의미를 확인해 두어야 한다. 이러한 비형식적 관찰을 통하여 검사자는 이들이 응답 가능한 검사의 범위를 결정할 수 있다.

다음과 같은 점을 비형식적으로 평가해 두면 유용하다.

① 아동의 시각, 청각, 언어 구사, 신체 균형, 팔과 손의 사용 여부

② 독해 및 필기 정도(초등학생 이상)

③ 언어적 형태이건 비언어적 형태이건 간에 '예'와 '아니오'로 답할 수 있는지의 여부

이러한 비형식적 평가는 간단한 과제에 대한 아동의 수행을 관찰함으로써 가능하다. 이를테면 사진 설명, 퍼즐 놀이, 간단한 문장의 독해, 작문, 간단한 질문에 대한 답변 같은 것들을 사용할 수 있다. 아동이 검사자의 질문에 어떻게 답변하는지, 운동이 필요한 경우 어떻게 움직이는지, 성공적 수행에 어떻게 이르는지 등을 상세히 기록으로 남겨 두어야 한다.

3) 검사의 선정

아동에 관한 문제점과 그들의 장애와 관련된 한계점 등이 파악되었다면 이런 모든 조건에 적절한 검사를 선정해야 한다. 또한 아동의 장애와 관련된 문항들은 어쩔 수 없이 빼버려야 하는데 예를 들면, 어떤 사물을 능숙하게 조작해야만 가능한 과제는 그것이 원천적으로 불가능한 아동을 대상으로 사용할 수는 없다.

4) 기타 고려 사항

신체장애아동을 대상으로 실시하는 검사에서는 다음과 같은 사항들을 더 고려하여야 한다.

① 동일한 과제라 할지라도 한 가지 검사 장면보다는 몇 가지 장면이 더 포함되도록 검사 계획을 짜는 것이 좋다. 그 중 최소한 한 가지 장면은 아동이 가장 친숙한 환경을 가지도록 해야 한다. 시각장애아동의 경우 익숙하지 않은 환경보다는 평소 익숙한 환경에서 숙련된 행동을 많이 보여 준다. 어떤 환경이건 아동이 그 곳에 적응할 수 있는 시간을 주어야 한다.

② 검사 계획을 세분화하여 한 영역에서 다음 영역으로 넘어가기 전에 잠시 휴식시간을 가진다.

③ 검사 과제들을 아동이 선호하는 방식대로 배치한다. 만일 그들을 위해 만들

어진 보조 장비가 있다면 그것들을 충분히 사용한다.

④ 점자판, 손가락을 이용한 철자이든 어떤 형태이건 적절한 응답이라면 점수를 준다.

⑤ 모든 아동에게 하던 그대로의 친근감을 갖고 대한다.

⑥ 도움이 필요해 보이면 "도움이 필요하니?" "어떻게 도와 주면 될까?"라고 간략히 물어 본다.

⑦ 맹아에게 소리를 지르지 않는다. 그들은 보는 것에 문제가 있는 것이지 듣는 것에 문제가 있는 것은 아니다.

⑧ 일상적인 표현을 할 때 주의한다. 예를 들면, 맹아에게 어떤 것을 본 일이 있느냐고 묻는다면 그들은 당황할 수밖에 없다. 언제나 세심한 주의가 필요하다.

⑨ 어느 정도 나이가 든 맹아라면 그림(지도나 사진)과 같은 개념의 언어를 사용한다. 즉, "도서관은 오른쪽에 있어."라고 말하는 대신 "네가 지금 서 있는 곳에서 약 20보 정도 경사를 따라 올라 가서 다시 20보 정도 걸으면 거기 있는 건물이야, 한두 걸음 정도 사이를 두고 문이 나 있어, 열고 들어가면 돼."식으로 말해 주어야 한다.

⑩ 말을 더듬거나 언어 장애가 있는 아동에게는 너무 많은 말을 해서는 안 된다. 항상 참고 귀를 기울여줘야 하며 아동 스스로가 자신을 위해서 말을 할 수 있도록 배려해야 한다.

⑪ 이야기 도중 어떤 개념을 명확히 하기 위해서 반복해서 말해 줄 경우가 있는데, 섣부르게 추측하지 말고 있는 그대로 반복해 준다.

⑫ 항상 상대하고 있는 아동에게 직접 얘기한다. 어렵다고 옆에 보조자나 참가자, 부모에게 묻거나 말해서는 안 된다.

⑬ 청각장애아동의 경우는 반드시 얼굴을 마주 보며 이야기한다. 아동이 항시 상대방의 입술을 응시하고 있다는 점을 잊어서는 안 된다. 따라서 입술의 모양이 과장되지 않고 정확하도록 노력해야 한다.

⑭ 아동에게 지나치게 주의집중을 요구해서는 안 된다.

⑮ 각 아동이 지니는 특수한 형태의 무능력이 다른 분야에서도 동일할 것이라는 편견을 가져서는 안 된다. 시각장애아동의 경우 대부분 잘 들을 수 있고 신체상 건강하고 정서적으로도 아무런 문제가 없기 때문이다.

⑯ 검사자의 기대에 어긋난 행동이라고 해서 필요 이상의 의미를 부여하지 않아야 한다.

⑰ 아동이 그들의 무능력으로 인하여 언제나 혼란, 고통과 같은 심리적 반응을 나타낼 것이라고 획일적으로 생각해서는 안 된다. 그러한 심리적 반응이 있다고 하더라도 그것을 모두 부적응의 결과라고 판단해서는 안 된다. 대개 신체적 무능력과 무관한 경우가 많다.

바. 시각장애아동 평가

시각 기능에 손상이 있는 아동에 대한 검사를 실시하기 전에 시각 손상으로 규정할 수 있는 범위를 확인해 둘 필요가 있는데, 기능이 가능한 시각의 정도나 시야의 정도 등이 포함된다. 흔히 '시 기능 상실'이라는 용어는 완전한 시각 기능의 상실로부터 일반적으로 사람들이 사물을 판별할 수 있는 거리보다도 작은 시야를 갖는 경우까지 그 범위가 상당히 넓다. 시감도에는 문제가 없더라고 시야각이 너무 좋아 20도를 넘지 못하는 경우도 맹(시 기능 장애)으로 분류하고 있다.

시각손상아동은 다음과 같은 세 가지 유형으로 나눌 수 있다.

① 검사 장면에서 시각이 전혀 실질적 기능을 하지 못하는 유형으로 전혀 사물을 볼 수 없는 경우, 오로지 밝음과 어두움의 상태만 구별하는 경우, 빛이 있을 때 경우 사물의 뿌연 형체(존배)만 구별하는 경우를 포함한다.

② 검사시 큰 물건은 다룰 수 있고, 검사 도구들을 배열할 수 있으며, 검사자의 팔이 지시하는 것에 따라 사물을 구별할 수 있는 유형이다. 그러나 크게 씌어진 글자도 제대로 읽지 못한다. 이 유형의 아동은 대체로 시각을 사용할 수 있고 일정한 구분틀 내에서라면 작업이 가능하나 무엇인가를 읽어야 하는 장면에서는 심각한 어려움을 보인다.

③ 활자가 크거나 눈에 가까이 대거나 확대경 혹은 특수 보조 장치를 사용하면 인쇄물도 읽을 수 있는 유형이다.

1) 평가시 고려 사항

어느 정도 나이가 든 아동은 평가자의 팔을 잡게 하고 나이가 어린 경우라면 손을 잡아서 검사실로 인도할 수 있다. 그리고 검사실의 전체적인 형태 및 사물, 장치 등에 관해서 알려 주고 녹음기를 사용한다면 그것에 대해서도 말해 주는 것이 좋다. 부분적으로 시력을 가진 아동이라면 전체의 검사 과정이 요구하는 시각적 수행의 양이 어느 정도까지인지 설명해 주어야 한다.

아동이 안경을 사용하고 있다면 검사과정 내내 허용해야 한다. 실내조명은 지나치게 눈부시지 않도록 적절해야 한다. 아동이 사물과 배경을 혼동하지 않도록 테이블의 표면은 흰색을 피해야 하고 검사 도구와 같은 색깔이 되지 않도록 하는 것이 좋다.

2) 검사의 선정

만일 시각 장애가 심각한 정도가 아니라면 웩슬러 지능검사나 비네검사 등과 같은 지능 검사들은 사용이 가능하다. 심각한 정도라면 언어적 형태의 검사만이 유효하다. 그러나 그러한 경우라도 검사의 항목이 근본적으로 시각적 경험을 요구하는 것이라면 응답 능력은 떨어질 수밖에 없다.

사. 청각장애아동 평가

청력 손상은 가벼운 것에서 매우 심각한 것까지의 청력 손실 수준을 나타내는 일반적인 용어이다. 청력을 상실한 아동은 청각을 통한 정보처리에 충분한 일부의 청력을 가지고 있으며 일반적으로 보청기를 사용한다. 모든 언어적 청각장애아동(태어나면서나 말이나 언어의 발달 시기에 발생한 청각장애아동)의 심각한 문제 중의 하나는 그들이 통상적으로 말과 언어를 획득할 수 없다는 것이다.

1) 평가시 고려 사항

청력 손상 아동의 평가를 시작하기에 앞서 청력 손실의 유형, 손실 정도, 시작된 연령 등 구성 요소 원인을 고려하여야 한다. 청력 손상 아동은 개인차가 크다. 아동이 보청기를 사용하고 있다면 보청기를 계속해서 사용해 왔는지, 평가 시간에 사용했는지, 보청기를 켰는지, 보청기에 의존하는지를 결정해야 한다. 아동의 청력 기능 수준을 알기 위해서 미리 정보를 얻는 것이 좋은데 부모와 교사의 면접과 교실에서의 관찰은 아동의 대화 방식에 관한 정보를 얻는데 도움을 준다.

검사자는 평가과정 중에 아동에게 대답하지 않고도 이해시킬 수 있도록 준비해야 한다. 판토마임을 사용할 수도 있다. 검자사가 언어를 사용하는 경우 지시나 질문을 읽는 동안 아동을 조사할 수 있고 아동은 검사자의 얼굴을 볼 수 있다. 분명하고 자연스럽게 말하도록 하며 즐거운 얼굴을 유지하도록 한다. 아동이 검사자의 입술을 보는데 방해물이 없도록 하며 방안의 조명은 적절해야 한다. 보청기는 정상적인 상태로 두어야 하고 켜져 있도록 해야 한다. 청각장애아동을 평가하는 사람은 수화를 배워 두는 것도 평가를 용이하게 할 수 있다.

2) 검사의 선정

청력 손상을 가진 아동을 대상으로 이들의 능력을 제대로 측정하는 것은 어렵다. 많은 검사들이 다량의 언어적 구성요소를 가지고 있기 때문이다. 보통 언어적인 것에 기초를 둔 검사는 청각장애아동의 능력의 수준을 정확하게 나타내 주지는 못한다. 그것은 청각장애아동의 언어적 결함 정도를 측정하는 데 더 적당하다. 시간을 측정하는 검사는 청각장애아동에게 타당성이 낮은 검사일 수 있다. 웩슬러 지능검사를 포함한 지능검사의 비언어적 영역을 사용하는 것이 좋다.

평가자는 형식적이든 비형식적이든 간에 아동의 대화 기술을 관찰해야 한다. 관찰이 어디에서 이루어졌는지를 기술해야 하는데 이는 아동의 대화기술이 환경에 따라, 즉 조용한 일대일 상황인지, 교실인지, 직장이나 사회 환경인지에 따라 변화가 심하기 때문이다. 읽기, 쓰기, 말하기 등 아동의 기술을 평가하도록 한다.

뿐만 아니라 실시하는 동안 아동이 대화를 어느 정도 이해하는지도 표시해야 한다.

아. 뇌성마비 장애아동 평가

뇌성마비아동에 대한 평가 역시 특별한 어려움이 있다. 이들에 대한 평가가 육체적 결함에 기인한 것인지 인식 부족에 의한 것인지를 결정하기가 어렵다. 타고난 결함에도 불구하고 일반아동과 뇌성마비 아동의 성취 정도를 비교하는 것은 중요하다. 그러나 많은 뇌성마비아동은 충분히 말할 수 있으며 적어도 한 손을 잘 사용할 수 있다. 뇌성마비아동을 위한 검사 실시방법이 별도로 필요한 것은 아니나 심각한 육체적인 한계가 있을 때에는 새로운 절차를 사용해야 한다. 아동이 주로 손 습관을 가졌고 말이 서툴다면 성취 검사를 사용하고 반대의 경우라면 언어적 검사를 사용하는 것이 적당하다. 운동 기술을 요구하는 검사는 운동결함을 가진 아동에게는 부적절하다.

뇌성마비가 심한 경우 검사 실시방법을 잘 선택하여 아동의 능력을 평가할 필요가 있다. 검사자는 편견을 가지지 말고 아동이 수행할 수 있는 영역 안에서 검사의 응답방식을 변경하는 등 풍부한 임상경험에서 나온 평가의 융통성을 발휘해야 한다.

3. 특수아동 진단 및 평가를 위한 각종 검사

특수아동의 장애영역별 진단평가에 포함되는 검사는 특수교육진흥법 시행령에 따르면 다음의 〈표 7－1〉과 같다.

표 7-1 특수교육 대상자 진단 · 평가의 도구

장애영역	진단 · 평가의 도구
시각장애 · 청각장애 및 지체부자유	1. 기초학습기능검사 2. 시력검사 3. 시기능검사 및 촉기능검사(시각장애의 경우에 한함) 4. 청력검사(청각장애의 경우에 한함)
정신지체	1. 지능검사 2. 사회성숙도검사 3. 적응행동검사 4. 기초학습검사 5. 운동능력검사
정서장애	1. 적응행동검사 2. 성격진단검사 3. 행동발달평가 4. 학습준비도검사
언어장애	1. 구문검사 2. 음운검사 3. 언어발달검사
학습장애	1. 지능검사 2. 기초학습기능검사 3. 학습준비도검사 4. 시지각발달검사 5. 지각운동발달검사 6. 시각운동통합발달검사

영화로 만나는 특수아동교육

나의 왼발

감독 : 짐 셰리던
출연 : 다니엘 데이 루이스(크리스티 브라운), 피오나 쇼(의사),
시릴 쿠삭(케스트웰런드), 루스 맥카베 (메리 카)

「나의 왼발」은 크리스티 브라운이라는 실존 화가의 이야기를 극화한 작품으로 1990 아카데미 남우주연상을 수상한 영화이다.

크리스티(다니엘 데이 루이스)는 더블린의 가난한 집안의 13명의 형제 속에서 뇌성마비로 태어난다. 의사는 그 아이가 식물인간이 될 거라고 하지만 가족들은 그를 포기하지 않고 사랑으로 돌본다. 온 몸이 마비되고 움직이기 힘들었지만 아버지가 만들어준 수레를 타고 형제들의 도움으로 축구를 하는 등 동네 아이들과도 어울린다. 유일하게 신경이 살아있는 왼발을 이용해 그는 글씨를 쓰기 시작했고 그림도 그리기 시작한다.

성장한 그는 한 여인을 사랑하게 되었으나 그녀는 약혼자가 있었다. 그 사실을 알고 괴로워하는 크리스티에게 가족들은 그의 방을 만들어 주고 그가 그림을 그릴 수 있도록 도와 준다. 그는 그 곳에서 자신의 장애를 극복하고 그림을 그리며 '나의 왼발'이라는 자서전도 쓴다. 유명한 화가가 된 크리스티는 어느 자선 음악회에 초대를 받게 되고 그 곳에서 만난 메리에게 자신의 이야기를 들려주게 되는데……

CHAPTER

08

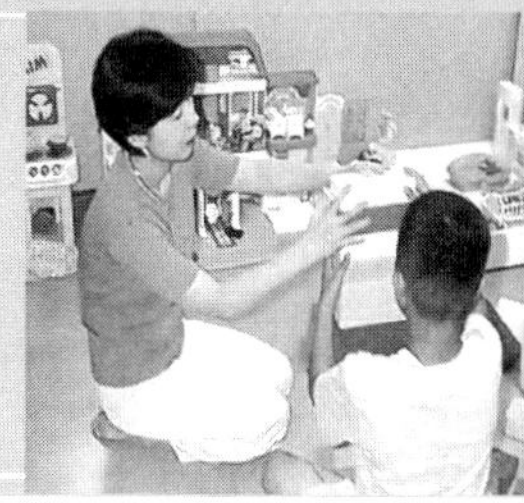

특수아동 지도를 위한 접근 방법

문제 행동은 학년이나 장애의 경중과 상관없이 모든 아동에게서 나타난다. 교육 현장에서 교사들은 문제 행동을 교정하기 위해 많은 노력과 시간을 투자한다. 특히 특수아동들은 여러 형태의 부적응 문제 행동을 보이는 경우가 많다. 경우에 따라서는 그런 문제 행동 때문에 특수교육에 의뢰되기도 한다. 특수아동이 일반학급에 통합될 때 교사는 아동의 문제 행동이 학급 운영을 방해할 것이라고 생각하기 쉽다. 더 나아가서는 이러한 문제 행동이 전체 아동의 학업 성취를 방해하고 또래와의 사회적인 관계 형성에 부정적인 영향을 미칠 것이라고 생각하게 된다. 그러므로 교사들이 특수아동의 문제 행동에 효과적으로 대처하는 방안을 지니지 못하면 특수아 통합에 대한 부정적인 견해를 갖게 된다. 또한 문제 행동에 적절하게 대처하지 못함으로 많은 부정적인 결과를 초래하게 된다.

그러나 반대로 교사가 학급 운영에 있어서 학생들의 행동을 효율적으로 통제하게 되면 학생들은 학습하는데 더 많은 시간을 소비하게 되며 학업 성취도 증진되는 것으로 나타났다(Smith, Finn, & Dowdy, 1993). 뿐만 아니라, 사회적 행동에 있어서 문제를 보이는 아동들은 그렇지 않은 또래들에 비해서 학업적으로도 낮은 성취를 보이기 때문에 사회적 기술이나 개인적 상호작용 기술을 증진시키는 것은 사회적 수용도를 증가시키는 동시에 학업 성취율도 높여 준다(Cartledge & Milburn, 1996 : Gresham, 1984 : Zirpoli & Mellory, 1993). 그러므로 문제 행동과 관련된 교사들의 목표는 문제 행동의 발생을 예방하고, 직접 문제 행동을 다루며, 필요한 경우 문제 행동과 관련해서 가족들을 지원하는 것이다. 이러한 목표를 성취하기 위해서는 특수아동이 보이는 문제 행동과 그 기능을 이해하며 이들을 다루기 위한 기본적인 원리와 다양한 교수방법을 이해함으로써 특정 문제 행동에 대한 적절한 교수전략을 계획하고 실시할 수 있어야 한다.

장애를 지닌 아동은 일상의 생활이나 아동 교육활동 중에 여러 유형의 부적응·문제 행동을 많이 나타낸다. 따라서 이들의 부적응·문제 행동을 어떻게 지도할 것이냐의 과제는 여러 교육학자와 심리학자의 관심사였으며, 여러 이론에 따라서 이들의 부적응·문제 행동을 지도하는 방안이 제각기 다른 관점에서 제시되고 있다. 여기에서는 특수아동의 부적응·문제 행동 지도를 위해 행동수정법과 놀이를 통한 접근, 그리고 지각학습 등 기타의 방법을 살펴본다.

1. 행동수정

가. 행동수정의 기본적 단계

특수아동의 행동수정은 다음과 같은 4가지의 단계에 따라 전개되는 것이 좋다.

첫째 단계, 특수아동의 행동 중 변화시켜야 할 행동이 무엇인지를 결정하고 그 문제점을 밝힌다. 즉, 특수아동의 부적응 행동을 수정하기 위한 목표 행동을 설정해야 하는데, 그 목표 행동은 다른 행동의 문제를 경감시킬 수 있는 것으로 선택하는 것이 좋다. 예를 들면, 주의집중 결함의 장애가 있는 아동의 주의 산만한 행동을 목표로 세웠으면 아동교육 활동 중 그림그리기나 점토 공작에 열중해 있을 때 그 행동을 강화(reinforcement)해 줌으로써, 주의결함 장애로 야기되는 여러 부적응의 행동을 감소시켜 준다는 것이다.

이 때 목표 행동을 선택할 때는 목표 행동과 상반되는 행동이 무엇인가를 고려하여 결정하는 것이 좋다. 왜냐하면 목표 행동의 수정이 그와 상반된 행동에 영향을 미치게 되며, 상반된 행동으로 아동을 통제함으로써 목표 행동의 수정이 쉬워지는 경우가 많기 때문이다.

목표 행동과 상반 행동의 예를 들면 다음의 〈표 8－1〉과 같다.

표 8－1 목표 행동의 상반 행동

목표 행동	상반 행동
창밖으로 한눈을 판다.	교사의 지시를 집중해서 듣는다.
집단 활동에 참여하지 않고 고립되어 있다.	쉬운 과제를 통하여 집단 활동에 참여한다.
과잉 운동성(hyperactive)	3~5분 정도라도 자리에 앉아 있는다.

둘째 단계, 수정하고자 하는 목표 행동이 결정되었으면 A－B－C 분석을 한다. 여기서의 A는 행동의 선행 자극(antecedents of behavior)이고, B는 바로 그 행동(the behavior itself)이며, C는 그 행동이 발생한 후의 후속 자극, 즉 그 행동으로 인하여 나타난 결과(consequences)이다.

특수아동이 나타내 보이는 부적응·문제 행동의 선행 자극(A)과 후속 자극, 즉 결과(C)를 알아내기 위해서는 다음 사항을 고려하는 것이 좋다.

1 선행 자극을 알아 내기 위하여 고려해야 할 사항

① **언제** : 그 행동이 발생했을 때의 날씨, 요일, 어떤 아동교육 프로그램이 진행될 때였는가 등이다.

② **어디서** : 유원장에서 아니면 활동실에서 등이다.

③ **그때의 상황** : 주어진 과제나 활동의 어려운 정도, 어떤 주에 또는 어떤 활동, 그 상황에서 누구누구와 함께 있었는가, 그 행동 발생 당시의 집단의 크기 등이다.

④ **아동의 상태** : 장애의 유형과 그로 인한 부적응 행동의 발생 빈도 및 유형, 사회적 기술 등과 같은 제반 능력의 정도 등이다.

2 후속 자극을 알아 내기 위하여 고려해야 할 사항

① 이런 부적응 행동에 대한 교사 자신의 반응은 어떠했는가?

② 그 행동에 대한 다른 아동의 반응은 어떠한가?

③ 그 행동에 대한 본인의 반응은 어떠한가?

④ 그 행동의 결과 어떤 득과 실이 생기는가?

셋째 단계, 목표 행동이 결정되고 A-B-C 분석이 끝났으면 행동수정 기법을 선택한다.

넷째 단계, 앞서의 행동수정 기법이 효과적으로 활용되었는지의 여부, 즉 결과를 평가한다.

나. 바람직한 행동을 증가시키기

바람직한 행동을 했을 때 자기가 좋아하는 동화책을 읽어 주는 것도 좋은 강화의 방법이다.

특수아동이 교육 프로그램에 따라 잘 적응하는 행동을 보일 때는 이 행동을 강화시키고, 보다 새로운 적응 행동을 획득시키며, 다른 상황에서도 바람직한 행동을 할 수 있도록 확대시켜 주어야 한다. 주요 기법으로는 정적 강화(positive reinforcement)와 사회적 모델링(social modeling)이 있다.

1) 보상과 정적 강화

특수아동의 부적응 행동을 지도하기 위하여 아동교육기관에서 교사가 일반적으로 사용할 수 있는 행동수정의 방법이 바람직한 행동을 보일 때마다 보상을 주는 정적 강화 자극의 방법이다.

정적 강화의 방법을 사용할 때 유의해야 할 사항은 다음과 같다.

① 어떤 행동을 보상해 줄 것인가에 대한 명확한 기준이 마련되어 있어야 한다. 즉, 보상을 제공할 행동에 대한 구체적인 분류가 이루어져야 한다.

② 그 특수아동에게 효과가 있다고 판단되는 적절한 보상 자극이 선정되어야 한다.

보상은 일반적으로 다음의 네 가지의 범주, 즉 물질적 보상(tangible reward), 사회적 보상(social reward), 활동 보상(activity reward), 그리고 성공 경험

(success experience)으로 나누어진다(Kazdin, A., 1975).

ⓘ 물질적 보상—사탕, 풍선, 별이나 동물 그림의 고무도장, 색칠이 되지 않은 그림, 장난감, 스티커, 토큰(token) 등.

ⓘⓘ 사회적 보상—교사의 미소나 윙크, 게시판에 아동 이름 적기나 사진의 게시, 머리 쓰다듬어 주기, 게임의 놀이 친구로서 교사의 참여, 추켜세우는 대화, 친절함과 따뜻함 등.

ⓘⓘⓘ 활동 보상—특수아동이 자주 자발적으로 즐겁게 하는 활동을 강화 자극으로 사용하는 데, 프리맥의 원리(Premack's principle)를 응용하는 것이 좋다. 손을 잘 안 씻는 특수아동이 교실 구석에 있는 흔들의자에 앉는 것을 좋아할 경우에, "네가 손을 씻을 때마다 흔들의자에 5분간 앉도록 해 주겠다."라고 행동 계약을 맺어 손 씻는 행동을 하게끔 지도하는 것이 좋은 예가 된다. 보상으로서의 활동에는 바닥에 엎드리기, 색분필로 칠판에 낙서하기, 낮잠 시간에 장난감 가지고 놀기나 다른 활동하기, 손 인형극(puppet show)에 쓰이는 인형 가지고 놀기 등이 있다.

ⓘⓥ 성공 경험—성공의 경험은 본질적 강화로써의 피드백 역할을 하는데, 여기에는 자신에게 부여된 역할 행동을 수행하고 난 뒤의 성취에 의해서 자부심을 얻거나, 자기 욕구에 즉각적인 만족을 조절하여 지연시킬 수 있게 하거나, 새로운 어떤 것을 통해 호기심을 증가시키는 활동들이 포함된다.

③ 보상의 빈도 및 시기를 고려하여야 한다. 일반적으로 알려져 있기는 보상은 무선적(無選的)으로, 혹은 비체계적인 기준에 의하여 바람직한 행동의 발생 즉시 이루어지는 것이 효과가 있다고 한다. 또한 보상의 강화는 행동수정의 초기에는 주기적인 강화를 사용하다가 점차적으로 간헐 강화를 사용하는 것이 좋다.

④ 특수아동이 너무 강화에만 의존하여 바람직한 행동을 하려고 할 위험이 있으므로 특수아동 스스로 바람직한 행동을 할 수 있게끔 자기 통제력을 길러 주어야 한다.

⑤ 아동교육의 장에서의 특수아동 지도를 위해서는 행동 계약의 원리를 최대한도로 활용한다. 이 때 계약이 효과적으로 되기 위해서는 그 계약의 내용이 상당히 매력적이어야 하며 구하기 힘든 것이 보상의 내용이 되어야 한다.

아동교육기관에서 특수아동의 바람직한 행동을 강화하기 위한 행동 계약의 예는 〈표 8-2〉와 같다.

표 8-2 행동 계약의 예

> **행동계약**
>
> 〈선생님과 엄마, 그리고 나와의 계약〉
>
> 나 김수철은 7월 10일부터 7월 30일까지 선생님이 하라고 하시는 활동을 한다.
> 이것은 착한 행동이다.
> 선생님 김경혜는 수철이가 약속한, 선생님이 하라고 시키는 활동을 잘 했을 때는 웃는 얼굴이 그려진 스티커를 하나씩 준다.
> 엄마 이영자는 스티커 여러 개가 모아져 수철이가 요구할 때에 상을 준다.
> 상은 다음과 같다.
>
> * 상 : 스티커 3개 ; 사탕, 아이스크림 등의 간식류
> 스티커 5개 ; 로봇, 자동차 등의 장남감
> 스티커 10개 ; 동물원이나 어린이 공원 구경
> 스티커 20개 ; 가고 싶어하는 친척집이나 두발자전거 구입
>
> 2001. 7. 7.
>
> 서명 : 선생님 김경혜 ㊞
> 어머니 이영자 ㊞
> 나 김수철 ㊞

2) 모방과 관찰학습

특수아동의 바람직한 행동을 증가시키기 위해서는 정적 강화와 모델링이 함께 사용되는 것이 좋다. 즉, 특수아동의 경우 모델이 되는 인물의 행동을 모방한 후 보상을 얻는 것이 바람직한 행동을 습관화하는 데 도움이 된다. 모방과 강화의 조합은 특수아동들에게 바람직한 사회적인 반응 양식을 학습하게 하고 유지시키는데 가장 효과적인 방법이다.

모델링이 새로운 행동의 학습에 효과가 있다는 것은 이미 밝혀진 사실이다. 따라서 교사는 특수아동에게 습득시켜 주어야 할 바람직한 행동에 대하여 모범을 보여야 한다. 더 나아가 특수아동과 친밀한 관계에 있는 아동으로 하여금 길러 주어야 할 행동에 대한 모범을 보여 주게 하는 것이 좋다.

이 때 교사나 모델 역할을 하는 아동은 Kounin이 강조하고 있는 파문 효과(ripple effect)를 충분히 고려하는 것이 좋다. 파문 효과란 교사와 모델 역할을 하는 아동의 행동이 마치 파장처럼 다른 아동에게 영향을 미친다는 사실에 대한 개념이다. 따라서 교사가 바람직한 행동을 모델링으로 나타내 보일 때는 파문 효과가 최대로 나타나도록 하는 것이 중요하다.

모델링의 근본적인 효과는 다음과 같다.

① 바람직한 행동을 학습시킨다.

② 벌이나 꾸중의 대상이 되는 부적응·문제 행동을 약화시킬 수 있다.

③ 관찰학습을 통해 이미 학습하고 있는 바람직한 행동을 지속적으로 계속해 나가게 한다.

다. 부적응·문제행동을 감소시키기

아동교육기관에서 특수아동에게 나타나는 부정적인 행동을 약화시키도록 지도하는 방법으로는 소거(extinction)와 벌(punishment), 그리고 체계적 감각법(systematic desensitization) 등이 있다.

1) 소 거

보상이 행동을 새롭게 습득하게 하거나 지속시키듯이, 바람직하지 못한 행동이 나타났을 때 그 전에 주어졌던 보상을 제거하는 소거는 부적응 행동을 줄이거나 제거시킬 수 있다. 특수아동의 부적응 행동을 지도하기 위하여 소거 기법을 사용할 때는 다음과 같은 점에 유의하여야 한다.

① 대부분의 특수아동들에게 나타나는 2차적 증후(secondary symptom), 즉 장애에 대한 열등 의식이나 왜곡된 성격으로 인하여 그들은 주위 어른이나 또래에 대해 인정받고자 하는 과잉 욕구를 가지고 있기 때문에, 일종의 무관심 또는 배척을 의미하는 소거 기법만으로는 행동수정의 효과를 기대하기 어렵다.

따라서 특수아동의 부적응 행동을 지도하기 위한 소거 기법은 보상 기법과 같이 사용하는 것이 좋다. 효과적인 방법은 소거와 강화가 같이 일어나도록 하는 것이다. 예를 들면, 정서 장애의 증후를 나타내는 민철이가 아동교육 활동 중 활동실을 돌아다니고 있을 때 그 행동은 무시해 버리고 대신 자리에 앉아 활동을 하려고 할 때 긍정적인 반응을 보여 준다는 것이다.

② 현재는 소거되었다 싶은 부적응 행동이 다시 나타났을 때 즉각적으로 소거 기법을 사용해야 한다.

③ 소거 기법을 사용하고자 할 때는 그 표적 행동이 일어날 때마다 일관성 있게 실시하여야 한다.

④ 학급 내의 다른 아동의 협조를 받아야 한다.

⑤ 교사가 사용하는 소거 기법이 특수아동에게 자기 강화를 받는다고 판단될 경우에는 즉시 다른 기법을 사용해야 한다.

⑥ 소거 기법의 사용시 종종 더 나쁜 증세가 나타날 수 있다. 그러나 일정 기간 지속적으로 실시되어야 한다.

2) 벌

벌이 비록 아동들의 부적응 행동의 약화에 효과가 있다고 할지라도, A. Bandura에 의하면 벌의 다양하고 복잡한 효과 때문에 행동 변화의 프로그램에 혐오 통제, 즉 벌의 사용이 고려될 때는 보다 신중한 태도로써 기술적으로 적용되어야 한다고 한다. 일반적으로 벌로 처벌된 행동은 다시 나타나거나 다른 회피 행동을 유발하기가 쉬운데, 벌을 줄 때는 벌을 받는 아동이 지향해야 할 행동의 방향을 분명하게 제시해 주어야 한다. M. Hunter는 여기서 한걸음 더 나아가 벌을 받는 아동이 바람직한 행동을 하였을 때는 반드시 보상해 줄 것을 강조하고 있다.

벌에는 고통을 주는 것과 보다 정적인 벌의 형태인 보상의 제거라는 두 가지의 형태가 있다. 심한 비판이나 체벌, 또는 아동의 부적응 행동에 대해 아동 스스로가 혐오감을 가질 때까지 반복 연습시키는 부정적 연습(negative practice)이 주가 되는 고통을 주는 벌의 방식은 장기적인 면에서는 부정적인 효과를 미친다고 알려져 있다.

보상의 제거 방식은 소거와는 다르다. 소거란 단순히 잘못된 행동에 대하여 으레 뒤따르던 보상을 차단하는 것을 말하지만, 보상의 제거란 당사자가 누려야 할 특권을 박탈하는 형태로써 벌을 주는 것이다.

보상의 제거 방법으로는 타임아웃(time out ; TO), 체계적인 근신(exclusion or suspension), 반응 대가(response cost), 과(過) 교정(over correction) 방법이 있다.

이 중에서 아동교육기관에서 많이 쓰일 수 있는 방법이 바로 타임아웃과 반응 대가 방법이다. 타임아웃 방법은 유용한 방법으로써, A. Kazdin(1995)이나 N. E. Hall(1996) 등은 교육의 장에서 많이 활용할 것을 권장하고 있다.

타임아웃이란 부적응 행동을 보인 아동을 일시적으로 활동실이 아닌 다른 장소로 일정 시간 동안 격리시킴으로 그가 받아야 할 정적 강화의 기회를 차단함으로 그 행동이 더 이상 강화되지 않도록 하는 벌의 일종인 행동수정 기법이다. 그런데 교사가 이 타임아웃 방법을 보다 효과적으로 활용하려면 활동실에서 격리된다는 것이 처벌이라는 것을 분명히 확인시켜 주어야 한다. 만약 활동실에서의 격리가 벌이 아닌 보상이 되어 버리면 아동의 바람직하지 못한 행동을 수정하는 데는 아무런 효과가 없기 때문이다.

타임아웃 기법이 일정한 시간 동안 해당 아동의 보상을 제거하는 것을 말하는데 반해, 반응 대가 기법은 아동에게 주어진 특정량의 해당 보상을 제거하는 방법을 가리킨다.

3) 체계적 감감법

대개의 특수아동들은 대인 관계나 아동교육 활동에 대한 강렬한 불안이나 공포를 가지고 있는 경우가 많다. 이와 같은 불안이나 공포는 부적응 행동을 더욱 증가하게 하기도 한다. 따라서 이들이 지닌 불안과 공포를 제거해 주어야 하는데, 이에 가장 적합한 행동수정 기법이 바로 체계적 감감법이다.

체계적 감감법의 경우 감감(減感 : desensitization)의 절차가 항상 문제가 된다. 그러나 그 원리는 비교적 간단하다. 즉, 문제가 되고 있는 불쾌한 감정을 일으키는 자극이 무엇인가를 확인하고, 그렇게 하여 선정된 자극들을 불안이나 공포를 일으키는 강도(强度)에 따라 가장 약한 것에서부터 가장 강한 것에 이르기까지 순서대로 배열하고, 그러한 각각의 자극을 보다 강한 쾌락을 주는 자극과 함께 단계적으로 제시하는 것이다. 이처럼 유쾌한 것과의 지속적인 연합을 통하여 불안이나 공포를 일으키는 상황에서 아동 자신이 느끼는 불안이나 공포 자극으로서의 그 힘을 잃게 하는 것이 감감의 목적이 된다.

체계적 감감법을 아동교육의 장에 적용시키기 위하여 교사가 알아 두어야 할 구체적인 절차는 다음과 같다.

첫째, 아동에게 불안이나 공포 등 강한 감정을 일으키는 상황이나 사건을 사전에 명확하게 확인해 두어야 한다.

둘째, 교사는 주어진 상황이나 사건에 대해서 야기되는 불안을 중화시키기에 충분한 힘을 가진 중립 자극을 선택·결정해야 한다.

셋째, 아동의 강한 불안을 중화시키기 위한 불안 감소 자극을 결정하고 난 다음에는 불안을 야기하는 상황 속에 조금씩 단계적으로 아동을 노출시켜 나간다. 이 단계에서는 교사가 아동이 느끼는 불안이나 공포의 위협적인 상황에 한 번에 조금씩, 그야말로 단계적·점진적으로 상황과 부딪치는 경험을 마련해 주는 것이 요체가 된다.

넷째, 교사는 불안 감소 자극과 불안 야기 상황을 서로 짝을 지어 제시한다. 즉, 불쾌한 상황을 유쾌한 것과 계속 연합시킴으로써 기존의 위협적인 상황이 아동에게 불안을 일으키게 하는 힘을 잃게 되고, 아동으로 하여금 이전에 두려워하였던 대상이나 상황에 대하여 긍적적인 반응을 하게 한다는 것이다.

2. 지각운동, 감각통합, 운동교육

가. 지각운동

특수아동이 나타내 보이는 여러 이상 행동은 그의 지각운동 회로에 장애가 있기 때문에 나타나는 것이 많다. 지각운동 회로란 [그림 8-1]과 같이 외부로부터 하나의 자극으로 받아들인 감각 정보를 대뇌 속에서 지각 정보로 변환시켜 그 정보를 적절한 신체 운동으로 표출해 내는 과정의 정보 처리 기구를 말한다.

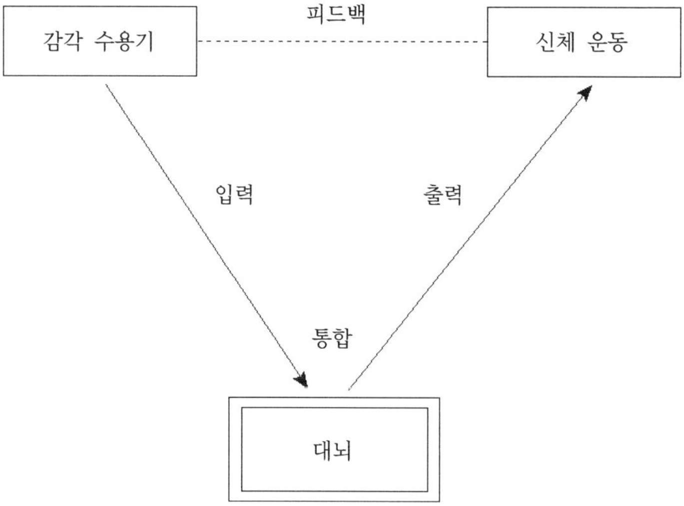

그림 8-1 지각운동 회로

인간은 단순히 지각만 하는 것이 아니라 지각한 것을 어떤 형태로든 신체 운동으로 변환시키기 때문에, 지각운동 회로에 장애를 가지게 되면 학습과 일상생활에서 많은 지장을 초래하게 된다. 즉, 컵의 물을 마신다든지(시지각운동), 소리가 들리는 쪽으로 얼굴을 돌린다든지(청지각운동), 여러 가지 형태의 적목이 들어 있는 자루 속에서 특정한 형태의 적목을 만져서 찾아낸다든지(촉지각운동) 하는 행동 등에서 여러 가지 부적응의 문제가 나타나게 된다는 것이다.

이러한 장애 중 아동교육 활동에 있어 가장 문제가 되는 것이 바로 시지각운동 장애이다. 여기에는 눈과 손의 협응의 장애가 중심이 된다. 따라서 시지각운동의 장애는 도형과 문자나 기호를 보고 그대로 그리는 것이 서툴거나 구두의 끈을 잘 매지 못한다. 또는 공을 받고 던지는 것이 매우 서툰 행동으로 나타나게 된다.

지각운동 이론의 대표적 학자인 N. C. Kephart(1971)는 인간의 정신 발달 단계를 다음의 〈표 8-3〉과 같이 분류하고 있다. 이 이론은 특수아동의 지각운동 학습 프로그램을 작성할 때 기본적인 이론적 배경이 된다.

표 8-3 정신 발달 단계

단 계	영 역
1	큰 운동
2	운동 지각
3	지각운동
4	지 각
5	지각 개념
6	개 념

그 구체적 내용은 다음과 같다.

① **제1단계, 큰 운동** : 이 단계에서는 자신의 신체를 통제하는 것으로부터 감각 정보를 받아들여 환경과 접촉하는 방법을 배우게 된다. 즉, 환경에 대한 신체의 조절과 감각 정보의 조직화가 이루어진다. 이 단계의 구체적인 내용으로는 이동, 평행과 자세의 파악 등의 접촉, 그리고 받아들임과 추진 등의 각 측면이 있다.

② **제2단계, 운동 지각** : 이 단계에서는 운동이 한층 통제되어지면서 지각 정보와의 상호 관계가 시작이 된다. 그런데 여기서는 시각 정보에 비하여 손의 운동에서 얻어지는 정보가 더 많이 작용하게 된다.

③ **제3단계, 지각 운동** : 지각 정보에 의한 자기 자신의 통제는 이 단계에 와서야 겨우 가능해진다. 또한 시각이 손의 동작을 유도하게 된다. 따라서 이 단계에서 협응이 완성되지 않으면 지각 세계와 운동은 유리(遊離)되어 버린다.

④ **제4단계, 지각** : 이 단계에 오면 여러 가지의 지각 정보에 의한 변별과 비교가 가능해진다.

⑤ **제5단계, 지각 개념** : 이 단계에 이르러서야 겨우 여러 가지 물체의 동일함과 서로 다름을 인지하게 된다.

⑥ **제6단계, 개념** : 이 단계에서는 언어 사용이 큰 역할을 하게 된다. 이 단계에 도달하면 사물에 대한 본격적인 개념화가 이루어진다.

나. 감각통합 학습

감각통합 학습이론의 창시자인 A. J. Ayres는 뇌의 활동과 기구에 대하여 신경심리학적 견지에서 학습 장애의 커다란 원인 중의 하나가 바로 감각통합 장애에 있다고 하였다. 감각통합이란 '인간을 둘러싸고 있는 여러 가지 외계의 감각 정보를 행동으로 잘 나타낼 수 있도록 신체 내에서 조직화하는 뇌의 메카니즘'이다.

뇌에 있어서 이와 같은 통합은 이전에 척수와 연수 속에서의 통합과 중뇌와 간뇌의 통합이 먼저 이루어져야 한다.

이 감각통합의 수준은 다음의 〈표 8-4〉와 같이 분류되어진다.

표 8-4 감각통합의 수준

수 준	영 역
1	촉각 · 전정 감각 · 고유 감각
2	신체상 · 운동 기획
3	청 · 시각계 통합(교치성)
4	고차적 인지 기능

〈표 8-4〉와 같이 감각통합의 지도는 제1의 수준에서부터 다음 수준으로 점차적으로 진행되어 간다.

① **제1수준** : 이 수준에서는 촉각, 전정 감각, 고유 감각의 통합이 이루어진다. 이것에 의해 영아가 젖을 빤다던지 삼킨다든지 하는 초기의 섭식 기능과 정서적 접촉 및 신체 자세의 평행, 근운동과 항(抗) 중력, 안구 운동 등의 기초가 이루어진다. 이 수준은 약 2세 정도까지 중요한 위치를 차지하는 데, 충분하게 통합이 이루어지지 않으면 여러 가지 면에서의 장애가 나타난다.

② **제2수준** : 이 수준에서는 신체상의 운동 기획, 그리고 신체 양측의 협응이 이루어진다. 또한 주위 환경과의 구별이 명확하게 되며 대상성을 갖는 정확한

감각통합의 지도는 제1의 수준에서부터 다음 수준으로 점차적으로 진행되어 간다.

큰 운동과 협응적인 움직임이 가능하게 된다. 이것은 활동성과 주의력 등과 깊은 관련을 맺고 있다. 만약 통합이 이루어지지 않으면 환경 자극에 대하여 부적절한 반응이 나타나게 되면서 협응 동작 역시 뒤떨어지게 된다.

③ **제3수준** : 이 수준에 도달하면 시·청각계가 서로 밀접하게 관련을 가지게 되며 동작과 운동이 서로 분화되어 목적적으로 되며 교치성이 증가한다. 또한 언어의 발달이 현저하게 이루어지면서 시각적으로도 협응동작과 인지 기능이 향상하게 된다. 이 수준의 통합이 잘 이루어지지 않으면 운동의 장애, 목적성의 결여, 언어 발달의 지체 현상 등이 나타나게 된다.

④ **제4수준** : 이 수준에서는 보다 더 고차적인 인지 능력은 물론 감각을 충분히 통합하는 단계에 도달하게 된다. 또한 개념이 성립되면서 읽기, 쓰기가 가능하게 되고, 사회생활을 위한 여러 가지의 능력이 보다 능숙하게 된다.

여기까지의 통합은 비장애 아동의 경우 보통 8세 정도에서 거의 완성되어진다.

다. 운동교육

정상적인 발달을 나타내 보이는 아동에서 학습장애 아동에게까지 널리 사용될 수 있는 운동교육(movement education)은 M. Frostig에 의해 제창된 이론이다(박화문 외 역, 1991).

운동교육의 목적은 다음과 같다.

① 심신의 건강을 유지하게 한다.

② 신체를 움직이는 즐거움을 알게 한다.

③ 감각·운동 면의 향상을 가져온다.

④ 주위 환경에 대한 자기상(自己像)을 확충시킨다.

⑤ 시간과 환경적 공간에 대한 인식을 확충시킨다.

⑥ 과잉 행동, 충동성 등의 행동상의 장애를 개선해 준다.

운동교육은 운동적인 여러 가지 활동, 즉 신체 전체를 움직이는 것에서부터 글씨를 쓰는 섬세한 운동까지, 또한 단순한 모방을 통한 놀이에서부터 창의력을 발휘하는 창조적인 놀이까지, 그리고 기구를 사용하는 운동에서부터 아무런 기구 없이 하는 운동까지 등의 활동을 통하여 억압된 정서에서의 해방, 그리고 지각과 언어, 개념과 지능 등의 발달은 물론 운동 기능 등의 포괄적인 발달을 그 목표로 하고 있다.

특히 특수아동을 대상으로 교과 학습 이전의 여러 가지의 기능을 발달시켜 주는 데는 운동교육이 효과가 있음을 많은 연구들이 입증하고 있다.

운동교육 프로그램을 수립하거나 특수아동의 발달 정도를 평가하기 위한 준거로 M. Frostig는 「운동교육 프로그램 평가(MEPA)」를 작성해 놓고 있다. 이 평가는 어느 정도의 기능이 확립되는 6세까지의 운동 발달을 계열화하여 측정하도록 되어 있는데 언어와 사회성 영역도 평가할 수 있도록 첨부되어 있다(박화문 외 역, 1991).

다음은 평가의 7단계별로 설정되어 있는 목표이다.

① **원시반사 지배 단계** : 반사성의 성숙(maturation)과 억제, 목의 안정과 뒤집기의 촉진 등

② **전 보행 단계** : 평행 반응, 수평 이동, 수직 운동의 촉진 등

③ **보행 확립 단계** : 평행 반응(바로 서기), 보행, 항중력 운동의 촉진 등

④ **큰 운동 확립 단계** : 자세, 초보적 통합 운동의 촉진 등

⑤ **조정 운동 단계** : 조정력, 손조작 운동의 촉진 등

⑥ **지각-운동 단계** : 미세, 연합 운동 촉진 등

⑦ **복합응용 운동 단계** : 주의집중 유지 기능, 복잡한 창조적 운동의 촉진 등

이와 같은 운동교육은 현재 중증 심신 특수아동, 중도 정신지체아, 지체부자유아동, 자폐증 아동들에 대한 요육의 원리로 많이 사용되고 있다.

3. 놀이치료

아동의 생활을 관찰해 보면 거의 대부분이 놀이와 관련되어 있음을 알 수 있다. 따라서 아동이기를 놀이의 시기라고 부르기도 하는데, 이런 정의가 시사하는 바는 아동들의 생활 장면에서 놀이가 풍부하면 할수록 그들의 생활 역시 더더욱 풍요로워지고 가치롭게 변한다는 것이다.

이와 같은 놀이의 중요성 또는 놀이의 교육적·치료적 가치가 여러 학자에 의해 밝혀지자 아동교육에서는 놀이를 중심으로 한 프로그램이 마련되고, 또한 놀이 자체가 하나의 학문의 대상으로써 연구되고 있다.

특수아동의 경우에도 그들의 지도에 있어 교사와 그들 사이의 래포(rapport) 형성이나 그들의 치료 현장에 놀이가 아주 가치로운 매체로 활용되고 있다.

가. 놀이치료의 의의

아동은 어른과 같이 언어로써 자기 자신의 문제를 잘 표현하지 못하기 때문에, 아동 부적응·문제 행동의 지도에는 곧잘 놀이치료(play therapy)가 사용된다. 왜냐하면 아동은 놀이를 통해 그들이 주위 사람이나 환경에 대하여 느끼는 증오나 두려움 같은 것을 쉽게 발산하며, 현실의 모형적 상황(模型的 狀況)인 놀이 장면에서의 경험을 통해 자신의 환경에 대한 적응력을 키울 수 있게 되기 때문이다.

놀이가 아동들의 정서적인 문제를 해결해 주게 되는 심리적 기제(psychological mechanism)는 투사(projection)와 정화 작용(catharsis)이다.

아동의 부적응·문제 행동을 치료해 주는 놀이의 역할은 다음과 같다.

첫째, 놀이는 아동이 자기 주위의 사람이나 상황에 대해 느꼈던 증오와 두려움의 감정을 발산시키는 수단이 된다.

둘째, 놀이를 통해 아동은 자기 자신의 심리적인 갈등뿐만 아니라 사고와 행동의 다양한 측면을 나타내 보인다.

셋째, 놀이는 아동의 부적응·문제 행동의 지도를 위해 교사와의 중요한 의사소통의 매체가 된다.

이와 같이 투사와 정화 작용의 두 가지 심리적 기제를 바탕으로 하는 놀이치료는 S. Freud가 1909년에 한스라고 하는 5세의 남자 아이의 공포증을 그 아이의 아버지를 통해서 분석 치료한 사례를 바탕으로, 그의 딸인 A. Freud가 발전시킨 아동 분석(child analysis)에 그 근원을 두고 있다.

A. Freud는 아동들에게 어른에서와 같이, 언어를 사용하게 자유 연상(free association)을 시킨다든지 혹은 전이(transfer)를 성립시킨다는 것이 부적합하다고 판단하고, 그 대신에 놀이를 아동들의 부적응 행동을 지도하고 치료하는 데 사용하였다(Millar, S., 1994).

A. Freud 이후 Levy는 방출 요법(release therapy)이라고 불리우는 놀이 방법을 고안하여 주로 10세 이하 아동들의 충격적인 경험에 의한 정서 장애를 치료하는 데 사용하였으며, V. M. Axline은 C. R. Rogers의 내담자 중심 요법(client-centered therapy)을 아동의 치료에 도입하여 놀이치료를 크게 발전시켰다. 또한 H. G. Ginott와 S. R. Slavson 등이 집단 놀이 치료법을 발전시켜 놓고 있다.

나. 놀이치료에 필요한 설비

놀이치료가 효과적으로 이루어지려면 아동에게 합당한 의사소통의 수단이 될 충분한 설비가 마련되어야 한다. 아동교육기관 내에 있는 교사실이나 활동실에 놀이 기구를 진열해 놓을 수도 있으며, 놀이방을 따로 마련해 놓을 수도 있다.

놀이 기구는 치료의 목표, 즉 문제가 되는 아동의 장애나 증상에 따라 다르게 준비되어야 한다. 가령 공격적 놀이가 요구될 경우에는 공격적인 표현이나 활동을 도와줄 수 있는 놀잇감을 준비하는 것이 좋다. 다시 말해서 놀이방을 꾸밀 때는 마치 장난감 가게의 축소판처럼 꾸밀 것이 아니라 해당 아동의 문제 해결에 알맞은 독특한 놀이 기구가 선택되고 배치되어 있어야 한다는 것이다.

놀이 도구의 선택 기준은 다음과 같다.

첫째, 놀이 도구는 아동의 흥미를 끌 수 있고 그 흥미들을 서로 이어주는 구실을 하는 것이어야 한다.

둘째, 아동과 교사 또는 치료자와의 심리적 관계의 형성에 도움이 되며, 나아가 아동과 교사 또는 치료사와의 교류를 촉진시킬 수 있는 것이어야 한다.

셋째, 놀이가 갖는 치료적 효과가 잘 나타날 수 있도록 아동의 억압된 감정이 표출될 수 있는 놀이 도구이어야 한다.

넷째, 구성도가 낮아 아동이 쉽게 접근하며, 아동의 정신적 활동을 촉진하는 놀이 도구이어야 한다.

다섯째, 아동의 활동을 억제하거나, 아동에게 좌절감을 느끼게 하지 않는 놀이 도구이어야 한다.

다. 놀이치료의 진행 방법

놀이치료가 진행되는 시간은 일반적으로 20~60분으로 일주에 1회 내지 2회가 적당하다. 1회의 시간은 치료 개시 초기에는 짧게, 놀이방에 익숙해졌을 때에는 점점 연장하여 40분 정도를 기준으로 한다. 치료 종결까지의 횟수는 증상이나 치료의 목표에 따라 일정하지 않지만, 일반적으로 20회를 한 바퀴로, 주 2회의 경우는 약 2~3개월, 1회의 경우는 4~5개월 간을 기점으로 하여 그 시점에서 전체의 경과를 검토해서 다시 반 바퀴(10회)나 한 바퀴를 연장하는 방법을 취하는 것이 좋다.

1) 준비 단계

준비 단계에서는 놀이치료를 진행해 나가기 위한 전반적인 계획을 수립한다. 이 때, 아동의 전반적인 이해 자료와 문제 행동의 유형을 충분히 파악한 후 치료의 전략을 수립하여야 한다. 이 단계에서의 가장 큰 관심거리는 바로 모자 분리(母子

分離)의 문제이다. 왜냐하면 놀이치료의 초기에는 아동이 엄마와 떨어지지 않으려고 하기 때문이다. 따라서 이 단계에서는 모자 분리의 문제까지를 염두에 두고 치료에 대한 전략이 수립되어야 한다.

2) 도입 단계

준비 단계에서 모자 분리가 원만하게 이루어진 아동을 놀이방에 데리고 가서 놀이치료를 시작한다. 이 때, 놀이방에 이끌려 들어온 아동들은 대부분 불안과 탐색으로 일관하게 된다. 따라서 교사나 치료자는 아동이 놀이방에 익숙해지도록 놀이방의 성격을 설명해 주거나 가능한 한 허용적인 태도로 아동을 관찰하는 가운데 래포를 형성하며 놀이가 끝나는 시간을 알려 준다.

이 단계에서는 원칙적으로 놀이방에서 밖으로 나가는 것을 제한하나 화장실에 간다든지 어머니의 존재 유무를 확인하기 위해 나가려고 할 때는 허용한다.

이 단계에서 아동에게 나타나는 가장 큰 특징은 시종 불안이나 긴장을 가지고 놀이방에 대하여 탐색하는 것이므로 교사나 치료자는 인내심을 가지고 아동이 놀이방에 적응할 때까지 서서히 기다려야 한다.

3) 중간 단계

이 단계에 접어들면 아동은 놀이방의 성격을 이해하게 되며 교사나 치료자와의 심리적인 유대 관계가 성립되고 놀이방에서의 활동이 활기를 띠게 된다. 이 단계에서부터 아동은 자기의 마음 속에 있는 심리적인 갈등이나 감정을 표출시키면서 자기의 욕구를 행동화하게 된다. 때에 따라 이 시기에는 교사나 치료자, 또는 자기의 또래에 대한 직접적·간접적인 공격이 나타날 수 있는 데, 이런 행동에 대해서는 제한을 두어야 한다.

4) 종결 단계

이 단계에 접어들면 아동의 문제 행동은 점차 소실되기 시작하며 현실 생활에 대한 적응력이 키워진다. 따라서 교사나 치료자는 이 단계에 접어들면서부터는 현실의 여러 장면과 놀이 상황의 거리를 접근시켜 아동이 일상 생활에 필요한 여러 가지의 적응 기술이나 문제 해결의 방법을 학습시켜 주는데 주안점을 두어야 한다. 가능하면 치료가 종결되기 수일 전에 언제 치료가 끝난다는 것을 예고해 주는 것이 좋다.

라. 놀이치료에서의 교사의 자세

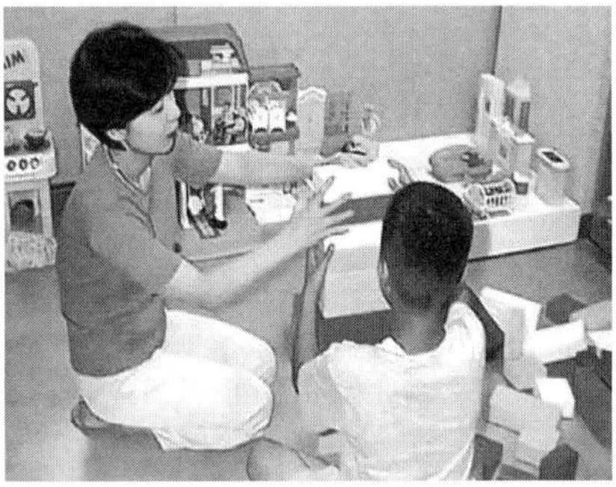

놀이치료에서 치료자는 아동과 보다 따뜻하고 우호적인 관계를 형성하여야 한다.

놀이치료는 C. R. Rogers의 비지시적 요법과 같이 한 개체의 성장과 지도를 위한 능력을 믿고 수용하는 것을 중심 과제로 삼고 있다. 이러한 사실은 놀이 치료의 근본 원칙이 아동의 건전한 적응과 성장에의 잠재력에 대한 호소와 신뢰에 바탕을 두어야 한다는 것을 암시해 주고 있다.

C. R. Rogers의 이론을 아동의 놀이치료에 충실하게 응용한 것으로 알려진 V. M. Axline(1947)은 놀이치료에 임하는 치료자가 지녀야 할 기본적인 자세를 다음과 같이 제시하고 있다.

① 치료자는 아동과 보다 따뜻하고 우호적인 관계를 형성하여야 한다.

② 치료자는 아동의 현재의 모습을 있는 그대로 수용하여야 한다.

③ 놀이 치료의 과정을 통해 자기의 감정이나 느낌을 모두 표출할 수 있도록 허용적인 분위기를 조성해 주어야 한다.

④ 아동이 표현하는 감정이나 느낌을 공감적으로 이해하며, 아동이 자기의 행동을 올바르게 통찰할 수 있도록 그 느낌을 반영해 주어야 한다.

⑤ 치료자는 아동의 문제해결 능력에 대한 깊은 존경심을 가져야 한다. 또한 치료자는 아동의 성장과 적응의 잠재력을 신뢰하고 스스로 자기의 문제를 선택·해결할 수 있도록 도와야 한다.

⑥ 치료자는 아동의 말이나 행동에 대해 지시를 하지 않는 비지시적인 방법으로 치료를 진행해 나간다. 치료자는 앞에서 끌기보다 뒤에서 따라가는 태도를 취해야 한다.

⑦ 놀이치료는 점진적인 학습의 과정이므로 치료자는 치료과정을 서둘러서는 안 된다. 치료자는 인내심을 가지고 서서히 그리고 기다려야 한다.

⑧ 치료자는 치료의 전 과정을 통해 현실과 연결이 필요하거나 아동에게 치료과정에서의 책임을 자각시키는 데 필요한 만큼의 제한을 주도록 한다.

CHAPTER 09

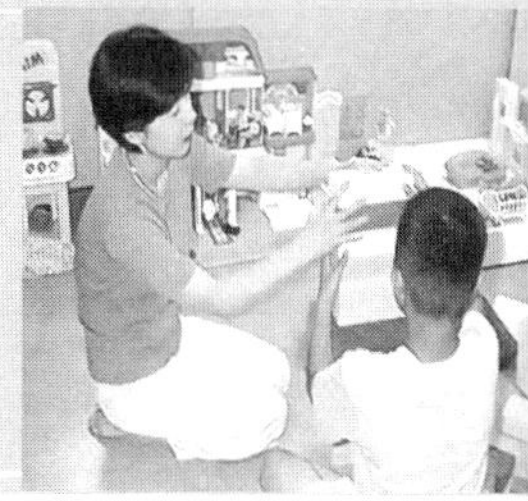

개별화 및 집단교육 프로그램

1. 개별화 교육 프로그램

가. 개별화 교육 프로그램의 개발

개별화 교육은 일반아동과 특수아동 모두에게 각자의 능력과 필요에 맞는 교육을 제공하기 위한 방법으로 중요시되고 있다. 장애 정도와 유형에 따라 개인차가 심한 장애아동의 경우에 이러한 개별화 교육의 필요성은 더 커진다고 볼 수 있다. 미국의 장애인교육법(IDEA), 한국의 특수교육진흥법에서도 개별화 교육에 관하여 구체적으로 언급하고 있다.

1) 개별화 교육의 법적 배경

개별화 교육은 1974년 미국 공법 94-142에서 장애아동의 교육을 위하여 처음 규정한 것이다. 우리 나라 특수교육진흥법(1994)에서도 개별화 교육의 목적, 시기, 구성요소 등을 명시하고 있다. 이러한 법적인 규정은 장애학생의 심한 개인별, 그리고 개인내 차이를 고려한 개별화 교육의 중요성과 필요성이 지속적으로 제기되어 왔기 때문이다. 일반학급에 통합되어 특수 교육적 서비스를 받지 않는 장애아동의 경우에는 이러한 법의 영향을 받지 않는다고 볼 수도 있으나, 법의 규제 때문이 아니더라도 교육의 적절성을 확보하기 위한 측면에서 모든 장애아동들에게 개별화 교육 프로그램을 개발하는 것이 바람직하다.

특수교육진흥법(제16조), 시행령(제14조), 시행규칙(제9조)에서 규정하고 있는 개별화 교육과 관련된 주요 내용은 다음과 같다.

첫째, 각급학교의 장은 특수교육 대상자의 능력과 특성에 적합한 개별화 교육방법을 강구하여야 하며 이를 위해 개개인을 위한 개별화 교육 프로그램을 작성한다. 이 경우 당해 특수교육 대상자 혹은 그의 보호자에게 의견진술의 기회를 주어야 하며 개별화 교육 프로그램은 매학년이 시작되기 전까지 작성하여야 한다(학기 중에 배치된 경우에는 배치된 날로부터 30일 이내).

둘째, 각급학교의 장은 개별화 교육 프로그램의 효과적인 수립, 시행을 위하여 개별화 교육 운영위원회를 설치할 수 있다(자세한 사항은 시행규칙 제9조 참조).

셋째, 개별화 교육 프로그램에는 대상학생의 인적 사항, 현재의 학습수행 수준, 장·단기 교육목표, 교육의 시작 및 종료 시기, 교수의 방법 및 평가 계획, 기타 개별화 교육 운영위원회가 정하는 사항이 포함되어야 한다.

2) 개별화 교육 프로그램의 목표와 기능

(1) 개별화 프로그램의 목표

개별화 교육 프로그램(IEP)의 목표는 첫째, 각 학생이 필요로 하는 적절한 교육과 관련 서비스를 받도록 하는 관리 도구로서의 역할을 하도록 하기 위함이다. 각 학생마다 영역별 장·단기 교육목표, 교수상의 유의점, 제공되는 관련 서비스, 평가 절차 및 기준 등을 명시함으로써 체계적인 교육이 이루어지도록 한다. 개인차와 교육적 필요가 매우 다양한 장애아동들에게는 이러한 체계적인 관리가 필수적이며, 특히 통합된 경우에는 교육 환경의 중요한 변화가 생기므로 더욱 IEP의 역할이 중요해지게 된다.

둘째, IEP는 학생의 진보 상황을 알아보는 평가도구의 역할을 한다. 장애아동에게는 획일화된 집단평가를 실시하기가 어렵고 또한 그러한 평가가 무의미한 경우가 많으므로 각 학생의 IEP에 명시된 목표와 평가기준들에 의하여 평가가 이루어지게 된다. 이러한 IEP의 기능 역시 일반학급에 통합된 경우에 더 절실히 요구될 수 있다.

마지막으로 IEP를 개발하는 절차(IEP 회의 등)가 교사와 학부모 간의 의사소통 기회가 될 수 있으며 이견을 좁히는 역할을 한다. 교사와 부모 간에 학생의 교육적 필요와 이를 위한 서비스에 대한 이견이 다를 수 있으므로 IEP 회의 또는 필요한 경우에는 정당 절차(due process : 미국에서 규정하고 있는 공청회)를 통해 이러한 차이에 대하여 토의하고 합의를 이룰 수 있다. 또한 교사간에도 일반교사와 특수교사 간의 중요한 협력 매개가 된다.

(2) 개별화 프로그램의 기능

1 관리도구로서의 기능

IEP는 부모, 교사 및 행정가가 장애아동에게 어떤 교육적 서비스와 관련 서비스가 시행되고 있는지를 파악할 수 있게 하는 것으로서, 각 학생마다 영역별 장·단기 교육목표, 교수시의 유의점, 제공되는 관련 서비스, 평가 절차 및 기준 등을 명시함으로써 아동에게 체계적인 교육이 이루어지도록 돕는다.

2 평가도구로서의 기능

IEP는 학생의 진보상황을 알아보는 평가도구의 역할로서 장애아동 교육의 적절성을 평가하는 데 중요한 서류로 이용된다. 따라서 장애아동의 교육에 필요한 모든 내용을 수록하며, 장애아동의 학습과 발달을 평가하는 자료로도 사용되고, 장애아동의 구체적인 학습 진보의 상황을 알 수 있다.

3 적절한 교육적 배치와 절차를 위한 도구로서의 기능

IEP는 장애아동을 판별하여 특수교육 현장에 배치하고, 알맞은 교육 프로그램을 만들어 아동에게 제시하는 모든 절차에 있어서 부모와 교사 간의 의사소통 기회를 제공하게 되며, 부모의 의견과 결정에 따른 합당한 절차를 가능하도록 한다. 또한 교사 간에도 일반교사와 특수교사 간의 중요한 협력매개가 된다.

3) 개별화 교육 프로그램의 개발

개별화 교육 프로그램을 개발하는 일은 특수교육의 중심을 이룬다. Schultz와 Carpenter(1995)는 개별화 교육 프로그램을 작성하는 절차를 [그림 9 - 1]과 같이 제시하고 있다.

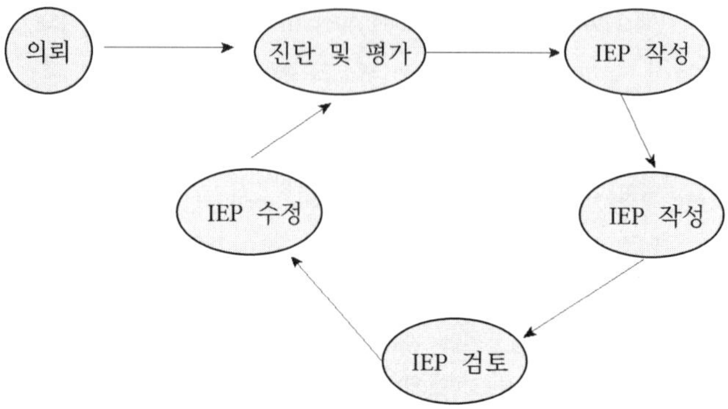

그림 9-1 개별화 교육 계획 수립 절차

* 출처 : Schulz, J. B. & Carpenter, C. D.(1995). Mainstreaming exceptional students(4th ed). p. 140. Boston : Allyn and Bacon.

여기서는 그 중 일반학급 교사에 의해 이루어지는 의뢰 단계와 그에 따른 진단·평가, IEP 작성 단계에 대해 설명하였다(이소현 외, 2000).

(1) 의뢰

의뢰(referral)단계는 학생이 특수교육을 받을 필요가 있음을 확인하기 위한 첫 단계이다. 주로 일반학급 교사, 부모에 의해 이루어진다. 미국의 경우에는 법에서 의뢰절차를 구체적으로 규정하지 않고 각 지역교육청이나 각급 학교별로 의뢰 절차를 규정하고 있으며 우리 나라는 의뢰단계에 관한 구체적인 지침이 없다.

(2) 진단 · 평가

일단 특수교육적인 필요가 있음을 보고하는 의뢰양식이 작성되어 제출되면 다음 단계인 진단 및 평가가 실시된다. 미국의 장애인교육법(IDEA)에 의하면 이 시기의 진단·평가의 목적은 해당학생이 장애를 가졌는가를(즉, 특수교육 대상자인가를) 판별하고 교육계획을 수립하기 위하여 대상학생의 강점과 약점을 파악하기 위한 것이다. 일단 특수교육 대상자로 판별되면 강점 및 약점에 관한 평가정보들을 기초로 개별화 교육계획을 작성하게 된다.

1 평가자

의뢰된 학생을 평가하기 위해서는 여러 전문가들이 팀을 이루어 평가를 실시하는 것이 바람직하다. 이 때 팀의 구성원은 해당학생의 특성에 따라 크게 달라진다. 대개 특수교사, 심리학자, 치료사(물리, 작업, 언어), 의심되는 장애영역의 전문가들이 구성원이 된다(Schultz & Carpenter, 1995).

우리 나라의 경우에는 특수학교에 있는 치료교육 교사가 물리, 작업, 언어 등 여러 치료영역을 모두 담당하는 것으로 되어 있다. 또한 미국에서는 각급학교 혹은 각 지역 교육청별로 이러한 판별이 이루어지고 있으나 우리 나라는 국립특수교육원에서의 판별(그리고 병원 및 장애인복지관 등에서의 장애판정) 이외에 일선학교에서의 체계적인 판별을 위한 평가는 별로 이루어지지 않고 있다.

2 평가 절차

평가 팀은 의뢰 내용을 중심으로 하여 필요하다고 생각되는 영역들의 평가도구들과 방법들을 결정한다. 이러한 평가도구들은 규준참조검사(normreferenced test), 준거참조검사(criterion-referenced test), 관찰 등으로 나눌 수 있다.

평가의 소기 목적을 달성하기 위해서는 한꺼번에 너무 많은 검사를 실시하여 학생이 피곤해지지 않도록 여러 날에 걸쳐 실시하거나 주위 환경이 산만하지 않도록 배려하는 것이 좋다. 특히 검사에 대한 동기유발 정도와 평가자와의 래포(rapport) 형성이 평가 결과에 매우 큰 영향을 주므로 특히 주의해야 한다. 장애아동들의 경우 하고자 하는 생각이 없으면 검사에 응하지 않거나 아무렇게나 해버릴 수도 있으므로 적절히 동기유발을 시키는 것이 중요하고, 래포 형성에도 일반아동들보다 더 시간과 노력을 요하는 경우가 많다.

평가가 끝나면 팀 구성원들이 모여 결과를 분석하게 된다. 의뢰된 학생이 특수교육 대상자에 해당되지 않는다고 판별될 경우에는 특수교육 서비스 외에 어떤 방법으로 도와 줄 수 있는지 그 전략들을 제시해 주어야 한다. 특수교육 대상자로 판별된 경우에는 다음 단계인 IEP 구안으로 넘어가게 되며 이 때 평가과정에서 분석된 학생의 강점과 약점들이 기초자료로 사용된다.

(3) 개별화 프로그램 작성

1 IEP의 내용

① 현재 교육 수행능력의 수준을 측정한다.
② 학년말에 기대되는 연간 목적이나 목표를 정한다.
③ 교육기간 중 필요한 단기목표들을 세운다.
④ 실시해야 할 특수교육이나 관련 교육활동을 선정한다.
⑤ 일반교육에 참여할 시간과 내용 및 방법을 정한다.
⑥ 교육의 시작시기와 종결 시기를 정한다.
⑦ 목표의 성취 정도를 알기 위한 평가 절차와 시간을 계획한다.

2 IEP 구성 시기

학기가 시작되면 바로 구성되어야 하며 아동의 변화에 민감하기 위해서는 1년에 적어도 1회 이상 재검토되어야 한다.

3 IEP 참여자

교육청의 대표자, 담임교사, 양친이나 한쪽 부모, 적당하다면 아동, 학부모나 교육청의 요청이 있으면 필요한 인사를 참여시킨다. 이 때 교사와 교육청 대표자는 특수교육 관련 영역에 대한 전문가이어야 한다.

4 부모의 참여

특별한 사유가 없는 한 부모의 참여는 필수적이며 위원들은 적극적으로 부모의 참여를 권고해야 한다.

5 사립학교에 배치

적절한 공립학교에서의 교육이 여의치 않으면 아동을 사립학교에 배치할 수 있고 여기에서는 IEP를 구성할 책임이 있다.

6 책무성

장애아동을 특수학급이나 분리된 시설에 옮기는 것은 장애가 어느 정도이던 간에 그 특성에 따른 상당한 조치나 서비스를 사용하여서도 정규학급에서 교육할 수 없을 때로 국한하여야 한다. 배치에 대한 결정은 아동에게 적절한 목적과 목표임을 고려한 IEP에 근거해야 하고 적어도 연간단위로 결정되어야 한다.

7 합당한 절차

공평성을 보장하기 위해 장애아동을 고려한 판별, 평가, 교육 시설에 관계되는 점검과 균형유지 체제로서 공청회를 실시한다. 그 결과에 만족하지 못하는 부모는 독립적으로 평가를 받을 수 있다.

8 학부모의 참여

공교육법 94-142에 나타난 부모와 아동의 권리로써, 특별한 요구가 있다고 판정된 아동의 부모에게는 연방법에 의해 다음과 같은 권리가 제공되어진다.

① 자유롭고 적절한 공교육은 언어치료, 물리치료, 상담, 통학문제 등 아동의 요구에 부합되는 관계서비스를 학교의 체제에서 제공해야 한다.

② 만일 정상학급에 아동을 배치하는 것이 적합한 것이라면 특별한 장애가 없는 아동들과 같은 교실에서 수업을 받을 수 있다.

③ 만일 부모가 사전에 통지를 받지 못했거나 자발적인 동의가 없다면 특수교육 프로그램에 배치하기 위해 취해졌던 최초의 평가를 거부할 수 있다. 동의했다고 하더라도 언제든지 철회할 수 있다.

④ 부모는 모든 평가의 결과에 대한 설명을 들을 권리가 있고 평가결과에

관련된 설명에 대해 건의하거나 거부할 수 있다.

⑤ 학교에서 실시한 평가 외에 다른 사람에 의해 조사되어진 독립적인 평가를 요청할 권리가 있고, 아동의 학교 배치에 관련된 토론에서 독립적인 평가의 결과를 참조할 수 있다.

⑥ 부모는 모든 교육적 기록 사실을 검열하고 그 기록 속에 있는 정보에 대한 설명을 요구할 수 있다. 또 부모가 그것을 동의하지 않는다면 그 사실들이 개정되어질 것을 요구할 수 있다.

⑦ 모든 학교 기록의 프라이버시는 지켜져야 한다. 부모는 아동의 학교 기록의 사본을 요구할 수 있고 아동의 기록을 볼 수 있게 허락된 특정 개인에 대한 정보를 특수교육위원회의 장으로부터 얻을 수 있다.

⑧ 아동의 적절한 교육 배치를 위한 객관적인 청문회를 요구할 권리가 있다. 이전의 평가 과정이나 아동의 배치에 동의하지 않을 때면 언제라도 부모는 청문회에서 상담을 하거나 이전 증거를 이용하거나 반대심문을 할 수 있고 진행과정 중 문서화된 결과자료를 가질 수 있다. 만일 부모가 청각장애인이거나 영어 외에 다른 언어로 의사소통을 한다면 청문회는 완전한 이해가 가능하도록 모든 의사소통 수단을 동원해야 한다.

나. 개별화 수업

개별화 수업(individual class)은 수업의 초점을 아동 개인에게 두고 가능한 한 모든 아동이 의도한 교육목표에 도달하도록 하기 위해 각 개인의 능력, 적성, 동기 등을 고려해서 적절하고 타당한 수업방법 및 절차, 자료의 선택, 평가 등을 변별적으로 실천하는 수업이다(한국정신지체아교육연구회, 1996).

개별화 수업은 전통적 수업에 비하여 몇 가지 특성을 가진다.

① 수업형태는 학습자 개인의 능력, 동기, 흥미에 따라 선택되고 결정된다.

② 수업자료는 아동 개인에 따라 과제에 따라 다양하다.

③ 교사는 학습 진도와 상황을 개별화시켜서 지도한다. 각 아동의 학습결손에 대해 교정지도를 하여 재학습이나 보충학습의 기회가 주어진다.

④ 학습내용과 방법에는 다양성이 주어진다.
⑤ 학습시간은 학습상황에 따라 다양하다.

2. 집단교육 프로그램

집단교육은 특수아동들만으로 구성된 분리교육과 비장애아들의 교육환경 속에서 전체적 혹은 부분적 교육을 시도하는 통합교육으로 나누어 생각할 수 있다.

분리교육은 비장애아들이 배제된 환경에서 특수한 문제를 가졌다고 진단, 사정된 아동들만을 위한 교육상황을 말한다. 집중적으로 특수아동의 전반적 능력 증진을 도모하는 것이 가장 큰 목적이다. 현재 우리 나라의 특수아동 소기교육기관이나 특수유치원이 이러한 형태의 수업을 기본 틀로 하고 있다.

통합교육은 다수의 비장애아가 수용된 집단에 그 보다는 적은 수의 특수아동을 참여시켜 수업이 진행되는 형태이다. 물론 특수아동의 능력 증진이 주요 목적이나 특별히 그들의 사회성 증진, 정상화에 더 역점을 둔다. 특수학급을 보유한 유치원, 어린이집 혹은 개별적으로 유치원 교육 내에서 특수아동 교육을 병행하고 있는 경우에 해당된다(한기정, 2000).

가. 목적과 형태

1) 목 적

집단교육 프로그램의 목적은 아동의 능력개발과 다른 아동과의 관계 속에서 행동을 조절해 가며 적응을 배우는 사회화를 거쳐 궁극적으로는 정상화에 최대한 접근하는 데 있다.

2) 형 태

집단교육은 여러 명의 아동과 그 보다는 적은 수의 교사가 동시에 수업에 참여하는 방식의 교육 형태를 취한다.

기본적인 형태는 아동 5~7명에 교사 1~2명으로 구성되나 개별화 교육을 최대화하여 효율적으로 교육할 수 있도록 배려하여야 한다. 교육 프로그램은 아동의 연령, 체력, 요구에 따라 주 2~5회 실시하며 매회 40분에서 2시간 30분까지 다양하다.

집단 프로그램과 개별 프로그램은 함께 이루어지는 것이 바람직하다. 그럴 경우 오전에는 집단 프로그램, 오후에는 언어치료, 심리치료, 물리치료 등이 시행된다. 혹은 집단 프로그램 진행시간 중 아동별로 마련된 개별교육 프로그램을 첨가하거나 오전에는 특수아동 교육 프로그램, 오후에는 정상아 프로그램에 참여시켜 분리교육과 통합교육을 동시에 시도하기도 한다.

나. 내용과 물리적 환경

1) 내 용

집단교육 프로그램은 매일 일정하게 진행되어지는 활동들을 통해 주간, 월간 혹은 연간 목표를 달성할 수 있도록 구성되어야 한다. 따라서 단기, 장기 목표와 그에 접근할 활동이 선정된다. 목표와 활동들은 집단 내의 아동 개인에게도 유효한 것이어야 하는데 이 조화는 적절한 프로그램 형태의 선정과 교사의 경험, 감각 안에서 이루어질 수 있다.

프로그램의 주 내용은 그림그리기, 유희하기, 간식 먹기, 운동장에 놀이하기 등의 활동이다.

2) 물리적 환경

특수아동교육기관의 위치는 1층이 가장 좋으나 여건과 프로그램 형태에 따라 2층도 무난하다. 오히려 너무 쉽게 바깥으로 나갈 수 있도록 되어 있는 1층은 피하는 것이 좋다.

입구는 곧바로 찻길로 통하는 곳보다 유원장이나 놀이터를 끼고 있는 것이 안전사고 위험에 노출될 확률을 줄인다. 유원장에는 놀이기구와 꽃밭, 동물우리가 있으면 좋고 한편에는 그늘과 벤치가 있어 쉴 수 있는 공간을 마련한다.

소음은 아동들의 집중력에 직접 영향을 미친다. 시끄러운 길가의 놀이시설은 교육의 효과를 떨어뜨리고 아동들의 정서적인 안정에도 영향을 미친다.

햇볕과 맑은 공기는 어린 아동들의 건강에 더 없이 필수적이다. 가능하다면 주변에 나무들이 많아 자연스러운 온도조절과 공기정화가 되면 좋다.

한편 아동들이 마시는 물의 질도 고려하여 정수기를 설치하는 것이 좋다.

놀이방 바닥은 위생적이며 동시에 미끄러지지 않는 소재이어야 한다. 놀이방에 관찰실이 있으면 부모들이 아동들의 학습을 방해하지 않고 수업을 관찰할 수 있으며, 이는 자녀들의 상태를 객관적으로 파악하는 데 도움을 줄 수 있다. 놀이방 내의 집기들도 아동의 신체 크기에 맞도록 구성되어 있어야 하며 벽면 장식이나 아동 작품게시도 아동의 눈높이에 맞추어야 한다.

놀이방의 크기는 너무 소원하지도 너무 비좁지도 않아야 한다. 너무 크면 아동들이 과제에 집중할 때 어려움을 겪을 수 있고 너무 작으면 심리적 압박감에 시달릴 수 있다. 과잉행동 아동에게는 넓은 것보다는 다소 좁은 듯한 공간이 그들의 행동을 가라앉히는 데 도움을 준다.

화장실에는 아동용 변기를 마련해야 한다. 만약 그것이 여의치 않으면 변기나 세면기 곁 바닥에 벽돌 등을 쌓아 높이를 조절해 주어야 한다. 세면기 높이도 아동의 신체 크기에 맞추어야 한다. 화장실은 놀이방과 운동장 모두에 통하도록 되어 있어야 아동들이 실내 수업과 실외 수업에서 편하게 배변할 수 있다.

물리적 환경은 영역별 교육의 실시가 가능하도록 구성되어 있어야 하며 교실 내 화장실이나 운동장과 쉽게 접할 수 있는 여건이 필수적이다.

다. 과정 및 일과 운영

1) 과 정

아동의 현재 문제를 진단하고 아동의 필요에 따라 교육방법, 교육프로그램, 치료 프로그램 등을 선정 배치하며 일정기간을 교육한다. 교육 후 평가를 통해 그 동안의 변화와 목적을 어느 수준까지 달성했는지 점검한다. 아동의 변화 시점에서 다시 적절한 교육 프로그램에 배치한다.

특수아동의 교육과정은 진단과 교육의 배치, 교육, 평가 후 다시 재배치하여 교육방법 및 형태를 조정하는 것이 좋다. 평가와 배치는 교육내용에 흡수되어 진행되는 것이 교육시간을 최대화하고 불필요한 평가과정을 극소화시킬 수 있다. 그러기 위해서는 우수한 교사가 필요하다. 그 시기는 아동의 상태와 변화에 따라 언제나 시도되며, [그림 9－2]와 같이 부모, 동료교사, 관련 치료사들과 팀으로 진행되면 아동의 여러 측면을 살필 수 있어서 바람직하다.

2) 일과 운영

아래의 〈표 9－3〉은 일과 운영의 예이다.

표 9－3 일과 운영

시 간	내 용
9 : 00 - 9 : 45	자유놀이
9 : 45 - 11 : 00	공작놀이와 기초학습 전 학습
11 : 00 - 11 : 10	정리정돈(이 시간 이후로는 공동 프로그램이다)
11 : 10 - 11 : 20	유희와 노래
11 : 20 - 11 : 40	이야기 듣고 말하기
11 : 40 - 11 : 45	청결시간
11 : 45 - 12 : 00	간식과 주식먹기
12 : 00 - 12 : 10	집에 가기

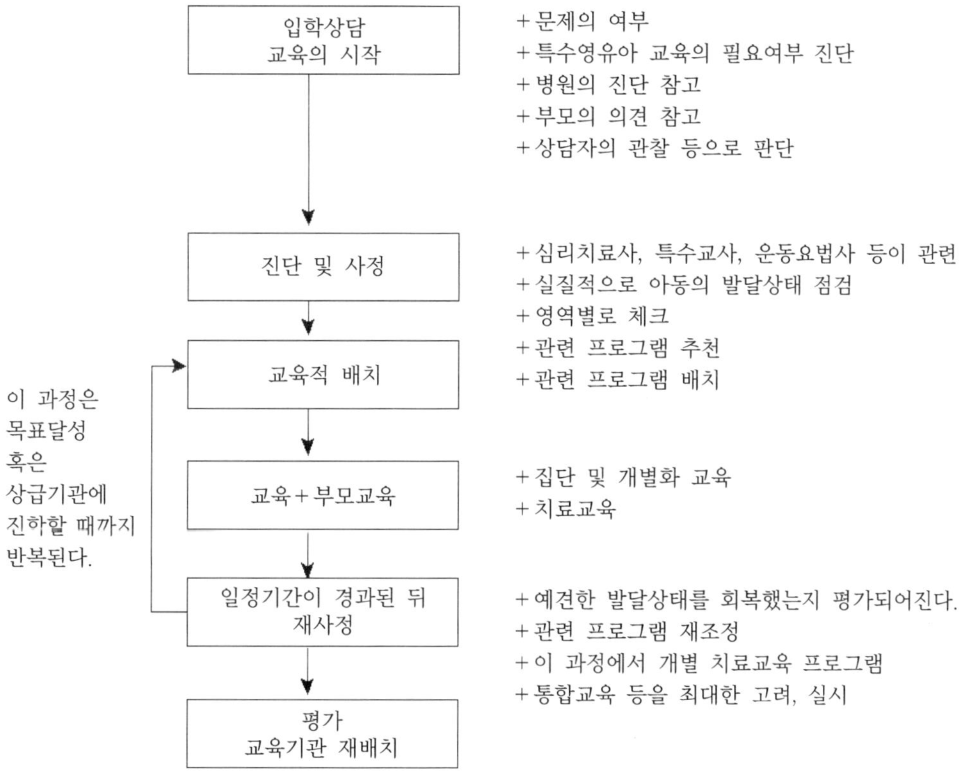

그림 9-2 특수 유아교육 프로그램 전개 과정

CHAPTER 10

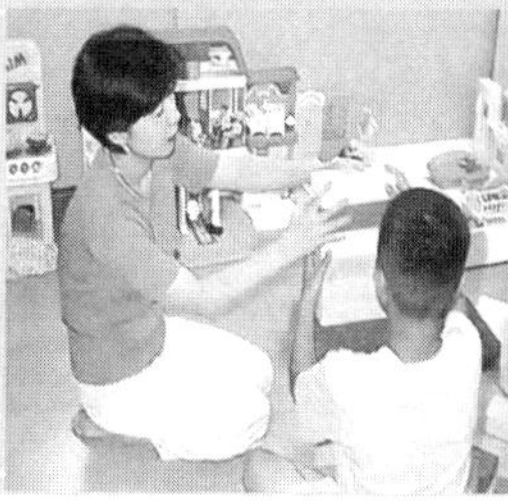

특수아동 가족을 위한 교육 서비스

1. 특수아동과 가족

특수아동을 생각할 때 빼놓을 수 없는 주요 변인이 부모이다. 특히 아동교육기관의 입장에서 생각할 때 부모들에 대한 이해뿐 아니라 또한 그들의 협조가 중요하다. 특수아동 부모들은 개개 가정에서 겪는 개인적 문제뿐 아니라 사회적 압력, 예를 들어, 사회적 고립, 당혹감, 가족이나 이웃의 도움의 상실 등의 문제에 부딪치게 된다.

가. 특수아동이 가족에 미치는 영향

1) 부모의 반응

특수아동의 출생에 대한 부모들의 반응은 그들의 종교, 사회·경제적 지위, 장애의 정도, 장애에 대한 지식, 출생순위에 따라 다양하게 나타난다. 이들은 자녀의 장애를 수용하기에 앞서, 일련의 정서적 반응단계를 거친다. 부모에 따라 다르지만 대부분의 부모들이 겪는 단계는 다음과 같다(Cook, Tessier and Armbruster, 1992).

(1) 충격 · 부인의 단계

특수아동이 출생시 자신의 자녀가 특수아동이라는 사실을 알게 되는 경우 커다란 충격을 받게 된다. 이들은 전문가에 의해 확인되기 이전, 이미 자신의 자녀에게 문제가 있음을 알았음에도 불구하고 커다란 충격을 받는다. 그런 다음에는 전형적 부인(denial)의 반응을 나타낸다. 즉, 부모들은 자녀의 장애를 부정하면 장애가 사라져 버리는 것으로 잘못 생각하게 된다. 그러한 반응은 자연스런 것으로 고통스러운 현실을 피하려는 충동에서 생겨나는 것이다.

따라서 이들은 누군가 좀더 수용할 만한 진단을 내려주지 않을까 하는 생각에서 여러 다른 전문가들을 찾아다니며 증명되지 않더라도 새로운 효능이 있다는 치료 방법을 찾아 나선다. 따라서 장애아동에게는 오히려 필요한 서비스를 조기에 마련해 주지 못하는 경우가 발생한다.

부인 뒤에 종종 나타나는 것이 죄의식이다. 부모들은 장애자녀의 출생에 대하여 자신이나 주위환경 또는 다른 사람이나 신을 비난한다. 특히 자신의 어떠한 잘못으로 천벌을 받는 것이라고 생각한다.

부모가 충격을 받고 부인을 하면서 두려움, 죄의식, 불안을 느낄 때 교사는 그러한 느낌과 경험이 정상적임을 부모에게 이해시킬 수 있어야 한다. 교사는 수용적 태도로 부모들의 이야기에 귀를 기울이고 부모와 교사가 함께 아동을 위해 노력할 수 있는 방법에 부모가 신경을 쓰도록 돕는다. 이 단계에서 부모로 하여금 자녀의 한계에 직면하도록 요구하는 것은 오히려 부모가 자신을 방어하게 한다.

(2) 분노와 원망의 단계

부모들이 더 이상 자녀의 장애 상태를 부정할 수 없으면 화가 나고 분노, 원망이 생긴다. 이들은 지적으로는 자녀의 문제를 수긍하나 정서적으로 너무 집착되어 있어 자녀의 문제에 긍정적으로 접근하지 못한다. 심지어는 자신을 진정 돕고자 하는 사람들에게까지 직접 화를 내기도 한다. 그리고 그들의 동기에 대해 의혹을 갖는다.

이 단계에서 교사는 전문성을 나타낼 필요가 있다. 만약 아동에게 그들이 할 수 있는 과제를 준다면 부모의 분노는 곧 사라질 수 있다. 물론 아동이 신속한 진전을 보이지는 않겠으나 부모는 자녀가 무언가 변할 수 있음을 끊임없이 알아야만 한다.

(3) 흥정(bargaining)의 단계

이 단계에서는 불가사의한 운명을 지적으로나 정서적으로 받아들이는 것을 지연하고자 한다. 또한 대단한 결심을 갖고 부지런히 장애자녀를 위해 애쓴다. 부모들의 그러한 태도는 마치 "만약 당신이 말한 대로 내가 다 한다면 내 아이의 문제는 없어지겠죠"라는 것과 같다. 그러나 자녀에게 기대한 바처럼 진전이 크지 않으면 좌절과 낙담의 단계로 넘어가게 된다.

이 단계에서 교사는 부모의 감정을 수용하고 공감적으로 이해해 주어야 한다. 그리고 그들의 감정이 자연적인 것임을 깨닫게 해준다.

(4) 좌절과 낙담의 단계

자녀에게서 진전을 보지 못하자 "도대체 무슨 소용이 있느냐", "신경을 쓸 필요가 뭐 있겠느냐"는 등의 태도를 갖게 된다. 이렇게 희망이 없다는 태도는 부모들에게 무기력감을 느끼게 하며 더 큰 도움을 요청하게 된다. 또한 Kirk(1979)에 의하면 이 시점에서는 자신이 바라던 정상적 아동의 상이 사라짐에, 마치 고별을 하는 것 같은 애도의 욕구가 나타난다. 일단 이러한 애도의 감정이 일어나면 자녀를 있는 그대로 수용하기 시작하고, 자녀의 문제에 대한 보다 생산적인 해결에 초점을 두게 된다.

교사는 자녀를 가르치고자 하는 부모의 열의에 긍정적 측면을 강조하고, 그러한 열의로 좌절감을 느끼는 일이 없도록 한다. 즉, 자녀를 가르치는 과제를 성공할 수 있는 수준의 것으로 계획해 주며, 직접이든 간접이든 비평을 피해 이들이 부모 노릇에 대해 갖는 의혹을 제거하도록 한다.

만약 계속 깊은 좌절감을 느끼는 부모가 있다면 전문가의 교육이 필요할 수도 있다. "무슨 소용이 있느냐"라는 부모의 절규에 그들이 도움을 받을 수 있는 길은 여러 가지가 있음을 알려 준다. 특수아들만을 위한 학급에서라면 비공식적 부모들의 모임은 크게 도움이 된다.

(5) 수용의 단계

위의 여러 단계를 거쳐 대다수의 부모들은 수용의 단계에 도달하게 된다. 이들은 자신의 자녀가 장애를 가졌음을 인정하며 더 이상 죄의식을 느끼거나 사회를 원망하지도 않는다. 수용의 단계에 들어서면 부모들은 무언가 이루어질 수 있음을 깨닫고 무언가 배우고자 하며, 새로운 지식을 적용하고자 애쓴다. 어떠한 부모들은 이러한 단계에 빨리 도달하는 데, 어떠한 부모들은 그 속도가 느리며, 일부의 부모들은 자녀의 장애상태에 대해 현실적으로 직면하지 못하기도 한다.

부모들의 반응은 특수아동의 행동에 영향을 주기 때문에 중요하다. 특수아동들이 부모에 의해 수용될 때 이들은 보다 더 사회적으로 수용될 수 있는 행동을 가질 수 있고, 보다 더 협동적이고 보다 더 정서적으로 안정되고 고무적이다. 부모가 수용하지 않는 경우 이들은 정서적으로 안정되지 않고, 불안정하고 화를 잘 내게 된다. 부모가 과잉보호적일 경우는 특수아동은 지나치게 의존적이며 무엇을 해보고자 하는 동기가 결여된다.

특수아동 출생으로 인한 부모의 반응 단계와 각 단계에 있어서의 교사나 전문가의 역할을 요약, 도표화해 보면 [그림 10-1]과 같다(송준만 외, 1998).

2) 형제 및 다른 가족의 욕구와 반응

부모들과 마찬가지로 특수아동의 형제자매나 가족의 다른 구성원들도 특수아동의 출생으로 많은 영향을 받는다.

조부모에게서도 부인, 비난, 분노 등의 반응을 볼 수 있다. "며느리가 임신 중에 담배를 피우더니" 또는 "그 아이 집안은 별로 좋지가 않더니" 등 비난과 분노를 나타낸다. 그러나 조부나 다른 친척들은 도덕적 · 정신적 · 정서적 지지를 받을 수 있는 가장 손쉬운 원천이다.

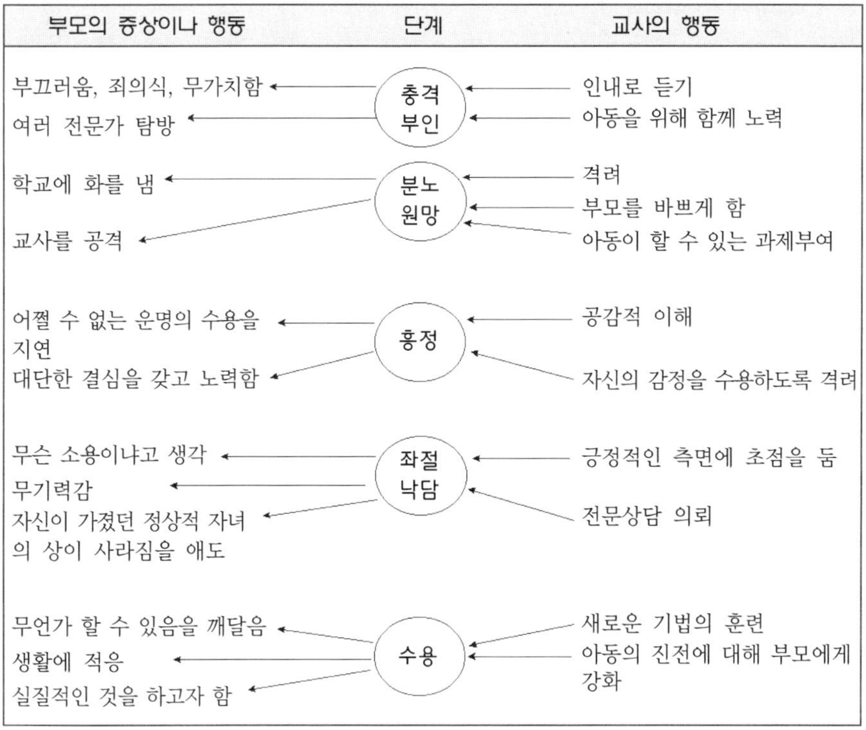

그림 10-1 부모의 반응 단계와 각 단계에 있어서의 교사나 전문가의 역할

형제 자매 또한 많은 문제를 가질 수 있다. 대부분 이들은 부모가 장애형제에 대해 갖는 태도를 자신들도 갖는다. 그뿐 아니라 이들은 장애형제가 있다는 사실로 인해 다음과 같은 여러 질문을 갖는다.

① 장애형제의 장애 원인에 대해 궁금해 하며 혹 자신에게도 어떤 잘못된 점이 나타나지 않을까 걱정한다.

② 장애형제를 돌보는 것이 자신의 활동에 영향을 준다고 생각한다.

③ 장애형제에 대해 부모와 이야기하고 싶지만 어떻게 말을 꺼내야 할지 모른다.

④ 부모가 장애형제에게 너무 많은 시간을 사용할 때 화가 난다. 때로는 자신도 장애형제와 같이 행동하여 부모의 관심을 끈다.

⑤ 부모가 장애자녀를 가졌다는 점을 보상하기 위해 자신이 보다 공부를 잘해야

된다고 생각한다.

⑥ 친구들에게 자신의 장애형제를 어떻게 이야기해야 할지 걱정이며, 그들이 자신이나 자신의 가족을 비웃을까 염려한다.

⑦ 자신들이 커서 결혼을 하고 자녀를 가질 수 있을까 걱정한다.

⑧ 미래에 자신이 장애형제를 돌보게 되지는 않을까 걱정한다.

⑨ 장애형제와 어떻게 잘 지낼 수 있을까, 무엇을 배우도록 어떻게 가르쳐 줄 수 있을까, 그를 돌보아야 할 때 무엇을 하고 같이 놀아야 할까 등의 걱정을 한다.

이와 같은 자녀의 질문과 관심에 대해 부모와 교사는 여러 모로 도움을 줄 수 있다. 형제 자매들도 장애형제에 대한 결정을 위한 토의에 참여하여야 하며, 장애형제로 인해 친구들로부터 받는 반응에 대한 자신의 감정을 토로할 수 있는 기회가 주어져야 하며, 부모로부터 적절한 관심을 받아야 한다. 이러한 형제 자매의 욕구를 충족시켜줄 수 있는 좋은 방법 중 하나가 장애형제를 가르치거나 돌보는 일에 이들을 참여시키는 것이다. 아주 어린 아동도 효과적인 교사가 될 수 있다. 그러나 주의해야 할 것은 장애형제를 가르치거나 돌보는 일에 너무 책임감을 주지는 말아야 한다는 점이다. 이것은 오히려 형제 자매의 적응문제를 유발하게 한다(송준만 외, 1998).

나. 순기능 · 역기능 가정

1) 기능에 의한 가족 분류

장애아동이 있다는 것은 가족에게 스트레스 요인을 가중시키며 역기능과 증가된 기능을 초래한다. 역기능과 기능은 분명 양극단에 해당한다.

장애아동을 지닌 가족들 중 기능적인 가족과 역기능적인 가족 간의 차이는 한 가지 핵심적인 주제, 곧 장애아동에 대한 수용성이라고 하는 주제와 밀접한 관련이 있는 듯하다. 그러한 수용성이란 대처 과정에 있어 초기 단계에서 냉담해지며 수용이라고 하는 문지방을 넘지 않는 것을 가리킨다. 역기능적인 가족에 있어, 가족의 안정은 장애자녀를 일종의 희생양으로 혹은 문제의 근원으로 남겨 두느냐의 여부에 달려 있을 수 있다. 그리하여 다툼의 진정한 원인이나 부모와 가족의 역기능을 감추며, 그 결과 이것들을 아예 다루지 않으려고 한다.

(1) 수준 1 : 고도의 역기능

장애아동을 가족구성원 속에 포함시킬 것인지의 여부를 놓고 고민하는 가족이다. 이러한 가족은 약물 중독, 실업, 재정적 어려움, 그리고 배우자와 자녀에 대한 학대 등을 수반할 수 있는 매우 강렬하고 지속적인 문제들을 경험한 역사를 갖고 있다. 이러한 가족은 보다 광범위한 개념에 해당하는 가족일 가능성이 많다. 보다 광범위한 가족이란 여성이 가장인 경우, 혼합된 가족 형태, 조카나 숙모 혹은 삼촌 등과 같은 확대된 가족구성원이 함께 살면서 부양 역할을 맡는 가족, 혹은 할아버지가 가장인 경우 등을 말한다.

이러한 경우들에 해당되는 자녀는 학대를 당할 위험성을 가장 많이 지니고 있으며, 불운하게도 이와 같은 가족은 가족구성원 중 한 사람이 나름대로의 틀을 깨고서 도움을 찾고자 결심하지 않는 한, 교사의 도움을 받아들이려고 하지 않는다. 대체로 해당 자녀의 어머니가 그런 태도를 나타낸다. 장애자녀의 결핍 상태를 충족시키기 위해서 뿐만 아니라 기본적인 생존 문제들을 해결하기 위해서는 강렬한 개입이 요청된다.

(2) 수준 2 : 보통의 역기능

수준 2 에 해당하는 가족은 해당 자녀가 태어나기 전에 이미 역기능적인 요소들을 지니고 있었다. 그러나 장애자녀가 있다는 것은 회복되지 않는 위기를 고조시키는 스트레스 요인이 되는 사건이다.

그 결과로 나타날 수 있는 상황은 다양하지만, 모든 경우들은 기초를 흔들리게 하며, 자녀의 출생은 가정의 전체 구조를 와해시킨다. 출산 후에 직장으로 복귀할 계획을 세웠던 어머니는 자녀의 장애 상태로 인해 그렇게 하지 못할 수 있다.

그리고 가족은 그녀의 급료가 끊김으로써 경제적 어려움에 직면하게 된다. 어떤 부모는 이러한 자녀의 출생을 하나님의 징벌로 여기고서 약물 남용을 시작하거나 재개할 것이다. 이 자녀가 부모의 도움을 너무 많이 필요로 하는 까닭에 다른 자녀들이 무시될 수도 있다.

이러한 가족을 돕는 길은 부부를 물리적·심리적으로 재결합시키거나 양친 중 한쪽만 있는 경우에 대한 대책을 마련함으로써 그 가족의 기초를 다시 세우는 일을 포함한다.

(3) 수준 3 : 보통의 기능

세 번째 범주에 속하는 가족들을 위한 중재는 예방 및 치료 차원에서 이해된다. 교사는 가족구성원 모두의 역할들을 고찰하여 상호작용의 유형을 먼저 도출해야 한다. 그 후 교사는 가족구성원들로 하여금 관계를 증가시키고 심화시키기 위한 새로운 상호작용의 방법들을 배울 수 있는 기회를 제시할 수 있다. 이러한 가족은 위험에 처해 있으며, 교사는 더 큰 문제에 빠질 가능성을 경고할 준비를 단단히 하고 있어야 한다.

(4) 수준 4 : 고도의 기능

네 번째 범주는 교사에게 있어 가장 손쉬운 상태이다. 이러한 가족은 나름대로 기능을 잘 발휘하고 있지만 특별한 정보를 요청한다. 역할 변화가 시작되었을 수도 있으나, 아직 역할 분담이 확고해진 상태는 아니다. 가족은 협동심을 지니고 있고 건강한 방법으로 역할을 계속 맡기를 바란다. 만일 결혼 관계에 있어 정서적 친밀성이 존속되며 가족구성원들이 용이한 의사소통 기술을 활용한다면, 교사는 정보원으로서의 역할을 담당하고, 아무런 치료법도 필요하지 않을 때 다만 문제해결을 유도하는 촉진제로서의 역할을 담당할 수 있다.

한 가족이 항상 이런 범주 속에 고정되어 있지는 않는다. 대체로 수준 3과 수준 4 사이에서 건강한 기능이 작용한다. 스트레스 하에서는 이 가족이 세 번째 수준에 있을 것이지만, 충분한 대책이 마련되어 있는 상태라면 건강한 기능을 다시 회복할 수 있다. 하지만 어떤 자원들을 상실하거나 다른 스트레스 요인들이 생기면, 그 가족은 계속해서 수준 3에 머무를 수 있으며 위험한 상태에 처할 수도 있다.

2) 역기능적 가족들에게서 흔히 나타나는 행동

장애자녀를 둔, 심각한 역기능적 상태인 가족들의 행동은 여덟 가지 요소들로 분류될 수 있다. 폭력, 방관 그리고 가족과의 완전한 결별 등과 같은 일부 요소들은 어떤 가족의 역기능적 상태를 나타내는 분명한 표시가 된다. 또한 이러한 요소들을 수반하는 상황은 기능적인 상태에서 역기능적 상태로의 전환을 촉진시킬 수 있다.

역기능적 가족들에게서 흔히 나타나는 행동은 다음과 같다.

(1) 상습적이고 귀찮은 불평

도움을 받는 직접적 당사자인 자녀가 불평할 수는 없기 때문에, 부모들이 그 자녀의 '감시인' 역할을 하게 된다. 이러한 역할을 함에 있어, 그들은 나름대로 정당한 관심사를 피력하는 데 그 관심사는 결코 만족되지 않는다.

그 부모는 자신의 관심사가 받아들여지지 않는다고 하여 스트레스를 받는다. 만일 그 부모들이 서로 의견의 일치를 보이지 않는다면 스트레스는 더 심해진다. 한 배우자가 직업을 갖고 다른 배우자는 직업을 포기한다면, 전자에 해당하는 배우자는 상대방 배우자의 도움이 없어진데 대해 괘씸한 마음을 갖게 된다.

(2) 프로그램 방해 행위

프로그램을 제공하는 자들과의 협력을 거부하는 부모는 어떤 방식으로든 자기 자녀의 행복에 위해를 가한다. 이러한 부모는 특정한 프로그램의 특질이나 유익을 간파하지 못할 수 있으며, 특정한 진단을 내리고자 하는 전문가들의 생각에 동의하지 않을 수도 있다. 자녀에 관한 기록을 보유한 자로서, 자녀에 대한 가장 실제적이고 정확한 견해를 지닌 사람으로서, 그리고 그 자녀를 돌보는 전문가들과 더불어 줄곧 상호작용을 하는 자로서, 이러한 부모는 치료나 진단과 관련하여 의견차가 발생할 때 문제 거리로 간주할 수도 있다.

또한 부모 중 한쪽이 수긍하고 다른 쪽은 그 자녀를 위한 프로그램에 거의 관심을 갖지 않는다면 이는 더욱 심각한 스트레스 요인으로 작용할 것이다.

(3) 극단적인 과잉보호

전문가들은 치유나 진단의 구체적인 과정과 관련하여 의견 충돌이 있을 때 부모들에게 과잉보호의 경향이 있다고 판단할 수 있다. 예컨대, 어떤 전문가들은 '모든' 자녀들을 표준화시킬 수 있다고 생각하는 반면에, 부모들은 자녀들을 표준화시키는 방향으로 생각하되 그들의 한계성도 염두에 두는 계획을 원하는 경향이 더 많다.

극단적인 혹은 무적절한 보호가 자녀를 방해할 때 가족이 역기능 상태에 처할 수 있다. 애를 봐줄 만한 자격을 갖춘 사람의 도움을 받을 수 있음에도 불구하고 자녀의 결혼을 거부하는 행위, 자녀로 하여금 자신을 돌보며 옷을 입는 것과 같은 독립된 행동을 하도록 격려하지 않는 행위, 혹은 자기 자녀가 보다 낮은 수준에 처해 있을 때 더 많은 보호를 받게 된다는 식으로 잘못 생각함으로 말미암아 자녀에게 보다 높은 수준의 교육을 시키기를 거절하는 행위 등과 같은 과잉보호 행동들은 기능적인 가족을 역기능적으로 변하게 한다. 부모들은 가족의 재정을 희생하면서까지 그 자녀에게 가죽 외투나 CD 플레이어와 같은 고급품을 사주거나 이미 체중 초과 상태인 자녀에게 요구하는 대로 어떤 음식이든지 사줄 수도 있다.

그런 행동은 그 자녀를 영원히 아이 상태로 묶어 두는 결과를 초래할 수 있다. 그 자녀는 가족구성원들 각자의 결핍 상태와는 상관없이 그들 모두의 도움을 받아야 하는 위치로 올려진다. 이 모든 것은 그 자녀에게서 정상적인 가족 환경을 빼앗아 버리며, 그 자녀의 문제를 모든 요구 사항들이 충족된 다른 어떤 상황 속에서만 다루게끔 만든다.

(4) 심기증적 강박 관념

부모는 최선의 치료 과정을 결정하기 위해 혹은 다른 자녀들로 하여금 유전적으로 동일한 문제를 지닌 2세를 낳게 하는 위험을 당하지 않도록 하기 위해 자녀의 장애 상태의 원인을 찾아낼 필요가 있다.

그러나 도무지 해답을 찾을 수 없을 때 부모는 "왜 이런 일이 생겼을까?"라는 강박 관념에 사로잡힐 수 있다. 이런 강박 관념에 사로잡히는 이유는, 그러한 자녀를 가진 부모의 죄책감 때문일 수 있으며 혹은 자기 자신이나 다른 사람들을 비난하려는 심리 때문일 수도 있다. 이는 고통을 야기할 수 있다. 합리적인 자료들을 조사하고 나서도 부모가 그 원인을 발견할 수 없을 때, 이는 조사를 포기해야 할 때이다.

부모는 물론 최대한 의학적 치료를 병행해야 한다. 왜냐하면 장래에 어떤 상황으로 진전될지 모르기 때문이다. 하지만 모든 합리적인 노력들이 아무 소용도 없는 듯이 보이면, 이는 의사의 약물 치료를 중단할 때이다. 오히려 의사의 치유의 노력은 삶을 고갈시키며 가족 관계를 소원하게 만들 수도 있다.

(5) 노골적인 다툼과 은밀한 다툼

폭력, 성적 학대, 그리고 알코올(마약) 중독 등과 같은 분명한 징후들은 역기능적 가족의 노골적인 다툼을 나타내는 분명한 표시이다. 그러나 간파하기가 한층 더 어려운 요소들이 있다. 비난, 범죄 혹은 장애자녀를 돌보는 일에 대한 분노 등이 배우자들 간에 일어날 때에는, 기능적인 상태에 있는 가족도 사실상 은밀한 다툼을 벌이고 있는 것으로 특징지워질 수 있다.

가족으로 하여금 문제들을 쉽게 논의하게 할 수 있는 의사소통 기술이 부모에게 결여되어 있거나 부모가 엄격한 권위주의자 혹은 철저한 방임주의자일 경우에, 이러한 문제가 생길 수 있다. 혹은 일관성 없는 양육이나 서로 다른 양육 방식이 부모간의 다툼을 야기시키는 원인이 될 수도 있다. 이렇듯 은밀한 다툼들은 기능적인 수준 3에 해당하는 가족을 장차 문제에 빠뜨릴 수 있다.

(6) 상징적 관계들

역기능적 가족은 세상으로부터 스스로를 완전히 분리시키거나 혹은 그 자녀의 어떤 초자연적이거나 특별한 힘에 대한 환상적인 믿음을 가지고 있다. 이 경우에 역기능 상태는 쉽게 드러난다.

그러나 한 부모가 자신을 장애자녀와 너무 동일시한 나머지 그 부모와 자녀

간에 그물처럼 얽힌 공생(共生)의 관계가 형성될 때, 그 가족의 역기능 상태는 더욱 간파되기 어려워진다. 이에 대한 반응으로, 다른 한 부모는—그(혹은 그녀)는 그 자녀와 더불어 정상적인 양육 관계를 맺어 왔을 수도 있고 그렇지 않을 수도 있다 —부부의 역할에서 손을 뗄 수도 있다. 그와 같은 불균형이 발생할 때, 한 부모가 다른 한 부모보다 그 자녀에게 더 많은 열성을 쏟게 됨으로써 문제가 야기될 가능성이 증가한다.

(7) 회피

장애 상태를 무시하거나 부인하는 데서 회피 현상은 극에 달한다. 회피 현상이라고 하는 암울한 영역은 위험 상황을 시사하는 것으로서, 한 부모가 그 자녀에게 정서적 보살핌을 제공하는 반면에 다른 한 부모는 자신을 가족 문제로부터 멀찌감치 분리시키고서 일이나 취미 생활에 몰두하는 가족들에게서 발생한다.

그 가족에게 무슨 일이 일어날 수 있는지를 결정하기 위해, 교사는 누가 자녀의 교육 과정에 대해 알고 있는지, 정기적인 진료를 책임지는 의사와 치과의를 정한 책임이 누구에게 있는지, 그리고 누가 그 자녀에게 가정에서 이용되는 기술 중 대부분을 가르치고 있는지 등에 관해 물어야 한다. 만일 부모 중 한 사람이 다른 한 사람보다 이러한 영역에 대한 책임을 더 많이 갖고 있다면, 이것은 문제가 있음을 나타내는 표시일 수 있다. 특히 이러한 역할 분담상의 불균형이 다른 문제 유형들과 결부되어 나타날 때는 더욱 그러하다.

(8) 정신 사회학적 박탈

어떤 부모는 그 자녀의 결핍 상태를 무시하며 진단이나 치료를 시도하려고 하지 않은 채, 심각한 박탈 상태를 간과할 수 있다. 이런 현상은 부모의 경제적·교육적 수준이 낮을 때 도회지나 대도시 중심부의 저소득층 거주 지역에서 가장 흔히 나타난다.

하지만 중상류 계층의 부모들은 형식적인 체제에 대해 너무 기분이 상한 나머지 아무리 유익한 프로그램이라고 해도 거기서 손을 뗄 수 있다. 그러한 부모들은 자기 자녀의 장래를 위해 제공될 SSI나 국민의료 보장제도와 같은 프로그램을 무시할 수도 있다. 그들은 고등학교를 졸업하는 자녀를 위한 진로를 고려하지 않을 수 있으며, 자신이 죽거나 장애 상태에 처할 경우에 대비하여 자녀를 돌보는 일을 준비하지 않을 수도 있다. 부모가 이러한 수준에 머물러 필요한 대책을 강구하기를 중단하는 것은 다른 무엇인가를 가족 내에서 발생하고 있다는 표시이며, 그 가족이 위기에 처해 있다는 사실을 나타내는 표시이다.

다. 특수아동 부모의 욕구

부모가 자녀의 장애를 이해하고 이에 적응하기 위해서는 일반적으로 상당히 많은 새로운 정보를 배워야만 한다. 어떤 종류의 장애는 구체적 지식이 요구되나 대부분은 모든 특수아 부모에게 공통된 것들이다. 이러한 지식을 알고자 하는 것이 바로 부모의 욕구가 되며 이를 크게 대별해 보면 다음과 같다.

1) 장애에 대한 이해

대부분의 특수아동 부모의 첫 번째 관심사는 자녀의 장애를 이해하는 것이다. 이것은 흔히 진단과정과 관련된다. 이들은 자녀의 문제를 제시해 줄 적절한 전문가를 찾고자 한다. 일단 전문가를 찾아도 일치된 견해를 듣기 어렵다는 문제가 있다. 또한 부모들이 자주 겪는 문제는 진단결과 보고가 보류되거나, 알려 주어도 전문적인 용어 역시 이해하기 어려운 점이다.

장애의 원인 또한 부모가 크게 관심을 갖는 부분으로 유전적 장애인 경우, 예를 들어 다운의 증상(Down's syndrome)이 특히 그러하다. 또 부모들은 특정 학습장애나 정서장애 같은 장애가 그들이 앞으로 또 갖고자 하는 아이에게도 영향을 주지나 않을지 걱정된다. 출산 전, 출산 중 출산 후의 장애의 요인들에 대한 지식들은 자신들이 자녀의 장애에 대한 책임 여부를 알고자 하는 부모들에게 도움이 된다.

또 다른 부모의 관심사는 자녀의 발달 가능성이다. 이것은 장애의 정도, 연령 등과 같은 요인에 의해 결정된다. 특히 아동이 어릴 경우에는 많은 부모들이 담화나 언어발달에 관심을 가지며, 후에는 학업성취나 학교에서의 행동에 관심을 갖는다. 장애자녀가 성년이 되면 취업 가능성이나 결혼관계도 부모에게는 큰 관심사이다.

2) 서비스 및 자원에 관한 정보

특수아동 부모들이 또 관심을 갖는 것 중 하나는 어떠한 서비스나 자원이 있으며 이것을 어디에서 받거나 얻을 수 있느냐 하는 것이다. 특히 이 분야에 관한 부모의 관심을 간략히 보면 다음과 같다.

첫째, 아동의 요구에 적합한 전문가를 어떻게 찾아내는가? 장애아동은 여러 종류의 언어, 학업, 운동기술, 직업훈련, 사회·정서적 행동 등의 훈련을 위한 전문가들이 필요하다. 각 영역에는 전문가들이 있다. 예를 들면, 언어발달의 경우 언어치료사가 있고, 운동기술의 발달을 위해서는 물리치료사가 있다.

둘째, 어떤 의학적 조치와 보조기구가 아동에게 도움이 될까? 약물치료, 비타민치료, 영양조절, 소독 등에 관한 정보가 부모들에게 필요하다. 또한 어떤 부모들은 보조의자(wheelchair), 보청기, 안경 등의 보조기구의 사용, 유지, 수리 등에 관한 정보도 필요하다.

셋째, 아동의 요구에 부응하려면 어느 정도의 경비가 필요할까? 전문가와의 면담, 의료진의 처치, 보조기구의 구입 및 사용, 교육 등은 모두 많은 경비를 요하는 것들이다. 특히 우리 나라는 공립이나 국립의 특수교육기관이 많지 않아 이들의 교육비가 부모들에게는 큰 고려 사항이다.

넷째, 어떤 종류의 교육 프로그램이 가능한가?

실제로 특수아동 부모에게는 여러 종류의 학교(프로그램)에 대해 알려 주고 선택을 할 수 있는 기회가 주어져야 한다. 우리 나라의 경우는 특수교육기관이 제한되어 있을 뿐 아니라 부모들이 기존의 교육기관에 대해서도 잘 알지 못하는 문제점이 있다.

다섯째, 장애자녀를 기숙기관에 넣어야 할까 또는 집에서 키워야 할까? 이것은 부모들이 가장 결정을 내리기 어려운 점 중의 하나이다. 경비, 교육과정과 계획, 프로그램 목표, 운영자 및 교사의 자질, 철학과 구조, 오락 및 사회적 시설 등을 참작 결정해야 할 것이다.

여섯째, 어떠한 정부기관, 법, 규칙 등이 특수아동 부모에게 도움이 될 수 있는가? 부모들은 서비스나 지원을 위해 어떻게 하여야 하는지에 대해 알 필요가 있다.

일곱째, 어떠한 부모모임과 훈련이 있으며, 어떠한 서비스가 제공되는가? 이러한 조직은 교통, 캠프, 아기 돌보기 및 다른 서비스나 활동에 대한 정보를 제공해 줄 수 있다. 또한 부모훈련은 장애아를 지도하고 양육하는 데 커다란 도움이 될 수 있다.

3) 기 타

앞에서 언급한 점 이외에 특수아동 부모들은 다른 종류의 문제를 해결하고 적응해야만 한다. 특히 장애아를 다루는 것이 대부분의 부모들에게 공통적 관심사이다. 학교에서의 아동의 행동 문제가 그것이며 가정에서 유발되는 여러 문제들, 예를 들어 혼자 밥 먹기, 대소변 가리기, 옷 입기, 몸단장하기, 더 나아가 아동이 크면 데이트, 성생활 등을 다루거나 가르칠 수 있는 기술을 원한다.

또한 부모들은 다른 정상자녀에게 장애자녀에 관해 무엇을, 어떻게 이야기해 주어야 하는가를 걱정하며, 이웃·친척들에게는 어떻게 설명해야 하는지 걱정이다. 장애자녀에게는, 특히 행동장애의 경우는 친구를 만들어 주는 것도 큰일이다. 뿐만 아니라 유능하고 이해를 해 주는 의사, 치과의사 및 전문가를 찾는 것도 배워야만 한다.

특수아동 부모들은 자신의 욕구충족을 위한 시간도 필요하다. 우리 나라에는 장애자녀를 맡길 적절한 기관이나 사람이 주변에 없는 경우가 많다. 또한 우리 나라에는 대부분 장애자녀를 가졌다는 데 대한 남들의 눈총을 의식, 전혀 자신을 위한 시간을 할애하지 않는 경우가 많다. 그러나 특수아동 부모들은 자신의 시간을 갖기 위해 친척이나 전문가 등으로부터 어떻게 도움을 얻을 수 있는가도 알아야만 한다.

"장애인 단 한 명이라도"……아름다운 학교 줄이어

단 한 명의 장애학생을 위해 시설을 뜯어고친 '사랑의 학교'는 또 있었다.

경기도 구리시 교문 2동의 백문초등학교(교장 洪尙鎬). 경기도 파주 삼광중과 서울 중계중·제주대에 못지않은 정성을 올해 입학한 코흘리개를 위해 쏟은 학교다.

장애학생에 무심하던 일선 학교의 태도가 바뀌어 가고 있음이 다시 확인된 것이다. 이들 학교의 따뜻한 '더불어 살기'는 장애학생을 가진 전국의 다른 학교로 급속히 확산되고 있다.

■ **7세 신입생에 쏟은 정성** : 백문초등학교는 척추성 근위축증 환자인 金서연(7) 양이 입학한다는 소식에 지난 2월부터 바삐 움직였다.

"개교 8년 만에 처음 입학하는 장애학생이 어떤 불편도 느끼지 않도록 하자"는 선생님들의 다짐이 있었다. 1층에 장애인용 화장실을 만들고, 출입구 계단에 철판을 깔았다. 金 양의 휠체어가 잘 드나들 수 있도록 하기 위해서다. 교실도 현관과 화장실에 가까운 곳에 배치했고 널찍한 특수책상도 마련했다.

金 양의 담임을 자청한 황재숙(黃在淑·49·여) 교사는 쉬는 시간마다 서연이의 근육피로를 풀어 주기 위해 간단한 체조를 시킨다. 매시간 金 양의 수업 준비물을 대신 챙겨 주는 짝꿍 金명규(7) 군은 "불편하지 않게 해 주려고 다들 도와 준다"고 말했다.

■ **번지는 장애학생 사랑** : 서울 강남구 개포동 개원중(교장 金夾英)은 11일 4층짜리 학교건물 모든 층에 장애인 전용 화장실을 설치하기로 결정했다.

하반신 마비로 휠체어를 이용하는 이혜림(李惠林·15·3년) 양과 정동균(鄭東均·14·2년) 군을 위해 지난해 만들었던 간이 화장실을 전층으로 확대하고 세면시설까지 갖춘 전용 화장실로 개조하기로 한 것, 이 학교는 1985년 개교 때부터 장애인용 경사로를 모든 층에 설치했었다.

강남교육청은 지난해 관내 24개 학교에 장애인 전용 화장실을 만들어 줬고 올해에도 18개 학교에 추가로 설치할 예정이다. 그리고 경기도 안성의 개산초등학교는 다음달부터 경사로 장애인용 화장실 등을 단계적으로 설치할 계획이다. 언젠가 들어올 장애학생을 위해서다.

1층에 장애인 전용 화장실을 갖춘 서울 강서구 염창초등학교는 지난달 교내에 장애인용 휠체어를 비치했고, 7월 말 완공될 신축 건물에는 장애인용 엘리베이터도 설치한다.

■ **"장애인 배려 학교에서부터"** : 이화여대 특수교육학과 박은혜(朴恩惠) 교수는 "학교의 장애인 편의시설 확충은 교육기회 균등은 물론 생존권적 차원에서 접근해야 한다"고 말한다.

'장애인 편의시설 촉진 시민연대'의 배융호(裵隆昊) 연구실장은 '98년 4월 이전에 지은 학교는 장애인 편의증진 보장에 관한 법률이 적용되지 않아 대부분 장애학생 사각지대로 남아 있다"며 "시설을 고치기 위한 예산 지원이 필요한 때'라고 강조했다.

* 중앙일보 2001-04-12 27면

2. 특수아동 부모교육

가. 특수아동 부모교육의 필요성

정신지체, 지체부자유, 발달장애 청소년들이 챔버를 구성, 하나님께 찬양하고 있다.

특수아동의 부모교육 문제는 재활 전문가나 교사들의 일차적인 관심의 대상이다. 장애가족의 상호작용에 관한 지식구조를 고려할 때 요육활동(療育活動)에 부모를 참여시키는 것은 장애아 교육의 효율성을 제고한다는 측면에서 매우 의의가 있는 일이다.

수많은 장애아의 부모들은 그들을 양육하고 가르치는 데 있어 부모의 역할을 하는데 여러 가지 어려움이 있음을 경험한다. 시행착오가 되풀이된 의학적 진단과 출산시 경험했던 심리적 상처가 오랫동안 부모의 역할 수행을 방해하는 것이다. 이에 따라 그들은 특수아동에 대한 책임을 기꺼이 받아들이지 못하고 전문가나 교사에게 어머니로서 인정받지 못하는 고통스런 경험을 호소하곤 한다.

White(1975)는 특수아동의 부모가 갖는 현실적인 어려운 점을 다음과 같이 세 가지 측면에서 분석하고 있다.

첫째, 아동의 발달 단계에 대한 지식이 부족하여 발달이 늦는지 빠른지 어떤 단계에 어떤 종류의 자극을 주어야 그들의 발달이 촉진되는지 잘 모른다.

둘째, 특수아동 부모는 자기 자녀가 다칠까 봐 혹은 타인이 자기 아이를 해칠까 봐 하는 생각에 하루 종일 매달려 있기 때문에 휴식을 취할 여유가 없이 항상 긴장되어 있다.

셋째, 가까운 곳에 특수아동 부모에게 육아방법이나 재활지식을 교육해 줄 기관이 부족하다.

한국의 장애 어머니들 역시 완전한 치료기대, 신비하거나 기적과 같은 정보,

특수아동으로 인한 부모의 부담을 덜어 주거나 대리해 줄 수 있는 기관을 절실히 요청하고 있다.

이렇게 볼 때 특수아동 부모교육은 어머니의 역할, 아동과 어머니와의 관계형성, 감수성 등을 중요시하면서 더욱 아동들을 위한 조기교육, 그에 따른 부모들의 교수기술 등이 포함되어야 한다. 특수아동 부모는 아동의 장애발견 즉시 심리적 도움과 전문지식을 필요로 한다. 특수아동 부모는 재활전문가의 도움을 필요로 하고 재활전문가들은 부모의 협력을 기대한다.

따라서 특수아동 교육에 있어 부모교육은 매우 중요하다고 하겠다.

부모교육에 참가한 부모는 사회적인 결속과 연대감을 가지고(Colman, 1991) 특수아동을 돕기 위해 다른 사람의 비슷한 문제를 접하며 공감하게 된다. 따라서 부모교육을 통해 대부분 부모들은 공통적인 어려운 문제를 다른 부모들과 교환하는 유용한 시간을 갖게 된다.

특수아동 부모가 절망과 죄의식과 과잉보호의 악순환을 거쳐 딜레마에 빠지거나 바람직하지 못한 육아 방법을 형성하기 전에 전문가가 특정한 장애에 대한 올바른 지식과 지도 방법을 교육하면 부모는 가정에서 특수아동의 조기 치료교육을 위해 협력하게 된다. 또한 부모는 정신적 위안을 받을 수 있으며 도움이 필요할 때 도움을 청할 수 있다.

특수아동 부모교육의 필요성은 다음과 같다.

① 특수아동의 교육은 가정지도가 더욱 중요하다. 대부분 부모들은 특수아동의 지도에 대한 전문적인 지식이 없다. 따라서 특수아동에 대한 지식과 이해를 통해 가정교육의 질을 높일 수 있다.

② 부모교육을 통하여 조기치료, 교육의 효과를 높일 수 있다. 특수아동의 치료교육은 조기에 발견하여 실행할수록 효과가 크다. 부모교육을 통하여 치료교육을 가정에서 연장할 수 있으므로 효과를 높일 수 있다.

③ 특수아동 교육기관의 교육과 가정교육의 일관성을 유지할 수 있다. 유치원에서 학습한 내용과 가정에서의 지도방법은 일관성이 있어야 효과를 높일 수 있다.

④ 이차적인 장애 예방에 도움을 준다. 치료실에서 배운 훈련이 가정에서 생활로 옮길 때 장애로 인한 다른 장애를 줄일 수 있다.

⑤ 사회에서 긍정적인 장애자관의 확립에 가정이 모범이 될 수 있다. 장애에 대한 편견과 왜곡·부정적인 장애자관을 부모가 가지고 있을 때 사회에는 부정적 장애자관을 부모가 긍정적이고 수용적이며 적극적인 장애자관을 가지고 있을 때 사회는 긍정적인 장애자관을 가지게 될 것은 명확한 사실이다. 왜냐하면 부모가 그러한 태도를 가질 때 형제도, 친척도, 이웃도 그러한 태도를 가지게 되기 때문이다. 따라서 부모교육을 통하여 보다 적극적인 장애자관을 확립시킬 수 있다.

나. 특수아동 부모교육의 방법

부모교육은 여러 차원에서 다양한 방법들이 이용되고 있다. 부모교육에서 고려할 점은 일시에 많은 활동을 할 수 없기 때문에 단계적이고 체계적으로 실시하는 것이다. 여러 계층의 부모들이니 만큼 이론보다는 실제적으로 훈련 가능한 기술을 학습하도록 도와 주는 것이 좋다. 특히 부모교육하면 어머니를 대상으로 하는 경우가 대부분이나 아버지의 교육 및 참여 역시 매우 중요하다. 나아가 가족 전체를 참여시키는 것은 특수아동의 잠재적 가능성의 계발에 큰 도움이 된다.

이 때 고려할 사항은 다음과 같다.

첫째, 가족의 전체적 상황이나 지역사회에 얽힌 문제와 같은 광범위한 문제에 중점을 두어 특수아동 한 개인보다는 그 가족의 욕구, 장애아 자녀가 가족에게 끼치는 문제들을 기초로 해야 한다.

둘째, 주변의 많은 전문가들, 즉 의사, 사회사업가, 카운슬러의 도움을 받아 다각적인 접근을 시도한다.

셋째, 올바른 교육방법, 철학적 의미, 종교적 요인 등을 설명하여 준다. 합리적 사고를 통해 장애자녀로 인해 생겨나는 문제를 발견하여 해결할 수 있는 능력을 키워 준다.

이러한 과정을 거쳐서 특수아동에 대한 가족 전체의 문제를 해결할 의욕과 능력을 가지게 된다.

특수아동 부모교육의 방법은 크게 세 가지로 구분할 수 있다.

첫째, 가정을 대상으로 전문가가 개입하는 방법

둘째, 집단을 대상으로 특수아동교육기관의 교육집단으로 접근하는 방법
셋째, 부모나 교사의 요구에 따라 부모를 개별적으로 접근하는 방법

1) 전문가의 개입

가정이 갖고 있는 문제를 이해하고 부모나 가족들을 치료나 교사보조자로서 훈련하는 방법이 바로 전문가가 개입하는 방법이다. 많은 이론들은 가족 자신이 특수아동의 좋은 교사가 될 수 있다는 것을 다음과 같이 밝히고 있다.

첫째, 가족구성원이 특수아동들과 더 관계 형성이 좋으며, 협동적인 참여를 유도하기가 쉽다.

둘째, 가족은 자녀가 살아가는 동안 비교적 끊임없이 상호작용하는 반면에 교사들은 교체된다. 따라서 가족은 장기적인 교사로서 봉사할 수 있다.

셋째, 특수아동이 능동적인 교수 활동에 성공적인 참여가 더욱 촉진될 수 있다.

많은 연구에 의하면 가족이 사실상 교수 기술을 가르칠 수 있으며 새로운 행동이나 아동교육기관에서 배운 내용을 실생활에 적용할 수 있도록 돕는데 도움을 줄 수 있다고 한다.

특수교사들이 가족들에게 도움이 될 만한 정보를 제공하는 데는 몇 가지 방법이 있다. 특수교사들은 보통 수준에서 이용할 수 있는 서비스나 프로그램에 대한 정보교환실, 부모 교육실 같은 것을 설치할 수 있다. 이러한 센터는 가족들이 세분화되고, 조직화되지 않은 서비스를 하는데 도움을 준다. 부모들은 전문가로부터 행동변화, 아동발달, 어머니의 결점, 가정에서 무엇이 중요한 문제에 놓여 있는가? 그리고 어떻게 가정에 도움을 줄 수 있는가를 배우기 위해서 캠프 프로그램에 참가할 수도 있다. 이러한 프로그램과 함께 가정방문, 세미나 참가 등을 병행하는 것이 좋다.

부모들을 훈련하는 또 하나의 일상적인 방법은 기술적으로 여러 자료들을 동원하는 것이다. 부모들에게 조언을 해 주는 또 하나의 방법은 훈련 지침서보다는 잡지나 신문기사를 읽도록 권고하는 것이다.

2) 가정중심 프로그램

초기에 행해졌던 게임 프로그램들은 가정중심 프로그램이 대부분이었다. 초창기 특수아동 가정 프로그램의 중심은 자조훈련이나 물리치료와 관련되었지만 최근의 인식은 인지발달을 돕는 교육까지도 포함되고 있다.

가정에 교사나 재활 전문가의 개입은 부모들에게 자극을 줄 수도 있고 부모는 아동들에게 더 효과적인 훈련을 시킬 수도 있다. 매주 교사가 가정을 방문하여 가정에서 부모가 무엇을 도울 것인가를 설명하며 교사는 시범을 보이며, 그 때 아동을 치료나 교육하는 것을 부모가 관찰하게 된다. 다음 날에 부모는 아동과 함께 교육을 실천하며 아동의 변화를 기록하게 된다. 교사는 신중하게 아동이 한 주에 할 수 있도록 부모에게 책임량을 주고 부모와 아동이 모두 성공감을 갖도록 격려하여야 한다. 이 때 장애가 심한 아동을 가정에 데리고 있도록 부모의 태도와 결정을 바꾸도록 격려하기보다는 아동의 발달에 모든 목표를 두는 것이 중요하다.

어머니에게 자신을 나타내는 관심을 갖게 함으로써 어머니의 고립을 예방하고 가정 밖에서의 사회적 접촉을 도와 주게 된다. 더 나아가 어머니가 다른 자녀와 남편을 위해 많은 시간을 냄으로써 어머니에게 지나친 부담을 주지 않고 아동에게 교사극과 유용한 보호를 제공해 주게 된다. 어머니에게 개별화된 역할과 더 적극적인 역할을 권장할 때 어머니 스스로가 더 가치 있게 느끼게 된다.

가정중심 프로그램에 대한 세 가지 이론적 근거는 다음과 같다.

첫째, 부모들은 다른 환경에 대한 지식과 이해를 할 수 있을 때 그들의 아동을 보다 잘 지도할 수 있다.

둘째, 부모를 훈련시키는 전문가들은 가정의 형편, 부모의 능력을 고려할 때 보다 발전한다.

셋째, 전문가의 가정방문이 가족들에게 부담이 될지 모른다. 부모의 허락은 물론, 가족 전부가 허용된 분위기에서의 부모훈련이 보다 효과적이 된다.

Hayez(1978)는 부모 지도의 기능을 개별사례와 개입 시기에 따라 크게 두 가지로 구분했다. 치료적 기능과 죄책감에서 벗어나게 다양한 정보를 제공해 주는 것이다. Hayez는 부모의 욕구에 융통성 있게 반응하기 위해 한 가지 방법이나 하나의 이념에만 의존해서는 안 된다고 했다. 정신지체 분야 최근 연구들에서 부모지도의 전문적인 역할은 부모의 죄책감을 감소시키고 아동의 발달을 지연시키는 것을 피하기 위해 계획되어야 한다고 했다(Lambert, 1978 ; Bettschart 1976 ; Amentia, 1980).

가정중심 프로그램의 형태는 다음과 같다.

(1) 부모치료

부모치료는 가장 전통적인 방법 중의 하나이다. 부모들이 가정의 조화를 위해 특수아동 문제에 실제 예상될 만한 문제를 조절할 수 있도록 도와 주는 것이다. 이 방법이 가장 널리 적용되기는 하지만 불행히도 부모 자신이 문제 원인으로 인식되어 가정의 상호작용 과정에 자녀들의 기대에 미치지 못한다. 이 방법을 적용하는 데는 치료적인 노력과 훈련 노력이 병행되어야 한다. 왜냐하면 부모들이 직면하는 자녀들의 행동을 완전히 알고 자녀들의 행동에 얼마나 큰 영향을 미치는가를 인식할 수 없으며 부모들과 함께 치료될 수 없기 때문이다.

(2) 형제의 협력

형제가 있다는 것은 특수아동에게 영향력을 줄 수 있다. 형제들은 가정에서 부모들과 일관된 행동계획에 참여할 때 효과적으로 적용될 수 있다. 형제 훈련을 위한 캠프에서 최근의 새로운 기술을 얻게 되고 형제들은 전문가로부터 그런 일이 얼마나 중요한가를 확인받게 된다.

형제들은 치료자로서 협력을 할 수 있고 치료의 가능성을 함께 추구해야 할 대상이 된다.

(3) 가정의 협력

아동교육기관과 부모 사이의 협조를 강조한 프로그램은 여러 이유에서 바람직하다. 아동의 대소변 훈련과 같은 행동은 그러한 협력을 요구한다. 가정에서 배울 점들이 교과과정 여기저기에서 가르칠 수 있다. 예를 들면, 교사가 아동의 문제를 방과 후 시간을 내서 가정에서 실천할 수 있는 것을 지도한다. 학급에서 할 수 있는 행동과 가정에서 실천할 수 있는 일을 그의 부모와 함께 의논한다. 이 방법에서 아동이 유치원 생활에서 실천하지 못했던 내용들을 가정활동 자료로 제공받게 된다. 또 다른 지도에서 여러 결점을 가진 아동의 부모들은 교사가 유치원에서 교육하고 있는 것과 같은 교수활동을 집에서 하게 된다.

아동이 특별한 기술을 습득할 때나 수행할 준비가 되어 있을 때 교사에게 알리기 위해 부모는 아동을 통해 자료 회신을 가방 속에 넣어 보낸다. 교사는 아동이 유치원에 있는 동안 행동으로 실천하는 것을 관찰하고 부모는 가정에 있는 동안 가정과 유치원 행동의 연계를 하도록 협력한다. 이러한 연속성은 진보된 행동의 상호협력의 기회를 더 많이 제공한다. 이런 과정을 통해 아동의 진전된 행동을 약속하고 목표에 도달한 행동에 협력한다.

3) 교사의 역할

효율적인 훈련은 중요한 기술이다. 특수교사들은 훈련에 대한 가족의 욕구를 확인하는 것이 필요하며 가족구성원들이 필요로 하는 기술을 획득할 수 있도록 수용할 수 있는 전략을 고안해야 한다.

가족구성원의 내적 관계에서 중요한 면은 상호 영향에 대한 인식이다. 가족 한 구성원에게 영향을 주는 변화는 다른 사람에게도 영향을 주게 된다.

따라서 전문가들은 부모가 적절한 방법으로 그 아동이 상호작용할 수 있도록 하기 위해서 아동 개개인의 욕구를 이해하고 확인할 수 있도록 부모들을 도와주어야 한다. 특수교사들은 또한 가족들이 다른 전문가로부터 받은 정보를 해석하고 평가하는데 도움을 줄 수 있다. 종종 특수아동을 가진 가족들은 가족들이 이러한 충고들을 그들의 독특한 상황에 맡도록 평가하고 우선하는 데 도움을 줄 수 있다.

교사들은 첫 번째로 부모들을 위한 유익한 지도서가 얼마나 있는가를 알아야만 한다.

부모교육을 위한 두 번째 전략은 집단훈련 수업을 강조한다. 집단 수업을 강조하는 근본적인 가정은 부모들이 문제 상황에 접근하기 위해 기본적인 기술의 일정한 틀이 필요하다는 점이다. 집단훈련을 통해 특수아동 부모들은 일상적인 문제의 해결을 위한 여러 정보를 제공받게 된다.

4) 치료중심 프로그램

치료중심 프로그램 중의 하나가 어머니들과 신체장애가 있는 아동들 사이의 긴장을 감소시키기 위한 Tyler & Kogan's의 프로그램이다.

개인적인 어머니들과 아동들은(21～61개월) 치료실에서 양육되는 시간이 많고 비디오에서 나오는 모델식 상호작용에 있게 된다. 치료사는 어머니와 함께 테이프를 재검사하여 어머니가 계속해야 할 행동이 무엇인지, 제거해야 할 행동이 무엇인지에 관해 이야기해 준다. 어머니는 귀에 꽂은 레시버를 통하여 옆방에서 지시하는 치료사와 함께 매주 한 시간 반씩 8주 동안 아동과 함께 프로그램에 참여한다. 비록 통제되는 집단이 없지만 연구자들은 여러 행동의 압력지시가 감소하는 것을 발견하였고 프로그램이 성공적이었다는 결론을 내렸다.

5) 개입에 대한 효과

대부분의 교사들은 아동의 조기치료 교육을 위해 가정에 개입한다. 특수아동 교육에는 부모를 훈련시키는 것이 의미가 있다(Berkowitz & Grazinao, 1972 ; Johnson & Katz, 1973). 앞에서도 여러 번 지적되었지만 부모와 관련된 프로그램이 성공하려면 부모와 가족이 협조하여야 한다. 전문가가 그 가정에 일찍 개입하여야 되고 오랜 동안 자극이 계속되어야 한다. 일반적으로 성공된 프로그램 연구에서 부모의 성격이나 태도가 효과적인 영향을 주었다.

교사들의 한결 같은 고민은 부모들이 계획을 융통성 있게 실천하기 쉽도록 하여야 하며 가족들 간의 욕구의 변화를 조화 있게 꾸며 주어야 한다는 것이다.

부모들은 강연이나 부모 지침서를 읽은 것을 잘 이해하지 않으려는 경향이 있다. 교육수준이 낮은 부모들은 힘들어 하기까지 한다. 교육 수준이 낮은 부모들은 기술교육 시간을 늘리고 역할놀이(role playing)를 권장하는 것이 좋다. 부모의 참여와 책임은 프로그램의 성공여부를 결정지으며, 결정적인 요인은 강연 효과에서 나타난다.

부모 훈련은 교사가 떠난 후에도 계속적으로 적용될 수 있어야 한다. 아동 관리기술을 지속시키려면 부모의 행동변화를 일반원리로 가르치는 것보다 특별히 변경하는 기술을 선택해서 훈련시키는 것이 좋다.

6) 집단접근

집단을 대상으로 한 부모교육 방법에는 각종 회합을 통한 것이며 회합을 위해서는 그 기관과 부모 간의 협동하는 조직체를 만들어 진행하는 것이 효과적이다. 즉, PTA의 조직체의 힘을 이용해야 한다. P(Parent), T(Teacher), A(Association)를 말하는 데, PTA는 부모와 교사가 대등한 입장에서 상호작용하는 회의이다. PTA를 잘 발전시키면 교육 현장에도 적극적으로 부모를 참여시킬 수 있다.

집단회합의 종류에는 강연회, 공개독서회, 좌담회, 보고서 토론회, 역할 활동이나 특수교육 영화감상회, 모델을 통한 훈련 등이 있으며 특수아동의 심리나 발달, 사고력의 개선, 생활의 개선까지 필요한 일들이 많다. 이러한 형식은 독특한 방법으로 지도할 때 부모들의 역할이 분명해진다.

특수학교의 부모회는 부모들의 자발적인 참여로 조직되고 발전한다. 부모회는 학교 교육의 협조는 물론 장애 부모들이 갖고 있는 문제를 해결하려고 교사와 공통적인 문제를 갖고 토론하거나 연수의 기회를 갖게 된다. 특수아동을 가진 다른 부모들과 접할 수 있는 기회가 주어지며 상호의견 교환을 통하여 재활 정보를 얻게 된다. 또한 부모들은 가장 어려운 시기에 부모들 간의 어려움을 분담하여 나누어 갖게 된다.

부모회에 참여할 때 부모들은 사회적인 능력이 증가되고 사회에 장애아의 위치를 결정해 주는데 중요한 힘이 될 수 있다는 것도 배우게 된다.

외국에서는 특수아동 부모단체들이 오래 전에 창립되었다. 프랑스의 부모회

(MNAPEI, 1975)에는 특수교육 센터와 직업훈련소까지 운영하고 있으며 부모들이 참여하고 있다.

부모회는 정부와 사회 대중에 대한 공식적인 발언자가 된다. 70년대에 시작하여 부모 단체를 통해 표현된 의견들은 특수아동 법령에 반영되어 왔다. 장애 부모들이 자기들의 권리를 회복하려고 노력함으로써 부모들이 갖고 있는 고통을 이겨낼 수 있는 기회를 모든 회원들에게 제공해 준다. Hudson(1978)은 1500명의 회원이 되는 미국 어머니 단체(American Parent Association)의 기능을 사회적으로 조사했다. 이 단체에서는 정신지체 아동이 있는 가정에 자원 봉사자를 제공하는데 자발적이고 적극적인 행동을 유지할 수 있는 기준을 규정하고 있다. 이러한 조직의 모델은 부모와 특수아동의 사회 통합을 더 향상시킨다.

어머니회에서 발행하는 출판물은 협회의 구성원들을 연결시키고 각 구성원들의 경험, 느낌, 소견을 발표할 수 있는 통로를 제공해 주는 역할을 한다. 이 출판물은 재활 전문가 뿐만 아니라 장애자의 법적 관리를 주장하는 실제적인 정보를 준다. 또 가정에서만 고립되어 있는 특수아동 부모들에게 전문화의 기회를 훈련하는 매체가 되기도 한다.

부모회와 교사의 회합에서는 부모의 사회적인 발달 수준을 고려해야 한다. 도움이 될 수 있는 공동 관심사에 귀를 기울여야 한다. 교육에 참여할 권리를 주고 재활 정보와 재활기술을 보급해 주며 재활 사례 등 독창적인 흥미와 욕구가 반영되어야 한다. 부모의 권리를 정당화시키기 위하여 세부적으로 욕구를 조사하고 마음 속 깊숙히 있는 누적된 불만들을 반영하도록 교육안을 계획한다면 재활 고립에서 벗어나기 위해서 참석할 것이고 부모회에 대한 확신을 얻을 수 있게 된다. 더 나아가서는 일반적인 여러 흥미까지도 반영될 수 있는 제안도 반영될 수 있다.

이러한 모든 프로그램도 결국에는 어머니의 성숙과 특수아동의 재활 관심에 연결되어야 한다.

부모회 프로그램을 세우기 위한 기본 구성은 다음의 〈표 10 - 1〉을 참고하는 것이 좋다.

표 10-1 부모 프로그램 계획

단계 / 프로그램영역	욕 구	목 적	방 법	평 가
재활정보	부모와 교사들은 많은 정보를 필요로 한다.	필요한 정보의 종류와 그 목적을 안다.	재활 정보의 출처와 얻는 방법을 조사하고 서로 교환 비교한다.	정보를 얼마나 얻고 그 정보를 얼마나 활용했는가 알아본다.
정서와 사회	부모의 정서적 표현과 사회적 관계를 중요시한다.	정서긴장이 사회관계에 있어 어떤 영향을 주는가를 안다.	정서표현과 그것이 유아와 다른 사람에게 어떤 영향을 미치는가 토의한다.	부모가 얼마나 어느 정도 참여했고 솔직했는가.
치료교육에 부모참여	치료와 교육에 대한 관심과 정도를 안다.	치료교육에 관심을 갖는 이유와 중요성을 안다.	치료교육에 참여할 수 있는 방법, 시간, 조건 등을 상담하고 적극 검토한다.	어떤 프로그램에 어떤 일에 참여했고 그 결과는 어떤지 생각하고 토의해 본다.
부모의 양육과 가족의 상호작용	양육방법과 유아간의 관심과 그 정도를 안다.	상호작용의 중요성을 인식하고 자녀와의 관계를 새롭게 형성하는 방법을 안다.	장애가정의 양육사례를 제시하고 역할연기와 토의를 한다.	가족간의 행동이 어떤 점에서 변화를 보였는가.

7) 개인접근

개인을 대상으로 하는 방법이란 교사가 부모와 일대일로 교육하는 방법이다. 필요에 따라서 한 특수아동을 위하여 전문가와 교육효과를 올리는 교육, 간단하게 전화를 이용하는 방법, 일정한 기간과 간격을 정해 놓고 그 동안의 특수아동의 발달과정의 관찰을 부모와 교사가 나누는 개인교육 방법, 또는 특별한 일이 생겼을 때 편지를 이용하는 방법 등이 여기에 포함된다. 이와 같은 교육이나 대화를 할 때 교사가 취해야 할 필요한 태도는 부모가 자유롭게 이야기할 수 있는 태도와 분위기 조성이다.

이 외에도 수업참관, 보조교사제, 사례 발표회, 방문 교사제, 가정방문 자원봉사제를 통하여 이론적 지식과 기술을 습득하기도 한다. 부모교육은 지역실정과 부모의 개별성에 대한 요구에 의해서 반드시 이루어져야 한다.

다. 특수아동 부모교육 프로그램의 실제

① **집단 크기** : 10~20명(대개는 15명 내외)

② **교육 진행 시간** : 매회 90~120분

③ **교육 진행 횟수** : 1주 1회, 1년 25~30회(일단 교육이 시작되면 1년간은 진행되어지는 것을 원칙으로 한다.)

④ **지도자** : 현재 아동의 교육을 맡고 있는 특수교사, 수시로 필요나 요구에 따라 관련분야의 전문가, 강사 등을 초빙해 제2의 지도자로 활용한다.

⑤ **내용과 방법** : 교육이 진행되어진 상태나 시기, 부모들의 요구에 따라 적절히 조절되어진다.

표 10-2 특수아동 부모교육 프로그램

내 용	방 법
특수아에 대한 기초지식	· 강의 · 관계된 책읽기 · 관계된 슬라이드, 비디오 보기
교육목적 설정과 관찰법	· 아동관찰, 관찰 후 토의 · 아동교육 프로그램에 직접 참여, 토의 · 다른 특수교육기관 방문
가족이 교육에 참여하는 방법	· 아동의 특별한 교육 프로그램에 가족들 참여 · 아버지 모임
교육방법	· 특수교육에 대한 기초 강의 · 특수교육에 대한 책읽기 · 가정에서의 교육법에 대한 토의 · 아동교육시 문제점에 대한 토의

내　용	방　법
교재개발법	· 교육방법에 따른 필요한 교재사용의 목적, 제작법 강의 · 직접 제작하기 · 활용 후 토의
미래계획법	· 특수 성인들을 위한 재활센터 방문 · 재활센터 내 프로그램에 대한 평가 · 자녀들의 자질에 대한 토의 · 각 가정마다 세우고 있는 계획에 대한 토의 · 성공사례 강연듣기
정보수집과 활용법	· 교육기관, 진료소, 병원 등에 대한 정확한 정보 · 외부기관에의 강습 참여 · 신문사, 방송국 등과 연결, 홍보활동
어머니 자신들을 위한 프로그램	· 취미활동 · 자체 내에서 마련하는 자발적 활동 모색
기　타	· 특수한 자녀를 올바로 성장시킨 사례듣기 · 성격지도법 · 건강상담 · 가족계획법 · 가정건강 유지를 위한 처치법 · 다른 자녀를 가지기 위한 의학상식 · 생활패턴의 변화법 · 가족간의 대화법 · 특수아를 위한 행정직 조치에 대한 강의, 토의 · 바자회 · 레크리에이션 지도법

⑥ **문제점** : 아동들이 수시로 입학, 퇴학을 하기 때문에 집단멤버의 변화가 크며, 그 변화에 따라 집단의 분위기, 집단멤버 간의 응집력, 지식, 요구 등에 큰 차이가 있다. 따라서 1년의 계획으로 진행되는 교육 프로그램의 내용을 수정, 보완해야 하는 경우도 있다. 한편으로는 이미 훈련을 맡은 경험이 있는 어머니의 경우에 있어서 집단 내에서 다른 형태의 호소력있는 숨은 지도자 역할을 충분히 해내어 교육을 더욱 효과적으로 이끌 수 있는 장점도 있다. 그러나 근본적으로

부모교육 프로그램 계획에 있어서 부모들의 요구, 지식수준, 사전의 교육여부, 자녀의 증상에 따라 또 그 기관의 형편에 따라 다양하게 진행시킬 수 있다. 언제든지 적합하다고 생각되어지는 방법이나 내용으로 변화시켜야 할 경우에 놓이게 되면 상당한 융통성을 발휘해야 한다.

표 10-3 사례 : 이화여자대학교 사회복지관 '특수아동교실'에서 실시되어졌던 부모교육 프로그램

월	내 용	방 법
3	· 특수아동교실에 대한 오리엔테이션 · 특수아란 누구인가 · 놀이방 관찰 및 관찰 후 토의 · 생일잔치에 참여	강의 강의 수업참관, 토의 수업참여
4	· 가정에서의 문제행동 등 제시 · 특수아 교육방법 · 놀이방 관찰 및 관찰 후 토의 · 자연학습에 참여 · 아버지 모임	토의
5	· 놀이방과 가정에서의 차이와 원인 분석 · 생활훈련법 · 놀이방 관찰 및 관찰 후 토의 · 어린이 날 잔치에 참여	토의 강의 수업참관, 토의 수업참여
6	놀이를 통한 학습방법(Ⅰ) 대근육, 소근육 기능증진 그에 필요한 교재개발법 놀이방 관찰 및 관찰 후 토의 자연학습에 참여	강의 강의, 실습 수업참여, 토의 수업참여
7	놀이를 통한 학습방법(Ⅱ) 감각운동, 지각운동 기능증진 1학기 동안의 행동변화 여부 진단 방학 중 아동지도법 아동별 개별평가 종업식에 참여	강의 토의 강의 개별상담 수업참여
9	방학 중 가정에서 실시했던 교육방법 놀이를 통한 학습방법(Ⅲ) 개념형성 기능증진 놀이방 관찰 및 관찰 후 토의 생일잔치 참여	토의 강의 수업참관, 토의 수업참여

월	내 용	방 법
10	놀이를 통한 학습방법(Ⅳ) 언어교육 그에 필요한 교재개발법 놀이방 관찰 및 관찰 후 토의 자연학습 참여	강의 수업참관, 토의 수업참여
11	아동들의 정신건강(Ⅰ) 아동들의 정신건강(Ⅱ) 놀이방 관찰 및 관찰 후 토의 생일잔치 참여	강의 강의 수업참관, 토의 수업참여
12	특수자녀에 대한 계획(Ⅰ) 특수자녀에 대한 계획(Ⅱ) 아동별 개별평가 X-mas잔치 참여	토의 토의 개별상담 수업참여
2	특수학교에서의 적응 종업식 참여	토의 수업참여

3. 바람직한 특수아동 부모의 태도

A. Levinson은 특수아동의 부모의 태도를 개선시키기 위한 것으로 다음과 같은 사항을 제시하였다.

① 될 수 있는 한 빨리 의학적인 교육을 하고, 그 결과에 따르라.

② 패배적인 태도를 갖지 말라.

③ 수치감이나 죄악감을 만들지 말라.

④ 자기 어린이가 뒤진다고 하여 무시하지 말라.

⑤ 어린이에게 할 수 있는 한 기회는 제공하고, 걸인과 같은 태도를 취하지 말라.

⑥ 어린이의 능력 이상의 것을 시키려고 하지 말라.

⑦ 어린이의 정서적인 문제를 잘 처리하여 주라.

⑧ 출산을 두려워하지 말라.
⑨ 장애가 야기된 원인을 캐지 말라.

이춘섭(1990)은 정신지체아의 부모를 중심으로 바람직한 특수아동 부모의 태도를 다음과 같이 밝히고 있다.

가. 전문가의 진단 결과에 따르도록

어떠한 부모이든 정신지체아 낳기를 원하는 부모는 없을 것이며, 자기가 낳은 아동이 정신지체가 되기를 원하는 부모도 없을 것이다. 부모는 누구나 할 것 없이 자기의 아동이 잘 자라서 훌륭한 사람이 되기를 원한다. 그러나 성장과 발달에 있어서 뒤지는 아동이 우리 인간사회에 없을 수는 없는 것이다.

아동에게 문제점이 있어서 전문가를 찾아갔을 때 기대와는 달리 정신지체아라는 진단이 내려질 때 그것을 그대로 받아들이려고 하지 않는 것은 모든 부모의 한결 같은 심정이다.

그러나 전문가의 진단이 엄연한 사실일 때 그 진단 결과에 따르는 것이 현명한 부모의 태도이다. 진단을 믿으려고 하지 않는 부모의 심정도 이해가 가나 그것은 부모의 감정에 의한 것으로 아동 자신에게는 아무런 도움도 되지 않는다.

대부분의 부모들은 전문 의사의 진단을 받고도 믿어지지가 않아 이름 있는 병원이란 병원은 다 찾아다니는 예를 많이 볼 수 있다. 어떤 부모는 미신적인 곳으로 빠져 심지어는 굿까지 하였다는 부모도 볼 수 있다. 이러한 부모의 태도는 시간과 금전의 낭비만 가져올 뿐만 아니라 부모의 자위적인 감정에 의하여 도리어 아동을 희생시키는 결과가 되는 것이다.

전문가의 진단을 부정한다고 하여 정신지체아가 정상아로 되는 것도 아닌데 무엇 때문에 부정하려고만 드는지 이해가 가지 않는 일이 많다. 진단의 결과를 부정하면 부정할수록 아동의 앞날을 그만큼 막는 것이 되며 잘못하면 아동을 그릇된 곳으로 이끄는 결과만을 초래하게 되는 것이다. 사실을 사실 그대로 긍정하는 것이 빠르면 빠를수록 그 아동을 위한 새로운 길을 빨리 모색하게 될 것이며, 바른 곳으로 아동을 이끌어 갈 수 있는 것이다.

자기 아이가 특수아동임을 긍정할 때 비로소 거기에 따른 알맞은 조치를 생각하게 되며, 장애의 정도에 따른 교육 대책도 보다 적극적으로 강구하게 된다.

나. 수치감이나 죄책감을 갖지 않도록

모든 생물은 각기 그 종족에 따라 본래의 기능을 가지고 있다. 그러나 모든 생물이 다 한결같이 본래의 기능을 다 갖추고 태어나며 성장한다고는 볼 수 없다. 왜냐하면, 어느 종족이든 생물인 이상 그 종족의 생명 계승 과정에서, 혹은 성장 과정에서 예기하지 못하였던 원인에 의하여 기능에 상애를 입는 일이 있기 때문이다.

예를 들면, 같은 볍씨를 같은 시간에, 같은 못자리에 뿌려 같은 수질에서 같은 온도의 햇빛을 받으면서 자라나게 하지만 그 중 몇 퍼센트는 반드시 제대로 자라지 못하거나 제대로 열매를 맺지 못하는 것이 있다. 더욱이 같은 벼이삭에 붙어 있는 낟알에 있어서도 어떤 것은 잘 여물었지만 어떤 것은 여물지 못한 것이 있는가 하면 쭉정이도 있는 것이다.

인간도 생물인 이상 이러한 현상에서 벗어날 수 없다. 정신지체아가 생기는 것도 이와 같은 것으로 정신지체아가 생긴 것은 누구의 죄도 아니며, 누구의 탓도 아니다. 그런데도 정신지체아를 가진 부모나 가족들은 수치감과 죄책감과 열등감에 사로잡혀 아동을 숨기고 스스로 달팽이와 같이 껍데기 속에서 지내고 있다.

부모를 망신시키기 위해서, 무슨 죄의 대가로 정신지체아가 태어난 것은 결코 아니다. 정신지체아는 빈부의 구별 없이, 권력이 있든 없든 어느 가정에나 태어날 수 있는 가능성을 내포하고 있다. 인간사회에는 언제나 정신지체아가 있어 왔으며, 인간의 힘으로는 막을 수 없는 것이다. 따라서 장애아에 대한 수치감이나 죄책감을 가질 필요가 없다.

다. 아동을 위해 무엇을 해야 할 것인가를 생각하도록

“될 대로 돼라”와 같은 자포자기의 마음가짐은 가장 비굴한 태도이다. 부모로서 자기 이익을 위해 무엇을 어떻게 하여야 할 것인가를 늘 생각해야 한다. 아동을 위해 늘 생각할 때 부모로서의 할 일이 생기게 되며, 아동의 앞길도 열리게 될 것이다. 특수아동을 위해 가장 앞장서야 할 사람은 다른 사람이 아니고 바로 부모와 형제들이다.

부모로서 무엇을 해야 하는가에 대하여는 전혀 생각하지 않고 남에게 부탁하려는 부모가 있다. 부모와 형제가 특수아동을 위해 무엇을 해야 할 것인가를 생각하지 않는데 다른 누가 그 아이의 문제를 생각하겠는가. 부모가 솔선해서 앞장서게 될 때 자연적으로 사회에서 도와 주게 되며, 독지가도 나오게 되며, 국가에서 대책을 세우게 될 것이다.

라. 아동에게 능력 이상의 것을 요구하지 않도록

기지도 못하는 영아에게 걷기를 요구하거나, 앉지도 못하는 아이에게 뛰기를 요구하는 부모는 없을 것이다. 또한, 영양가가 있다고 하여 이도 채 나지 않은 신생아에게 갈비를 뜯으라고 주는 어리석은 부모도 없을 것이다. 만일에 정신지체아에게 비장애아와 같이 모든 것을 하도록 요구하는 부모가 있다면 그것은 기지도 못하는 아이에게 걷기를 요구하고, 앉지도 못하는 아이에게 뛰기를 요구하는 어리석은 부모일 것이다.

대부분의 부모들은 아동이 가지고 있는 능력은 생각하지 않고 능력 이상의 것을 요구하는 경향이 있다. “왜, 읽기는 안 가르칩니까?” “왜, 쓰기는 지도하지 않습니까?” “왜, 나누기는 가르쳐 주지 않습니까?” 하고 반문하면서 지식을 위주로 하는 교육을 요구하는 부모를 많이 볼 수 있다. 정신지체아에게 일반아동과 같은 것을 요구하는 부모가 있다면 그것은 이도 채 나지 않은 아이에게 갈비를 뜯으라고 주는 어리석은 부모와 다를 바 없는 것이다.

아동에게 그가 가지고 있는 능력 이상의 것을 강요할 때 그 아동은 거부하게 되며, 도피하게 되며, 열등감을 가지게 되며, 실패감을 가지게 되며, 성격이 삐뚤어지게 되어 나중에는 반항하게까지 된다.

정신지체아의 교육을 잘못 생각하여 정상아로 만드는 것으로 착각하는 부모가 있는 것 같다. 정신지체아의 교육은 정신지체아를 비장애아와 같이 만드는 데 있는 것이 아니라 그들 나름대로 가지고 있는 잠재 능력을 최대한으로 끄집어 내고 키워 주어 가지고 있는 능력을 다 발휘할 수 있게 하는데 목적이 있다.

따라서 훌륭한 정신지체자로 키워 주는 데 목표를 두는 특수아동 부모가 되어야 한다.

마. 가족의 태도에 일치와 일관성이 있도록

부모 사이에, 또는 부모와 조부모와의 사이에 양육 태도가 서로 다를 때에는 다루는 방법에 모순이 있게 되고, 일관성이 없게 된다.

예를 들면, 아버지는 아동에게 엄하게 대하는 데 어머니는 모든 응석을 다 받아 준다든가, 아버지가 꾸짖을 때 옆에서 “어린애가 뭘 안다고 그렇게 야단치는 거요”라고 말린다든가, 조부모가 “그런 애에게는 그렇게 잔소리를 하지 않아도 되지 않겠니”라고 한다든가 하는 태도를 가지게 되는 경우이다. 적어도 아동 앞에서는 전 가족이 서로 동조하고 협조적인 태도를 취해야 한다.

가족의 감정에 따라 꾸짖기도 하고 칭찬하기도 하는 것은 그릇된 태도이다. 아동이 똑같은 일을 하였는 데도 가족의 감정에 따라 어떤 때는 꾸짖고, 어떤 때는 칭찬하게 되면 아이는 자기가 하는 일에 대하여 갈피를 잡지 못하고 혼동을 일으키기 쉽다. 칭찬하는 것이든, 꾸짖는 것이든 가족들 자신부터가 일관성이 없게 되면 아동은 시비와 선악의 판단을 명확히 하지 못하게 될 뿐만 아니라 그들도 감정적으로 되기 쉬우며, 어른의 눈치를 살피는 아이가 되기 쉽다. 그러므로 아동 주위에 있는 어른들은 언제나 일관성이 있고 일치성이 있는 태도로 그들을 양육해야 한다.

바. 꾸짖기 전에 먼저 동기를 생각하도록

어른들은 흔히 아동들의 표면에 나타나는 행동만을 보고 꾸짖거나 칭찬하는 것 같다. 아동들이 표면적 행동에는 무엇인가 내면적인 동기가 있다. 그러므로 아동이 좋지 못한 행동을 했든 좋은 행동을 했든 먼저 부모는 왜 그런 짓을 했을까 하는 것에 대하여 잘 생각해 볼 필요가 있다.

가령, 아동이 손님이 왔을 때에 어머니를 돕고 손님을 대접하기 위하여 찻잔을 나르다가 깨었다고 할 때 부모는 어떠한 태도로 대할까를 생각해 보자. 모르기는 하지만 대부분의 부모는 대뜸 "누가 너보고 찻잔을 가져오라고 했어!" "가만 좀 있지 못해!"라고 야단칠 것이다. 모처럼 아동은 어머니를 돕고 손님을 대접하려고 생각하였는 데 결과는 부모로부터 꾸지람만 듣게 된 것이다. 이러한 때 부모는 표면에 나타난 실수를 가지고 꾸짖기보다 무엇인가 하려고 하였던 동기와 의욕을 높이 사야 할 것이다. 깨진 찻잔은 다시 살 수 있으나, 아동의 의욕은 다시 살리기 힘든 것이다.

사. 칭찬을 아끼지 말도록

사람은 너나 할 것 없이 칭찬받기를 원하고 칭찬받는 것을 좋아한다. 칭찬은 그 사람을 인정하여 주는 것이며, 만족감을 가지게 하며, 자신력을 길러 주며, 성공감을 맛보게 하며, 의욕을 북돋워 주며, 희망을 안겨 준다. 반대로 꾸지람은 주저하게 만들며, 자신을 잃게 하며, 좌절감을 가지게 하며, 열등감에 사로잡히게 하며, 불안감을 더하여 주며, 실망에 빠지게 할 뿐 장애아에게는 도움이 되지 않는 것이다.

그러므로 부모가 보기에는 보잘 것 없는 조그마한 일이라 할지라도 아동이 무엇을 하였을 때에는 손뼉을 쳐주고, 머리를 쓰다듬어 주고, 등을 두들겨 주면서 칭찬하여 주어야 한다. 부모는 잘못하는 것만 보지 말고 잘하는 것을 보아줄 수 있는 태도가 있어야 한다. 특수아동에게 있어서는 "못한다 못한다"가 아니라 "잘한다 잘한다"라고 하는 부모의 태도가 보다 바람직하다.

아. 한결 같은 애정으로 대하도록

정신지체아를 가진 부모나 형제 자매들은 불쌍하다는 생각이 앞서 감정으로 대하는 경우가 많다. 감정적으로 대하기 때문에 감정의 움직임에 따라 정을 주기도 하고 빼앗기도 하게 된다. 불쌍하다고 생각될 때에는 귀여워하고, 괴롭고 귀찮다고 생각될 때 배척하는 태도는 잘못된 것이다. 비록 지능이 뉘시는 아동이시만 자기를 정말로 사랑하여 주고 귀여워하여 주는 것과 감정의 움직임에 따라 귀여워하기도 하고 싫어하기도 하는 것쯤은 능히 알고 있는 것이다.

그러므로 감정적으로 대하지 말고 언제나 변함없는 한결 같은 애정으로 대하여야 한다. 한결 같은 사랑으로 대하여 주지 않고 감정적으로 대하여 줄 때 그 아이에게는 정서에 문제가 생기게 되며, 성격이 삐뚤어지기 쉬우며, 남을 참으로 사랑할 줄 모르게 된다.

자. 인내심을 갖도록

정신지체아의 교육기관에서 흔히 볼 수 있는 일이지만 아이를 학교에 입학시켜서 몇 달도 채 되지 않아 학교를 그만두게 하는 부모가 많다. 왜 학교에 보내지 않느냐고 물으면 거의가 "학교는 보내 무엇합니까!", "학교에 다닌지 벌써 4개월이나 되었는 데도 전혀 발전이 없으니 말입니다"라고 대답한다. 참으로 어처구니 없는 대답이다.

정신지체아의 교육은 하루 아침에 이루어지는 것이 아니다. 몇 년이 걸릴지도

모른다. 어떤 면에서는 일생동안 교육시켜도 이루어지지 않을지도 모른다. 정신지체아의 교육을 졸업이 없는 교육이라고 말하는 것도 그런 의미에서 나온 말이다.

부모들은 늘 정신지체아를 비장애에 견주어 생각하기 때문에 전혀 발전이 없다고 생각한다.

정신지체아와 비장애의 발달의 차이점을 시계의 시침과 초침으로 비유하여 볼 수 있다. 비장애아의 발달은 시계의 초침과 같이 빨라 눈에 띄지만 정신지체아의 발달은 시계 시침과 같아서 눈에 잘 띄지가 않는다. 초침은 1초마다 움직여 1분에 시계의 360도 둘레를 한 바퀴 돌지만 시침은 12시간이 걸려야 시계의 둘레를 한 바퀴 돌게 되는 것이다.

정신지체아를 비장애아와 비교하여 볼 때 뒤지는 것은 당연한 것으로 생각해야 한다. 만일 비장애아보다 뒤지지 않는다면 그 어린이는 정신지체아가 아닌 것이다. 부모나 가족들은 더디 발달하는 것에 대하여 조바심을 가지고 초조해 하는 것 같다. 조바심과 초조한 마음은 부모나 아동에게 불안감만 더해 줄 뿐 그들의 올바른 발달을 위해서는 하등 도움이 되지 못한다. 그러므로 더디게 발달이 나타난다 할지라도 계속 기다릴 줄 아는 부모의 인내심이 있어야 한다.

부 록

- 1. 장애인복지법
- 2. 특수교육진흥법
- 3. 특수교육 관련 자료

1. 장애인복지법

제1장 총칙

제1조 (목적)
이 법은 장애인의 인간다운 삶과 권리 보장을 위한 국가와 지방자치단체 등의 책임을 명백히 하며, 장애발생의 예방과 장애인의 의료, 교육, 직업재활, 생활환경개선 등에 관한 사업을 정함으로써 장애인복지대책의 종합적 추진을 도모하며, 장애인의 자립, 보호 및 수당의 지급 등에 관하여 필요한 사항을 정함으로써 장애인의 생활안정에 기여하는 등 장애인의 복지증진 및 사회활동 참여증진에 기여함을 목적으로 한다.
제2조 (장애인의 정의)
① 장애인은 신체적·정신적 장애로 인하여 장기간에 걸쳐 일상생활 또는 사회생활에 상당한 제약을 받는 자를 말한다.
② 이 법의 적용을 받는 장애인은 제1항의 규정에 의한 장애인중 다음 각 호의 1에 해당하는 장애를 가진 자로서 대통령령이 정하는 장애의 종류 및 기준에 해당하는 자를 말한다.
1. 신체적 장애라 함은 주요 외부신체기능의 장애, 내부기관의 장애 등을 말한다.
2. 정신적 장애라 함은 정신지체 또는 정신적 질환으로 발생하는 장애를 말한다.
제3조 (기본이념)
장애인복지의 기본이념은 장애인의 완전한 사회참여와 평등을 통한 사회통합을 이루는데 있다.
제4조 (장애인의 권리)
① 장애인은 인간으로서의 존엄과 가치를 존중받으며, 이에 상응하는 처우를 받는다.
② 장애인은 국가·사회의 구성원으로서 정치·경제·사회·문화 기타 모든 분야의 활동에 참여할 권리가 있다.
제5조 (장애인 및 가족의 의무)
① 장애인은 그가 가지고 있는 능력을 최대한으로 활용하여 사회·경제활동에 참여하도록 노력하여야 한다.
② 장애인의 가족은 장애인의 자립 촉진을 위하여 노력하여야 한다.
제6조 (중증장애인의 보호)
국가와 지방자치단체는 장애의 정도가 심하여 자립하기가 현저하게 곤란한 장애인에 대하여 평생 필요한 보호 등을 행하도록 적절한 시책을 강구하여야 한다.

제7조 (보호자에 대한 배려)
국가와 지방자치단체는 장애인의 복지에 관한 정책의 결정과 그 실시에 있어서 장애인의 부모 및 배우자 기타 장애인을 보호하는 자의 의견을 존중하여야 하며, 그 사후에 장애인의 생활에 관하여 근심하는 일이 없도록 특별히 배려하여야 한다.

제8조 (차별금지 등)
① 누구든지 장애를 이유로 정치 · 경제 · 사회 · 문화 생활의 모든 영역에 있어 차별을 받지 아니하고, 누구든지 장애를 이유로 정치 · 경제 · 사회 · 문화 생활의 모든 영역에서 장애인을 차별하여서는 아니 된다.
② 누구든지 장애인을 비하 · 모욕하거나 장애인을 이용하여 부당한 영리행위를 하여서는 아니 되며 장애인의 장애를 이해하기 위하여 노력하여야 한다.

제9조 (국가 및 지방자치단체의 책임)
① 국가와 지방자치단체는 장애의 발생을 예방하고, 장애의 조기발견에 대한 국민의 관심을 높이고 자립을 지원하며 필요한 보호를 실시하여 장애인의 복지를 증진할 책임을 진다.
② 국가와 지방자치단체는 여성장애인의 권익을 보호하기 위하여 필요한 시책을 강구하여야 한다.
③ 국가와 지방자치단체는 장애인복지시책을 장애인 및 보호자에게 적극적으로 홍보하여야 하며, 국민이 장애인에 대하여 올바르게 이해하도록 하는데 필요한 시책을 강구하여야 한다.

제10조 (국민의 책임)
모든 국민은 장애발생의 예방, 장애의 조기발견에 노력하여야 하며 장애인의 인격을 존중하고 사회통합의 이념에 기초하여 장애인복지증진에 협력하여야 한다.

제11조 (장애인복지조정위원회)
① 장애인복지 종합정책을 수립하고 관계 부처간의 의견을 조정하며 그 정책의 이행을 감독하고 평가하기 위하여 국무총리 소속 하에 장애인복지조정위원회를 둔다.
② 장애인복지조정위원회는 다음 각 호의 사항을 심의 · 조정한다.
1. 장애인복지정책의 기본방향에 관한 사항
2. 장애인복지증진을 위한 제도개선과 예산지원에 관한 사항
3. 중요한 특수교육정책의 조정에 관한 사항
4. 중요한 장애인 고용촉진정책의 조정에 관한 사항
5. 장애인복지에 관한 관련부처의 협조사항
6. 기타 장애인복지와 관련하여 대통령령이 정하는 사항
③ 장애인복지조정위원회는 필요하다고 인정하는 때에는 관계 행정기관에 대하여 그 소속직원의 출석 · 설명과 자료의 제출을 요구할 수 있다.
④ 장애인복지조정위원회의 구성 및 운영에 관하여 필요한 사항은 대통령령으로

정한다.

제12조 (장애인의 날)

① 국민의 장애인에 대한 이해를 깊게 하고, 장애인의 재활의욕을 고취하기 위하여 매년 4월 20일을 장애인의 날로 하고 장애인의 날부터 1주간을 장애인주간으로 한다.

② 국가와 지방자치단체는 장애인의 날 취지에 적합한 행사 등 사업을 실시하도록 노력하여야 한다.

제13조 (다른 법률과의 관계)

제2조의 규정에 의한 장애인중 정신보건법과 국가유공자 등 예우 및 지원에 관한 법률 등 대통령령이 정하는 다른 법률의 적용을 받는 장애인에 대해서는 대통령령이 정하는 바에 따라 이 법의 적용을 제한할 수 있다.

제14조 (법제상의 조치 등)

국가와 지방자치단체는 이 법의 목적을 달성하기 위하여 필요한 법제상 및 재정상의 조치를 강구하여야 한다.

제2장 기본시책의 강구

제15조 (장애발생예방)

① 국가와 지방자치단체는 장애의 발생원인과 그 예방에 관한 조사연구를 촉진하여야 하며 모자보건사업의 강화, 장애의 원인이 되는 질병의 조기발견과 조기치료의 추진 기타 필요한 시책을 강구하여야 한다.

② 국가와 지방자치단체는 교통사고, 산업재해, 약물중독 및 환경오염 등에 의한 장애발생을 예방하기 위하여 필요한 조치를 강구하여야 한다.

제16조 (의료 · 재활치료)

국가와 지방자치단체는 장애인이 생활기능을 습득 또는 회복할 수 있도록 필요한 기능치료 · 심리치료 등 재활의료를 제공하고 장애인의 장애를 보완하기 위하여 재활보조기구의 제공 등 필요한 시책을 강구하여야 한다.

제17조 (사회적응훈련)

국가와 지방자치단체는 장애인이 재활치료 후 일상생활 또는 사회생활을 원활히 할 수 있도록 사회적응훈련을 실시하여야 한다.

제18조 (교육)

① 국가와 지방자치단체는 사회통합의 이념에 따라 장애인이 그 연령 · 능력 · 장애의 종별 및 정도에 따른 충분한 교육을 받을 수 있도록 교육의 내용과 방법의 개선 등 필요한 시책을 강구하여야 한다.

② 국가와 지방자치단체는 장애인의 교육에 관한 조사 · 연구를 촉진하여야 한다.

③ 국가와 지방자치단체는 장애인에게 전문적 진로교육을 실시하는 제도를 강구하여야 한다.

④ 각급 학교의 장은 교육을 필요로 하는 장애인이 당해 학교에 입학하고자 하는 경우에는 장애를 이유로 입학의 지원을 거부하거나 입학시험 합격자의 입학을 거부하는 등의 불이익한 조치를 하여서는 아니 된다.

⑤ 모든 교육기관은 교육대상 장애인의 입학 및 수학 등에 있어서 장애의 종별 및 정도에 적합한 편의를 제공하기 위하여 시설의 정비 기타 필요한 조치를 강구하여야 한다.

제19조 (직업재활)

① 국가와 지방자치단체는 장애인이 자신의 적성과 능력에 따라 적절한 직업에 종사할 수 있도록 하기 위하여 직업지도, 직업능력평가, 직업적응훈련, 직업훈련, 취업알선, 고용 및 취업 후 지도 등 필요한 시책을 강구하여야 한다.

② 국가와 지방자치단체는 장애인 직업재활훈련이 원활히 추진될 수 있도록 장애인 적합 직종 및 재활사업에 관한 조사·연구를 촉진하여야 한다.

제20조 (정보에의 접근)

① 국가와 지방자치단체는 장애인이 원활하게 정보에 접근하고 그 의사를 표시할 수 있도록 하기 위하여 전기통신 및 방송시설 등을 개선하도록 노력하여야 한다.

② 국가와 지방자치단체는 방송국의 장 등 민간사업자에 대하여 뉴스, 국가적 주요사항의 중계 등 대통령령으로 정하는 방송프로그램에 청각장애인을 위한 수화 또는 폐쇄자막 등을 방영하도록 요청할 수 있다.

③ 국가와 지방자치단체는 국가적인 행사 기타 교육, 집회 등 대통령령이 정하는 행사를 개최하는 경우에는 청각장애인을 위한 수화통역을 하여야 하며 민간이 주최하는 행사의 경우에는 수화통역을 하도록 요청할 수 있다.

④ 제2항 및 제3항의 요청을 받은 방송국의 장 등 민간사업자 및 민간행사주최자는 정당한 이유가 없는 한 이에 응하여야 한다.

⑤ 국가와 지방자치단체는 시각장애인의 정보 접근을 용이하게 하기 위하여 점자 및 음성도서 등을 보급하도록 노력하여야 한다.

제21조 (편의시설)

국가와 지방자치단체는 장애인이 공공시설 및 교통수단 등을 안전하고 편리하게 이용할 수 있도록 편의시설의 설치와 운영에 관하여 필요한 시책을 강구하여야 한다.

제22조 (안전대책의 강구)

국가와 지방자치단체는 추락사고 등 장애로 인하여 추가로 발생될 수 있는 안전사고와 비상재해 등에 대비하여 시각, 청각 및 이동에 불편을 겪는 장애인을 위하여 피난로 확보, 점자·음성 및 문자 안내판의 설치, 긴급 통보시스템 등 장애인의 특성을 배려한 안전대책 등 필요한 조치를 강구하여야 한다.

제23조 (선거권 등 행사의 편의제공)
국가와 지방자치단체는 장애인의 선거권 행사의 편의를 위하여 편의시설 · 설비의 설치, 선거권 행사에 관한 홍보, 선거용 보조기구의 개발 · 보급 등 필요한 조치를 강구하여야 한다.

제24조 (주택의 보급)
국가와 지방자치단체는 공공주택 등 주택을 건설할 경우에는 장애인에게 우선 분양 또는 임대할 수 있도록 노력하여야 하며, 주택의 구입자금 · 임차자금 또는 개 · 보수비용의 지원 등 장애인의 일상생활에 적합한 주택의 보급 · 개선에 필요한 시책을 강구하여야 한다.

제25조 (문화환경의 정비 등)
국가와 지방자치단체는 장애인의 문화생활과 체육활동의 증진을 위하여 관련시설 및 설비 기타 환경을 정비하고 문화생활, 체육활동 등을 지원하도록 노력하여야 한다.

제26조 (복지연구 등의 진흥)

① 국가와 지방자치단체는 장애인 복지증진을 위한 연구와 장애인 복지진흥, 장애인 체육진흥 등을 위해 필요한 시책을 강구하여야 한다.

② 제1항의 규정에 의한 장애인 복지연구 · 복지진흥 · 체육진흥 등을 위해 재단법인 한국장애인복지진흥회(이하 "복지진흥회"라 한다)를 설립한다.

③ 복지진흥회의 사업과 활동은 정관으로 정한다.

④ 국가와 지방자치단체는 복지진흥회의 운영에 필요한 비용을 보조할 수 있으며, 조세특례 제한법이 정하는 바에 의하여 조세를 감면하고 복지진흥회에 기부된 재산에 대한 소득계산의 특례를 적용한다.

제27조 (경제적 부담의 경감)

① 국가와 지방자치단체, 정부투자기관관리기본법 제2조의 규정에 의한 정부투자기관, 지방 공기업법에 의한 지방공사 또는 지방공단은 장애인 및 장애인을 부양하는 사람의 경제적 부담경감을 도모하고 장애인의 자립촉진을 위하여 세제상의 조치, 공공시설 이용료의 감면 등 기타 필요한 시책을 강구하여야 한다.

② 국가와 지방자치단체, 정부투자기관관리기본법 제2조의 규정에 의한 정부투자기관, 지방 공기업법에 의한 지방공사 또는 지방공단이 운영하는 운송사업자는 장애인 및 장애인을 부양하는 사람의 경제적 부담을 경감하고 장애인의 자립을 촉진하기 위하여 장애인 및 장애인을 보호하기 위하여 동행하는 자의 운임 등을 감면하는 시책을 강구하여야 한다.

제3장 복지조치

제28조 (조사)

① 보건복지부장관은 이 법의 적절한 시행을 위하여 장애인의 실태조사를 5년마다

실시한다.

② 제1항의 규정에 의한 조사의 방법과 내용 등에 관하여 필요한 사항은 대통령령으로 정한다.

제29조 (장애인 등록)

① 장애인, 그 법정대리인 또는 대통령령으로 정하는 보호자는 장애상태 기타 보건복지부령이 정하는 사항에 관하여 시장 · 군수 또는 구청장(자치구의 구청장에 한한다. 이하 같다)에게 등록하여야 하며 시장 · 군수 · 구청장은 등록을 신청한 장애인이 제2조의 기준에 해당할 때에는 장애인등록증(이하 "등록증"이라 한다)을 교부하여야 한다.

② 제1항의 규정에 의하여 등록증을 교부받은 자와, 그 법정대리인 또는 대통령령으로 정하는 보호자는 당해 장애인이 제2조의 기준에 해당하지 아니하게 되거나 사망한 때에는 그 등록증을 반환하여야 한다.

③ 시장 · 군수 · 구청장은 장애상태의 변화에 따른 장애등급의 조정을 위하여 장애진단을 명하는 등 필요한 조치를 취할 수 있으며 장애진단명령 등 필요한 조치를 거부하거나 제2항 또는 제5항의 규정을 위반한 경우에는 등록증의 반환을 명할 수 있다.

④ 장애인의 장애인정 및 등급사정에 관한 업무를 담당하게 하기 위하여 보건복지부에 장애판정위원회를 둘 수 있다.

⑤ 등록증은 양도하거나 대여하지 못하며, 등록증과 유사한 명칭 또는 표시를 사용하여서는 아니 된다.

⑥ 장애인의 등록, 등록증의 교부와 반환, 장애진단 및 장애판정위원회 등에 관하여 필요한 사항은 보건복지부령으로 정한다.

제30조 (장애인복지상담원)

① 장애인의 복지증진을 위한 상담 및 지원업무를 담당하게 하기 위하여 시 · 군 · 구(자치구에 한한다. 이하 같다)에 장애인복지상담원을 둔다.

② 장애인복지상담원은 그 업무를 행함에 있어 개인의 인격을 존중하고, 업무상 알게된 개인의 신상에 관한 비밀을 누설하여서는 아니 된다.

③ 장애인복지상담원의 임용 · 직무 · 보수 기타 필요한 사항은 대통령령으로 정한다.

제31조 (재활상담 및 입소 등의 조치)

① 보건복지부장관, 시 · 도지사 또는 시장 · 군수 · 구청장(이하 "장애인복지실시기관"이라 한다)은 장애인에 대한 검진 및 재활상담을 실시하고, 필요하다고 인정할 때에는 다음 각 호의 조치를 하여야 한다.

1. 국 · 공립병원, 보건소, 보건지소 기타 의료기관(이하 "의료기관"이라 한다)에 의뢰하여 의료 및 보건지도를 받게 하는 것
2. 국가 또는 지방자치단체가 설치한 장애인복지시설에서 주거편의, 상담, 치료,

훈련 등의 필요한 서비스를 받도록 하는 것

3. 제49조의 규정에 의하여 설치된 장애인복지시설에 위탁하여 그 시설에서 주거편의, 상담, 치료, 훈련 등의 필요한 서비스를 받도록 하는 것

4. 공공직업능력개발훈련시설 또는 사업장내 직업훈련시설이 행하는 직업훈련 또는 취업알선을 필요로 하는 자에 대하여 관련시설 또는 직업안정업무기관에 소개하는 것

② 장애인복지실시기관은 제1항의 재활상담을 함에 있어서 필요하다고 인정할 때에는 제30조의 규정에 의한 장애인복지상담원으로 하여금 당해 장애인의 가정, 장애인이 주거편의, 상담, 치료, 훈련 등의 필요한 서비스를 제공받는 시설이나 의료기관을 방문하여 상담에 응하게 하거나 필요한 지도를 하게 할 수 있다.

제32조 (장애유형별 재활서비스 제공 등)

국가와 지방자치단체는 장애인의 일상생활에서의 편의증진 및 사회활동 참여증진을 위하여 장애유형별 재활서비스 제공 등 필요한 시책을 강구하여야 하며, 예산의 범위 내에서 이를 지원할 수 있다.

제33조 (의료비의 지급)

① 장애인복지실시기관은 의료비의 부담이 곤란하다고 인정되는 장애인에 대하여 장애정도, 경제적 부담능력 등을 고려하여 장애의 정도에 따라 의료에 소요되는 비용을 지급할 수 있다.

② 제1항의 규정에 의한 의료비 지급의 대상·기준 및 방법 등에 관하여 필요한 사항은 보건복지부령으로 정한다.

제34조 (자녀교육비의 지급)

① 장애인복지실시기관은 경제적 부담능력 등을 감안하여 장애인이 부양하는 자녀 또는 장애인인 자녀의 교육비를 지급할 수 있다.

② 제1항의 규정에 의한 교육비 지급의 대상·기준 및 방법 등에 관하여 필요한 사항은 보건복지부령으로 정한다.

제35조 (장애인사용자동차 등에 대한 지원 등)

① 국가와 지방자치단체 기타 공공단체는 장애인이 이동수단인 자동차 등을 사용하는데 있어서 편의도모와 경제적 부담경감을 위하여 조세감면 등 필요한 지원시책을 강구하여야 한다.

② 시장·군수·구청장은 장애인의 자동차 등 이용과 관련된 지원의 편의도모를 위하여 장애인이 사용하는 자동차 등임을 식별하는 표지(이하 "장애인사용자동차등표지"라 한다)를 발급하여야 한다.

③ 장애인사용자동차등표지는 이를 대여하거나 보건복지부령이 정하는 자 이외의 자에게 양도하는 등 부당한 방법으로 사용하여서는 아니 되며, 이와 유사한 표지, 명칭 등을 사용하여서는 아니 된다.

④ 장애인사용자동차등표지의 발급대상, 발급절차 등에 관하여 필요한 사항은 보건복지부령으로 정한다.

제36조 (장애인 보조견의 훈련·보급지원 등)

① 국가와 지방자치단체는 장애인의 복지 증진을 위하여 장애인을 보조하는데 필요한 장애인 보조견의 훈련·보급을 지원하는 방안을 강구하여야 한다.

② 보건복지부장관은 장애인 보조견에 대하여 장애인 보조견 표지(이하 "보조견 표지"라 한다)를 발급할 수 있다.

③ 누구든지 보조견 표지를 부착한 장애인 보조견을 동반한 장애인이 대중교통수단에 탑승하거나 공공장소 및 숙박시설, 식품접객업소 등 여러 사람이 다니거나 모이는 곳에 출입하고자 하는 때에는 정당한 사유가 없는 한 이를 거부하여서는 아니 된다.

④ 보조견 표지의 발급대상, 발급절차 등에 관하여 필요한 사항은 보건복지부령으로 정한다.

제37조 (자금의 대여 등)

국가와 지방자치단체는 장애인에 대하여 사업의 개시, 필요한 지식·기능의 습득 등을 지원하기 위하여 대통령령이 정하는 바에 따라 자금을 대여할 수 있다.

제38조 (생업지원)

① 국가와 지방자치단체 기타 공공단체는 소관 공공시설 내에 식료품·사무용품·신문 등 일상생활용품의 판매를 위한 매점이나 자동판매기의 설치를 허가 또는 위탁할 때에는 장애인의 신청이 있는 경우 이를 우선적으로 반영하도록 노력하여야 한다.

② 재정경제부장관 또는 한국담배인삼공사사장은 장애인이 담배사업법에 의하여 담배소매인 지정신청을 한 경우에는 당해 장애인을 담배 소매인으로 우선 지정하도록 노력하여야 한다.

③ 장애인이 우편법령에 의하여 국내 우표류 판매업 계약신청을 한 경우에는 우편관서는 당해 장애인이 국내 우표류 판매업을 우선적으로 계약할 수 있도록 노력하여야 한다.

④ 제1항 내지 제3항의 규정에 의한 허가, 위탁 또는 지정 등을 받은 자는 특별한 사유가 없는 한 직접 그 사업에 종사하여야 한다.

⑤ 제1항의 규정에 의한 설치 허가권자는 매점·자동판매기의 허가를 위하여 그 설치장소, 판매할 물건의 종류 등을 조사하고 그 결과를 장애인에게 알리는 조치를 강구하여야 한다.

제39조 (자립훈련비의 지급)

① 장애인복지실시기관은 제31조 제1항 제2호 또는 제3호의 규정에 의하여 장애인복지시설에 주거편의, 상담, 치료, 훈련 등의 필요한 서비스를 받도록 하거나 위탁한

장애인에 대하여 당해 시설에서 훈련을 효과적으로 받을 수 있도록 하기 위하여 필요하다고 인정하는 때에는 자립훈련비를 지급할 수 있으며 특별한 사정이 있는 경우에는 이에 갈음하여 물건을 지급할 수 있다.

② 제1항의 규정에 의한 자립훈련비의 지급 및 물건의 지급 등에 관하여 필요한 사항은 보건복지부령으로 정한다.

제40조 (생산품의 구매)

① 국가와 지방자치단체 기타 공공단체는 그 소요 물품 중 보건복지부장관이 정한 품목 및 물량의 범위 내에서 매년 그 품목과 물량을 정하여 장애인복지시설, 장애인복지단체에 생산을 의뢰하여야 하며 동 물품의 구매요구가 있을 경우에는 이를 우선적으로 구매하여야 한다.

② 국가와 지방자치단체 기타 공공단체는 장애인복지시설, 장애인복지단체에서 생산한 물품에 대하여 수의계약으로 구매할 수 있다.

③ 제1항 및 제2항의 규정에 의한 품목, 물량의 지정 등에 관하여 필요한 사항은 대통령령으로 정하며, 수의계약의 절차, 방법 등에 관하여는 관계 법령에 의한다.

제41조 (고용의 촉신)

국가와 지방자치단체는 스스로 경영하는 사업에 장애인의 능력과 적성에 따라 이들을 고용하도록 노력하여야 하며 장애인에게 적합한 직종의 사업을 경영하는 자에 대하여 장애인의 능력과 적성에 따라 이들을 고용하도록 권유할 수 있다.

제42조 (공공시설의 우선이용)

국가와 지방자치단체 기타 공공단체는 장애인의 자립지원을 위하여 필요하다고 인정할 때에는 그 공공시설의 일부를 장애인으로 하여금 우선하여 이용하게 할 수 있다.

제43조 (국·공유재산의 우선매각 또는 유·무상 임대)

① 국가와 지방자치단체는 이 법에 의한 장애인복지시설의 설치 또는 장애인복지단체의 장애인복지사업 관련시설의 설치를 위하여 필요한 자에게 국·공유 토지 및 시설 등을 우선 매각하거나 임대 또는 무상으로 대부할 수 있다.

② 국가와 지방자치단체는 제1항의 규정에 의하여 국가 또는 지방자치단체로부터 토지 및 시설을 매수·임차하거나 대부 받은 자가 그 매수·임차 또는 대부 일로부터 2년 이내에 장애인복지시설의 설치 또는 장애인복지단체의 장애인복지사업 관련시설의 설치를 시행하지 아니한 때에는 이를 환수하거나 임차계약을 취소할 수 있다.

제44조 (장애수당)

① 국가와 지방자치단체는 장애정도와 장애인의 경제적 생활수준을 고려하여 장애인의 소득보전을 위해 장애수당을 지급할 수 있다.

② 제1항의 규정에 의한 장애수당의 지급의 대상·기준 및 방법 등에 관하여 필요한 사항은 대통령령으로 정한다.

제45조 (장애아동부양수당 및 보호수당)

① 국가와 지방자치단체는 장애아동을 보호 · 양육하는 보호자의 경제적 생활수준, 장애정도를 고려하여 장애아동의 보호자에게 장애로 인한 추가적 비용보전을 위해 장애아동부양수당을 지급할 수 있다.

② 국가와 지방자치단체는 장애인을 보호하는 보호자의 경제적 생활수준, 장애정도를 고려하여 장애인의 보호자에게 장애로 인한 추가적 비용보전을 위해 보호수당을 지급할 수 있다.

③ 제1항 및 제2항의 규정에 의한 장애아동부양수당, 보호수당의 지급대상 · 기준 및 방법 등에 관하여 필요한 사항은 대통령령으로 정한다.

제46조 (재활의 연구)

① 국가와 지방자치단체는 장애인재활의 종합적이고 체계적인 조사 · 연구 및 평가를 실시하기 위하여 전문연구기관에 장애예방 · 의료 · 교육 및 직업재활 등에 관한 연구과제를 선정하여 의뢰할 수 있다.

② 국가와 지방자치단체는 제1항의 규정에 의한 연구과제를 수행하는데 소요되는 비용을 예산의 범위 내에서 보조할 수 있다.

제4장 복지시설 및 단체

제47조 (보호조치 등)

국가와 지방자치단체는 장애인의 연령 및 장애의 종별과 정도를 고려하여 제48조의 규정에 의한 장애인복지시설에서 적절한 보호, 의료, 생활지 도와 기능회복훈련 등의 서비스를 제공함으로써 장애인이 기능회복과 향상을 도모할 수 있도록 필요한 시책을 강구하여야 한다.

제48조 (장애인복지시설)

① 장애인복지시설의 종류는 다음 각 호와 같다.

1. 장애인생활시설 : 장애인이 필요한 기간 생활하면서 재활에 필요한 상담 · 치료 · 훈련 등의 서비스를 받아 사회복귀를 준비하거나 장애로 인하여 장기간 요양하는 시설
2. 장애인지역사회재활시설 : 장애인복지관, 의료재활시설, 체육시설, 수련시설, 공동생활가정 등 장애인에게 전문적인 상담 · 치료 · 훈련 등을 제공하거나 여가활동 및 사회참여활동 등에 필요한 편의를 제공하는 시설
3. 장애인직업재활시설 : 일반 고용이 어려운 장애인이 특별히 준비된 작업환경에서 직업훈련을 받거나 직업생활을 영위할 수 있도록 하는 시설
4. 장애인유료복지시설 : 장애인이 필요한 치료, 치료, 훈련 등 편의를 제공받고 이에 소요되는 일체의 비용을 시설운영자에게 납부하여 운영하는 시설5. 기타 대통령

령으로 정하는 시설

② 제1항 각 호의 규정에 의한 장애인복지시설의 구체적인 종류와 사업 등에 관하여 필요한 사항은 보건복지부령으로 정한다.

제49조 (장애인복지시설의 설치)

① 국가와 지방자치단체는 장애인복지시설을 설치할 수 있다.

② 제1항 규정된 자 외의 자가 장애인복지시설을 설치·운영하고자 할 때에는 시설소재지 관할 시장·군수·구청장에게 신고하여야 하며, 신고한 사항 중 보건복지부령이 정하는 중요한 사항을 변경할 때에도 같다. 다만, 제52조의 규정에 의한 폐쇄명령을 받고 1연이 경과되지 아니한 자는 시설의 설치·운영신고를 할 수 없다.

③ 제48조 제1항 제2호의 규정에 의한 의료재활시설의 설치는 의료법에 의한다.

④ 제2항의 규정에 의한 장애인복지시설의 시설기준, 신고, 변경신고 및 입소 등에 관하여 필요한 사항은 보건복지부령으로 정한다.

제50조 (시설운영의 개시 등)

① 제49조제2항의 규정에 의한 신고를 한 자는 지체 없이 시설운영을 개시하여야 한다.

② 시설운영자는 시설운영을 중단 또는 재개하거나 시설을 폐지하고자 하는 때에는 보건복지부령이 정하는 바에 의하여 미리 시장·군수·구청장에게 신고하여야 한다.

③ 시설운영자는 제2항의 규정에 의한 시설운영의 중단·재개 또는 시설폐지의 경우 보건복지부령이 정하는 바에 의하여 시설거주자의 권익을 보호하기 위하여 다음 각 호의 조치를 하여야 한다.

1. 시설의 장으로 하여금 시설거주자를 다른 시설로 보내는 조치 및 이의 이행여부확인
2. 이용료, 사용료 등 비용을 시설거주자가 부담하는 경우 이의 반환조치 및 확인
3. 보조금, 후원금 등의 사용실태 확인과 이를 재원으로 조성한 잔여재산의 회수조치
4. 기타 시설거주자의 권익보호를 위하여 필요하다고 인정하는 사항

④ 제1항 및 제2항의 규정에 의한 시설운영 개시·중단·재개 및 시설폐지신고 등에 관하여 필요한 사항은 보건복지부령으로 정한다.

제51조 (감독)

① 장애인복지실시기관은 장애인복지시설을 설치·운영하는 자의 소관업무에 관하여 지도·감독을 하며, 필요한 경우 당해 시설에 관하여 보고 또는 관련서류의 제출을 명하거나, 소속 공무원으로 하여금 당해 시설의 운영상황, 장부 기타 서류를 조사·검사하거나 질문하게 할 수 있다.

② 제1항의 규정에 의하여 관계 공무원이 그 직무를 행하는 때에는 권한을 표시하는

증표를 관계인에게 제시하여야 한다.

제52조 (시설의 개선, 사업의 정지, 폐쇄 등)

장애인복지실시기관은 장애인복지시설이 다음 각 호의 1에 해당하는 때에는 그 시설의 개선, 사업의 정지, 시설의 장의 교체를 명하거나 시설의 폐쇄를 명할 수 있다.

1. 제49조제4항의 규정에 의한 시설기준에 미달하게 된 때
2. 정당한 이유 없이 제51조의 규정에 의한 보고를 하지 아니하거나 허위로 한 때 또는 조사, 검사, 질문을 거부·방해 또는 기피한 때
3. 사회복지법인 또는 비영리법인이 설치·운영하는 시설의 경우 그 사회복지법인 또는 비영리법인의 설립허가가 취소된 때
4. 시설의 회계부정이나 불법행위 기타 부당 행위 등이 발견되었을 때
5. 설치목적의 달성 기타의 사유로 계속하여 운영할 필요가 없다고 인정할 때
6. 이 법 또는 이 법에 의한 명령이나 처분에 위반할 때제53조 (단체의 보호·육성)

① 국가와 지방자치단체는 장애인의 복지를 증진하고 자립을 도모하기 위하여 장애인복지단체를 보호·육성하도록 노력하여야 한다.

② 국가와 지방자치단체는 예산의 범위 내에서 제1항의 규정에 의한 단체의 사업 또는 활동이나 그 시설에 대한 소요경비의 일부 또는 전부를 보조할 수 있다.

제54조 (장애인복지단체협의회)

① 장애인복지단체의 활동지원과 장애인의 복지증진을 위하여 장애인복지단체협의회(이하 "협의회"라고 한다)를 설립할 수 있다.

② 협의회는 사회복지사업법에 의한 사회복지법인으로 하되, 사회복지사업법 제23조 제1항의 규정은 이를 적용하지 아니한다.

③ 협의회의 조직과 운영 등에 관하여 필요한 사항은 정관으로 정한다.

제5장 재활보조기구

제55조 (재활보조기구)

"재활보조기구"라 함은 장애인이 장애의 예방과 보완 및 기능의 향상을 위하여 사용하는 의지·보조기 기타 보건복지부장관이 정하는 보장구와 일상생활의 편의증진을 위하여 사용하는 생활용품을 말한다.

제56조 (재활보조기구 품목고시 등)

보건복지부장관은 재활보조기구의 품질향상 등을 위하여 재활보조기구의 품목을 고시할 수 있으며, 필요한 경우에는 그 기준·규격을 정하여 고시할 수 있다.

제57조 (재활보조기구의 교부 등)

① 국가와 지방자치단체는 장애인의 신청이 있을 때에는 예산의 범위 내에서 재활보조기구를 교부·대여 또는 수리하거나 재활보조기구의 구입 또는 수리에 필요한

비용을 지급할 수 있다.

② 제1항의 규정에 의한 비용의 지급은 재활보조기구의 교부 또는 수리가 곤란하다고 인정되는 경우에 한한다.

③ 제1항의 규정에 의한 신청을 할 수 있는 자의 범위와 재활보조기구의 교부·대여·수리 및 비용지급의 기준·방법 등에 관하여 필요한 사항은 보건복지부령으로 정한다.

제58조 (재활보조기구업체의 지원·육성)

① 국가와 지방자치단체는 재활보조기구의 개발·보급을 촉진하기 위하여 재활보조기구를 생산하는 업체(이하 "재활보조기구업체"라 한다)에 대한 생산장려금의 지급·기술지원 등 필요한 조치를 강구하여야 한다.

② 국가와 지방자치단체는 재활보조기구업체의 육성을 위하여 특히 필요하다고 인정할 때에는 재활보조기구업체 중 우수업체를 지정하여 자금을 융자 또는 보조할 수 있다.

③ 제1항 및 제2항의 규정에 의한 생산장려금의 지급, 기술지원, 우수업체의 지정, 자금의 융자와 보조 등에 관하여 필요한 사항은 보건복지부령으로 정한다.

제59조 (재활보조기구 연구개발의 지원 등)

① 보건복지부장관은 재활보조기구의 품질향상 등을 위하여 재활보조기구에 관한 연구개발을 장려하고 이를 보호·육성하기 위한 시책을 강구하여야 한다.

② 국가와 지방자치단체는 재활보조기구에 관한 연구개발활동에 대하여 자금의 보조 등 필요한 지원시책을 강구하여야 한다.

제60조 (의지·보조기 제조업소의 개설사실통보 등)

① 의지·보조기의 제조·개조·수리 또는 신체에의 장착을 업(이하 "의지·보조기 제조업"이라 한다)으로 하는 자는 그 제조업소를 개설한 후 7일 이내에 보건복지부령이 정하는 바에 의하여 시장·군수·구청장에게 제조업소의 개설사실을 통보하여야 한다. 제조업소의 소재지변경 등 보건복지부령이 정하는 중요사항을 변경한 때에도 또한 같다.

② 의지·보조기 제조업자는 제63조의 규정에 의한 의지·보조기 기사를 1명 이상 두어야 한다. 다만, 의지·보조기 제조업자 자신이 의지·보조기기사인 경우에는 그러하지 아니하다.

③ 의지·보조기제조업자가 제61조의 규정에 의한 폐쇄명령을 받은 후 6월이 지나지 아니한 때에는 동일한 장소에서 동일한 제조업을 하여서는 아니 된다.

④ 의지·보조기 제조업자는 의사의 처방에 따라 의지·보조기를 제조 또는 개조하여야 한다.

제61조 (의지·보조기 제조업소의 폐쇄 등)

① 시장·군수·구청장은 의지·보조기제조업자가 다음 각 호의 1에 해당하는 경우

에는 제조업소의 폐쇄를 명할 수 있다.

1. 제60조 제2항의 규정에 위반하여 의지 · 보조기 기사를 두지 아니하고 의지 · 보조기제조업을 한 때
2. 영업 정지처분 기간 중에 영업행위를 하거나 3회 이상 영업정지처분은 받은 때

② 시장 · 군수 · 구청장은 의지 · 보조기제조업자가 의지 · 보조기제조업을 함에 있어 고의 또는 중대한 과실로 의지 · 보조기착용자의 신체에 손상을 가한 사실이 있는 때에는 6월의 범위 안에서 보건복지부령이 정하는 바에 따라 그 영업의 정지를 명할 수 있다.

제6장 장애인복지 전문인력

제62조 (장애인복지전문인력의 양성 등)

국가와 지방자치단체 기타 공공단체는 수화 통역사, 점역사 등 장애인복지전문인력 및 기타 장애인복지에 관한 업무에 종사하는 자의 양성 및 훈련에 노력하여야 한다.

제63조 (의지 · 보조기기사자격증의 교부 등)

① 보건복지부장관은 다음 각 호의 1에 해당하는 자로서 제64조의 규정에 의한 국가시험에 합격한 자(이하 "의지 · 보조기 기사"라 한다)에게 의지 · 보조기기사의 자격증을 교부한다.

1. 고등교육법에 의한 전문대학 또는 이와 동등이상의 학력이 있다고 교육인적자원부장관이 인정하는 학교에서 보건복지부령이 정하는 의지 · 보조기 관련 교과목을 이수하고 졸업한 자
2. 보건복지부장관이 인정하는 외국에서 제1호에 해당하는 학교와 동등이상의 교육과정을 이수하고 외국의 해당 의지 · 보조기기사의 자격증을 교부받은 자

② 의지 · 보조기기사의 자격증을 분실 또는 훼손한 자에게는 그 신청에 의하여 이를 재교부한다.

③ 의지 · 보조기기사의 자격증은 타인에게 대여하지 못한다.

④ 제1항 및 제2항의 규정에 의한 자격증의 교부 · 재교부절차 기타 그 관리에 관하여 필요한 사항은 보건복지부령으로 정한다.

제64조 (의지 · 보조기 기사국가시험의 실시 등)

① 의지 · 보조기 기사 국가시험은 보건복지부장관이 실시하되, 국가시험의 실시시기 · 실시방법 · 시험과목 기타 시험실시에 관하여 필요한 사항은 대통령령으로 정한다.

② 보건복지부장관은 제1항의 규정에 의한 국가시험의 실시에 관한 업무를 대통령령이 정하는 바에 의하여 시험관리능력이 있다고 인정되는 관계전문기관에 위탁할 수 있다.

제65조 (응시자격의 제한 등)

① 다음 각 호의 1에 해당하는 자는 제64조의 규정에 의한 국가시험에 응시할 수 없다.

1. 정신질환자
2. 마약·대마 또는 향정신성 의약품 중독자
3. 금치산자·한정치산자·파산선고를 받고 복권되지 아니한 자
4. 이 법 또는 형법 중 제234조·제317조제1항, 의료법, 국민건강보험법, 종전의 국민의료보험법·의료보험법·의료보호법·보건범죄단속에 관한 특별 조치법·마약법·대마관리법, 향정신성 의약품 관리법 또는 후천성면역결핍증예방법에 위반하여 금고이상의 형의 선고를 받고 그 형의 집행이 종료되지 아니하거나 집행을 받지 아니하기로 확정되지 아니한 자

② 부정한 방법으로 제64조의 규정에 의한 국가시험에 응시한 자 또는 국가시험에 관하여 부정행위를 한 자에 대하여는 그 수험을 정지시키거나 합격을 무효로 한다.

③ 제2항의 규정에 의하여 수험이 정지되거나 합격이 무효로 된 자는 그 후 2회에 한하여 제64조의 규정에 의한 국가시험에 응시할 수 없다.

제66조 (보수교육)

① 보건복지부장관은 의지·보조기 기사에 대하여 자질을 향상시키기 위하여 필요한 보수교육을 받을 것을 명할 수 있다.

② 제1항의 규정에 의한 보수교육의 실시시기·실시방법 등 필요한 사항은 보건복지부령으로 정한다.

제67조 (자격의 취소)

보건복지부장관은 의지·보조기기사가 다음 각 호의 1에 해당하는 때에는 그 자격을 취소하여야 한다.

1. 제63조 제3항의 규정에 위반해 타인에게 의지·보조기기사자격증을 대여한 때
2. 제65조 제1항 각 호의 1에 해당하게 된 때
3. 제68조의 규정에 의한 자격정지 처분기간 중에 그 업무를 행하거나 자격정지처분을 3회 받은 때

제68조 (자격의 정지)

보건복지부장관은 의지·보조기기사가 다음 각 호의 1에 해당하는 때에는 6월의 범위 안에서 보건복지부령이 정하는 바에 의하여 그 자격을 정지시킬 수 있다.

1. 의지·보조기기사의 업무를 수행함에 있어 고의 또는 중대한 과실로 의지·보조기 착용자의 신체에 손상을 가한 사실이 있는 때
2. 제66조의 규정에 의한 보수교육을 연속하여 2회 이상 받지 아니한 때 제69조 (수수료) 의지·보조기 기사 국가시험에 응시하고자 하거나 의지·보조기기사의

자격증을 교부 또는 재교부 받고자 하는 자는 보건복지부령이 정하는 바에 의하여 수수료를 납부하여야 한다.

제7장 보 칙

제70조 (비용의 부담)

제33조 제1항, 제34조 제1항, 제39조 제1항, 제44조 제1항, 제45조 제1항 · 제2항, 제57조 제1항, 제58조 제1항 · 제2항의 규정에 의한 조치와 제49조 제1항의 규정에 의한 장애인복지시설의 설치 · 운영에 소요되는 비용은 예산의 범위 내에서 대통령령이 정하는 바에 의하여 장애인복지실시기관이 부담하게 할 수 있다.

제71조 (비용의 수납)

① 제31조 제1항 제1호의 규정에 의한 조치에 필요한 비용을 부담한 장애인복지실시기관은 당해 장애인 또는 그 부양의무자로부터 대통령령이 정하는 바에 의하여 그가 부담한 비용의 전부 또는 일부를 수납할 수 있다.

② 제48조 제1항 제4호의 규정에 의하여 장애인유료복지시설을 설치 · 운영하는 자는 그 시설에 입소하는 자로부터 그에 소요되는 비용을 수납하고자 할 때에는 미리 시장 · 군수 · 구청장에게 신고하여야 한다.

제72조 (비용의 보조)

국가와 지방자치단체는 대통령령이 정하는 바에 의하여 장애인복지시설의 설치 또는 운영에 필요한 비용의 전부 또는 일부를 보조할 수 있다.

제73조 (압류금지)

이 법에 의하여 장애인에게 지급되는 금품은 이를 압류하지 못한다.

제74조 (조세의 감면)

이 법에 의하여 지급되는 금품 및 제48조의 규정에 의한 장애인복지시설 및 제53조의 규정에 의한 장애인복지단체에서 장애인이 제작한 물품에 대하여는 조세특례 제한법, 지방세법 기타 조세관계법령이 정하는 바에 의하여 조세를 감면한다.

제75조 (심사청구)

① 장애인, 그 법정대리인 또는 대통령령이 정하는 보호자는 이 법에 의한 복지조치에 대하여 이의가 있을 때에는 당해 장애인복지실시기관에 심사를 청구할 수 있다.

② 장애인복지실시기관은 제1항의 규정에 의한 심사청구를 받은 때에는 1월 이내에 이를 심사 · 결정하여 청구인에게 통보하여야 한다.

③ 제2항의 규정에 의한 심사 · 결정에 이의가 있는 자는 행정 심판법에 따라 행정심판을 제기할 수 있다.

제76조 (권한의 위임 등)

이 법에 의한 보건복지부장관, 시 도지사의 권한은 그 일부를 대통령령이 정하는 바에 의하여 국립재활원장, 시 · 도지사 또는 시장 · 군수 · 구청장에게 위임하거나 관련단체 또는 법인에게 위탁할 수 있다.

제8장 벌 칙

제77조 (벌칙)
다음 각 호의 1에 해당하는 자는 1연 이하의 징역 또는 300만원이하의 벌금에 처한다.

1. 제30조제2항의 규정에 위반한 자
2. 제49조제2항의 규정에 의한 신고 또는 변경신고를 하지 아니하고 장애인복지시설을 설치 · 운영하는 자
3. 제50조제3항의 규정에 의한 시설거주자 권익보호조치에 위반한 시설운영자
4. 정당한 이유 없이 제51조제1항의 규정에 의한 보고를 하지 아니하거나 허위의 보고를 한 자, 자료를 제출하지 아니하거나 허위의 자료를 제출한 자, 조사 · 검사 · 질문을 거부 · 방해 또는 기피한 자
5. 제52조의 규정에 의한 명령 등을 받고 이행하지 아니한 자
6. 제60조 제2항의 규정에 위반하여 의지 · 보조기 기사를 두지 아니하고 의지 · 보조기제조업을 한 자
7. 제60조 제3항의 규정에 위반하여 폐쇄명령을 받은 후 6월이 지나지 아니한 때에 동일한 장소에서 동일한 제조업을 한 자
8. 제61조 제1항의 규정에 의한 제조업소의 폐쇄명령을 받고도 영업을 한 자제78조 (벌칙)

다음 각 호의 1에 해당하는 자는 300만원이하의 벌금에 처한다.

1. 제18조 제4항의 규정에 위반하여 장애인의 입학지원 거부 또는 입학시험 합격자의 입학거부 등 불이익한 조치 등을 취한 자
2. 제63조 제3항의 규정에 위반하여 타인에게 의지 · 보조기기사자격증을 대여한 자
3. 제71조 제2항의 규정에 위반하여 비용을 수납한 자

제79조 (양벌규정)
법인의 대표자나 법인 또는 개인의 대리인 · 사용인 기타 종업원이 그 법인 또는 개인의 업무에 관하여 제77조 또는 제78조의 위반행위를 한 때에는 행위자를 벌하는 외에 그 법인 또는 개인에 대하여도 각 해당 조의 벌금형을 과한다.

제80조 (과태료)

① 다음 각 호의 1에 해당하는 자는 200만원 이하의 과태료에 처한다.

1. 제29조 제3항의 규정에 의한 등록증의 반환명령을 거부하거나 제29조 제5항의 규정에 위반하여 등록증을 양도 또는 대여하거나 유사한 명칭 또는 표시를 사용

한 자

2. 제35조 제3항의 규정에 위반하여 장애인사용자동차등표지를 대여하거나 보건복지 부령이 정하는 자 외에게 양도한 자 또는 부당하게 사용하거나 이와 유사한 표지, 명칭을 사용한 자
3. 제36조 제3항의 규정에 위반하여 장애인 보조견 표지를 부착한 장애인 보조견 등을 동반한 장애인 등의 출입을 정당한 사유 없이 거부한 자
4. 제50조 제1항의 규정에 의한 시설운영개시의무를 위반한 자
5. 제50조 제2항의 규정에 의한 시설운영 중단, 재 운영, 시설의 폐지 등의 신고의무를 위반한 자
6. 제60조 제1항의 규정에 위반하여 의지 · 보조기 제조업소의 개설 또는 변경사실을 통보하지 아니한 자
7. 제60조 제4항의 규정에 위반하여 의사의 처방에 의하지 아니하고 의지 · 보조기를 제조 또는 개조한 의지 · 보조기 제조업자

② 제1항의 규정에 의한 과태료는 대통령령이 정하는 바에 의하여 시장 · 군수 · 구청장이 부과 · 징수한다.

③ 제2항의 규정에 의한 과태료 처분에 불복이 있는 자는 그 처분의 고지를 받은 날부터 30일 이내에 시장 · 군수 · 구청장에게 이의를 제기할 수 있다.

④ 제2항의 규정에 의한 과태료 처분을 받은 자가 제3항의 규정에 의하여 이의를 제기한 때에는 시장 · 군수 · 구청장은 지체 없이 관할법원에 이 사실을 통보하여야 하며, 그 통보를 받은 관할법원은 비송 사건 절차법에 의한 과태료의 재판을 한다.

⑤ 제3항의 규정에 의한 기간 내에 이의를 제기하지 아니하고 과태료를 납부하지 아니한 때에는 지방세 체납처분의 예에 의하여 이를 징수한다.

부 칙

제1조 (시행일)

이 법은 2000년 1월 1일부터 시행한다. 다만, 제60조제2항의 규정에 의한 의지 · 보조기 기사의 의무배치에 관한 사항은 2003년 1월 1일부터 시행한다.

제2조 (설립준비)

① 종전의 규정에 의한 재단법인 한국장애인복지체육회는 이 법 제26조의 개정규정에 의한 재단법인 한국장애인복지진흥회로 본다.

② 재단법인 한국장애인복지진흥회의 설립을 위해 이 법 시행 후 6월내에 보건복지부장관의 허가를 받아 정관의 변경 등 필요한 조치를 하여야 한다.

③ 이 법 시행당시 다른 법령에서 한국장애인복지체육회를 인용하고 있는 경우 이

법에 의한 한국장애인복지진흥회를 인용하고 있는 것으로 본다.

제3조 (처분 등에 관한 경과조치)

이 법 시행 전에 종전의 규정에 의하여 행하여진 처분 기타 행정기관의 행위 또는 신청, 기타 행정기관에 대한 행위는 이 법의 규정에 의한 행정기관의 행위 또는 행정기관에 대한 행위로 본다.

제4조 (장애인수첩에 대한 경과조치)

① 이 법 시행당시 종전의 규정에 의하여 교부된 장애인수첩은 제29조의 개정규정에 의한 장애인등록증으로 본다.

② 시장 · 군수 · 구청장은 이 법 시행당시 종전의 규정에 의하여 교부된 장애인수첩을 이 법 시행 후 1년 이내에 이 법에 의한 장애인등록증으로 변경하여야 한다.

제5조 (장애인복지시설에 대한 경과조치)

이 법 시행당시 종전의 규정에 의하여 설치된 장애인복지시설은 이 법 시행 후 1년 이내에 이 법에 의한 설치기준을 갖추어 각각 장애인생활시설, 장애인지역사회재활시설, 장애인직업재활시설, 장애인유료복지 시설 기타 대통령령으로 정하는 시설로 신고하여야 한다.

제6조 (의지 · 보조기 제조업소에 대한 경과조치)

이 법 시행당시 종전의 규정에 의하여 보장구제조, 수리업을 허가받은 자는 이 법에 의하여 의지 · 보조기 제조업소의 개소사실을 통보한 것으로 본다.

제7조 (의지 · 보조기 기사국가시험의 특례)

이 법 시행 후 3연의 범위 내에서 실시하는 의지 · 보조기 기사국가시험은 제63조 제1항의 각 호의 규정을 적용하지 아니하며, 제64조 제1항의 규정에 불구하고 보건복지부령이 정하는 바에 의하여 시험의 일부를 면제할 수 있다.

제8조 (벌칙에 대한 경과조치)

이 법 시행전의 행위에 대한 벌칙의 적용에 있어서는 종전의 규정에 의한다.

제9조 (다른 법령과의 관계에 관한 경과조치)

이 법 시행당시 다른 법령에서 종전의 장애인복지법의 규정을 인용하고 있는 경우 이 법 중 그에 관한 규정이 있는 때에는 이 법의 해당 규정을 인용한 것으로 본다.

부 칙

제1조 (시행일)

이 법은 2001년 7월 1일부터 시행한다.

제2조 내지 제4조 생략

2. 특수교육진흥법

특수교육진흥법 제5440호 전문개정 1997. 12. 13.

제1장 총 칙

제1조 (목적)

이 법은 특수교육을 필요로 하는 사람에게 국가 및 지방자치단체가 적절하고 고른 교육기회를 제공하고, 교육방법 및 여건을 개선하여 자주적인 생활능력을 기르게 함으로써 그들의 생활안정과 사회참여에 기여함을 목적으로 한다.

제2조 (정의)

이 법에서 사용하는 용어의 정의는 다음과 같다.

1. "특수교육"이라 함은 특수교육대상자의 특성에 적합한 교육과정 · 교육방법 및 교육매체 등을 통하여 교과교육 · 치료교육 및 직업교육 등을 실시하는 것을 말한다.
2. "특수교육대상자"라 함은 제10조의 규정에 의하여 특수교육을 필요로 하는 사람으로 선정된 사람을 말한다.
3. "특수교육기관"이라 함은 특수교육대상자에게 유치원 · 초등학교 · 중학교 및 고등학교(전공과를 포함한다. 이하 같다)의 과정을 교육하는 특수유치원 · 특수학교 및 특수학급을 말한다.
4. "특수학급"이라 함은 특수교육대상자에게 통합교육을 실시하기 위하여 고등학교 이하의 각급 학교에 설치된 학급으로서, 그들의 능력에 따라 전일제 · 시간제 · 특별지도 · 순회교육 등으로 운영되는 학급을 말한다.
5. "순회교육"이라 함은 특수교육을 담당하는 교원(이하 "특수학교교원"이라 한다)이 가정이나 의료기관, 학교 기타 시설 등에 있는 특수교육대상자를 방문하여 행하는 특수교육을 말한다.
6. "통합교육"이라 함은 특수교육대상자의 정상적인 사회적응능력의 발달을 위하여 일반학교(특수교육기관이 아닌 학교를 말한다. 이하 같다)에서 특수교육대상자를 교육하거나, 특수교육기관의 재학생을 일반학교의 교육과정에 일시적으로 참여시켜 교육하는 것을 말한다.
7. "치료교육"이라 함은 장애로 인하여 발생한 결함을 보충함과 동시에 생활기능을 회복시켜 주는 심리치료 · 언어치료 · 물리치료 · 작업치료 · 보행훈련 · 청능훈련

및 생활적응훈련 등의 교육활동을 말한다.

제3조 (국가 및 지방자치단체의 임무)

① 국가 및 지방자치단체는 특수교육을 진흥하기 위하여 다음 각호의 업무를 수행하여야 한다.

1. 특수교육종합계획의 수립
2. 생활기능의 회복을 위한 치료교육대책의 강구
3. 특수교육대상자의 취학지도
4. 특수교육의 내용 및 방법의 연구 · 개선
5. 특수학교교원의 양성 및 연수
6. 특수교육기관의 설치 · 운영 및 특수교육을 위한 시설 · 설비의 확충 · 정비
7. 특수교육에 필요한 교재 · 교구의 연구 · 개발 및 보급
8. 특수교육대상자에 대한 직업교육대책의 강구
9. 특수교육기관수용계획의 수립
10. 특수교육지원체제의 연구 · 개선
11. 기타 특수교육의 발전을 위하여 필요한 사항

② 국가 및 지방자치단체는 제1항의 업무를 수행하는데 드는 경비를 예산의 범위안에서 우선적으로 지급하여야 한다.

③ 국가는 제1항의 업무추진이 부진하거나 제2항의 예산조치가 부족하다고 인정되는 지방자치단체에 대하여 예산확충 등 필요한 조치를 하도록 권고할 수 있다.

④ 국가는 제1항의 업무를 효율적으로 수행하기 위하여 관계중앙행정기관간의 협조체제를 구축하여야 한다.

제4조 (특수교육심사위원회)

① 특수교육에 관한 주요사항을 심의하기 위하여 교육부장관 소속 하에 중앙특수교육운영위원회를, 교육감 소속 하에 시 · 도 특수교육운영위원회를, 교육장 소속하에 시 · 군 · 구 특수교육운영위원회를 둔다.

② 제1항의 규정에 의한 특수교육운영위원회의 기능 · 구성 및 운영 등에 관하여 필요한 사항은 대통령령으로 정한다. 다만, 중앙특수교육운영위원회의 기능은 대통령령이 정하는 기관으로 하여금 수행하게 할 수 있다.

제5조 (의무교육 등)

① 특수교육대상자에 대한 초등학교 및 중학교 과정의 교육은 이를 의무교육으로 하고, 유치원 및 고등학교 과정의 교육은 이를 무상으로 한다.

② 제1항의 규정에 의한 의무 및 무상교육에 드는 비용은 대통령령이 정하는 바에 따라 국가 또는 지방자치단체가 이를 부담 또는 보조한다.

제6조 (사립의 특수교육기관에 대한 보조)

국가 및 지방자치단체는 사립의 특수교육기관에 대하여 그 운영비 · 시설비 · 실험실습

비 · 직업보도비 및 교원의 봉급 기타 특수교육에 필요한 경비를 예산의 범위 안에서 보조하여야 한다.

제7조 (사립의 특수교육기관에의 위탁교육)

국가 또는 지방자치단체는 국립 또는 공립의 특수교육기관의 수용시설이 부족하거나 특수교육대상자의 의무교육을 위하여 필요한 경우에는 사립의 특수교육기관에 그 교육을 위탁할 수 있다.

제8조 (조기특수교육시책 강구)

국가 및 지방자치단체는 장애를 지닌 유아에 대한 유치원 과정의 교육을 촉진하기 위하여 장애의 조기발견, 교원양성, 교육시설 · 설비의 확충 등 조기특수교육에 필요한 시책을 강구하여야 한다.

제9조 (특수교육에 관한 연차보고서)

정부는 특수교육의 주요시책에 관한 보고서를 매년 정기국회 개회 전까지 국회에 제출하여야 한다.

제2장 특수교육대상자의 선정 · 취학 등

제10조 (특수교육대상자의 선정)

① 다음 각 호의 1에 해당하는 장애가 있는 사람 중 특수교육을 필요로 하는 사람으로 진단 · 평가된 사람을 특수교육대상자로 선정한다.

1. 시각장애
2. 청각장애
3. 정신지체
4. 지체 부자유
5. 정서장애(자폐성을 포함한다)
6. 언어장애
7. 학습장애
8. 기타 교육부령이 정하는 장애

② 제1항의 특수교육대상자가 취학(입학 · 재입학 · 전학 및 편입학을 포함한다. 이하 같다)하고자 하는 경우에는 고등학교 과정은 교육감이 시 · 도 특수교육운영위원회의, 중학교 과정이하의 각급 학교는 교육장이 시 · 군 · 구 특수교육운영위원회(이하 "운영위원회"라 한다)의 심사를 거쳐 이를 선정하고, 그 외의 각급 학교에 취학하고자 하는 경우에는 당해 학교의 장이 이를 선정한다.

③ 심사 운영위원회 또는 제2항의 규정에 의한 학교의 장은 특수교육대상자를 심사 · 선정하는 때에는 그 보호자에게 의견을 진술할 기회를 주어야 한다. 다만, 그 보호자가 정당한 사유 없이 이에 응하지 아니하거나 그 보호자의 소재불명 등으로

의견진술의 기회를 줄 수 없는 경우에는 그러하지 아니하다.

④ 제1항 내지 제3항의 규정에 의한 특수교육대상자의 진단·평가·심사·선정의 기준 및 절차와 선정통보 등에 관하여 필요한 사항은 대통령령으로 정한다.

제11조 (각급 학교의 지정·배치)

① 특수교육대상자가 고등학교 과정이하의 각급 학교에 취학하고자 할 때에는 당해 학교에 직접 지원하거나 고등학교 과정은 교육감에게, 중학교 과정이하의 각급 학교는 교육장에게 학교를 지정·배치하여 줄 것을 요구할 수 있다.

② 교육감 또는 교육장은 제1항의 요구를 받은 때에는 당해 운영위원회의 심사를 거쳐 적절한 학교를 지정·배치하여야 한다. 이 경우 다른 시·도에 소재하는 특수학교 또는 국립특수학교를 지정·배치하고자 할 때에는 당해 시·도교육감, 교육장 또는 당해 학교의 장과 협의하여야 한다.

③ 운영위원회는 제2항의 규정에 의하여 학교의 지정·배치요구를 심사할 때에는 특수교육대상자의 장애정도·능력·거주지 등을 종합적으로 판단하여야 하며 그 보호자의 의견을 참작하여야 한다.

④ 제2항의 규정에 의하여 특수교육대상자를 배지 받은 학교의 장은 대통령령이 정하는 특별한 사유가 없는 한 이에 응하여야 한다.

⑤ 제1항 및 제2항의 규정에 의한 각급 학교의 지정·배치요구 및 심사절차 등에 관하여 필요한 사항은 대통령령으로 정한다.

제12조 (취학편의 등)

① 특수학교는 특수교육대상자의 취학편의를 위하여 기숙사를 설치·운영하거나 통학버스를 운행하여야 한다.

② 기숙사를 설치·운영하는 특수학교에는 특수교육대상자의 생활지도 및 보호를 위하여 교육부령이 정하는 자격이 있는 생활지도원을 두어야 한다.

③ 통학이 어려운 특수교육대상자의 주민등록지를 관할하는 교육감은 그 특수교육대상자에게 숙식시설을 제공하거나 숙식에 필요한 경비를 지급하여야 한다.

제13조 (차별의 금지 등)

① 각급 학교의 장은 특수교육대상자가 당해 학교에 입학하고자 하는 경우에는 그가 지닌 장애를 이유로 입학의 지원을 거부하거나 입학전형합격자의 입학을 거부하는 등의 불이익한 처분을 하여서는 아니된다.

② 각급 학교의 장은 특수교육대상자의 입학전형 및 수학 등에 있어서 특수교육대상자의 장애의 종별 및 정도에 적합한 편의를 제공하여야 한다.

제3장 특수교육방법의 확장

제14조 (순회교육 등)

① 교육감은 각급 학교에서 통합교육을 받고 있는 특수교육대상자의 교육을 위하여

필요한 경우 순회교육 또는 파견교육을 실시하여야 한다.

② 교육감은 학령기가 지났거나 교육을 받지 못하고 있는 특수교육대상자가 수용되어 있는 장애인복지시설 · 아동복지시설 · 치료기관 또는 가정 등에 특수학교교원을 순회하도록 하거나 파견하여 교육을 실시하는 데 필요한 대책을 강구하여야 한다.

제15조 (통합교육)

① 일반학교의 장은 특수교육대상자 또는 그의 보호자나 특수교육기관의 장이 통합교육을 요구하는 경우에는 특별한 사유가 없는 한 이에 응하여야 한다.

② 일반학교의 장은 통합교육의 편의를 위하여 예산의 범위 안에서 특수교육에 필요한 교재 및 교구를 갖추고, 경사로 및 손잡이와 특수교육대상자가 이용하기에 편리한 화장실 · 책상 및 의자 등의 편의시설을 설치하거나 갖추어야 한다.

③ 일반학교의 장은 제1항의 규정에 의하여 통합교육을 실시하는 경우에는 대통령령이 정하는 기준에 따라 특수학급을 설치 · 운영하여야 한다.

제16조 (개별화교육)

각급학교의 장은 특수교육대상자의 능력 및 특성에 적합한 개별화교육방법을 강구하여 특수교육대상자로 하여금 그의 능력을 최대한 계발하도록 하여야 한다.

제17조 (보호자교육)

각급교의 장은 당해 학교에 재학 중인 특수교육대상자의 보호자가 원하는 경우 또는 보호자교육이 필요하다고 인정되는 경우 교육 · 치료 및 직업 등에 대한 보호자교육계획을 수립하고 이를 실시하여야 한다.

제18조 (치료교육 등)

① 특수교육기관의 장은 특수교육대상자에 대한 건강진단 및 생활기능의 회복정도의 판정을 정기적으로 실시하여야 한다.

② 특수교육기관의 장은 제1항의 규정에 의한 건강진단 및 생활기능의 회복정도를 판정한 결과 치료교육이 필요한 특수교육대상자가 있는 경우에는 이에 필요한 조치를 취하여야 한다.

제19조 (치료교육담당교원의 배치)

① 특수교육기관에는 치료교육을 담당하는 교원을 두어야 한다.

② 치료교육을 담당하는 교원의 자격 및 배치기준은 대통령령으로 정한다.

제20조 (직업교육)

① 특수교육기관의 장은 특수교육대상자의 직업교육에 필요한 시설 및 설비를 갖추고 직업교육을 실시하여야 한다.

② 중학교이상의 과정을 설치한 특수교육기관에는 직업교육에 관한 상담 및 지도를 위하여 대통령령이 정하는 자격이 있는 직업담당교사를 두어야 한다.

제21조 (전공과의 설치)

① 고등학교 과정을 설치한 특수교육기관에는 전문기술교육을 실시하기 위하여 수업연한 1연 이상의 전공과를 둘 수 있다.

② 교육부장관 및 교육감은 지역별 또는 장애의 종별로 전공과를 둘 특수교육기관을 지정할 수 있다.

제22조 (진로교육)

특수교육기관의 장은 특수교육대상자가 진로에 대한 방향을 세우고 직업을 선택할 수 있도록 하는 진로교육을 실시하여야 한다.

제4장 보 칙

제23조 (특수학교교원의 자질향상)

① 국가 및 지방자치단체는 특수학교교원의 자질향상을 위한 교육 및 연수를 정기적으로 실시하여야 한다.

② 제1항의 규정에 의한 교육 및 연수에 관하여 필요한 사항은 교육부령으로 정한다.

제24조 (장학금지급 등)

① 국가 및 지방자치단체는 각급학교에 재학 중인 특수교육대상자에게 예산의 범위 안에서 장학금을 지급할 수 있다.

② 일반학교의 장은 당해 학교에 재학 중인 특수교육대상자에게 입학금 · 수업료 기타 납입금의 감면을 위한 조치를 마련하여야 한다.

제25조 (교육과정 및 교과용도서)

① 특수교육기관의 교육과정은 장애의 종별과 정도를 고려하여 교육부장관이 정한다.

② 특수교육대상자의 교육을 위한 교과용도서는 무상으로 지급한다.

③ 특수교육을 위한 교과용도서의 저작 · 검정 · 인정 · 발행 · 공급 및 가격사정 등에 관하여 필요한 사항은 그 특수성을 감안하여 대통령령으로 정한다.

제25조 (교육과정의 운영 등)

① 특수교육기관의 교육과정은 장애의 종별과 정도를 고려하여 교육부장관이 정한다.

② 특수학교의 장은 교육감의 승인을 얻어 당해 학교에 재학중인 정신지체 또는 정서장애(자폐성을 포함한다)를 지닌 특수교육대상자에 대하여 유치원 · 초등학교 · 중학교 또는 고등학교 과정을 통합하여 운영할 수 있다. 이 경우 동일학교내의 진학에 관하여는 제11조의 규정을 적용하지 아니한다.

③ 특수교육대상자의 교육을 위한 교과용도서는 무상으로 지급한다.

④ 특수교육을 위한 교과용도서의 저작 · 검정 · 인정 · 발행 · 공급 및 가격사정 등에

관하여 필요한 사항은 그 특수성을 감안하여 대통령령으로 정한다.

제26조 (재심청구)

① 특수교육대상자 또는 그 보호자는 다음 각 호의 1에 해당하는 교육감 · 교육장 또는 제10조 제2항의 규정에 의한 학교의 장의 조치에 대하여 이의가 있을 때에는 당해 운영위원회(학교의 장의 조치의 경우에는 중앙특수교육운영위원회를 말한다)에 그 재심을 청구할 수 있다.

1. 제10조제1항 및 제2항의 규정에 의한 특수교육대상자의 선정
2. 제11조제2항의 규정에 의한 학교의 지정 · 배치

② 제11조제2항의 규정에 의하여 특수교육대상자를 배치 받은 각급 학교의 장은 이에 응할 수 없는 특별한 사유가 있을 때에는 당해 운영위원회에 그 재심을 청구할 수 있다.

③ 중앙특수교육운영위원회 및 운영위원회는 제1항 및 제2항의 재심청구를 받은 때에는 30일 이내에 이를 심사 · 결정하여 청구인에게 통보하여야 한다.

④ 제3항의 심사결정에 이의가 있는 청구인은 그 통보를 받은 날부터 60일 이내에 행정심판을 제기할 수 있다.

⑤ 제1항 내지 제3항의 재심청구 및 심사절차와 결정통보 등에 관하여 필요한 사항은 대통령령으로 정한다.

제27조 (권한의 위임)

① 이 법에 의한 교육부장관의 권한은 그 일부를 대통령령이 정하는 바에 따라 교육감에게 위임할 수 있다.

② 이 법에 의한 교육감의 권한은 그 일부를 대통령령이 정하는 바에 따라 교육장에게 위임할 수 있다.

제5장 벌 칙

제28조 (벌칙)

제11조제2항 및 제4항의 규정에 위반하여 교육감 또는 교육장의 특수교육대상자 배치를 받고도 정당한 사유 없이 이에 응하지 아니한 각급 학교의 장은 50만원이하의 벌금에 처한다.

부 칙

① (시행일) 이 법은 공포 후 6월이 경과한 날부터 시행한다.

② (중앙특수교육운영위원회 등에 관한 경과조치) 이 법 시행당시 교육부에 설치된

중앙특수교육심사위원회 및 특별시 · 광역시 · 도에 설치된 지방특수교육심사위원회는 각각 이 법에 의한 중앙특수교육운영위원회 및 시 · 도 특수교육운영위원회로 본다.

③ (특수교육대상자에 관한 경과조치) 이 법 시행당시 종전의 규정에 의하여 선정된 특수교육대상자는 이 법에 의하여 선정된 특수교육대상자로 본다.

3. 특수교육 관련 자료

(1) 장애인 단체

♣ 한국 뇌병변장애인인권협회(사단법인)
연합 소개, 공지사항, 자료실, 게시판, 후원 안내 수록
URL: http://www.kshb.or.kr/

♣ 강원도 장애인 종합정보망
재활협회 안내, 장애예방, 장애인의 성, 장애인 복지시책 등의 정보를 제공합니다.
URL: http://www.kwrd.or.kr/

♣ 거제 지체장애인협회
협회 소개, 장애인 바로알기, 장애인 먼저 실천운동 안내, 장애인 복지, 장애관련법규, 장애인 소식 등의 정보를 제공합니다.
URL: http://geoje.or.kr/

♣ 경기도 농아인협회(사단법인)
협회연혁, 행사안내, 협회 소식 등의 정보를 제공합니다.
URL: http://www.kgdeaf.com/

♣ 경상북도 장애인재활협회 곰두리 사이버상담실
경상북도 장애인 재활협회에서 운영하는 곳으로 사이버 상담실, 재활도우미, 재활관련 부가서비스, 결혼정보, 협회소개, 재활정보 등을 제공합니다.
URL: http://www.kbsrd.or.kr/

♣ 경상북도 지체장애인협회(사단법인)
지회소개, 주요사업, 소식지, 후원/자원봉사 안내 등의 정보를 제공합니다.
URL: http://www.gsbd.co.kr/

♣ 대구광역시 장애인 재활협회
협회안내, 주요사업안내, 직업재활센터, 후원/자원봉사 안내, 관련사이트, 남산종합사

회복지관 안내 등의 정보를 제공합니다.
URL: http://www.dsrd.or.kr/

♣ 대구광역시 지체장애인협회 달성군지회

지회소개, 달성군 소식, 자원봉사, 상담실, 자료실 등의 정보를 제공합니다.
URL: http://www.dalsung.or.kr/

♣ 대구광역시 지체장애인협회(사단법인)

장애정보, 구인, 구직, 대구휠체어마라톤대회 등에 관한 정보를 제공합니다.
URL: http://www.domi.or.kr

♣ 대전, 충남 장애인 재활협회(사단법인)

협회소개, 재활정보통신 사업, 장애인 먼저 사업, 후원/자원봉사, 장애 정보, 협력 기관/단체, 장애인(복지)관련 최신 뉴스 등의 정보를 제공합니다.
URL: http://www.doumjigi.com/djsrd/

♣ 대전광역시 장애인단체총연합회(사단법인)

단체소개, 행사/동정, 체육 재활원 이용 안내, 물물교환, 민원상담, 회원단체 안내, 자료실 등의 정보를 제공합니다.
URL: http://www.djad.or.kr/

♣ 부산 장애인총연합회(사단법인)

협회소개, 결혼상담, 구인/구직, 재활정보, 장애의 이해, 장애인 등록현황, 시책/법규, 재활기관안내 등을 제공합니다.
URL: http://www.pjy.or.kr/

♣ 서울 농아인협회(사단법인)

협회소개, 연혁, 지부, 수화통역센터, 수화교실, 수화배우기, 컴퓨터교실, 자치구 통역센터, 통역사 시험안내 등의 정보를 제공합니다.
URL: http://www.seouldeaf.org/

♣ 서울 장애인연맹(서울DPI)

한국DPI(Disabled Peoples' International)의 서울조직으로 장애인의 완전한 사회참여와 사회적 기회의 균등화를 목표로 창립되었으며, DPI소개, 활동, 자료실, 가입안내,
URL: http://www.dpiseoul.or.kr/

♣ 소리넷 – 한국 난청인 가족회

가족회 소개, 자료실, 칼럼, 양육수첩, 칭찬과 소개, 청각장애 일반자료 등의 정보를 제공합니다.

URL: http://www.sorinet.org/

♣ 열린정보 장애인협회(사단법인)

협회소개, 구인구직 게시판, 장애인 관련 정보, 수화/컴퓨터/문학/퀴즈 교실, 전자상거래 등의 정보를 제공합니다.

URL: http://www.happynara.or.kr/

♣ 전라북도 시각장애인 연합회(사단법인)

연합회 소개, 주요사업, 전북 점자도서관, 자원봉사/후원, 자료실 등의 정보를 제공합니다.

URL: http://www.jbunion.or.kr/

♣ 전라북도 장애인재활협회(사단법인)

협회안내, 구인/구직 정보, 자료실, 상담실, 문학/유머마당 등의 정보를 제공합니다.

URL: http://www.sican.or.kr/

♣ 제주도 장애인 총연합회

단체소개, 주요사업안내, 업무일지, 도우미, 복지자료, 편의시설 안내 등의 자료를 제공합니다.

URL: http://myhome.hitel.net/~G7420/

♣ 중증장애인 독립생활연대

중증장애인 권익보호와 장애인 독립생활 실현을 위한 단체로 독립연대 소개, 주요사업 안내, 소식지 소개, 회원가입 안내, 자료실 등의 정보를 제공합니다.

URL: http://www.ilkorea.org/

♣ 청도군 장애인연합회(사단법인)

경상북도 청도군에 소재하고 있으며, 청도군 장애인 복지회관인 태양의 집, 재활정보 게시판, 후원회/자원봉사, 재활자료실, 지역홈페이지 등의 정보를 제공합니다.

URL: http://www.chdo.co.kr/

♣ 한국 강직성척수염협회

강직성 척추염 환자의 투병을 위한 올바른 정보를 알려주고, 환우들의 권익을 위해 노력하며, 환우들간의 친목을 도모하여 투병의지를 도모하는 곳입니다.

URL: http://www.gidarlim.com/

♣ 한국 교통장애인협회(사단법인)

협회소개, 민원상담, 후원, 장애인 관련 자료, 협회활동, 복지사업, 교통관광신문 안내 등의 정보를 제공합니다.

URL: http://www.gyotong.org/

♣ 한국 근육디스트로피협회(잔디회)

한국 근육디스트로피협회인 잔디회 소개, 근육디스트로피에 관한 정보, 잔디회지, 자원봉사/후원, 협회동정, 관련정보 등을 제공합니다.

URL: http://www.mda.or.kr/

♣ 한국 농아인협회(사단법인) 경기도협회 고양시지부

지부소개, 수화통역사 시험안내, 경기도 북부 수화통역센터, 수화교실안내, 수화 배우기, 후원안내 등의 정보를 제공합니다.

URL: http://www.kydeaf.com/

♣ 한국 농아인협회(사단법인) 울산광역시협회

수화교실, 상담실, 자원봉사/후원 안내, 복지관련 사이트, 전국 농아복지망, 수화통역센터 등의 정보를 제공합니다.

URL: http://www.ulsandeaf.or.kr/

♣ 한국 농아인협회(사단법인)-청각장애인전문 포털 사이트

협회소개, 협회 연혁/현황, 수화교육/통역, 웹진 등의 정보를 제공합니다.

URL: http://www.kdeaf.or.kr/

♣ 한국 뇌성마비복지회(사단법인)

서울특별시 노원구에 위치하고 있으며, 복지회 설립목적, 연혁, 뇌성마비 안내, 서울시립 뇌성마비 복지관 운영 등 주요사업 안내, 후원회 안내 등의 정보를 제공합니다.

URL: http://www.kscp.net/

♣ 한국 산재노동자협회(사단법인)

산재노동자의 사회참여 확대와 재활 및 자립을 도모하는 한편 산재노동자에 대한 부정적 사회인식을 개선하는 등 산재노동자의 "삶의 질 향상"에 이바지하는 것을 목적으로 하는 단체로 협회소개, 상담실, 산재관련 자료실, 장애인 관련 법규, 동호회, 재활정보 등을 제공합니다.

URL: http://www.kapiw.org/

♣ 한국 시각장애인연합회(사단법인)

연합회 연혁, 서울특별시립 노원시각장애인 복지관/상담실/기초재활교육사업/음성 재활정보 서비스센터/재활정보센터/조기 교육실/검정고시반/컴퓨터 프로그램 보급 개발/녹음 잡지/녹음 도서 제작 보급 등 사업소개, 후원/자원봉사 안내, 자료실, 흰지팡이날 소개등의 정보를 제공합니다.

URL: http://www.kbuwel.or.kr/

(2001년-8월-14일, 방문: 258, 점수: 0, 투표: 0) [투표]

한국 시각장애인연합회(사단법인) 경기도지부

협회안내, 새소식, 협회업무, 자원봉사/후원회, 친구되기, 자료실 등의 정보를 제공하고 있습니다.

URL: http://eyes1004.com/

♣ 한국 시각장애인연합회(사단법인) 대구지부

연합회 소개, 관련기관 안내, 주요사업 안내, 소식지 안내 등의 정보를 제공합니다.

URL: http://www.tgblind.or.kr/

♣ 한국 시각장애인연합회(사단법인) 부산광역시지부

맹인복지관, 점자도서관, 심부름센터 안내 및 후원회, 성금함, 자료실 등의 정보를 제공합니다.

URL: http://www.bbu.or.kr/

♣ 한국 장애인단체 총연맹

450만 장애인들의 권익과 복지증진을 위해 결성된 국내 유일의 장애인단체연합기구로 한국 장애인단체 총연맹 소개, 회원 단체, 정책토론마당, 자료실, 웹진 등의 정보를 제공합니다.

URL: http://www.kodaf.or.kr/

♣ **한국 지체장애인협회(사단법인)**

사단법인 한국지체장애인협회의 홈페이지로, 장애정보, 구인, 구직, 결혼, 복지시책 등의 정보를 제공합니다.

URL: http://www.kappd.or.kr/

♣ **한빛회(사단법인)**

천안지역 장애인의 모임으로 소식지(한빛소리), 복지 선교, 한빛 좌식배구단 등의 활동을 하고 있으며, 한빛회 소개, 소식지 보기, 이동봉사대 등의 정보를 제공합니다.

URL: http://www.hanbit1.co.kr/

(2) 특수 교육원

♣ **국립특수교육원**

교육원 소개, 특수교육자료, 장애인 교육복지정보, 원격방송 연수 지원 등의 자료를 제공합니다.

URL: http://www.kise.go.kr

♣ **윤 · 언어교육원**

경기도 고양시에 위치하고 있으며 언어장애 아동을 위한 치료교육을 실시하는 곳으로 언어장애안내, 부모상담실, 언어평가, 언어치료/교육상담, 언어임상연구모임, 언어치료기관 소개 등의 정보를 제공합니다.

URL: http://therapy.co.kr/yoons/

♣ **전국교직원노동조합 인천지부 특수교육위원회**

위원회 소개, 사업계획, 사업내용, 특수교육 자료실, 조합원 가입 등의 정보를 제공합니다.

URL: http://user.chollian.net/~kastad1/

♣ **전국교직원노동조합 특수교육위원회**

특수교육의 위상 정립, 장애인 교육권 확보, 특수교육교사 교권 확보, 특수교육교사 자질 향상을 목적으로 하는 평교사 중심인 전교조 교사 모임으로 위원회 소개, 특수교육 자료실, 사이트 링크 등의 정보를 제공합니다.

URL: http://hinh.ktu.or.kr/

♣ **조이투런**

서울시 강남구에 위치하고 있으며, 공부를 잘하는 방법, 아동발달, 학습부진/학습장애, 영재, 발달장애, 심리검사, 체크리스트, 지도방법 등의 정보를 제공합니다.
URL: http://www.joy2learn.co.kr/

♣ **키세넷**

경기도교육청 특수교육 종합자료실로 멀티미디어교과서, 상담, 특수교육자료실, 특수교사구인/구직 등을 제공합니다.
URL: http://www.kysenet.org

(3) 연구소

♣ **대구대학교 특수교육재활과학연구소**

연구소 소개, 특수교육재활과학, 연구소 사업, 연구 성과, 장애인 교육 등의 정보를 제공합니다.
URL: http://risers.taegu.ac.kr/

♣ **레아디 청각언어 교육연구원**

난청아와 유아의 언어지도 상담을 목적으로 하는 곳으로 연수원 소개, 부모 상담, 청각/구화교육의 필요성, 보청기/언어치료/가정지도 프로그램 등의 치료내용 안내 등의 정보를 제공합니다.
URL: http://www.readi.co.kr/

♣ **부산 특수교육연구소**

정신발달상의 문제를 지닌 주의력 결핍 과잉행동(ADHD),학습장애,언어장애 및 전반적 발달지체 아동을 다양한 검사도구를 통해 전문적으로 평가하고 이를 분석하여 진단하고, 그에 따른 적절한 상담과 치료교육을 실시하며, 그들의 가족들에게는 적절하고 신속한 정보를 제공하는 것을 목표로 하며, 연구소, 운영진, 운영체계, 진단 및 상담, 치료 및 교육, 특수교육자료실 Workshop 등의 정보를 제공하고 있습니다.
URL: http://www.specialeducation-kang.com/

♣ **아이코리아 부속 치료교육 연구원**

한국어린이육성회 부설 연구소로 언어, 정서, 사회성, 인지발달 등의 문제로 사회적 적응의 어려움을 갖고 있는 어린이와 청소년, 가족에게 다양하고 전문적인 치료와 교육을 제공하기 위해 설립되었으며, 연구소 소개, 연구소 시설/전문가/자문위원 소개,

치료교육절차, 한국어린이육성회 소개 등의 정보를 제공합니다.
URL: http://www.kidgrowing.org/

♣ 장애우 권익문제 연구소

서울특별시 서초구에 위치하고 있으며, 장애우 정책운동, 인권확보 운동, 전문잡지 발간, 시민교육 실시 등의 사업을 전개하고 있는 곳으로, 연구소 소개, 각종 장애우 인권관련 인터넷/오프라인 운동 참가 안내, 상담실, 자료실 등의 정보를 제공합니다.
URL: http://www.cowalk.or.kr/

♣ 재활공학연구센터

노동부 산재의료관리원 산하 기관으로, 정부의 장애인 복지정책에 따라, 낙후된 국내 장애인 재활기술의 수준향상과 관련산업의 육성을 목적으로 설립되어 각종 재활보조기구와 편의시설, 그리고 선진 재활치료 및 훈련기법 연구개발 등, 최첨단의 재활공학 연구업무를 수행하는 곳으로 회사소개, 제품소개, 연구정보, 제품공급 등의 정보를 제공합니다.
URL: http://www.korec.re.kr/

♣ 하은경 음악치료 임상연구소

강남구 도곡동에 위치하고 있으며, 연구소 소개, 치료사례, 교육 프로그램 안내, 본인 소개, 상담실 등의 정보를 제공합니다.
URL: http://www.hamtherapy.com/

♣ 한국 수중재활연구소

선진국의 다양한 수중재활운동 프로그램을 보급하는 곳으로 연구소 소개, 수중재활요법, 장애인 수영 등에 관한 정보를 제공합니다.
URL: http://www.aquarehab.co.kr/

(4) 직업교육

♣ 강원 전산직업전문학교

일반/재직자/고교생 및 장애인을 대상으로 컴퓨터 교육을 실시하며, 장애인의 경우 인터넷활용/인터넷 정보검색사/홈페이지/정보처리기사/CAD/컴퓨터그래픽(CG)/워드자격증대비/컴활자격증대비의 과정이 있으며, 소정의 과정을 거쳐 무료교육을 받을 수 있습니다.
URL: http://www.kangcom.or.kr/

♣ **광주음식나라조리학원**

요리학원 안내 및 조리사 자격증 시험정보, 자격증반, 가정요리, 출장요리, 창업요리,산재장애인반 강좌안내, 대학특별전형 안내

URL: http://www.eumsiknara.com

♣ **근로복지공단 안산 재활훈련원**

경기도 안산시에 위치하고 있는 근로복지공단 산하의 산업재해 근로자를 위한 직업재활 전문센터로 훈련 공과 안내, 편의/부대시설, 입학안내, 입교신청, 재활성공사례, 구인 정보 등의 정보를 제공합니다.

URL: http://asrt.or.kr/

♣ **한국장애인고용촉진공단 일산 직업능력개발센터**

경기도 고양시에 위치하고 있는 한국장애인고용촉진공단 산하의 장애인 직업재활 전문기관으로 센터소개, 입학안내, 양성과정 등의 정보를 제공합니다.

URL: http://www.ilsan.or.kr/

(5) 특수학교

♣ **경남 은광학교**

경상남도 의령군에 위치하고 있는 지체부자유 및 정신지체 학생을 위한 특수학교로 유치부, 초등부, 중등부, 고등부가 있으며, 학교소개, 입학안내, 교육활동, 학교활동, 학교자료 등의 정보를 제공합니다.

URL: http://www.ek.ac.kr/

♣ **경남 혜림학교**

경상남도 마산시에 위치한 유치부, 초등부, 중학부, 고등부 과정의 정신지체 공립특수학교로 학교 소개, 편입학 안내, 자원봉사 안내, 교과/치료교육/직업교육/순회교육 활동 등의 정보를 제공합니다.

URL: http://www.knhr.sc.kr/

♣ **경북 영광학교**

경상북도 영천시에 위치하고 있는 정신지체학생을 위한 특수학교로 학교소개, 교육활동, 학교행사 안내, 입학안내 등의 정보를 제공합니다.

URL: http://www.kbyk.sc.kr

♣ 국립 서울 맹학교

서울특별시 종로구에 위치하고 있는 시각장애인 학교로, 초/중/고등부를 운영하고 있으며, 학교소개, 모집안내, 장학제도, 학교현황, 교육현황, 학점은행제, 자료실 등의 정보를 제공하고 있습니다.

URL: http://www.bl.sc.kr/

♣ 노들 장애인 야간학교

서울특별시 광진구 정립회관 내에 위치하고 있으며 학교소개, 소식지, 일반학습자료/검정고시 자료, 장애인 관련 자료등을 제공하고 있습니다.

URL: http://www.nodl.or.kr/

♣ 대구 덕희학교

국내최초의 자폐, 정서장애 및 행동장애 사립특수학교

URL: http://www.dukhee.sc.kr

♣ 대구 선명학교

대구광역시 수성구에 위치한 정신지체 학생을 위한 특수학교로 학교소개, 교육계획, 소식지, 학급 홈페이지, 입학/학생/학부모/자원봉사 상담실, 학습/교사연구/교육정보 자료실 등의 정보를 제공합니다.

URL: http://smschool.sc.kr/

♣ 대전 맹학교

대전광역시 동구에 위치하고 있으며, 학교 안내, 입학/학사일정 안내, 동아리/특별실 안내 등의 정보를 제공합니다.

URL: http://www.djschool.sc.kr/

♣ 대전 원명학교

대전광역시 대덕구에 위치하고 있는 정신지체인과 청각장애인을 위한 특수학교로 학교소개, 교육활동, 정신지체/청각장애 관련 자료실 등의 정보를 제공합니다.

URL: http://www.wonmyeong.sc.kr/

♣ 명현학교

경기도 고양시에 위치하고 있는 정신지체 학생을 위한 특수학교로 학교소개, 기숙사 소개, 입학안내, 교육활동, 학생활동 등의 정보를 제공합니다.

URL: http://myhy.sc.kr/

♣ 목포 은광학교

전라남도 영암군에 위치하고 있는 시각장애 특수학교로 학교소개, 교육과정, 교육활동, 입학상담, 자원봉사/후원 안내, 학습자료실 등의 정보와 시각장애인 및 정신지체장애인 생활시설인 목포 광명원 소개, 동문회 소개 등의 정보를 제공합니다.

URL: http://eungwang21.com/

♣ 보령 정심학교

충남 보령시에 위치하고 있는 정신지체 특수학교로 학교안내, 특색사업, 학교 관련 기관 소개, 학부모 상담실, 자료실 등의 정보를 제공합니다.

URL: http://jeongsim.sc.kr/

♣ 서울 인강학교

서울특별시 도봉구에 위치하고 있는 특수학교로 학교소개, 교육운영, 교육활동, 학교소식, 장애인 복지/특수교육/고용촉진/직업재활 관련 법률 등의 정보를 제공합니다.

URL: http://www.ingang.sc.kr

♣ 서울 정문학교

서울시 관악구에 위치하고 있는 공립 정신지체 특수학교로 학교안내, 학교생활 소개, 학생작품 소개, 상담실 등의 정보를 제공합니다.

URL: http://www.jeongmun.sc.kr/

♣ 서울 정진학교

서울특별시 구로구에 위치하고 있는 공립 정신지체 특수학교로 학교소개, 입학안내, 교육활동, 특색활동 등의 정보를 제공합니다.

URL: http://www.jungjin.sc.kr/

♣ 순천 선혜학교

전라남도 순천시에 위치하고 있는 정신지체, 지체부자유 학생을 위한 특수학교로 학교소개, 교육활동, 교육계획, 부모회 활동, 장애인 관련 시책 등의 정보를 제공합니다.

URL: http://www.seonhye.sc.kr/

♣ 신답초등학교 특수학급

서울특별시 동대문구에 위치한 신답초등학교의 특수학급 홈페이지로 초등학생들이 이해하기 쉽게 특수학급, 장애, 장애인에 대한 예절, 장애학생 교육, 장애친구 돕기 등에 관한 정보를 제공하고 있습니다.

URL: http://my.dreamwiz.com/cjeawan/

♣ 안동 영명학교

경상북도 안동시에 위치하고 있는 정신지체 특수학교로 학교소개, 복지시책, ICT 자료실, 인터넷 상담실, 학생모집 안내 등의 정보를 제공합니다.
URL: http://www.andong.sc.kr/

♣ 인천 은광학교

인천광역시 부평구에 위치한 지체장애인 특수학교로 초/중/고등부가 있으며, 학교소개, 선생님 소개 등의 정보를 제공합니다.
URL: http://ek.sc.kr/

♣ 질라라비 장애인 야간학교

대구광역시 동구에 위치하고 있는 초등, 중등, 고등 교과 과정 야학으로 학교소개, 소식지, 자료실 등의 정보를 제공합니다.
URL: http://www.jangjigong.org/jillalabi/front.html

♣ 청주 성신학교

충청북도 청주시에 위치하고 있는 정서장애 학생을 위한 사립 특수학교로 학교소개, 학급소개, 특별활동, 교육정보 등의 정보를 제공합니다.
URL: http://cjss.sc.kr/

♣ 청주 혜화학교

충청북도 청원군에 위치하고 있는 지체부자유 공립 특수학교로 학교소개, 교육활동, 학교행사, 자료실, 입학안내 등의 정보를 제공합니다.
URL: http://hehwa.sc.kr/

♣ 춘천 계성학교

강원도 춘천시에 위치한 청각자애아 공립 특수학교로 학교소개, 학급소개, 특수교육웹진 링크 등의 정보를 제공합니다.
URL: http://www.kds76.sc.kr/

♣ 춘천 동원학교

강원도 춘천시에 위치한 정신지체 및 지체부자유 학생을 위한 공립 특수학교로 학교소개, 학교특색, 자료실, 학부모 공간 등의 정보를 제공합니다.

URL: http://www.dongwon.sc.kr/

♣ **충주 성심학교**

충청북도 충주시에 위치한 청각장애 가톨릭 특수학교로 학교소개, 학교소식, 교지, 자료실, 동문회, 입학안내 등의 정보를 제공합니다.

URL: http://sungsim.sc.kr/

♣ **충주 숭덕학교**

충청북도 충주시에 위치하고 있는 지체장애아를 위한 특수학교로 학교소개, 특수교육 및 장애관련 자료, 대학/국립/공공/전문 도서관 링크, 입학안내 등의 정보를 제공합니다.

URL: http://www.sungdeok.sc.kr/

♣ **한국 경진학교**

경기도 고양시에 위치하고 있는 특수학교로 학교소개와 학교 소식 등의 정보를 제공합니다.

URL: http://kj.sc.kr/

♣ **한국 우진학교**

서울특별시 마포구에 위치하고 있는 지체부자유 학생들을 위한 특수학교로 학교소개, 교육과정 안내, 자료실, 순회교육, 문헌정보실, 수영장 안내 등의 정보를 제공합니다.

URL: http://www.woojin.sc.kr/

(2001년-8월-21일, 방문: 196, 점수: 0, 투표: 0) [투표]

(6) 장애인 시설

♣ **가평 꽃동네**

경기도 가평군에 위치하고 있으며, 꽃동네 소개, 사랑의 집(부랑인 시설), 평화의 집(노인요양원), 환희의 집(정신요양원), 희망의 집(심신장애인 요양원), 노체 리안드리 자애병원(자체 준종합 병원) 등의 시설 안내, 입소 안내 등의 정보를 제공합니다.

URL: http://www.kkotgp.or.kr/

♣ **가나안의 집**

경기도 포천군에 위치한 시각장애인을 위한 복지 양로원으로 법인 소개, 가나안의 집 소개 등의 정보를 제공합니다.

URL: http://ganaanhouse.joongang21.co.kr/

♣ 가난한 마음의 집

경기도 가평군에 위치하고 있는 남자 성인 정신지체 장애인 자활공동체로 시설소개, 프로그램, 기관현황, 후원/자원봉사 안내 등의 정보를 제공합니다.
URL: http://myhome.netsgo.com/kamajib/

♣ 겨자씨 사랑의 집

경기도 파주시에 위치하고 있는 정신지체 장애인 공동체로 시설소개, 프로그램 소개, 기관 현황, 자원봉사 안내 등의 정보를 제공합니다.
URL: http://myhome.netsgo.com/msl1010/

♣ 꿈나무의 집

경기도 고양시에 위치하고 있는 자폐 등 정신장애인 위주의 생활시설로 시설 소개, 후원안내, 보도자료, 자폐증에 관한 안내 등의 정보를 제공합니다.
URL: http://www.dream2537.com/

♣ 나그네집

경기도 하남시에 위치한 시각장애, 지체장애, 뇌성마비장애, 정신지체장애인 생활시설로 시설 소개, 후원/자원봉사 안내 등의 정보를 제공합니다.
URL: http://www.nagnezip.co.kr/

♣ 동백원

전라남도 여수시에 위치하고 있으며, 지체장애인 시설인 동백원, 동백 요양원, 동백 직업재활센터 등의 시설 안내, 후원/자원봉사 안내 등의 정보를 제공합니다.
URL: http://www.dbw.pe.kr/

♣ 두레가정

서울특별시 강동구에 위치하고 있으며, 장애인의 탈시설를 추구하는 곳으로 주거형태 소개, 자립자와 현거주자 소개 등의 정보를 제공합니다.
URL: http://durehome.net/

♣ 라파엘의 집

서울특별시 종로구에 위치한 시각 중복장애인을 위한 생활시설로 시설 안내, 교육 프로그램, 봉사활동/방문/후원 안내 등의 정보를 제공합니다.

URL: http://family.sogang.ac.kr/~raphael/

♣ 명주원

충청남도 공주시에 위치하고 있는 정신지체장애인 생활시설로, 시설소개, 보호작업시설 소개, 입소안내, 소식지 등의 정보를 제공합니다.

URL: http://www.myungjuwon.or.kr/

♣ 명화원

인천광역시 서구에 위치하고 있는 정신지체인 생활시설로 시설소개, 교육 프로그램 소개, 자원봉사/후원 안내 등의 정보를 제공합니다.

URL: http://www.myunghwa.or.kr/

♣ 목포 장애인 요양원

요양원 소개, 전통도자기/원예 등 생산품 안내 및 주문안내, 자원봉사/후원 안내 등의 정보를 제공합니다.

URL: http://user.chollian.net/~mpyoyang/

♣ 문혜 장애인 요양원

강원도 철원에 위치한 장애인 요양원으로 요양원 및 가족 소개, 입소 안내, 보호작업장, 철원지역 의원/치과 안내, 후원/봉사 안내 등을 제공합니다.

URL: http://www.munhye.or.kr/

♣ 부천 혜림원

경기도 부천시에 위치하고 있는 정신지체 장애인 특수시설로 기관 소개, 직업훈련센터, 재활프로그램, 그룹 홈, 동아리 활동, 구인/구직, 자료실 등의 정보를 제공하고 있습니다.

URL: http://www.haelim.or.kr/

♣ 브니엘의 집

서울특별시 구로구에 위치한 정신지체, 자폐, 뇌성마비, 기타 장애를 가진 중증 장애인의 생활공동체로 장애인 선교, 자활운동, 안식처 제공, 노인/찬양 선교 등의 사업을 하고 있으며, 시설소개, 후원안내 등의 정보를 제공합니다.

URL: http://my.netian.com/~09sun/

♣ **사랑의 집**

대전광역시 동구에 위치하고 있으며, 정신지체 및 지체장애인들의 가정 공동체로, 시설 소개, 가족 소개, 후원/자원봉사 안내 등의 정보를 제공합니다.

URL: http://catholic2.paolo.net/~sarang/

♣ **샬롬의 집**

서울특별시 강서구에 있는 장애인 생활시설로 설립목적, 가족소개, 뉴스, 후원안내 등의 정보를 제공합니다.

URL: http://home.megapass.co.kr/~aahouse/

♣ **샬롬의 집**

경기도 성남시에 위치하고 있으며, 개설목적, 사업내용, 후원안내 등의 정보를 제공합니다.

URL: http://user.chollian.net/~shk114/

♣ **섬김의 집**

경기도 화성군에 위치하고 있는 장애인 생활시설로 시설안내, 후원안내 등의 정보를 제공합니다.

URL: http://sumgim.rosy.net/

♣ **성모복지원**

충청남도 아산시에 위치하고 있는 정신지체 장애인 재활시설로 복지원 소개, 복지원 가족 소개, 프로그램 안내, 소식지, 후원/자원봉사 안내 등의 정보를 제공합니다.

URL: http://my.netian.com/~asungmo/

♣ **성신원**

대전광역시에 위치한 정신장애인 요양시설로 각종 정신질환 소개, 프로그램 소개, 소식지, 후원 등의 정보를 제공합니다.

URL: http://user.chollian.net/~soungsin/

♣ **쉼터 요양원**

서울특별시 노원구에 위치한 중증 뇌성마비와 정신지체 아동들을 위한 시설로 시설소개, 반별 아동 소개, 프로그램, 후원/자원봉사 안내, 자료실 등의 정보를 제공합니다.

URL: http://hongpa.com.ne.kr/

♣ 아이들의 집

부산광역시 해운대구에 위치하고 있는 장애 아동을 위한 시설로 시설소개, 현황, 보이타/보바스 치료 등 프로그램 안내, 보이타 치료법의 효과와 장애 아기를 위한 영양죽 조리법 등의 자료도 제공합니다.

URL: http://www.healthy.co.kr/

♣ 애덕의 집

강릉시에 위치한 장애인 생활공동체로 공동체 소개, 구성원 소개, 후원인 소개, 자원봉사자 안내, 판매물품 안내,

URL: http://a-duck.sarang.net/

♣ 양지요양원

충남 연기군에 소재한 곳으로 지체장애인과 정신지체 장애인들이 입소하고 있으며, 요양원 소개, 사업소개, 자원봉사/후원 안내 등의 정보를 제공합니다.

URL: http://yangjiwon.wo.to/

♣ 어우러기

서울시 송파구 풍납종합사회복지관 내에 위치한 정신장애인 사회복귀시설로 시설소개, 재활과정 안내, 서비스 이용안내, 입소안내, 후원안내 등의 정보를 제공합니다.

URL: http://home.hanmir.com/~songpacmh/

♣ 여주 라파엘의 집

경기도 여주에 위치하고 있으며, 시각장애인 중 중복장애인을 위한 생활시설로 시설소개, 사업내용, 소식지, 후원/자원봉사 등의 정보를 제공합니다.

URL: http://member.hitel.net/~la6637/

♣ 은혜동산

경기도 광주시에 위치한 지체장애인, 정신장애인 생활시설로 시설 소개, 자료실, 후원안내 등의 정보를 제공합니다.

URL: http://my.dreamwiz.com/procholong/

♣ 은혜의 집

경기도 양평군에 위치한 무의탁 장애아동 양육원으로 시설 소개, 자원봉사/후원 안내, 소식지 등의 정보를 제공합니다.

URL: http://www.gracehouse.pe.kr/

(2001년-7월-10일, 방문: 149, 점수: 0, 투표: 0) [투표]

♣ 임마누엘 집

서울 송파구에 위치하고 있는 무의탁 장애인 생활시설로 시설소개, 사업안내, 후원/자원봉사, 소식지 등의 정보를 제공합니다.
URL: http://www.im21.org/

♣ 자매정신요양원

부산에 위치한 여성을 위한 정신요양시설로 요양원 안내, 행사/프로그램, 입/퇴원 안내, 후원/자원봉사, 원보 등의 정보를 제공합니다.
URL: http://myhome.naver.com/jm3845/

♣ 청담 노인 주간보호센터

서울 금천구에 위치하고 있으며, 심신이 허약하거나 장애가 있는 노인으로 부득이한 사유로 가정에서 돌보기 힘들어 낮동안 보호가 필요한 만 60세 이상 노인을 낮동안 모시는 곳으로 상담, 의료, 재활/치료, 여가/문화, 보건 등의 서비스를 제공하고 있습니다.
URL: http://www.silver-korea.co.kr/chungdam/

♣ 충남 정심원

근로작업시설인 정심작업장의 안내, 장애인 생산품 판매 안내 등을 제공하고 있습니다.
URL: http://www.jeongsim.or.kr/

♣ 토마스의 집

경기도 평택시에 위치하고 있으며, 정신 지체, 자폐, 정서 장애인을 포함한 발달 장애인 등 정신적인 장애인을 위한 생활시설로 시설 소개, 입소안내 등의 정보를 제공합니다.
URL: http://my.netian.com/~thomashouse/
(2001년-7월-13일, 방문: 170, 점수: 0, 투표: 0) [투표]

♣ 평강의 집

대전광역시 대덕구에 위치한 중증장애인 요양시설로 시설안내, 이용안내, 프로그램 안내, 후원회, 상담실, 소식지 등의 정보를 제공합니다.
URL: http://www.pghome.or.kr/

♣ 포항 사랑의 집

포항시 북구에 위치하고 있는 장애 아동 복지시설로 시설현황, 사업내용, 후원회, 복지제도 안내 등의 정보를 제공합니다.

URL: http://my.netian.com/~sarang5758/

♣ 햇살한줌

대전에 위치한 정신장애인을 위한 시설로 정기행사 안내, 교육사업 안내, 주거시설 안내, 취업현황 안내 등의 정보를 제공합니다.

URL: http://www.sunhanjum.com/

♣ 호산나의 집

경기도 양주군에 위치하고 있으며, 정신지체 또는 뇌성마비, 지체 장애우를 위한 호산나의 집, 독거 노인 또는 가정형편상 가족과 함께 살아가기에 곤란한 노인들을 위한 평화의 쉼터를 운영하고 있으며, 장애인 직업재활교육 실시, 시설소개, 소식지, 수익사업, 자원봉사/후원안내 등의 정보를 제공합니다.

URL: http://angel.netian.com/hosanna/

(7) 장애인 복지관

♣ 서울 장애인 종합복지관

복지관 안내(재활프로그램, 서울리포츠센터, 파니스, 이용안내), 장애인 정보(법/시책, 복지관 발행도서, 장애예방/계몽/조기발견, 복지뉴스, 연구물/논문, 세미나, 복지 프로그램 모형), 웹진 성지 등의 정보를 제공합니다.

URL: http://www.seoulrehab.or.kr/

♣ SOS 정서장애아동 복지센터

대구광역시 동구에 위치하고 있으며, 아동복지 행정의 전문 센타기관으로 문제행동아동(비행,도벽,약물남용,학교부적응 등)의 치료와 정서 및 발달장애 아동에게 다각적인 방법을 통하여 위탁 또는 통원 등으로 임상적 치료를 도모하는데 그 목적을 두고 있으며, 센터소개, 사업소개, 프로그램 안내, 이용안내, 상담실 등의 정보를 제공합니다.

URL: http://www.sosed.or.kr/

♣ 강원도 장애인 종합복지관

기관/사업 소개, 상담실, 게시판, 자원봉사/후원안내, 자료실, 직업재활센터 등의 정보를 제공합니다.

URL: http://www.rehab.or.kr/
(2001년-7월-2일, 방문: 167, 점수: 0, 투표: 0) [투표]

♣ 경상남도 장애인 종합복지관

복지관 소개, 사업안내, 후원과 봉사 등의 정보를 제공합니다.
URL: http://www.assist.or.kr/

♣ 경상북도 장애인 종합복지관

복지관 소식, 장애 정보 등을 제공합니다.
URL: http://www.kbrc.or.kr

♣ 광주광역시 장애인 종합복지관

복지관 소개, 진단/판정, 의료재활, 교육재활, 사회심리재활, 지역사회복지, 연구/개발 등 사업내용, 자료실 등의 정보를 제공하고 있습니다.
URL: http://www.kjwc.or.kr/

♣ 구리시 장애인 종합복지관

경기도 구리시에 위치하고 있으며, 복지관 소개, 이용안내, 프로그램 안내, 후원/자원봉사 안내, 상담안내 등의 정보를 제공합니다.
URL: http://guriwel.or.kr/

♣ 군포 장애인 종합복지관

복지관 안내, 사업, 지역사회 직업재활센터, 재가복지봉사센터, 주간보호센터, 복지관 이용, 후원자, 자원봉사자, 자료실 등을 제공합니다.
URL: http://www.gil21.or.kr/

♣ 남동 장애인 종합복지관

인천광역시에 위치한 복지관으로 장애인 관련 정보, 장애관련 정보, 컴퓨터 강좌, 자료실 등의 정보를 제공합니다.
URL: http://www.ndrehab.or.kr/

♣ 대구 장애인 종합복지관

설립목적, 연혁, 사업안내, 시설안내, 서비스체계, 교통안내 등의 정보를 제공합니다.
URL: http://www.tgrc.or.kr/

♣ **대전 장애인 복지관 한밀의 집**

컴퓨터 교육, 자립작업장, 선교회, 재활정보, 성 이야기, 에티켓, 자원봉사, 후원안내 등을 제공합니다.

URL: http://hanmilhome.hihome.com/

♣ **대전시립 장애인 복지관**

사업안내, 여성장애인 쉼터, 주간보호센터, 지역사회복지, 자원봉사신청, 사이버 상담실 등의 정보를 제공합니다.

URL: http://www.tjrehab.or.kr/

♣ **목포 소망 장애복지원**

사회복지법인 소망원에 의하여 설립, 운영되고 있으며, 의료, 상담, 직업 훈련, 사회심리 프로그램을 통하여 장애인들이 그들의 잠재능력을 최대한 개발하여 사회의 일원으로 생활하도록 돕는 재활, 교육사업을 수행하고 있는 곳입니다.

URL: http://isomang.com.ne.kr/

♣ **방이복지관**

서울 송파구에 위치하고 있으며, 의료, 교육, 사회심리재활 서비스 등을 제공합니다.

URL: http://www.bangiwelfare.or.kr/

♣ **부산광역시 장애인 종합복지관**

복지관 소개, 재활사업, 후원/자원봉사, 장애인 복지관련 자료실, 소식지 등의 정보를 제공합니다.

URL: http://www.rehabcenter.or.kr/

♣ **부천시 장애인 종합복지관**

복지관 안내, 사업소개, 소식지, 자원봉사, 상담실, 자료실 등의 정보를 제공합니다.

URL: http://www.pchand.or.kr/

♣ **사랑의 복지관**

서울특별시 서초구에 위치한 장애인 복지관으로 복지관 안내, 프로그램 안내, 재활정보, 소식지, 후원/자원봉사 안내 등의 정보를 제공합니다.

URL: http://www.esarang.org/

♣ 상주시 장애인 종합복지관

상담실, 후원/봉사 신청, 재활/일반 자료실, 관련사이트, 재활게시판, 자유게시판 등을 제공합니다.

URL: http://www.sangjucrc.or.kr/

♣ 서대문 장애인 종합복지관

복지관 소개, 사업소개, 복지관 소식지, 주간보호센터, 직업재활센터, 자료실, 게시판 등의 정보를 제공합니다.

URL: http://www.welfare-center.or.kr/

♣ 서부 장애인 종합복지관

서울 은평구에 위치하고 있으며, 복지관 소개, 사업안내, 이용안내, 온라인 상담, 자원봉사/후원, 대화방 등의 정보를 제공합니다.

URL: http://www.openlife.or.kr/

♣ 서울 시각장애인 복지관

새소식, 시각장애인에 대한 에티켓, 복지정보, 복지관 안내, 사업안내, 자원봉사/후원 안내 등의 정보를 제공합니다.

URL: http://www.bokji.or.kr/

♣ 서울시립 북부 장애인 종합복지관

복지관 사업내용, 후원회, 자료실, 동호회, 직업훈련 등에 관한 정보를 제공합니다.

URL: http://www.internet.or.kr/

♣ 서울시립 정신지체인 복지관

서울특별시 동작구에 위치하고 있는 정신지체 장애인을 위한 전문 복지관으로 복지관 소개, 사업소개, 토론마당, 자료실, 정신지체 소개, 장애인 등록, 자원봉사/후원 안내, 상담실 등의 정보를 제공합니다.

URL: http://city21th.co.kr/mrwelfare/

♣ 성동 종합사회/장애인종합 복지관

장애인 종합복지관, 종합사회복지관, 노인의원, 성모어린이집, 자료실, 상담, 봉사/후원, 관련사이트 링크 등을 제공합니다.

URL: http://omni.or.kr

♣ 아산시 장애인 복지관

복지관 안내, 사업안내, 후원, 자원봉사, 상담실, 지역사회복지기관단체 등에 관한 정보를 제공합니다.

URL: http://www.asanrehab.or.kr/

♣ 에바다 장애인 종합복지관

경기도 평택시에 소재하고 있으며 복지관 소개, 사업안내, 후원회, 자원봉사, 부모회, 자료실 등의 정보를 제공합니다.

URL: http://www.ephatha.or.kr/

♣ 엠마우스 복지관

광주광역시 북구에 위치한 정신지체 장애인 및 발달 장애인을 위한 복지관으로 복지관 소개, 사업소개, 이용안내, 무지개 공동회, 그룹홈, 보호 작업장, 지원고용센터, 엠마우스 산업, 엠마우스 어린이집, 재가 복지 등의 정보를 제공합니다.

URL: http://www.emmausw.or.kr/

♣ 영주시 장애인 종합복지관

복지관 소개, 사업안내, 비공개 상담실, 복지시책, 공개 상담실, 소식지 모음, 자료실 등의 정보를 제공합니다.

URL: http://www.yjrehab.or.kr/

♣ 예산 장애인 종합복지관

복지관 안내, 재활정보, 재활치료, 재활교육, 홈닥터, 재활서비스, 후원/자원봉사 등의 정보를 제공합니다.

URL: http://www.iyesan.co.kr/

♣ 인성 장애인 종합복지관

서울특별시 송파구에 위치하고 있으며, 복지관 소개, 주요사업 안내, 일반 사회교육 강좌, 나눔터, 연락처, 시각장애인 축구(송파 시각장애인 축구장 운영 중), 후원/자원봉사 안내 등의 정보를 제공합니다.

URL: http://www.insungwelfare.or.kr/

♣ 인천광역시 장애인 종합복지관

기관 소개, 후원/자원봉사 신청, 재활상담 등을 제공합니다.

URL: http://www.icjb.or.kr/

♣ 전라남도 장애인 종합복지관

복지관 소개, 보호작업장, 주간보호센터, 문화의 집, 정보뱅크, 후원/자원봉사 등의 정보를 제공합니다.

URL: http://www.relife.or.kr/

♣ 전라북도립 장애인 종합복지관

복지관 소개, 사업, 보호작업시설, 익산분관, 후원/자원봉사 등에 관한 정보를 제공합니다.

URL: http://www.jbwc.or.kr/

♣ 제주도 장애인 종합복지관

제주시에 위치하고 있으며, 복지관 소개, 후원/자원봉사 안내, 구인/구직, 정보마당, 상담실 등의 정보를 제공합니다.

URL: http://www.jejurehab.or.kr/

♣ 제천 장애인 종합복지관

복지관 소개, 소식지 모음, 게시판, 자료실, 상담실, 구인/구직 등의 정보를 제공합니다.

URL: http://www.ksrd.or.kr/~jcrc/

♣ 충청남도 남부 장애인 종합복지관

복지관 소개, 재활자료, 여가/수화, 공동생활가정, 후원/자원봉사, 소식지, 논문/프로그램 소개 등의 정보를 제공합니다.

URL: http://www.cnnrec.or.kr/

♣ 충청남도 서부 장애인 종합복지관

정보마당, 자료실, 상담실, 구인/구직, 자원봉사, 공개구혼, 정책, 장애인 관련 소식 등의 정보를 제공합니다.

URL: http://www.westrc.or.kr/

♣ 충청북도 장애인 종합복지관

복지관 소개, 사업 안내, 이용 안내, 쇼핑몰 등을 제공합니다.

URL: http://www.chungjang.or.kr/

♣ 충현 복지관

서울특별시 강남구에 위치한 정신지체인 전문 복지관으로 복지관 소개, 사업소개, 이용

안내, 자원봉사, 도서실, 자료실, 프로그램/시설 안내 등의 정보를 제공합니다.
URL: http://www.chw.or.kr/

♣ 포항 장애인 종합복지관

시설소개, 주요사업, 이용안내, 재활센터, 자원봉사/후원 등의 정보를 제공합니다.
URL: http://www.always.or.kr/

♣ 해남군 장애인 종합복지관

복지관 소개, 사업소개, 상담, 후원/자원봉사, 구인/구직, 해남군 지역정보 등의 정보를 제공합니다.
URL: http://disables.haenam.or.kr/

♣ 혜원 장애인 종합복지관

충청북도 청주시에 위치하고 있으며, 복지관 소개, 교육재활서비스, 의료재활서비스, 사회심리재활서비스, 직업재활서비스, 보호작업장, 자원봉사/후원안내 등의 정보를 제공합니다.
URL: http://www.hwrehab.or.kr/

♣ 홍성군 장애인 종합복지관

웹진, 복지관 사업/이용 안내, 정보마당, 무료직업소개소 등의 정보를 제공합니다.
URL: http://www.hcrc.or.kr/

참고 문헌

강위영 · 권명옥(2001). **정서 및 행동장애 아동의 적응훈련 프로그램**. 서울 : 특수교육.

강진령(1999). 단회학생상담모형개발연구. **한국심리학회지 : 상담과 심리치료, 11(1)**, 1-22.

교육부(2000). **특수교육 연차보고서**. 서울 : 교육부.

곽금주(2002). **아동 심리평가와 검사**. 서울 : 학지사.

구본권 외, **특수교육학,** 서울 : 교육과학사, 2001.

권석만(2005). **현대이상심리학**. 서울 : 학지사.

김계현(2002). **카운슬링의 실제**. 서울 : 학지사.

김동극, **특수교육**, 서울 : 배영사, 교육신서 40, 1990.

김동일, 이대식, 신종호(2003). **학습장애 아동의 이해와 교육**. 서울 : 학지사.

김동일 외(2003). **특수아동상담**. 서울 : 학지사.

김병하, **특수교육의 역사적 이해**, 서울 : 형설출판사, 1994.

김봉환, 김병석, 정철영(2000). **학교진로상담**. 서울 : 학지사.

김승국 외(1996). **정신지체아동 교육의 이론과 실제**. 서울 : 특수교육.

김승국 · 김옥기, **사회성숙도검사**, 서울 : 중앙적성출판사, 1995.

김언아(2000). **장애인 직업상담 기법 개발 연구**. 성남 : 한국장애인고용촉진공단.

김영진(2003). **아동, 청소년 지도를 위한 상담과정과 문제행동 상담**. 서울 : 교육과학사.

김영숙, 윤여홍(2003). **특수아 상담의 이해**. 서울 : 교육과학사.

김용태(2003). **가족치료이론**. 서울 : 학지사.

김윤옥(2003). **특수아동상담**. 서울 : 문음사.

김창대 외(1994). **청소년문제유형분류체계 -기초연구-**. 서울 : 청소년상담원.

김청송(2003). **정신장애사례연구**. 서울 : 학지사.

김향지(1996). 사회적 기술 중재전략이 정신지체아의 사회적 기술, 문제행동 및 학업에 미치는 영향. 대구대학교대학원 박사학위 논문.

김홍덕 외, **장애자**, 서울 : 도서출판 두란노, 1994.

박경숙 외, **한국 자폐증 아동의 학교 교육 실태 조사 연구**, 서울 : 한국교육개발원, 1984.

박경애, 이재규, 권해수(1998). **대인관계향상 프로그램**. 서울 : 청소년대화의 광장.

박성수 외, **유아의 행동지도**, 서울 : 계몽사, 유아교육전서 7, 1984.

박성수(1996). **문제행동의 교육과 치료**. 서울 : 배영사.

박원희 외, **슈퍼맨과 오뚜기**, 서울 : 학지사, 1999.
박화문 외 역, **세계특수교육의 신동향**, 서울 : 학지사, 1999.
백용매, 천성문(2003). **아동의 심리치료**. 서울 : 학지사.
송준만 외(1998). **특수아지도**. 서울 : 한국방송통신대학.
송영혜(1998). **놀이치료적용**. 대구 : 대구대학교출판부.
연문희, 강진령(2003). **학교상담**. 서울 : 양서원.
윤치연, 이영순, 천성문(2004). **특수아 상담 및 치료교육 프로그램**. 서울 : 학지사.
이경임, 설기문(1999). **창조적 상담기법**. 서울 : 양서원.
이계윤, **장애인 선교의 이론과 실제**, 서울 : 한국특수요육연구소 출판부, 1996.
이달엽(2003). **장애와 상담**. 서울 : 교육과학사.
이부덕(1994). **아동치료의 새로운 접근**. 서울 : 인간과 복지.
이소현 역, **장애 영유아를 위한 교육**, 서울 : 이화여자대학교 출판부, 1995.
이병윤 외, **현대정신의학(각론 Ⅱ)**, 서울 : 일조각, 1994.
이화여자대학교 언어청각임상센터(1996). **언어장애 아동의 의사소통지도**. 서울 : 이대출판부.
장선철(2005). **특수아동상담**. 서울 : 태영출판사.
_______, **유아생활지도**, 서울 : 동문사, 2001.
_______, **건전한 성격론**, 서울 : 배영사, 교육신서 142, 1991.
_______, **유아교육실습**, 서울 : 교문사, 1992.
_______, **유아사회교육**, 서울 : 동문사, 2001.
_______ 외, **교육학교육**, 서울 : 문성출판사, 1986.
_______ 외, **유치원 운영관리**, 서울 : 동문사, 2001.
_______ 외, **아동상담**, 서울 : 동문사, 2001.
최중옥, **특수아동의 이해와 교육**, 서울 : 교육과학사, 2000.
한기정, **특수유아교육**, 서울 : 도서출판 특수교육, 1997.

장선철 외(2003). **상담심리학**. 서울 : 동문사.
장선철(2002). **특수유아의 이해와 교육**. 서울 : 동문사.
장선철 외(2002). **교육심리학**. 서울 : 동문사.
장선철 외(2001). **유아생활지도**. 서울 : 동문사.
장선철 외(2000). **아동상담**. 서울 : 동문사.
장선철(1998). **건전한성격론**. 교육신서 142. 서울 : 배영사.
전해룡 역(1998). **장애자녀 가족상담**. 서울 : 두란노.
정동영, 김용득, 김종인, 김주영(2000). **특수교육 비전 2020**. 국립특수교육원.
조용태(2001). **특수아상담**. 서울 : 양서원.

최중옥 외(2000). **특수아동의 이해와 지도**. 서울 : 교육과학사.
한기정(2000). **특수유아의 이해와 교육**. 서울 : 교육과학사.
홍숙기(2002). **젊은이의 정신건강**. 서울 : 박영사.

American Psychiatric Association. (2000). ***Diagnostic and statistical manual of mental disorders(4th-TR)***. Washington, D. C. : American Psychiatric Association.

ASHA American Speech-Language-Hearing Association(1993). Definitions of communication disorders and variations, ***ASHA***, 35, 40-41.

Barraga, N. C. & Erin, J. N. (1992). ***Visual handicaps & learning(3rd Ed.)***. Aistin, TX : Pro-Ed.

Batshaw, M. L.(1997). ***Children with disabilities(4th ed.)***. Baltimore : Brookes.

Beck, A. T. (1976). ***Cognitive therapy and the emotional disorders.*** New York : International Universities Press.

Berg, I. K., & Miller, S.(1992). ***Working with the problem drinker : A solution-focused approach***. New York : W. W. Norton & Company.

Bradley, D. P.(1997). Congenital and acquired velopharyngeal inadequacy. In K. R. Bzoch (Ed.), ***Communicative disorders related to cleft lip and palate(4th Ed.)*** (223-243). Austin, TX : Pro-Ed.

Bryan, T.(1997). Assessing the personal and social status of students with learning disabilities. ***Learning Disabilities Research and Practice, 12***, 63-76.

Cartledge, G., & Milburn, J. F.(1995). ***Teaching social skills to children and youth : Innovative approaches(3rd ed.)***. Boston : Allyn & Bacon.

Castrogiovanni, A. (1999). ***Incidence and prevalence of speech, voice, and language disorders in the United States. Communication facts***, 1999. Rockville, MD : American Speech-Language-Heraring Association.

Coleman, M. D., & Webber, J.(2002). ***Emotional and behavioral disorders(4th ed.)***. Boston : Allyn & Bacon.

Conture, E. G.(1996). Treatment efficacy : Stuttering. ***Journal of Speech and Hearing Research, 39***, S18-S26.

Cullinan, D. (2002). ***Students with emotional and behavior disorders***. New Jersey : Merrill Prentice-Hall.

De La Paz, S., & Graham S.(1997). Strategy instruction in planning : Effects on the writing performance and behavior of students with learning difficulties. ***Exceptional Children, 63***, 167-181

Durrant, M.(1995). ***Creative strategies for school problems : Solutions for psychologists***

and teachers. New York : W. W. Norton & Company.

Felsenfeld, S.(1997). Epidemiology and genetics of stuttering : In R. F. Curlee & G. M. Siegel (Eds.), ***Nature and treatment of stuttering : New directions(2nd Ed.)*** (3-23). Boston, MA;Allyn and Bacon.

Forness, S. R., & Kavale, K. A.(1997). ***Defining emotional or behavioral disorders in school and related services.*** In J. W. Lloyd, E. J. Kameenui, & D. Chard(Eds.), Issues in educating students with disabilities(pp. 45-61). Mahwah, NJ : Erlbaum.

Freeman, D.(1992). ***Family therapy with couples : The family-of-origin approach.*** Northvale, NJ : Jason Aronson Inc.

Gelfand, D. M., & Drew, C. J.(2003). ***Understanding child behavior disorders.*** CA : Wadsworth/Thomson Learning.

Goddard, Y. I., & Heron, T. E.(1998). Please teacher : Help me learn to spell better, teach me self-correction. ***Teaching Exceptional Children,*** 30(6), 38-43.

Graham, S., & Harris, K. R.(1993). Self-regulated strategy development : Helping students with learning problems develop as writers. ***Elementary School Journal, 94,*** 169-181.

Grossen. B.(1998). Child-directed teaching methods : A discriminatory practice of wastern education. [Http : //darkwing. uoregon.edu/~bgrossen/cdp.html]

Hallahan, D. P., & Kauffman, J. M.(2000). ***Exceptional children : Introduction to special education(8th ed.).*** Boston : Allyn and Bacon.

Hallenbeck, B. A., & Kauffman, J. M.(1995). How does observational learning affect the behavior of students with emotional or behavior disorders ? A review of research. ***Journal of Special Education, 29,*** 43-71.

Hardman, M. L., Drew, C. J., & Egan, M. W.(2002). ***Human exceptionality : Society, School, and Family(7th ed.),*** Boston : Allyn and Bacon.

Heward, W. L.(2003). ***Exceptional children : An introduction to special education(7th ed.),*** New Jersey : Merrill Prentice-Hall.

Hill, J. L.(1999). ***Meeting the needs of students with special physical and health care needs. Upper Saddle River,*** NJ : Merrill/Prentice-Hall.

Kavale, K. A., & Forness, S. R.(1996). Social skills deficits and learning disabilities : A meta-analysis. ***Journal of Learning Disabilities, 29,*** 226-237

Kerr, M. M., & Nelson, C. M.(2002). ***Strategies for Addressing Behavior Prolems in the Classroom(4th ed.).*** New Jersey : Merrill Prentice-Hall.

Kirk, S., & Gallagher, J. J.(1986). ***Educating exceptional children(5th ed.).*** Boston : Houghton Mifflin.

Lane, L. L., Gresham, F. M., & O'Shaughnessy, T. E.(2002). ***Interventions for children with or at risk for emotional and behavioral disorders.*** Boston : Allyn and Bacon.

Lerner, J. W.(1993). ***Learning disabilities : theories, diagnosis, and teaching strategies(6th ed.).*** Boston : Houghton Mifflin.

Lovell, R. W., & Reiss, A. L.(1993). Dual diagnosis : Psychiatric disorders in developmental disabilities. ***Pediatric Clinics of North America, 40,*** 579-592.

Marsh, L. G., & Cooke, N. L.(1996). The effects of using manipulatives in teaching math problem solving the students with learning disabilities. ***Learning Disabilities Research and Practice, 11(10),*** 58-65.

Olson, J. L. & Platt, J. M.(1996). ***Teaching Children and Adolescents with Special Needs. 2nd Ed.*** NJ : Prentice-Hall, Inc.

Owens, R. E.(1996). ***Language development : An introduction(4th ed.)*** Boston, MA : Allyn and Bacon.

Owens, R. E., Metz, D. A., & Haas, A.(2000). ***Introduction to communication disorders : A life span perspective.*** Boston, MA : Allyn and Bacon.

Riski, J. E.(1997). Secondary surgical procedures to correct postoperative velopharyngeal incompetencies found after primary palatoplasties. In K. R. Bzoch(Ed.), ***Communicative disorders related to cleft lip and palate(4th Ed.)*** (121-152). Austin, TX : Pro-Ed.

Rita, Wicks-Nelson., & Allen, C. I.(2003). ***Behavior disorders of childhood(5th ed.).*** New Jersey : Prentice-Hall.

Schloss, P. J., Alper, S., & Jayne, D.(1994). Self-determination for persons with disabilities : Choice, risk, and dignity. ***Exceptional Children, 60,*** 215-225.

Seagle, M. B.(1997). Primary surgical correction of cleft palate. In K. R. Bzoch(Ed.), ***Communicative disorders related to cleft lip and palate(4th Ed.)*** (pp. 115-120). Austin, TX : Pro-Ed.

Sexton, M., Harris, K. R., & Graham, S.(1998). Self-regulated strategy development and the writing and attributions. ***Exceptional children, 64,*** 295-311.

Shelton, T. L., & Barkely, R. A.(1994). Critical issues in the assessment of attention deficit disorders in children. ***Journal of Learning Disabilities, 14,*** 26-41.

Shprintzen, R. J., Goldberg, R.(1995). The genetics of clefting and associated syndromes. In R. J. Shprintzen & J. Bardach(Eds.), ***Cleft palate speech managment : A multidisciplinary approach.*** St. Louis, MO : Mosby.

Sirvis, B. P., & Caldwell, T. H.(1995). Physical disabilities and chronic health impariments. In E. L. Meyen, & T. M. Skartic(Eds.), ***Special education and student*** *disability : Traditional, emerging, and alternative perspectives(4th Ed.)* (pp. 533-564). Denver, CO : Love Publishing Co.

Smith, D. D., & Luckasson, R.(1992). ***Introduction to special education : Teaching in an age of challenge.*** Boston, MA : Allyn & Bacon.

Stanvoich, K., & Stanovich, P.(1995). How research might inform the debate about early reading acquisition. ***Journal of Reading Research, 18(2)***, 87-105.

Torgesen, J. K., & Wagner, R. K.(1998). Alternative diagnostic approaches for specific developmental reading disabilities. ***Learning Disabilities Research and Practice, 13***, 220-232.

Thompson, C. L., & Rudolph, L. B.(2000). ***Counseling children(5th ed.).*** Belmont : Thomson Learning.

Tuttle, D. W., & Ferrell, K. A.(1995). Visual impairment. In E. L. Meyen, & T. M. Skartic(Eds.), ***Special education and student disability : Traditional, emerging, and alternative perspectives(4th Ed.)*** 487-531. Denver, CO : Love Publishing Co.

Van Riper, C., & Erickson, R.(1996). ***Speech correction : An introduction to speech patbology and audiology(9th ed.).*** Englewood Cliffs, NJ : Prentice-Hall.

Walker, H. M.(1997). ***The acting out child : Coping with classroom disruption(2nd ed.).*** Longmont, Co : Sopris West.

Walker, H. M., Colvin, G., & Ramsey, E.(1995). ***Antisocial behavior in schools : Strategies and best practices. Pacific Grove.*** CA : Brooks/Cole.

World Health Organization(1992). ***International classification of Disease and Health Problems(10th ed.).*** Jeneva : World Health Oganization.

Ysseldyke, J. E., & Algozzine, B.(1995). ***Special education : A pratical approach for teachers(3rd Ed.).*** Boston, MA : Houghton Mifflin.

찾아 보기

사 항

인 명

저자 소개

✍ 장선철

- 대구교육대, 대구대 사범대학 졸업
- 고려대에서 석사 학위, 건국대에서 교육학박사 학위 취득
- 초, 중등, 특수학교 교사
- 부산교육대, 대구대, 조선대, 오산대, 상명대, 건국대 강사, 안산1대 겸임 교수
- 부산경상대 유아교육과 교수
- '빛과소금' 편집장, NGO ECC DIRECTOR
- 고려대 대학원, 상명대교육대학원, 건국대교육대학원 외래 교수
- 「상담심리학」(동문사), 「건전한 성격론」(배영사, 교육신서 142), 「교육심리학」(동문사), 「현대인의 정신건강」(동문사), 「아동상담」(동문사), 「특수아동상담」(태영출판사) 외 저서 18권
- 현, 전주대학교 교수

21세기 유치원 교사를 위한
특수아동교육

초판발행 2007년 3월 10일
3판발행 2009년 8월 15일

저 자 장 선 철
발행인 김 현 태
발행처 태영출판사

주 소 (152-705) 서울 구로구 구로동 104-10 동남오피스텔 201호
전 화 02 · 839-3757, 839-3752
팩 스 02 · 837-3754
등 록 2005년 5월 30일 제12-421호
홈페이지 http://www.taeyeongbook.co.kr
E-mail tys2005@paran.com
ISBN 978-89-91777-60-6 93370
정 가 16,000원

* 잘못 만들어진 책은 교환해 드립니다.

NAVER 태영출판사